제13판

증권투자의 이해

| 임석필 이춘범 양철원 공저 |

창 민 사

13판을 내면서

증권투자의 이해는 본래 경제학, 금융, 재무학 등을 전공하지 않는 대학생이나 일반인들에게 자본시장의 구조와 운용, 각종 금융자산의 특성과 가격결정, 투자의사결정 등을 쉽게 설명하기 위한 목적으로 발간되었다. 본 교재의 가장 큰 특징은 증권 · 금융에 관한 중요한 개념을 이론이나 수식을 최소화하는 대신 직관적으로 이해할 수 있도록 설명하는 것이다. 이것이 본고가 처음 집필된 방향이었으며 이번 개정판도 그 취지에 따르고자 하는 마음 가운데 진행되었다.

개정판에서도 기존의 전체적인 틀은 그대로 유지하였다. 전체적인 금융시장을 살펴본 후 주식, 채권 등 기본적인 증권을 다루고, 마지막은 선물, 옵션 등 파생상품으로 마무리하고 있다. 하지만, 증권시장의 환경과 제도, 상품 등이 끊임없이 변화하기 때문에 재무학을 전공하고 있는 학생들도 이 분야를 이해하는 것이 쉽지 않다. 이러한 경험에 비추어 독자들의 요구를 충족시키기 위해서 두 가지 노력을 하였다. 하나는 이전과 마찬가지로 그동안 증권시장에서 발생한 변화를 각 장에서 보충하는 것이다. 새롭게 변한 시장제도와 그 배경을 설명하였다.

둘째는 새롭게 등장하는 금융 신상품의 특성과 이러한 신상품이 등장하게 된 시장환경을 최대한 소개하고자 하였다. 책에서 이러한 변화를 담을 수 있는 부분이 11장이다. 따라서, 11장이 개정판에서 이전과 가장 많이 변한 부분이기도

하다. 11장의 제목도 ‘기타 투자자산과 투자성과분석’으로 변경하여 최신 금융상품을 최대한 소개하고자 하였다. 여기에서 기존에 소개된 ‘펀드(집합투자기구)’ 내용을 새로운 법체계에 따라 개정하였다. 또한, 기존의 전통 자산과 다른 대안적 자산에 투자하는 ‘대체투자’에 대해 소개하였다. 마지막으로 블록체인이라는 과학기술에 기반하여 탄생되어 투자자산으로 각광받고 있는 ‘가상자산’에 대해서도 다루었다.

이 책이 개정되어 나오면서 처음 집필자이시지만, 작년에 안타깝게 작고하신 임석필 교수님의 취지가 훼손되지 않도록 많이 노력하였다. 그런 목표가 잘 달성되었길 바라며, 또한 개정판을 이 책을 처음 시작하신 임 교수님께 헌정하고자 한다. 이 책을 교재로 사용하면서 겪었을 많은 불편에도 불구하고 조언과 질책을 주신 여러 교수님들과 학생들, 그리고 좋은 교재를 위해 항상 성실하게 도와주시는 창민사 윤동구 사장님에게도 감사를 전한다.

2023년 1월

저자

머리말

증권투자에 대한 관심이 커지면서 많은 참고서적들이 발간되고 있다. 최근에 발간되는 참고서적들은 부피가 점점 커지고, 내용도 점점 어려워지고 있다. 새로운 금융상품이 계속해서 등장하고, 새로운 투자기법이 개발되는 등 변화가 많은 증권 · 금융분야의 특성에 비추어 이러한 경향은 당연한 것으로 생각된다. 그러나 증권 · 금융을 전공하지 않는 학생이나, 전공자라 할지라도 이 과목을 처음 접하는 학생들이 겪는 어려움은 참고서적의 부피와 난이도에 비례하는 것 같다.

이 책의 특징은 증권 · 금융에 관한 기본적인 내용을 가능한 한 수학적이고 기술적인 표현을 줄여서 직관적으로 설명하려는 데 있다. 물론 인간의 언어능력, 특히 저자의 언어전달능력의 한계로 이러한 시도에는 당연히 한계가 있을 수밖에 없을 것이다. 최종적인 판단은 독자의 몫이지만 이러한 시도는 해볼만한 가치가 있는 것으로 판단된다.

이 책은 증권 · 금융 분야를 처음 접하는 학생들을 대상으로 하였다. 따라서 이 책은 전문대학과 일반대학에서 증권 · 금융 분야의 전공과목에 대한 예비(준비)과목으로, 일반대학과 특수대학원의 교양과목으로 한 학기 동안의 분량으로 적당할 것으로 생각한다. 기존의 증권투자론 교과서가 한 학기용으로는 그 분량이 너무 많아 교수와 학생 모두에게 압박감을 주고 있는 점을 감안하여 책의 부피는 가능한 줄이려고 노력하였다. * 표시가 된 것은 수학적인 도구의 도움이 없이는 설명이 어려운 부분으로 목적에 따라 생략을 해도 증권투자에 관한 전반적인 내용을 이해하는 데는 문제가 없을 것으로 생각된다. 부피를 줄이기 위해 시장자료, 신문기사 등을 충분히 수록하지 못한 아쉬움이 있지만 이러한 유용한 정보들을 독자들에게 전달할 수 있는 다른 효과적인 방법을 찾고 있는 중이다.

각 장의 연습문제에는 책의 본문 내용에 비해 어려운 것들이 일부 포함되어 있다. 이렇게 단순한 문제풀이를 넘어선 포괄적인 문제들을 포함시킨 이유는 독자들에게 이 책의 내용에 대한 한계를 알려주고 독자가 실제로 해결해야 하는 보다 현실적인 문제에 대한 관심을 불러일으키기 위한 것이다. 이러한 문제들은 토론이나 작은 보고서의 주제로도 활용될 수 있을 것이다.

그리고 이 책의 출판을 도와주신 창민사의 인상 좋은 윤동구 사장님과 좋은 책이 될 수 있도록 보이지 않는 뒤에서 많은 수고를 하신 분들께도 감사를 드린다.

2001년 3월

저자

차 례

제 1 장 증권투자와 경제

제2장 증권발행

제3장 증권유통

제 4 장 주식시장정보

제5장 증권분석

제 6 장 배당과 주가

제7장 효율적 시장과 증권의 기술적 분석

제8장 투자이론

제9장 채권시장과 채권수익률

제 10 장 채권투자전략

제 11 장 기타 투자자산과 투자성과분석

제12장 선 물

제 13 장 옵 션

1 증권투자와 경제

미리보기

이 책의 중심 내용은 주식과 채권 등 금융자산의 가치평가와 투자의사결정에 관한 것이다. 제1장에서는 투자의 개념, 국민경제의 흐름과 금융시스템, 최근 금융환경의 변화가 설명된다. 제1장에서 설명되는 기초개념은 증권투자에 관한 나무(木)들을 탐구하기 전에 나무가 있는 숲(森)을 미리 탐사하는 것으로 생각할 수 있다.

증권투자와 금융시스템 제1절

1. 투자의 개념

근로, 소비, 저축, 투자 등 개인이 행하는 모든 경제활동의 궁극적인 목표는 일생 동안의 효용(만족)을 극대화하는 것이다. 그중에서도 효용에 가장 직접적인 영향을 미치는 것은 소비이다. 생존을 위한 최소한의 의식주는 물론 인간다운 삶을 위해서도 적정 수준의 소비는 필수적이다. 소비는 소득이 있어야 가능한데 기간별로 각 개인이 원하는 소비의 흐름과 소득의 흐름이 일치하는 것은 아니다. 소득과 소비의 시간상 불일치는 저축과 차입을 통해 조정하게 되는데 이를 소비의 시간상 배분이라고 한다.

저축은 소득의 일부를 미래의 소비를 위해 소비하지 않고 남겨두는 것을 말한다. 차입은 저축의 반대 개념으로 현재의 소득보다 많은 소비를 원하는 경우 예상되는 미래의 소득을 미리 앞당겨서 소비하는 것을 말한다. 따라서 차입은 마이너스(−) 저축이라고 할 수 있다.

소 득 = 소 비 + 저 축(또는 차입)

저축을 통해 유보(희생)한 현재 소비에 대해 미래에 보다 많은 대가(보상)를 원한다면 미래에 소득을 창출해내는 자산(asset)을 취득 운용하는 적극적인 행위가 필요한데 이러한 행위가 바로 투자(investment)이다. 따라서 개인은 소비의 시간상 배분을 반복하는 과정에서 일생 동안 투자자의 역할을 하게 된다.

2. 투자자산의 종류와 특징

투자의 대상(투자자산)은 실물자산, 인적자산, 금융자산으로 구분할 수 있는데 각기 다른 특징을 가지고 있다.

실물자산(real assets)은 투자자에게 효용 또는 소득(부)을 직접 제공하는 자산을 말하는데 각종 생산시설(기계 및 설비), 부동산, 귀금속, 골동품 등이 이에 포함된다. 실물자산은 각기 고유한 특성을 가지고 있으며, 이 세상에 단 하나뿐인 경우도 많다. 따라서 시장에서 활발하게 거래가 이루어지지 않아 가격을 알 수 없고, 객관적인 가치평가도 쉽지 않다. 실물자산은 투자규모가 크고 분할투자가 불가능해서 소액투자가 불가능한 경우가 대부분이다.

인적자산(human capital)에 대한 투자는 교육과 기술의 축적을 말하는데 이를 통해 노동생산성이 높아지고 나아가서 삶의 질(만족도)이 높아지게 된다. 인적자산에 대한 투자는 미래에 소득을 창출하는 경제적인 이득 이외에도 자존감, 만족감 같은 정신적인 이득도 있기 때문에 평가가 주관적일 수밖에 없다.

금융자산(financial assets)은 흔히 유가증권(증권)이라고 하는데, 어떤 자산이 미래에 창출해낼 현금흐름에 대한 분할적인 청구권이나 그 자산에 대한 소유지분을 표시하는 증서이다. 은행예금, 주식, 채권, 수익증권, 보험증서, 외국환, 할인어음 등이 대표적인 금융자산이다.

금융자산은 투자대상으로서 많은 장점을 가지고 있다. 금융자산에 투자함으로써 간접적으로 실물자산에 분할해서 투자할 수 있기 때문에 여러 실물자산에 분산해서 투자할 수 있다. 금융자산은 거래가 활발한 금융시장에서 가격이 공정하게 결정되고, 원하는 시점에 적은 거래비용으로 쉽게 매매를 할 수 있어 환금성이 크다. 또한 가치평가방법이 비교적 잘 정립되어 있는 것도 금융자산이 가지고 있는 장점 중의 하나이다.

이 책의 중심 주제는 금융자산(증권)에 대한 투자이며, 주요 내용은 증권이 거래되는 시장의 구조와 운용, 증권거래와 관련된 규제와 관행, 각종 증권의 특성과 가치평가방법, 투자의사결정방법 등이다.

3. 국민경제의 흐름과 금융시스템

증권투자를 이해하기 위해서는 우선 국민경제의 흐름과 금융시스템을 이해하는 것이 중요한데 이는 숲속의 나무를 분석하기 앞서 숲을 먼저 이해하는 것이 필요한 것과 같은 이치이다. 국민경제는 국가 단위의 경제를 말하는데 가계(개인)와 기업이 중심적인 역할을 한다.

가계, 기업, 정부 등 경제주체는 일정 기간(통상 1년) 동안 자금의 흐름을 기준으로 수입이 지출을 초과하는 잉여(흑자)부문과, 반대로 지출이 수입을 초과하는 부족(적자)부문으로 구분할 수 있다. 물이 높은 곳에서 낮은 곳으로 흐르듯이, 자금(돈)도 남는 곳에서 부족한 곳으로 이전되기 마련인데 이와 같은 자금의 이전을 금융(financing)이라고 한다. 금융시장(financial market)에서는 금융(중개)기관(financial intermediaries)이 잉여부문과 부족부문 사이에서 자금의 이전(금융거래)이 원활하게 이루어지도록 중개역할을 하고 있다. 금융시스템(financial system)은 금융시장, 금융(중개)기관, 금융제도와 관행 등을 포함하는 총체적인 시스템을 말한다.

금융은 신체에서 혈액의 순환작용으로 비유될 수 있다. 활동에 필요한 산소와 영양분이 혈액순환에 의해 신체 각 부분에 공급되듯이, 금융(자금순환)에 의해 필요한 자금이 경제 각 부문에 배분되는 것이다. 잉여부문의 여유자금이 산업활동에 투입되어 생산, 고용, 소득, 저축이 연쇄적으로 증대되는 선순환이 이루어지면 국민의 생활수준이 향상되고 부를 축적할 수 있다. 따라서 효율적인 금융시스템은 경제발전을 위해 필수적인 요소이다.

금융(중개)기관은 본질적으로 영리 추구를 목적으로 한다. 하지만 금융기관은 경제에 미치는 영향이 크기 때문에 다른 업종에 비해 공익성이 강조되고 상

그림 1-1

국민경제의 흐름과 금융시스템

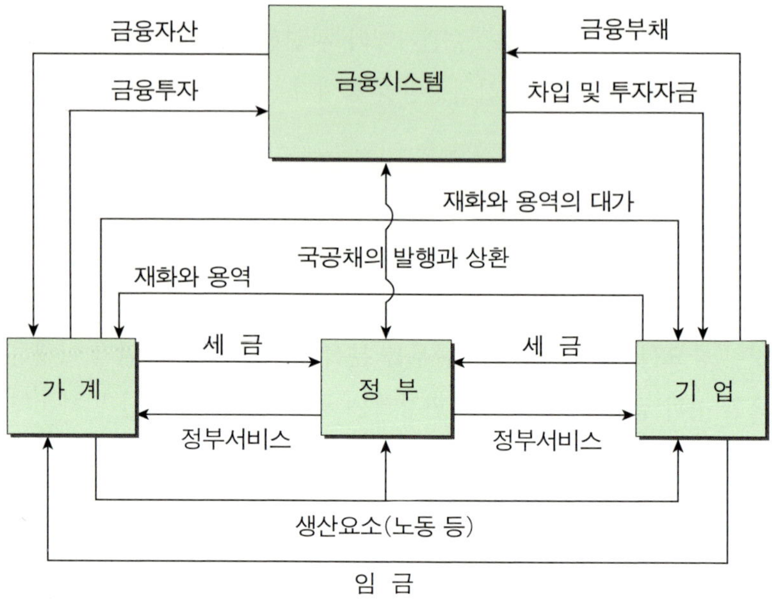

대적으로 많은 감독과 규제를 받고 있다. 한국의 금융감독원, 미국의 SEC (Security Exchange Council) 등이 대표적인 금융감독기구이다.

금융시스템이 위험관리에 실패하면 위험이 파급되어 국가경제가 위기에 처할 수 있다. 특히 금융시장이 국제적으로 통합되는 상황에서 한 국가의 금융위기는 다른 국가로 파급되어 세계적인 금융위기로 발전하는 경우가 많다. 금융에 사용되는 기법과 수단은 다양하고 복잡해지며, 위험관리도 어려워지는 추세에 비추어 건전한 금융시스템의 중요성은 점점 커지고 있다.

국민경제의 순환과정에서 가계, 기업, 정부 등 각 경제주체들은 금융과 관련되어 유기적인 관계와 역할을 하고 있다.

가계(household)는 소비의 주체인 개인(individual)의 집합체를 말한다. 가계는 기업에 노동을 제공한 대가로 받은 임금(소득)으로 소비를 하는데 소득과 소비의 시간상 불일치를 해결하기 위해 저축을 통해 금융자산에 투자하거나 차입하는 과정에서 금융거래가 발생하게 된다. 가계의 저축과 투자는 기업의 투자를 통해 고용, 소득, 소비를 증가시키고, 부의 축적을 촉진하는 등 경제성장에 중요한 역할을 하게 된다.

일부 개인이 일시적으로 소득을 초과하는 소비를 할 수는 있지만, 가계 전체의 소비가 소득을 초과할 수는 없을 것이다. 따라서 자금의 흐름면에서 가계는 잉여(흑자)부문으로 구분된다.

기업(firm)은 생산의 주체로서 생산요소(노동, 자본)를 결합하여 재화와 용역을 생산 · 공급하고 그 과정에서 부를 창출하는 역할을 한다. 따라서 자금의 흐름면에서 기업은 투자에 필요한 자금을 필요로 하는 부족(적자)부문이다. 기업은 필요한 자본을 금융부채를 발행하여 가계로부터 공급받는다. 기업은 조달된 노동과 자본을 주로 생산실비를 비롯한 실물자산에 투자하는데 기업의 투자는 생산요소를 효율적으로 배분하고 운용하는 것이라고 할 수 있다. 기업은 효율적인 투자를 통해 고용과 소득을 창출하고 가계가 부를 축적할 수 있는 투자기회를 제공한다.

정부(government)의 중요한 역할 중의 하나는 국방, 교육, 치안, 의료, 사회간접시설 등의 정부서비스(공공재(公共財))를 생산 · 공급하는 일이다. 우리가 소비하고 있는 정부서비스는 영리를 목적으로 하는 일반 기업이 생산 · 공급하기에는 적절치 않기 때문에 정부가 그 역할을 하고 있다.

정부서비스 생산에 필요한 재원은 세금과 사용수수료를 통해 조달하지만 거두어들이는 금액(세입)과 지출하는 금액(세출)의 흐름이 시간상 항상 일치하는 것은 아니다. 세출이 세입을 초과하는 경우(재정적자)에는 부족한 자금을 채권(국공채)을 발행하여 가계나 기업으로부터 차입하여 조달하고 나중에 상환함으로써 세출 세입의 불일치를 해소하게 된다. 한편 정부는 시중의 유동성조절을 위해 국채(통화안정증권)를 발행하고 상환하기도 한다. 정부의 국공채 발행과 상환은 채권시장에서 채권의 수요와 공급에 영향을 미치고 결과적으로 시중의 자금흐름과 금리체계에도 영향을 미친다.

이밖에도 정부는 재정, 금융, 조세 등 각종 경제정책을 수립하고 집행하며, 공정하고 효율적인 경제시스템을 유지하기 위해 감독과 규제를 하기도 한다. 이러한 정부의 행위는 가계와 기업의 경제의사결정에 막대한 영향을 미치고 있다.

제2절 금융시장의 종류

금융시장은 자금의 중개방법에 따라 직접금융과 간접금융, 기능에 따라 발행시장과 유통시장, 자금조달기간에 따라 단기금융시장과 자본시장으로 구분된다.

1. 직접금융과 간접금융

직접금융(direct financing)은 자금의 최종수요자인 기업이나 정부가 증권을 발행하여 자금의 공급자에게 매도함으로써 이루어진다. 직접금융의 대표적인 수단은 채권과 주식이다. 채권은 기업이나 정부가 만기(maturity)까지 정기적으로 정해진 이자를 지급하고 만기에 정해진 액면금액(face value)을 지급한다는 채무이행증서이다. 주식은 기업자산에 대한 분할적 소유권(지분권)을 나타내는 증권이다. 기업이 채권을 발행하여 조달한 자금은 타인자본(부채)으로, 주식을 발행하여 조달한 자금은 자기자본(자본)으로 분류한다.

간접금융(indirect financing)은 금융중개기관(은행, 보험회사 등)을 통해 자금이 중개되는 것을 말한다. 금융중개기관은 자신의 명의와 책임하에 간접증권(예금증서, 보험증서)을 발행하여 조달한 자금을 자금의 최종수요자에게 공급한다.

직접금융에도 금융기관이 등장하지만 이때 금융기관은 자기 명의로 증권을 발행하는 것이 아니라, 직접증권(주식과 채권)의 발행과 매매업무를 대행하는 중개자(broker)의 역할을 할 뿐이다. 직접증권의 발행에 의한 금융거래(직접금융)의 비중이 점차 커지고 있는데 이러한 현상을 “증권화(securitization)”라고 한다.

기업의 자금조달

기업이 필요한 자금을 금융시장에서 확보하는 방법은 직접금융과 간접금융으로 분류할 수 있다. 직접금융은 말 그대로 자금의 수요자인 기업이 일반투자자를 대상으로 자금을 직접적으로 조달하는 방법이다. 최초주식공모(IPO: Initial Public Offering)를 통한 기업공개가 직접금융의 좋은 예이다. 이에 비해 은행 등 금융회사의 중개를 통해 자금을 간접적으로 조달하는 것이 간접금융이다. 기업이 어떠한 형태로 자금을 조달했는가는 해당 기업의 재무제표에서 확인할 수 있다.

2. 발행시장과 유통시장

발행시장은 신규 발행된 채권이나 주식이 최초로 투자자에게 매매되는 시장을 말한다. 발행시장에서는 증권발행대금이 투자자로부터 증권발행자에게 이전(조달)된다.

유통시장은 이미 발행된 증권이 (발행자와는 상관없이) 투자자들 사이에서 매매되어 소유권이 이전되는 시장을 말한다. 유통시장에서는 투자자들 사이에서 매매거래대금이 오갈 뿐 증권발행자에게 자금이 공급되는 것은 아니다.

기능상 유통시장과 발행시장으로 구분했지만 두 시장이 독립적인 별개의 시장은 아니다. 유통시장에서 증권거래가 공정하고 원활하게 이루어지지 않는다면 증권가격이 공정하게 결정되지 않고 환금성도 떨어져서 발행시장에서 증권의 신규 발행이 제약을 받게 될 것이다. 마찬가지로 발행시장에서 증권이 공정한 가격에 의해 안정적으로 발행되지 않는다면 유통시장에서도 증권가격이 안정되지 않아 원활한 거래가 이루어지지 않을 것이다.

3. 단기금융시장과 자본시장

(1) 단기금융시장(화폐시장)

단기금융시장(money market)에서는 만기(자금의 공여기간)가 1년 미만인 단기 금융상품이 거래된다. 단기금융시장에서는 단기적인 자금과부족을 해소하기 위한 거래가 이루어지는데 거래금액이 크고, 유동성이 높으며, 상대적으로 부도위험이 낮은 것이 특징이다.

단기금융시장에서는 다음과 같은 금융자산들이 거래되고 있다.

콜(call)거래는 금융기관들이 일시적인 자금과부족을 조절하기 위해 초단기로 자금을 차입(call money)하거나 대여(call loan)하는 거래이다. 금융기관 간 콜거래는 최장 만기가 30일 이내로 제한되어 있지만 실제 거래는 1일물(overnight)이 대부분이다. 콜시장에서 결정되는 콜금리는 단기금리의 지표로 활용되고 있다. 콜시장에는 은행, 증권회사, 투자신탁회사, 종합금융회사, 보험회사 등이 참여하고 있으며 거래의 대부분은 무담보 신용거래이다.

환매조건부채권(환매채)(RP 또는 Repo: Repurchase Agreement)은 일정한 기간이 경과한 후 정해진 가격으로 다시 매입하는 조건으로 채권을 매각함으로써 단기자금을 조달하는 금융수단이다. 채권보유자는 RP거래를 통해 보유채권을 매각하지 않고 유동화하여 단기자금을 조달할 수 있다. 따라서 형식적으로는 유가증권을 매매하는 거래이지만 실질적으로는 유가증권을 담보로 하여 단기자금을 차입하는 거래이다. 환매채는 만기가 매우 짧고 신용이 높은 기관들 사이에서만 거래가 이루어지기 때문에 신용위험이 거의 없는 것으로 인식되고 있다. 한국은행은 RP시장에서 국공채를 환매조건부로 매도하는 공개시장조작(open market operation)을 통해 시중 통화량을 조절하기도 한다.

양도성예금증서(CD: Negotiable Certificate of Deposit)는 은행의 정기예금에 양도성을 부여한 증서이다. CD의 최단 만기는 30일 이상으로 1개월물과 3개월물이 주종을 이루고 있다. 이자는 할인방식에 의해 선지급되며 만기에는 액면금액을 상환한다. 은행은 대출 등 자금수요에 따라 CD의 발행규모를 조절함으로써 탄력적으로 자금을 운용할 수 있다.

기업어음(CP: Commercial Paper)은 기업이 상거래와 관계없이 단기자금을 조달할 목적으로 자기 신용에 입각하여 발행하는 만기 1년 이내의 융통어음이다. 발행기업은 거래은행으로부터 지급지가 명시된 어음용지를 교부받은 후 CP를

어음할인과 CD수익률

어음할인은 어음을 보유하고 있는 개인이나 기업이 금융기관에 어음을 매각하여 자금을 융통하는 것을 말하는데 어음을 담보로 한 대출이라고 할 수 있다. 어음을 할인해 주는 금융기관은 어음의 액면금액에 할인이자율을 곱한 이자를 미리 공제(할인)한 가격에 어음을 매입한다. 따라서 어음을 할인받는 기업이 실제로 부담하는 실효이자율은 명목적인 할인이자율보다 높다.

$$\text{어음의 실효이자율} = \frac{\text{할인이자}}{\text{어음액면가} - \text{할인이자}} \times \frac{365\text{일}}{\text{어음할인기간}}$$

$$\text{할인이자} = \text{어음액면가} \times \text{어음할인이자율} \times \frac{\text{어음할인기간}}{365\text{일}}$$

판매대금으로 받은 만기 6개월, 액면가 100만원인 어음을 할인율(할인이자율) 10%로 할인받는 경우 실효이자율은 다음과 같다.

$$\text{어음의 실효이자율} = \frac{100\text{만원} \times 10\% \times 0.5}{100\text{만원} - 5\text{만원}} \times \frac{12}{6} = 10.53\%$$

어음할인으로 실제 융통하는 금액인 95만원에 대해 6개월 동안 5만원의 이자를 부담하는 것과 같으므로 실제로는 연 10.53%로 대출받는 것과 같다.

양도성예금증서(CD)도 어음과 마찬가지로 선이자가 할인된 가격으로 거래되기 때문에 CD에 투자해서 얻을 수 있는 실효수익률은 명목적인 CD이자율(할인이자율)보다 높다.

발행하고 금융기관에서 이를 할인하여 자금을 융통하며, 만기에는 거래은행의 당좌계좌를 통해 결제한다. 기업이 발행한 CP를 할인하여 매입한 금융기관은 이를 다시 투자자에게 매출하여 할인자금을 조성하게 된다. CP는 2개 이상의 신용평가기관으로부터 B등급 이상을 받은 우량기업만이 발행할 수 있다. CP의 할인과 매출은 주로 종합금융회사와 증권회사가 담당한다. 기업의 실제 상거래(외상매입 등)와 관련되어 발행되는 어음을 진성어음(환어음)이라 하는데 진

BIS 비율(BIS 자기자본비율)

국제결제은행(BIS: Bank for International Settlements)은 국제금융 안정을 목적으로 각 나라 중앙은행의 관계를 조절하는 국제협력기구이다. 국제결제은행이 규정한 자기자본비율은 금융기관의 건전성과 안정성을 측정하는 지표로 사용되고 있다.

$$\text{BIS 자기자본비율} = \frac{\text{자기자본}}{\text{위험가중자산}} \times 100\%$$

위험가중자산은 대출, 보증 등 각종 위험자산에 해당 위험가중치를 곱한 후 합한 것이다. 자기자본은 납입자본금, 이익잉여금 등의 자기자본 외에 재평가적립금, 후순위채권발행대금 등 보완자본까지 합해서 산출된다. 따라서 BIS 자기자본비율을 높이기 위해서는 대출을 줄이거나 부실채권을 매각하여 위험자산을 축소하고, 후순위채권을 발행하거나 증자를 통해 자기자본을 확충해야 한다.

BIS 자기자본비율이 8%에 미달하는 은행은 건전성을 의심받게 되고 각종 규제를 받게 되는데 이는 최소한 8%의 자기자본비율을 유지해야 거래기업의 도산 등으로 부실채권이 갑자기 늘어나서 경영위험에 빠지더라도 위기상황에 대처할 수 있다고 판단하기 때문이다.

후순위채권은 채권 발행기업이 도산할 경우 사채의 변제순위에 있어 우선주나 보통주보다는 우선하지만 다른 여타 채권보다 변제순위가 늦은 채권을 말한다. 후순위채는 발행기업의 자산과 수익에 대한 청구권이 약한 대신 투자자에게 높은 표면금리를 제시하는 것이 특징이다. 특히 중간에 변제를 요청할 수 없고 상환기간을 5년 이상으로 하기 때문에 자기자본으로 계산해주는 경우가 많다. 우리나라 은행감독규정에서는 은행들이 후순위채를 발행하면 자기자본의 50% 범위에서 채권발행액 전액을 자기자본으로 인정하고 있다. 따라서 후순위채 발행은 곧바로 자기자본비율을 끌어올리게 되며, 국제결제은행(BIS) 기준 8% 이상으로 자기자본을 확충하기 위해 대출을 회수하던 은행들의 대출여력이 후순위채 발행액의 12.5배만큼 늘어나게 된다.

성어음은 은행을 중심으로 할인거래된다.

통화안정증권은 한국은행이 시중의 통화량 조절을 목적으로 금융기관 및 일반을 대상으로 발행하는 증권이다. 통화안정증권을 발행하면 시중의 통화량이 감소하고, 반대로 통화안정증권을 상환하면 시중의 통화량이 증가하게 된다. 발행된 통화안정증권은 증권회사와 종합금융회사를 중개기관으로 하여 유통시장에서 거래된다. 통화안정증권은 BIS(국제결제은행) 자기자본비율을 계산할 때 국채와 동일하게 무위험자산으로 분류된다. 만기는 2년 이내에서 13종류(할인채 10종, 이표채 3종)가 있으나 실제로는 91일물, 182일물, 1년물, 2년물 위주로 발행되고 있다.

(2) 자본시장

자본시장(capital market)에서는 만기가 1년 이상인 장기금융상품이 거래된다. 자본시장은 간접금융방식의 장기대출시장(loan market)과 직접금융방식의 증권시장(securities market)으로 구분된다. 장기대출시장에서는 은행이나 보험회사가 예금자나 보험가입자들로부터 조성한 자금을 기업 등에게 장기로 대출해준다. 증권시장은 주식과 채권의 발행시장과 유통시장을 말한다.

자본시장은 증권시장을 의미하는 경우가 많다. 증권시장에서는 주식과 채권 이외에도 옵션과 선물 등 파생금융상품이 거래되고 있으며 외환거래가 자유화되면서 달러 등 외국환도 금융자산으로 인식되어 증권시장은 외환시장까지 포함하는 아주 광범위한 개념으로 사용되고 있다.

제 3 절* 금융환경의 변화

정치 · 경제 환경의 변화와 정보 · 통신기술의 발달은 금융과 증권투자에도 많은 변화를 가져오고 있다.

1. 금융글로벌화

세계화 또는 글로벌화(globalization)는 국가 간 무역과 금융이 자유화되어 세계가 하나의 시장으로 통합되는 현상을 말한다. 무역부문에서는 자유무역을 제한하는 규제들이 철폐되면서 세계 시장에서 최고의 경쟁력을 가진 상품과 기업만이 생존할 수 있는 상황으로 변해가고 있다. 금융부문에서는 국가 간 자본이동에 대한 규제가 완화되고, 정보 · 통신기술의 발달로 신속한 자본이동이 가능해지면서 각 나라의 금융시장은 빠른 속도로 통합되고 있다.

금융글로벌화와 관련된 금융환경의 변화는 금융자율화, 가격자유화, 금융의 증권화로 설명될 수 있는데 이들은 금융글로벌화의 원인임과 동시에 결과이기도 하다.

(1) 금융자율화(deregulation)

1920년대 말 금융공황으로부터 시작된 경제대공황(The Great Depression)을 경험한 이후 서구 각국은 금융산업을 보호하기 위해 금융산업으로의 신규 진입과 과당경쟁을 억제하는 정책을 유지하고 있었다. 대표적인 보호정책이 분업주의인데 이는 은행업, 보험업, 증권업을 구분하여 각 금융기관은 자기 영역에서만 영업활동을 할 수 있도록 규제하는 것이었다.

그러나 1980년대 초부터 미국의 레이건 정부와 영국의 대처 정부가 시장경제원리에 충실한 보수적인 경제정책을 유지하면서 경제 전반에 걸쳐 대대적인 규제완화가 이루어졌다. 그 후 이러한 두 나라의 자율화정책은 다른 나라에도 파급되었다.

한국에서도 금융산업에 대한 정부의 통제와 보호는 금융산업의 경쟁력과 자원배분의 효율성을 저하시켰다. 그러나 금융글로벌화 이후 개방된 금융시장에서 경쟁하기 위해서 정부의 통제와 규제에 대한 완화는 불가피하게 되었다. 금융자율화에 의해 금융산업의 대외개방이 촉진되고 진입제한이 완화되었으며 금융기관의 업무영역에 대한 장벽도 점차 철폐되고 있다. 방카슈랑스(bank+insurance)는 은행과 보험업 간의 장벽이 낮아진 대표적인 예이다.

(2) 가격자유화(liberalization)

새로운 금융환경에서는 금융시장 간 그리고 금융기관 간에 경쟁이 유발되고 가격은 순수한 시장원리에 의해 결정된다. 국가 간, 시장 간 자본의 이동이 자유로운 환경에서 시장의 가격기능이 무시된 채 인위적으로 결정된 금리나 환율은 차익을 노리는 국제금융자본의 공격에 노출될 수밖에 없으며 이를 방어하기 위해서는 엄청난 대가를 치러야 한다. 금리와 환율이 자유화되면 가격기능이 향상되어 자원배분이 효율적으로 이루어질 수 있다.

(3) 금융의 증권화

금융의 증권화(securitization)는 증권발행을 통한 자금조달이 증가하는 현상을 말한다. 따라서 기업의 자금조달이 대출을 통한 간접금융에서 주식과 채권의 발행을 통한 직접금융으로 전환되고 증권시장의 기능이 강화되고 있다.

금융증권화의 대표적인 사례는 주택저당채권(MBS: Mortgage Backed Securities)이다. 주택저당채권은 금융기관이 주택을 담보로 대출한 주택저당대출(mortgage loan)을 유동화회사가 매입한 후 이를 담보로 발행하는 채권이나 수익증권을 말한다. 주택저당대출을 증권화하여 유통시키면 대출자금원이 확대되어 주택자금 대출이 쉬워지게 된다.

금융증권화에는 금융기술의 발전도 큰 기여를 하고 있다. 직접금융은 정보의 수집 · 처리와 관련된 정보비용과 거래비용이 적게 들어 상대적으로 효율적인 금융방식이다. 컴퓨터와 금융기술의 발달로 적은 비용으로 새로운 금융상품과 서비스의 제공이 가능해지면서 증권화가 빠르게 진행되고 있다.

2. 금융글로벌화의 영향

금융시장의 글로벌화는 금융산업의 경쟁력이 향상되고 자원배분이 효율적으로 이루어진다는 긍정적인 효과가 있는 반면 다음과 같은 부정적인 효과도 있다.

(1) 환율의 변동성 증가

외환시장에서 환율의 결정에 정부가 개입할 수 있는 여지가 줄고, 환율이 수요와 공급에 의해 결정되면서 외국자금의 이동이 환율에 직접적인 영향을 미치게 된다. 대부분의 원자재를 수입해야 하고 수출에 의존하는 한국의 경제구조에 비추어 환율의 변동성 증가는 안정적인 경제 운용을 어렵게 할 수도 있다.

(2) 경제의 안정성 저하

투기를 목적으로 하는 국제금융자본의 이동은 경제가 취약한 국가의 경제안정을 해치고 극단적인 위기상황으로 빠지게 할 수도 있다. 특히, 금융구조가 취약한 국가는 항상 국제투기자금의 공격대상이 될 가능성이 크다. 뿐만 아니라 세계화된 경제구조에서 한 나라의 경제위기는 다른 나라로 급속하게 파급되기 때문에 세계적인 금융시스템의 교란이나 경제공황으로 이어질 수도 있다.

(3) 주가의 동조화

최근 한국의 주가지수는 외국 증권시장, 특히 미국의 다우지수(DJIA)나 나스닥지수(NASDAQ)의 흐름을 뒤따르는 경향이 있다. 국내 증시가 외국 증시를 따라서 움직이는 동조화현상은 한국의 경제구조와 정보통신기술의 발달 때문이다. 한국 경제는 수출의존도가 크기 때문에 주요 수출국의 경기에 민감한 영향을 받고 있다. 세계화에 따라 국가 간 영향력은 점차 확대되고 있으며 인터넷을 통해 외국 증시의 움직임이 국내 증시에 실시간으로 전달되고 있다. 뿐만 아니라 국내 증시에 유입된 외국자본 중 미국과 유럽계 자금의 비중이 크기 때문에 외국 증시의 분위기는 국내 증시에도 많은 영향을 미치고 있다.

주가의 동조화현상이 반복되면서 한국 주식시장이 개장하기 전에 인터넷을 통해 이미 마감된 외국의 주가동향을 확인하는 것이 주식투자자의 중요한 일과가 되고 있다. 한편 국내 증시에서 외국인이 주식을 순매수하면 주가는 상승하는 대신 환율은 하락하고, 외국인이 주식을 순매도하면 주가는 하락하고 환율은 상승하는 주가와 환율 간의 "역동조화현상"도 나타나고 있다.

3. 파생금융상품의 등장

파생자산(derivative assets)은 이미 시장에 존재하는 기초자산(underlying assets)의 가치에 따라 파생적으로 가치가 결정되는 자산이다. 기초자산으로는 일반상품(곡물, 광물 등)과 금융상품(주식, 주가지수, 채권, 외국환 등)이 있다. 파생금융상품은 금융상품을 기초자산으로 하는 파생자산을 말한다. 금리, 환율 등의 가격이 자유화되면 가격변동성과 위험도 증가하게 마련이다. 가격변동성과 위험의 증가는 투기거래자에게는 투기이익을 얻을 수 있는 투기거래 기회를 제공하는 동시에 이러한 위험에 노출된 기업과 투자자들에게는 위험관리의 필요성이 생겨난다. 이러한 시장의 필요에 의해 선물(先物: futures), 옵션(options) 등의 다양한 파생금융상품이 등장하고 그 시장규모도 빠른 속도로 성장하고 있다(선물은 제12장, 옵션은 제13장에서 설명된다).

파생금융상품은 고위험-고수익의 투기거래와 기초자산의 가격위험을 관리하는 수단으로 다양하게 사용된다. 파생금융상품을 이용하여 기초자산과 파생금융상품을 결합하여 다양한 투자성과를 가져다주는 새로운 금융상품을 설계할 수 있게 되었으며, 이러한 분야를 금융공학(financial engineering)이라고 한다. 파생금융상품의 설계와 가치평가에는 정교한 수학 모형이 사용되기 때문에 금융공학자를 지칭하는 로케트 과학자(rocket scientists)라는 용어도 생겨나게 되었다.

4. 제4차 산업혁명과 핀테크(FinTech)

전통적으로 증권거래는 증권회사 객장을 방문하거나 전화로 주문을 하는 방식이었으나 정보통신기술(ICT: Information and Communication Technology)의 발달로 온라인 주식거래가 대세가 되었다. 온라인 증권거래(online trading) 또는 사이버 증권거래(cyber trading)란 인터넷을 이용한 증권거래를 말한다. 투자자는 증권회사의 HTS(home trading system)를 통해 시간과 공간의 제약 없이 투자정보를 얻고, 낮은 거래비용으로 거래할 수 있게 된 것이다. 더 나아가 스마트폰의 대중화로 인해 증권거래 앱(App.)을 통해 MTS(mobile trading system)를 이용하는 것도 가능해졌다.

이러한 금융과 기술의 결합현상을 핀테크(FinTech)라고 부르기도 한다. 핀테크(FinTech)는 Finance(금융)와 Technology(기술)의 합성어로, 금융과 ICT의 융합을 통한 금융서비스 및 산업의 변화를 통칭한다. 기본적으로 금융을 중심에 두고 ICT가 금융사업을 돕는 것으로 시작해서 ICT를 통한 혁신이 금융산업을 뒤흔드는 수준에 이르기도 한다.

금융을 기능별로 나누어 해당 현상을 아래와 같이 살펴보았다.

(1) 지급결제 및 송금

지급결제 및 송금 분야는 일반 금융소비자가 가장 친숙한 분야이다. 전통적인 카드회사에서 앱카드를 출시하는 것은 가장 기본적인 현상이다. 또한 '삼성페이'와 '애플페이' 같은 하드웨어 기반 모바일 간편결제 서비스부터 '카카오페이'와 '네이버페이' 같은 앱 기반 간편결제 서비스까지 다양한 서비스가 나왔다. 더 나아가면 '비트코인'과 같은 암호화폐도 통화로써 지급결제를 근본적으로 바꾸고자 하는 목표를 가지고 있다.

(2) 예금 및 대출

예금 및 대출을 담당하는 은행들에도 많은 변화가 감지되고 있다. 물리적 점포가 필요없는 인터넷전문은행이 등장하였다. 한국에도 2017년 케이뱅크와 카카오뱅크가 출범하였으며, 2021년 6월에는 세 번째 은행으로 토스뱅크에 대한 본인가가 의결되었다. 2021년 8월 카카오뱅크는 상장되자마자 바로 은행업 시가총액 1위 기업이 되었다.

대출에서는 온라인 플랫폼을 기반으로 하는 P2P 대출(peer-to-peer lending) 회사들이 출현하였다. 기존 은행과 달리 투자금 모집과 대출 신청 및 집행을 모두 온라인 플랫폼에서 처리한다. 투자하는 고객에게는 은행보나 높은 이자를 돌려주면서도 대출받는 고객한테는 더 저렴한 이자로 빌려주는 것이 가능하다.

(3) 자산관리 및 투자

자산관리 및 투자 분야에도 다양한 ICT 기술들이 결합되고 있다. 인공지능을 활용하여 투자자문을 하는 로보어드바이저(robo-advisor)가 개발되어 현업에서 사용되고 있다. 개인 자산관리 플랫폼 사업자들도 출현하였다. 이들은 고객의 동의를 받아 여러 금융기관에 흩어진 금융자산 정보를 한 곳에 모아 관리할 수 있도록 해준다. 고객은 자신의 자산을 한 번에 파악하고 자기에게 적합한 금융상품도 자동으로 추천받을 수 있다. 여기에 빅데이터 기술이나 인공지능 기술이 활용된다.

(4) 자본조달

기존 기업들은 증권발행을 통해 투자자들에게서 자금을 조달하는 방식을 주로 사용하였으며 여기에 증권회사가 주관사로서 업무를 대행하였다. ICT 발달로 자금을 필요로 하는 수요자가 온라인 플랫폼 등을 통해 불특정 다수 대중에게 자금을 모으는 방식인 **크라우드펀딩**(crowdfunding)이 출현하였다. **ICO**(initial coin offering)은 사업자가 블록체인 기반의 암호화폐 코인을 발행하고 이를 투자자들에게 판매해 자금을 확보하는 방식이다. 코인이 암호화폐 거래소에 상장되면 투자자들은 이를 사고팔아 수익을 낼 수 있다. 암호화폐 공개가 기업공개(IPO, initial public offering)와 다른 점은 공개 주간사가 존재하지 않고 사업주체가 직접 판매한다는 것이다. IPO처럼 명확한 상장 기준이나 규정이 없기 때문에 사업자 중심으로 ICO 규정을 만들 수 있어 상당히 자유롭게 자금을 모집할 수 있다. 한국에서는 ICO가 아직 허용되지 않고 있다.

(5) 보 험

마지막으로 보험 관련 분야이다. 보험을 이용하려면 증빙서류가 많아 복잡하고 시간이 많이 소요되는 것 때문에 어려워하는 경우가 많은데 핀테크 기업들은 보험청구 서비스에서 혁신을 통해 소비자에게 편의를 제공하고 있다. 또한 빅데이터 기술을 이용하여 가입자에게 상담을 하고 적합한 보험상품을 비교하고 추천하는 서비스를 제공한다. 개개인의 특성에 맞는 보험상품을 설계하여 추천해주기도 한다.

지금까지 살펴본 바와 같이 앞으로도 계속해서 ICT 기술과 핀테크 기술(인공지능, 빅데이터, 블록체인 등의 기술)이 획기적으로 발전하고 본격적으로 활용되면서 이러한 추세는 더욱 가속화될 것이다. 이러한 혁신은 고객과 증권회사와의 관계, 증권회사의 경영전략, 증권투자 패턴 등에도 많은 변화를 가져올 것이다.

부 록: 세계 경제의 역사적 흐름

자본과 무역이 모두 외국에 개방된 대표적인 개방경제인 한국 경제는 세계 경제의 움직임에 많은 영향을 받고 있기 때문에 세계 경제의 역사적 흐름을 이해하는 것이 중요하다.

1. 경제대공황과 금융규제

20세기 초 산업혁명 이후의 유럽과 신생 대륙 미국의 시대정신은 자유주의라고 할 수 있다. 자유주의 경제체제의 핵심은 '개인은 각자의 책임하에 자유로운 경제활동이 보장되고, 정부는 최소한의 역할만을 한다(작은 정부)'는 것이다.

1929년 미국에서 시작된 경제대공황(the great depression) 이후 자유주의는 쇠퇴하고 특히 금융부문에 정부의 간섭과 규제가 많아졌는데 그 이유는 금융업에 대한 느슨한 규제와 과도한 경쟁이 경제대공황의 원인이라고 판단했기 때문이다. 대표적인 금융규제가 분업주의인데 이는 은행, 보험, 증권회사들이 각기 자기 영역에서만 영업활동을 하도록 제한함으로써 금융업종 간 과도한 경쟁을 방지하여 금융업의 안정성을 확보하기 위한 조치였다. 이 밖에도 금리와 환율이 시장기능이 무시된 상태에서 결정되는 경향이 있었다.

2. 신자유주의와 경제개혁

1980년대에는 장기간의 규제와 가격통제에 의해 누적된 경제적 비효율을 개선하려는 움직임이 미국의 레이건 대통령과 영국의 (철의 여인으로 불리어지는) 대처 수상에 의해 자유주의에 의한 경제개혁으로 시작되어 전 세계로 전파되었다. 당시의 시대정신을 흔히 '신자유주의'라고 하는데 그 이유는 시대적인 상황의 차이점을 고려해서 20세기 초의 고전적인 자유주의와 구분하기 위한 것이다. 1980년대의 경제개혁은 규제완화와 가격자율화, 민영화 등으로 대표될 수 있다.

금융업에 대한 영업규제가 완화되면서 은행이 보험업을 겸하고(방카슈랑스), 증권회사가 제한적이지만 예금상품을 취급하는 등 금융업종 간 겸업이 가능하게 되었다. 이는 1930년대 경제대공황 이후에 시행된 분업주의와 정면으로 대립되는 것이다. 금리와 환율은 시장에서 수요 공급에 의해 자율적으로 결정되고, 유럽에서는 국유화되었던 기업들이 경쟁력과 효율성 회복을 위한 목적으로 민영화되었다.

3. 신경제

미국에서는 1980년대 후반부터 10년 이상 장기간 호황이 지속되었는데 당시 미국의 장기 호황은 전통적인 경제이론으로는 설명할 수 없으며 새로운 경제 파라다임에 의한 것이라는 의미로 신경제(new economy)라는 용어가 등장하였다. 신경제는 다음과 같은 선순환구조로 설명될 수 있다. 정보기술(IT)에 대한 투자의 증가 → 급격한 기술혁신 → 생산성의 증가와 주가 상승 → 부의 효과(wealth effect)에 의한 소비의 증가 → 기업매출의 증가 → 고용의 증가.

4. IT 버블 붕괴와 금융위기의 시작

그러나 2000년 미국에서 IT 거품(bubble)이 붕괴되고 선순환의 고리가 깨지면서 주가가 급락하고, 소비심리가 위축되면서 기업의 매출이 감소하고 고용이 감소하는 악순환의 구조로 전환되면서 불황을 겪게 되는데 당시의 불황을 '신경제의 후퇴'라고도 한다.

이러한 불황을 극복하기 위해 미국의 연방준비은행(Federal Reserve)은 1%라는 초저금리로 은행에 유동성을 공급했으며, 은행은 대출금리를 낮추고, 대출기준을 완화하였다. 그 결과 상환능력이 부족한 사람들에게도 주택구입을 위한 대출(서브프라임대출)이 이루어졌다. 주택가격이 오를 것이라는 기대하에 주택을 구입하고, 실제 주택가격이 상승하면서 더 많은 사람들이 대출을 받아 주택을 구입하는 부동산 거품이 생기기 시작하였다.

5. 서브프라임 모기지 위기

풍부한 달러로 달러가치가 하락하면서 원유, 곡물 등 달러로 표시되는 모든 상품의 가격이 상승하게 되었다. 인플레이션 압력 때문에 미국이 더 이상 저금리정책을 유지할 수 없게 되었고, 금리가 인상되면서 상환능력이 없이 대출받아 주택을 구입한 소비자들이 집을 매물로 내놓기 시작하면서 주택가격은 하락하기 시작하였고, 주택가격 하락으로 더 많은 주택이 시장에 매물로 나오는 악순환이 시작되었다.

부동산 거품이 붕괴되면서 2007년에 시작된 서브프라임 모기지(sub-prime mortgage) 위기는 소비자들에게 모기지(부동산담보대출)를 제공한 금융기관으로부터 서브프라임 모기지증권과 이에 관련된 파생상품에 투자한 금융기관으로 전파되고 월가의 중심부까지 파급되었다. 월가의 붕괴는 2008년 9월 미국 4대 투자은행 가운데 하나인 리먼브러더스(Lehman Brothers)의 파산으로 정점에 이르렀다.

금융체제가 붕괴될 것을 우려한 미국 금융당국은 국책 모기지업체를 국유화하고 막대한 공적자금을 투입하여 이미 가치가 급락한 모기지증권을 금융기관으로부터 매입해줌으로써 곤경에 처한 금융기관을 구제하려 하였다. 그러나 금융위기는 더욱 악화되어 은행 간 거래가 중단되고 2008년 10월 중순에는 미국의 주요 은행들이 지급불능사태에 빠지게 되자 은행 간 급격한 합병이 발생하고 미국 금융당국은 긴급자금을 투입하여 부실 금융기관을 구제하기에 이르렀다.

6. 미국발 금융위기의 확산과 실물경제의 위축

미국에서 시작된 금융위기는 전 세계로 확산되었는데 이는 미국의 달러가 기축통화(vehicle currency)이며 세계 경제에서 가장 큰 영향력을 가지고 있었기 때문이다. 그동안 엄청난 국제자본에 의존해 급성장하던 아이슬란드는 2008년 10월 6일 실질적인 국가 부도사태의 선언과 함께 금융체제가 붕괴되면서 급격한 생활수준의 하락과 함께 장기간의 고통에 접어들게 되었다.

미국발 금융위기로 중남미와 동유럽 국가들도 외환부족으로 위험에 처하게 되었다. 심지어 튼튼한 경제와 충분한 외환보유고를 가지고 있는 한국도 미국과의 300억달러 통화스왑협정을 통해 위기를 모면할 수 있었다. 통화스왑(currency swap)이란 필요시 한국이 원화를 지급하여 미국의 달러를 빌리고 일정 기간 후 다시 갚는 거래로 이는 실질적인 외환보유고의 증가는 물론 국제금융시장에서 한국 경제에 대한 믿음을 증가시키는 효과가 있다.

금융위기로 미래에 대한 불확실성이 증대되자 그러지 않아도 부진하던 실물경제도 급격하게 위축되었다. 대표적인 예로 그동안 판매부진에 시달리던 GM, Ford, Chrysler와 같은 미국의 대표 기업들이 유동성 위기를 모면하기 위해 미국 정부의 구제금융에 의존해야 하는 지경에 이르렀다.

7. 유로존의 위기

유로존(Eurozone)은 유럽연합(EU)의 단일화폐인 유로(Euro)를 국가 통화로 도입하여 사용하는 19개 국가와 지역을 말한다. 이들 국가 중 일부는 극심한 재정적자로 국채상환이 어렵게 되거나 부동산 버블 등의 이유로 은행의 부실이 심해지는 등 경제위기가 발생하였다.

8. 제4차 산업혁명

2016년 세계경제포럼(WEF: World Economic Forum)에서 '제4차 산업혁명'이란 용어가 처음 언급되었으며 이후 세계적으로 큰 화두가 되었다. 제4차 산업혁명은 인공지능(AI), 사물 인터넷(IoT), 클라우드 컴퓨팅, 빅데이터, 모바일 등 첨단 정보통신기술(ICT)이 기존 산업과 서비스에 융합되거나 신기술과 결합되어 혁신적인 변화가 나타나는 산업혁명을 지칭하며, 초연결(hyper-connectivity)과 초지능(super-intelligence)을 특징으로 한다.

9. 코로나19 팬데믹

2019년 12월 중국 후베이성 우한시에서 처음 확인된 코로나바이러스감염증-19(COVID-19)가 전 세계적으로 퍼져나갔다. 세계보건기구(WHO)는 2020년 1월에 국제적 공중보건 비상사태를 선언하였고, 3월에는 팬데믹(pandemic) 즉 세계적 범유행으로 격상시켰다. 팬데믹으로 인한 경제활동의 위축을 우려하여 세계 각국은 확장 재정정책을 대대적으로 시행하였다. 미국은 경기부양 및 지원패키지로 GDP의 약 25%를 지출하였다. 각국 중앙은행들도 대폭 기준금리를 인하하여 이에 동조하였다.

이런 확장 재정정책은 수요를 안정화하고 기업의 지불능력을 유지하는 데는 도움이 되었다. 하지만 2022년에 접어들면서 자산가격의 폭등으로 인한 인플레이션 문제가 각국에서 발생하였다. 거기에다 주요 자원수출국인 러시아와 우크라이나 간에 전쟁이 발발하면서 세계 자원 및 에너지 가격이 급등하는 현상도 발생하였다. 많은 나라들이 인플레이션으로 고통받았으며 이를 해결하기 위해 재정을 축소하고 금리를 인상하는 과정에서 다시 한 번 고통을 받았다.

10. 자본주의의 미래

반복되는 경제위기를 겪으면서 시장 중심의 자본주의에서 발생한 문제점들과 건강하게 지속적으로 발전 가능한 자본주의의 미래에 대해 많은 논의가 진행되고 있다. 금융에 대한 과도한 규제완화가 부실한 위험관리와 나아가서 불안정한 금융 시스템의 원인이 아닌가? 과도한 시장 중심의 경제체제(또는 시장만능주의)가 소득 불균형을 심화시키고 고착시키지 않았나? 소득불균형을 완화하면서도 지속적인 성장이 가능한 경제시스템은 무엇인가?

2 증권발행

미리보기

제2장에서는 증권이 발행되는 과정과 발행주식의 종류와 특징 등이 설명된다. 증권발행은 직접금융방식에 의한 금융시스템의 시발점이라고 할 수 있다. 기업의 입장에서 증권발행은 직접금융을 통한 자금조달과 기업활동의 시작을 의미한다. 투자자의 입장에서 증권투자는 발행증권을 인수하는 것으로부터 출발한다. 따라서 효율적인 금융과 투자행위를 통해 기업이 성장하고, 투자자는 부를 축적하고, 나아가서 국가경제가 성장하고 발전하기 위해서는 공정하고 효율적인 증권발행이 선행되어야 한다.

증권발행시장 제1절

증권발행시장에서는 자본을 필요로 하는 증권발행자가 증권을 신규로 발행·매각하여 장기자본을 조달한다. 증권발행시장은 증권발행자와 투자자 사이에서 증권과 대금이 최초로 교환되고, 발행자에게 자금이 직접 공급된다는 점에서 1차시장(primary market) 또는 신규증권시장(new issue market)이라고 한다. 증권발행시장은 발행자와 투자자, 그리고 발행기관으로 구성되어 있다.

1. 발행자

증권시장에서 기업은 주식과 회사채를, 정부와 지방자치단체는 국공채를, 공기업과 특수은행은 특수채와 금융채를 발행하여 자금을 조달한다.

2. 투자자

투자자는 신규로 발행되는 증권의 매입자인 동시에 자금의 공급자이다. 투자자는 개인투자자, 기관투자가, 외국인 투자자로 구분된다.

개인투자자는 자산의 증식 또는 기업의 지배를 목적으로 증권에 투자하는 개인을 말한다. 그 수가 많고 투자자본의 규모가 비교적 작기 때문에 "개미군단"이라고도 한다.

기관투자가는 일반투자자들의 투자자본을 결집하여 전문적으로 투자관리를 해주는 법인을 말하며 이들은 자산운용에 있어서 타인자산에 대한 선의의 관

엔젤투자자와 벤처캐피탈

엔젤투자자(angel investor)란 기술력은 있으나 자금이 부족한 창업 초기의 벤처기업에 자금지원과 경영지도를 해주는 개인투자자를 말하는데 이들의 모임을 “엔젤그룹”이라고도 한다. 엔젤투자자는 개인이 자기 책임하에 벤처기업의 기술력과 장래성을 보고 무담보로 투자하는 것이므로 신기술사업금융회사나 창업투자회사 등 벤처캐피탈과는 다르다. 또 자금을 대여하는 것이 아니라 지분을 갖고 자본참여를 한다는 점에서 사채업자와도 다르다.

벤처캐피탈(VC: venture capital)이란 위험성은 크나 높은 수익이 예상되는 사업에 투자하는 자금을 뜻한다. 창업투자회사 혹은 모험자본으로 불린다. 즉 장래성은 있으나 자본과 경영기반이 취약해 일반 금융기관에서 융자를 받기가 어려운 기업에 대해 창업 초기단계에 자본참여를 통해 위험을 기업가와 공동 부담하고 자금, 경영관리 등을 종합적으로 지원함으로써 높은 이득을 추구하는 자본 또는 금융활동을 의미한다. 투자자는 당해 기업의 주식을 공개(Initial Public Offering)함으로써 수익을 올린다. 융자를 위주로 하는 기존 금융기관과는 달리 자금지원을 넘어 투자기업을 위한 경영컨설팅 기능을 담당하기도 한다.

-시사경제용어사전(2019.07)

리자로서 의무를 다 하여야 한다. 기관투자가들은 대규모의 자금을 전문적인 지식을 활용하여 운용하기 때문에 이들의 투자행위는 증권시장에 많은 영향을 미치고 있다.

기관투자가들은 상장법인으로부터 받은 배당소득과 국공채 이자에 대한

기관투자가의 특성과 역할

① 자금운용규모가 크고 내재가치 중심의 장기적인 투자를 하기 때문에 증권가격안정에 기여할 수 있다.
② 전문적인 지식과 경험에 의한 투자의사결정으로 투자정보가 신속하고 정확하게 반영되어 공정한 증권가격을 형성하는 데 기여할 수 있다.
③ 능동적인 주주의 역할을 함으로써 투명하고 효율적인 기업경영에 기여할 수 있다.
④ 그러나 막대한 자금을 이용한 주가의 인위적 조작이나 내부정보를 이용한 내부거래로 시장을 교란시키고 일반투자자에게 피해를 줄 수도 있다.

법인세 감면혜택을 받고 있다. 법인세법상 기관투자가로 지정된 기관들로는 증권회사, 보험회사, 은행, 투자신탁, 뮤추얼펀드, 각종 연금과 기금, 공제회가 있다.

외국인 투자자는 해외 자본을 국내로 반입하여 증권투자에 참여하는 투자자를 말한다. 자본시장이 통합되고 개방이 확대됨에 따라 외국인 투자자가 증권시장에 미치는 영향이 점차 증대되고 있다.

3. 발행기관

증권발행기관은 증권발행에 관련된 사무를 담당하고, 증권을 인수하여 투자자에게 매도하는 증권회사와 종합금융회사를 지칭한다. 발행자의 입장에서 증권발행은 자주 있는 일상적인 일이 아니며, 법적 · 제도적으로도 전문성이 요구되는 업무이기 때문에 발행기관의 역할이 필요하다.

신규로 발행된 증권이 발행시장에서 완전히 매각(소화)되지 않으면 발행기업은 계획했던 자금을 조달하지 못할 뿐만 아니라 기업의 이미지가 손상되는 이중의 위험에 처하게 된다. 이러한 위험을 발행위험이라고 한다. 발행자의 입장에서 증권의 발행시점과 가격을 결정하는 데 발행기관의 전문적인 경험과 지식을 활용한다면 발행위험을 미리 방지할 수도 있고, 발행증권을 발행기관에 인수시킴으로써 발행위험을 전가할 수도 있다. 발행증권의 가격을 낮게 책정하면 시장에서 매각(소화)은 쉽게 되겠지만 자칫하면 발행자의 자산이 헐값에 매각되어 손해가 발생할 수도 있다. 반대로 너무 높게 책정된 가격에 증권이 발행되면 시장에서 발행물량이 전부 매각(소화)되지 않거나 발행 후 가격이 하락하여 증권을 매입한 투자자에게 투자손실이 발생할 위험이 있다. 따라서 투자자의 입장에서도 믿을 만한 전문 발행기관의 존재는 필요한 것이다.

일반적으로 신규 발행된 증권은 일단 발행기관이 발행물량의 일부 또는 전부를 인수한 후에 이를 다시 최종투자자에게 나누어서 매각(분매)하게 된다.

(1) 인수(underwriting)

간사회사는 유가증권 발행시장에서 발행회사와 협의를 거쳐 당해 유가증권(주식, 사채)의 모집, 주선, 인수업무에 따른 제반 사무를 주관하는 증권회사를 말한다. 간사회사는 당해 발행증권의 타당성 여부, 소화 가능성, 발행시기, 발행조건 등을 발행회사와 협의하여 결정하고 인수단과 청약기관을 구성하게 된다. 복수의 증권회사 간사단을 구성하는 경우 그중 주식이나 채권의 인수수량이 가장 많고 중심 역할을 하는 것이 주간사회사(lead manager)이다.

발행증권을 한 발행기관이 단독으로 인수하는 경우에는 자금부담이 크고, 인수한 증권이 투자자에게 완전히 매각되지 않을 경우에는 많은 위험을 부담하게 된다. 따라서 자금부담과 발행위험을 분산시키기 위해 인수단을 구성하여 공동으로 인수를 한다.

(2) 분 매

분매(distribution)는 인수한 증권을 일반투자자들로부터 청약을 받아서 판매하는 것을 말하며 주로 증권회사가 이를 담당한다. 분매에만 참여하는 분매기관(청약기관)은 매출하지 못한 잔여 증권을 인수할 의무가 없기 때문에 인수

그림 2-1

증권발행시장의 구조

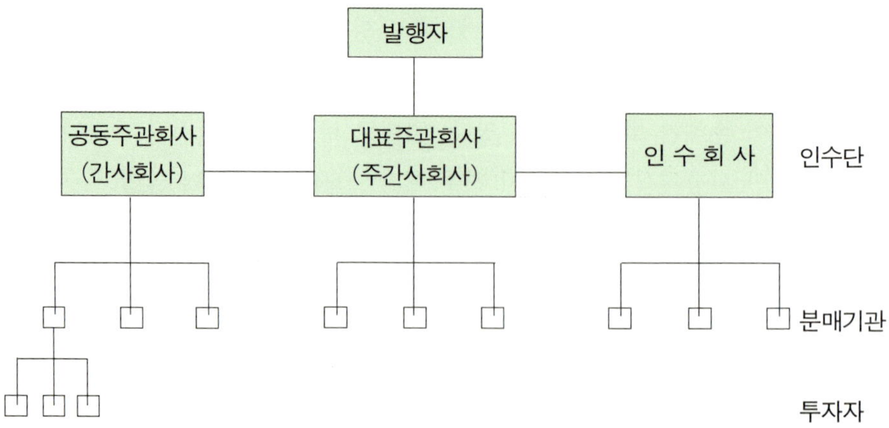

금융기관의 구분

금융업은 업종에 따라 은행업, 보험업, 증권업으로 구분하고 있다. 은행업이 보험업, 증권업과 구분되는 가장 중요한 차이는 여·수신기능(예금을 유치하고 대출해주는 업무)과 지급결제기능이다. 이러한 은행의 고유 업무는 통화를 창출해내는 역할을 하기 때문에 은행을 금융의 중심으로 보며 은행을 '제1금융권'으로 구분하기도 한다. 저축은행이나 증권회사는 여수신업무는 수행하지만 지급결제기능이 없기 때문에 '제2금융권'이라고 한다. 하지만 지금은 증권회사도 제한적이나마 지급결제기능을 수행하고 있으며 점차 그 기능과 역할이 확대되는 추세에 있다.

우리가 보통 말하는 은행은 여·수신업무를 수행하는 상업은행(commercial banking)을 의미한다. 은행의 주된 수익원은 여신(대출)금리와 수신(예금)금리의 차이, 즉 '예대마진'이다.

투자은행(IB: investment banking)은 유가증권을 발행해 장기자금을 조달하려는 자금수요자(주로 기업)와 자금공급자인 투자자를 연결해주는 중개기능을 주 업무로 하는 증권인수업자를 말한다. 투자은행의 전통적인 업무는 증권의 발행과 유통, M&A 등이다. 그러나 최근에는 고객의 주식거래 자체 중계, 부동산 프로젝트파이낸싱(PF) 등의 거액 대출, 자회사를 통한 헤지펀드 운용 등 새로운 영역으로 다양하게 진화하고 있다.

현재 한국에는 IB 업무만을 전담하는 금융회사는 없으며 증권사의 기업금융 · 자기자본 투자 파트, 은행과 보험사의 일부 부서가 IB 업무를 담당하고 있다. 국제금융시장에는 Goldman Sachs, Credit Suiss(CS), UBS, JP모건, 노무라 등과 같은 초대형 IB가 활동하고 있다. 한국에서도 세계적 투자은행들과 국제금융시장에서 경쟁할 수 있는 대형 IB를 육성하는 일이 절실하다.

단과는 달리 발행위험을 부담하지 않는다.

증권의 발행과정을 설명의 편의를 위해 인수와 분매로 구분했지만 실제로는 인수단이 분매기능도 겸하는 것이 보통이다.

제 2 절 증권발행방법

1. 직접발행과 간접발행

증권발행에 관련된 일체의 발행사무와 발행된 증권이 투자자에게 모두 인수되지 않고 남는 위험인 발행위험을 누가 부담하느냐에 따라 직접발행과 간접발행으로 나뉘어진다.

(1) 직접발행

직접발행은 발행자가 직접 발행사무를 담당하고 발행위험도 모두 부담하는 방식이다. 발행사무 절차가 전문적이고 발행위험에 대한 부담이 크기 때문에 실제로는 잘 활용되지 않는다. 다만 발행규모가 작고 소화에 무리가 없거나 회사설립 시에 활용된다.

(2) 간접발행

간접발행은 수수료를 지급하여 발행사무와 발행위험을 발행기관에 부담시키는 방식이다. 금융환경이 복잡해지고 발행업무에 전문성이 요구됨에 따라 대부분 간접발행방식이 활용된다. 간접발행은 발행기관의 발행위험 부담정도에 따라 다시 위탁모집, 잔액인수, 총액인수의 3가지 방식으로 구분된다.

① 위탁모집(best effort offering), 모집주선

발행기관은 모집에 최선을 다하지만, 소화되지 않은 증권은 발행자에게 반납함으로써 발행위험은 부담하지 않는 방식이다. 따라서 발행위험은 최종적으로 발행자가 부담하게 된다.

② **잔액인수**(stand-by agreement)

발행기관은 발행총액을 일단 인수받아 모집을 담당하지만 일정 모집기간까지 소화되지 않은 증권은 발행자와 미리 약정한 가격(일반투자자보다는 낮은 가격)으로 인수하는 방식이다. 발행기관은 발행총액에 대한 인수수수료와 판매량에 대한 판매수수료를 보수로 받게 된다.

③ **총액인수**(firm commitment underwriting)

발행기관이 발행증권 전부를 자기 자금으로 인수한 후, 이를 일반투자자에게 매각하는 가장 흔히 사용되는 방식이다. 총액인수를 위해서는 많은 자금이 필요하고, 소화되지 않은 잔량까지 책임을 져야 하므로 자금부담과 발행위험을 분산시키고 매출을 원할히 하기 위하여 여러 발행기관이 공동으로 인수단을 구성하는 것이 보통이다.

인수기관은 최종투자자가 지급하는 판매가격과 발행자에게 지급하는 인수가격의 차이를 보수로 받게 된다. 총액인수방식에서는 발행기관이 발행위험을 전부 부담하므로 인수가격이 낮게 책정되는 경향이 있다.

2. 공모발행과 사모발행

투자자를 모집하는 방법에 따라 공모발행과 사모발행으로 나뉘어진다.

(1) 공모발행

공모발행(公募: public offering)은 공개모집을 통해 일반투자자를 상대로 증권을 발행하는 방식이다. 공모방식에 의한 주식발행은 주주할당과 일반공모로 구분된다.

그림 2-2

공모 청약안내

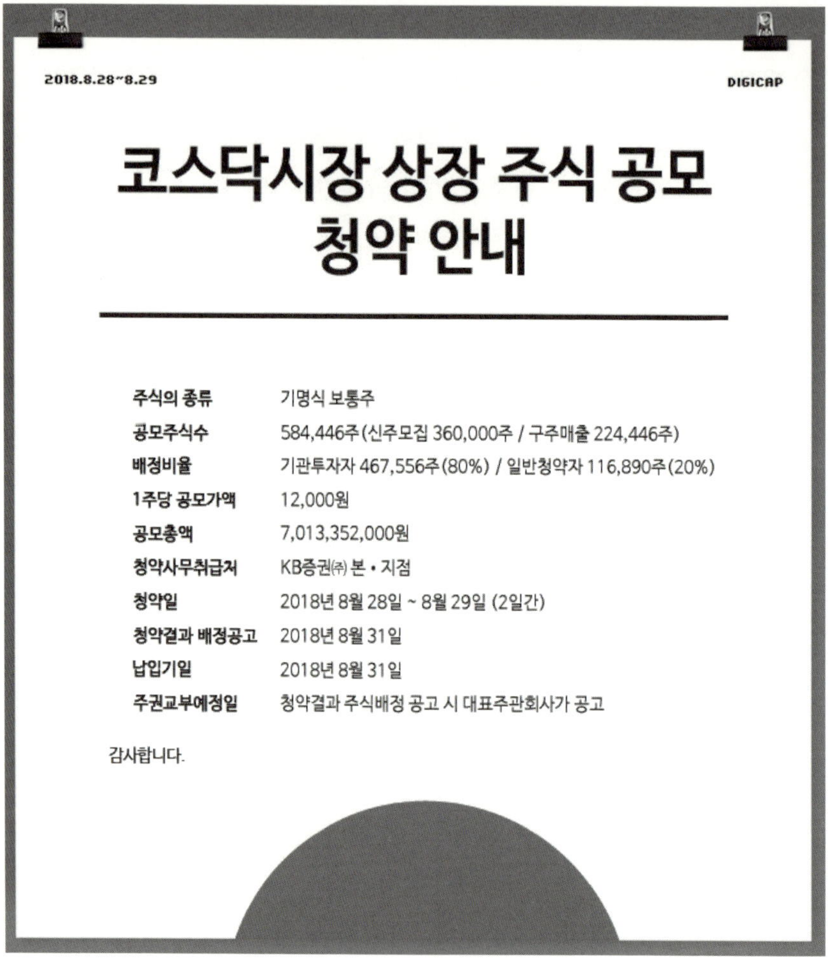

① **주주할당**(rights offering)

주식발행 시 기업의 주주들에게 지분 비례대로 신주인수권(rights)을 발행하여 발행주식을 인수할 수 있는 권리를 제공하는 방식이다.

② **일반공모**(general cash offer)

일반투자자들을 광고로 공개모집하여 발행증권을 인수시키는 방식이다.

공모발행은 발행증권이 일부 투자자에게 매점되는 것을 방지하고 투자자층을 넓힐 수 있는 장점이 있는 반면, 발행절차가 복잡하고 발행된 증권이 전부 소화되지 못하는 발행위험이 존재한다.

(2) 사모발행

주식의 사모발행(私募: private placement)은 기업의 발기인, 구주주(기존 주주), 임원, 종업원 등 기업과 특수관계에 있는 연고자에게 사적(私的)으로 발행주식을 인수시키는 비공개모집방식을 말한다. 채권의 사모발행은 국공채를 중앙은행이 인수하거나, 회사채를 특정 보험회사가 인수하는 경우를 말한다. 이때 발행조건은 발행자와 인수자가 협의하여 결정한다.

사모발행은 절차가 간단하고 짧은 시간에 적은 비용으로 모집할 수 있는 장점이 있는 반면, 제한된 투자자만을 대상으로 발행하므로 소화능력에 한계가 있는 단점도 있다.

대기업 사모채 발행의 숨은 뜻

사모사채는 신용도 저하로 공모채 발행이 어려워 달리 자금을 조달할 방법이 없는 기업들이 많이 발행한다. 공모채 수요를 찾기 어려운 BBB급 이하 기업 또는 건설이나 해운과 같이 대기업 그룹 계열사이지만 위험 업종 기업들이 여기에 속한다. 이들 기업은 공모채를 발행하고 싶어도 주관사와 인수단을 찾기 쉽지 않아 사실상 사모사채 밖에는 선택의 방법이 없다. 한편, 공모채 발행이 가능한 우량 기업들도 사모채를 발행하는 경우가 있는데, 특정 기관투자자가 채권 발행을 요청하거나 갑작스러운 자금 부족이 발생해 짧은 시간 내에 채권을 발행해야 하는 경우 등을 예로 들 수 있다.

기업의 사정이야 어찌됐건 채권시장 참가자들은 우량 기업의 사모사채 발행을 대개 부정적으로 인식한다. 증권신고서 제출, 기업실사 등의 공모 절차를 회피하려는 경우, 경영 현황 등에 대한 기업 정보 공개를 꺼리는 경우, 공모채 수요예측을 통해 결정되는 금리가 상대적으로 높을 것으로 예상되는 경우 등이다.

3. 크라우드펀딩

크라우드펀딩은 군중 또는 다수를 의미하는 영어단어 크라우드(crowd)와 자금조달을 뜻하는 펀딩(funding)을 조합한 용어로, 창의적 기업가를 비롯한 자금수요자가 인터넷 등의 온라인상에서 자금모집을 중개하는 자(온라인소액투자중개업자)를 통하여 불특정 다수의 소액투자자로부터 자금을 조달하는 행위를 의미한다.

주요 유형은 자금모집 및 보상방식 등에 따라 ① 후원 · 기부형, ② 대출형, ③ 증권형의 세 가지 유형으로 구분되는데, 특히 자금조달이 어려운 신생 · 창업기업 등에 대한 원활한 자금 공급을 위해 자본시장법을 개정하여 증권형 크라우드펀딩을 도입, 제도화하였다. 증권형 크라우드펀딩을 허용하기 위한 자본시장법 개정안이 2015년 7월 6일 국회를 통과하였으며, 2016년 1월 25일 시행되어 온라인소액투자중개업자라는 이름으로 제도권 안에 들어오게 되었다. 이 법률에는 발행자의 자격 및 조달금액 범위, 투자자의 1인당 투자한도, 온라인소액투자중개업자의 자격 등을 규정하고 있다.

크라우드펀딩을 통해 증권을 발행하여 자금을 조달할 수 있는 자(발행인)는 원칙적으로 비상장 중소기업으로서 창업 후 7년 이내인 기업이다. 단, 기술개발에 초기 시간이 소요되는 벤처기업, 기술혁신형 · 경영혁신형 중소기업 등은 업력 제한없이 가능하다. 금융위원회는 2020년 10월 규정개정을 통해 크라우드펀딩을 통한 증권의 발행한도를 기존 연 15억원에서 30억원으로 확대하였

자금모집 및 보상방식에 따른 구분

종 류	자금모집방식	보상방식	주요 사례
후원 · 기부형	후원금 · 기부금 납입	무상 또는 비금전적 보상	문화 · 예술 · 복지 · 아이디어 상품
대출형	대출계약	유상(이자)	자금이 필요한 개인, 사업자
증권형 (투자형)	증권(주식 · 채권) 발행	유상(배당금, 이자 등)	창업 초기기업

다. 또한, 크라우드펀딩 프로젝트투자 대상사업을 확대하였다. 기존은 크라우드펀딩을 통한 프로젝트투자 대상사업이 ①문화산업, ②신기술 개발, ③산업재산권 창출 등으로 제한되어 있었지만, 대상사업을 네거티브 방식으로 개선하여 금융·보험업, 부동산업 및 유흥업 등 일부 업종을 제외한 모든 분야가 가능하게 되었다. 크라우드펀딩 프로젝트투자의 중소기업 지분비중을 완화하였다. 기존에는 중소기업이 프로젝트사업을 위한 자금조달을 크라우드펀딩을 통해 조달하고자 할 때, 해당 사업에 대한 중소기업의 수익지분 비중이 70% 이상이어야 했다. 개선안에서는 중견기업 등과의 공동 프로젝트가 보다 용이하도록 중소기업의 수익지분 비중을 50% 이상으로 완화하였다.

투자자별로 연간 투자한도가 규정되어 있다. 일반투자자는 기업당 5백만원, 총 1천만원이다. 적격투자자는 기업당 1천만원, 총 2천만원이다. 전문투자자는 제한이 없다. 2019년 1월 15일 규정개정을 통해 크라우드펀딩 투자경험이 많아 이해도가 높은 일반투자자(최근 2년간 총 5회 이상, 1,500만원 이상 투자)를 적격투자자로 인정하여 연간 투자한도를 확대시켜 주었다.

대표적 온라인소액투자중개업자로는 와디즈, 오픈트레이드, 크라우디 등이 있다. 기업 목표금액의 80% 이상의 돈이 모이면 투자가 완료되고 목표에 도달하지 못하면 청약금을 환불한다. 그리고 기업이 수익을 올리면 배당을 받고 주식 가격이 오르면 주식을 팔아 차익을 낼 수 있다. 그러나 기업이 손실을 보거나 파산할 경우 원금을 잃을 수 있다. 따라서, 크라우드펀딩 투자는 고위험·고수익 투자로 분류된다.

이 때문에 투자자가 투자위험과 청약내용을 인지할 수 있는 환경을 조성하는 등 투자자 보호장치를 마련하고 있다. 투자자가 크라우드펀딩 투자위험을 확실히 인지하고 투자할 수 있도록 투자 적합성 테스트(크라우드펀딩 투자에 따른 위험을 이해하였는지 여부에 대한 온라인 테스트)를 통과한 후 청약이 허용된다. 투자확정 전 투자자 간 충분히 의견을 교환하는 등 신중한 투자결정이 이루어질 수 있도록 최소 청약기간(10일)을 두고 있다. 투자판단에 영향을 미칠 수 있는 중요 사항(모집가액, 발행이율, 자금의 사용목적, 재무제표, 중요한 소송 등)의 변경 시 투자자에게 이를 통지하고 투자자의 청약의사를 재확인토록 의무화하고 있다. 크라우드펀딩을 통해 자금모집 시 발행가액 산정방법, 자금모집 기업과 중개업자 간 이해관계도 게재하도록 의무화하고 있다.

크라우드펀딩의 민낯

한국예탁결제원에 따르면 2016년부터 지난해까지 총 417개 창업 벤처기업이 크라우드펀딩을 통해 755억원의 자금을 조달한 것으로 나타났다. 국내에서는 2016년 1월 크라우드펀딩 제도가 도입됐으며, 신생 스타트업들의 성장을 촉진하는 효과를 내면서 성장세에 가속도가 붙었다. 펀딩에 성공한 기업 중 92개 업체가 583억원의 후속 투자를 이끌어내고 그에 따른 고용 창출까지 이어지면서 크라우드펀딩의 긍정적 효과에 대한 사회적 관심이 커지고 있다.

하지만 국내에 소개된 지 3년 만에 모바일과 웹, 그리고 소셜 네트워크 서비스를 기반으로 초고속 성장가도를 달리고 있는 크라우드펀딩이 각종 규제에서 벗어난 불법적인 행태 등으로 어두운 민낯을 드러내고 있다.

우선 국내에서 이뤄지고 있는 일부 크라우드펀딩의 형태는 일종의 통신판매(인터넷 거래)와 유사한 방식을 취하고 있지만, 후원이라는 명목으로 모금이 이뤄지기 때문에 과세가 되지 않는다. 또 리워드형이나 증권형 방식의 투자 후 투자자가 지원해준 프로젝트가 실패하거나 중간에 잠적을 하더라도 펀딩을 중계해주는 플랫폼에서는 책임이 없기 때문에 투자자에 대한 보호 역시 전혀 보장돼 있지 않다.

크라우드펀딩을 과대 과장 광고의 창구로 악용하는 사례도 늘고 있다. 펀딩 목표금액을 기준치보다 낮게 설정해놓고 그 이상의 펀딩이 이뤄지면 '목표 대비 000% 유치 성공' 등의 문구를 내걸면서 마치 '초대박' 상품인 양 홍보하는 업체도 비일비재하다. 여기에 제품이 채 완성되기도 전에 광고에 나서 혼란을 야기하는 과장 광고업체까지 등장하면서 크라우드펀딩의 신뢰도를 갉아먹고 있다. 이같이 투자자 피해가 증가하고 있는 데도 불구하고 정부 차원의 관리가 제대로 이뤄지고 있지 않아 이에 대한 보완책 마련이 시급하다는 지적이다. 이는 대출형 크라우드펀딩에서도 마찬가지다. 투자를 해서 돈을 빌려준 이후 채무자가 변제를 하지 않더라도 직접 채권추심이 어려운 부분이 있어 무분별한 펀딩을 방지할 보호 장치가 필요한 상황이다.

-한국경제신문(2019.06)

주식의 종류 제3절

주식회사는 권리와 내용을 달리하는 여러 종류의 주식을 발행할 수 있으며, 각 주식의 권리와 법적 보호장치는 정관에 명문화되어 있다.

(1) 보통주와 우선주

보통주(common stock)는 가장 기본적인 형태의 주식으로 주식회사에 출자한 증표를 나타낸다. 보통주주는 소유주식수에 비례하여 이익배당을 받고 의결권을 행사할 수 있다. 보통주주는 주권을 타인에게 양도할 수 있으며 회사장부를 열람할 권리를 가진다. 주주들은 주주총회에서 이사를 선출하여 자기들의 대표자로서 기업의 경영권을 위탁한다.

우선주(preferred stock)는 배당금을 보통주보다 우선하여 지급받고 기업청산 시 채권자에게 지불하고 남은 기업의 잔여재산에 대해 보통주주보다 우선적인 청구권을 갖는다. 배당금이 발행 당시에 미리 정해지는 우선주는 회사채와 보통주의 중간적인 성격을 갖는다고 할 수 있다. 그러나 우선주배당금은 회사채에 대한 채무와는 달리 이익이 적거나 결손이 발생할 경우에는 지급되지 않거나 다음 연도로 이월될 수도 있다. 우선적 배당권이 주어지는 배당우선주에는 의결권과 신주인수권이 주어지지 않는다. 다만 우선적 배당권이 실현되지 않은 경우에는 의결권을 행사할 수 있다. 우선주는 보통주와 구분하기 위해 종목명 뒤에 "우"로 표시한다.

(2) 의결권주와 무의결권주

의결권주(voting stock)는 보통주처럼 의결권이 주어지는 주식을 말한다.

무의결권주(non-voting stock)는 배당우선주처럼 의결권이 주어지지 않는 주식을 말한다. 의결권이 없는 우선주는 대주주가 경영권을 침해받지 않으면서 자기자본을 조달할 수 있는 매력적인 수단이다. 그러나 무분별한 우선주 발행으로 인한 투자자의 피해 가능성을 없애기 위해 상법에서는 의결권이 없는 우선주가 총발행주식수의 1/4을 넘지 못하도록 규정하고 있다.

(3) 기명주와 무기명주

기명주(registered stock)는 주주의 성명이 주권 및 주주명부에 기재되는 주식을 말한다. 주식을 갖고 있는 사람이 회사로부터 주주로 인정받기 위해서는 주주명부에 성명과 주소 등을 기재해야 하는데 이를 명의개서(stock transfer)라고 한다. 주식을 명의개서 하지 않으면 주주로 인정받지 못하고 주주총회에서 의결권을 행사할 수 없으며, 또 배당금, 배당주식, 신주인수권 배정 등의 권리가 종전 명의인에게 귀속되어 손실을 입을 수 있다. 그러나 실제로는 한국예탁결제원과 국민은행 등 대리인이 그 역할을 맡고 있어 이 같은 불편과 주권분실위험이 없도록 제도화되어 있다.

무기명주(bearer stock)는 주주의 성명이 주권 및 주주명부에 기재되지 않는 주식을 말한다. 무기명주의 양도는 주권을 상대방에게 인도함으로써 성립된다. 매매거래가 신속하고 간단하며 거래의 기밀이 유지될 수 있다는 장점이 있다. 회사에 대하여 주주로서의 권리를 주장하기 위해서는 주권을 회사에 공탁해야 하는 불편한 점은 있으나 발행회사의 입장에서 보면 주식의 명의개서 업무가 필요 없고 주주에게 하는 통지는 공고하는 것만으로 끝나기 때문에 경비가 절약되는 이점이 있다.

(4) 액면주와 무액면주

액면주(par value stock)는 주권에 액면가액이 기재되어 있는 주식을 말한다. 한국에서 액면주는 1주의 액면금액이 100원 이상 균일해야 하며, 100원, 200

원, 500원, 1,000원, 2,500원, 5,000원 중 하나를 택하게 되어있다. 액면가는 자본금을 산출하는 기초단위로서 액면총액(액면가×총발행주식수)이 재무상태표에 자본금으로 기록된다.

무액면주(non par value stock)는 주권에 액면가액을 기재하지 않고 단지 주수(주식의 숫자)만 기재한 주식을 말한다. 국내에는 2011년에 무액면주식이 도입되었는데 액면주식과 무액면주식 중 하나만 발행이 가능하다. 무액면주의 경우에는 총발행가액의 1/2 이상을 자본금으로 정해야 하고 그 나머지는 법정준비금으로 적립된다. 무액면주는 발행가액이 액면가 이하인 회사도 주식을 발행하여 자금을 조달할 수 있다는 장점이 있으나 발행가액 결정과 자본계상에 공정을 기하기 어렵다는 단점이 있다.

상법개정으로 무액면주식과 무의결권주식 발행

기존 상법에서는 100원 이상 균일 가격으로 된 액면주식만 인정했지만 기업의 재무관리 편의성을 높인다는 차원에서 상법을 개정하여 무액면주식이 새로 허용되었다. 무액면주식은 액면가가 없기 때문에 주식을 발행할 때마다 회사가 정하는 발행가 가운데 절반 이상만 자본금으로 넣으면 되고 나머지 잔액은 준비금으로 적립하면 된다.

문제는 주가가 액면가를 밑도는 기업이 무액면주식을 악용할 가능성이 높다는 점이다. 과거에는 증자를 위해 액면가 이하로 주식을 발행하려면 주총 특별 결의와 함께 법원의 인가를 받아야 했다. 하지만 이제는 주가가 액면가를 밑도는 한계에 봉착한 기업들이 무액면주식을 악용하여 무분별하게 증자를 시도할 가능성이 있는 것이다.

기업들은 경영권 방어 문제 때문에 보통주 발행을 자제해왔다. 이번 개정 상법으로 보통주에서 대해서도 의결권이 없는 주식, 영업양도 · 합병 · 정관개정 등 주총 특별 결의사항에서만 의결권을 가지는 주식, 특정 재산으로만 배당받을 수 있는 주식 등 다양한 주식을 발행할 수 있게 됐다. 지난 주총을 통해 상장사 가운데 200여 곳의 기업이 다양한 종류의 주식을 발행할 수 있도록 정관 변경을 마친 상태다.

-매일경제(2012.04.15)

(5) 참가적 우선주와 비참가적 우선주

참가적 우선주(participating preferred stock)는 일단 정관에서 정한 소정의 배당을 우선적으로 받고, 잔여 미처분이익이 있을 때에는 이에 대해서도 보통주와 함께 배당에 참가할 수 있는 우선주를 말한다. 추가적 배당에 보통주와 동일한 자격으로 참가할 수 있는 완전 참가적 우선주와, 일정 부분의 배당참여만 허용하고 그 이상에 대해서는 참가할 수 없는 부분 참가적 우선주로 나눌 수 있다.

비참가적 우선주는 정관에서 정한 소정의 우선주 배당을 받는데 그치고, 잔여이익은 모두 보통주에게 배당한다.

(6) 누적적 우선주와 비누적적 우선주

누적적 우선주(cumulative preferred stock)는 우선적 배당이 실현되지 않았을 경우 미지급된 배당이 다음 연도로 이월되어 누적되는 우선주를 말한다.

비누적적 우선주(non-cumulative preferred stock)는 당해 연도에 지급되지 않은 배당은 누적되지 않고 소멸되는 우선주를 말한다.

단순히 우선주라고 말할 때는 일반적으로 비참가적 · 비누적적 우선주를 말한다.

(7) 전환우선주와 상환우선주

전환우선주(convertible preferred stock)는 다른 종류의 주식으로 전환할 수 있는 권리가 부여된 우선주로서 누적적 · 비참가적 우선주가 많다. 전환의 목적물, 전환비율, 전환기간 등 전환에 관한 사항은 모두 전환사채에 준하여 정해지며, 총발행주식의 25% 범위 내에서 발행할 수 있다. 전환우선주는 특정세력의 적대적 M&A 시도가 있을 때 기존 우호주주에게 우선 배정해 경영안정을 도모할 수 있는 장점이 있다.

상환우선주는 특정 기간 동안 우선주의 성격을 가지고 있다가 기간이 만료되면 발행회사에서 이를 되사도록 한 주식이다. 상환우선주는 상환을 전제로 발행되기 때문에 만기가 정해져 있다.

(8) 구형우선주와 신형우선주

구형우선주는 1996년 상법 개정 이전에 발행된 우선주로 보통주보다 배당을 1% 이상 더 지급한다. 구형우선주는 종목명에 '1우'라고 표시한다.

신형우선주는 상법 개정 이후 발행된 우선주로 일반적으로 끝에 B자가 붙어 있다. 신형우선주는 정관으로 최저배당률을 보장해주는 것이 특징이다. 기업 입장에서는 확정된 이자를 주는 것과 다름없기 때문에 채권(Bond)의 성격을 지니고 있다고 하여 B자가 붙는 것이다. 신형우선주는 그 해에 배당을 실시하

한화, 영구채 같은 우선주 첫 발행

배당수익 채권이자처럼 받고 의결권은 없어

주주가 배당금을 받지 못하거나 약정액 미만으로 받는 경우에도 의결권을 부여받지 않는 우선주가 처음으로 나온다. 약정된 배당수익률을 채권 이자처럼 주면서 의결권 발생 가능성이 없다는 점에서 '영구채'와 같은 성격을 갖는 우선주다. 신주 발행으로 자금을 조달하고 싶지만 대수주의 의결권 지분 희석을 원치 않는 기업들이 이 같은 우선주를 속속 발행할 전망이다.

6일 한화그룹과 금융감독원에 따르면 (주)한화는 오는 9월 4,000억원 규모로 주주배정 후 실권주 일반공모 방식의 유상증자를 한다. 지난해 사들인 삼성테크윈(현 한화테크윈)의 인수잔금(3,513억원) 납부와 재무구조 개선에 사용하기 위해서다.

한화가 발행하는 유상증자 신주는 무배당일 때도 의결권이 부여되지 않는 우선주다. 과거에는 배당이 없거나 발행 당시 약정한 금액 미만으로 배당할 때는 의무적으로 우선주에 의결권을 줘야 했다. 우선주 주주들이 배당을 약정대로 받지 못하면서 의결권까지 행사하지 못하면 보통주 주주에 비해 지나치게 불리하다는 이유에서였다.

그러나 2011년 상법 개정으로 무배당 상황에서도 의결권을 주지 않는 우선주 발행이 가능해졌다. 법적 제한이 풀렸지만 이 같은 종류의 우선주는 투자자들로부터 외면받을 가능성이 커 지금껏 발행되지 않았다.

한화는 이번 우선주에 대해 통상에 비해 높은 수준의 최저 배당률을 보장하는 방식으로 투자 유인책을 마련했다. 우선주 발행 첫해에는 발행가액의 4%, 이듬해에는 3.5%, 이후에는 보통주보다 일정 수준 높은 배당률을 정해 매년 은행 금리를 웃도는 수익률을 보장하는 방식을 추진하는 것으로 알려졌다.

-한국경제신문(2016.07)

지 못하면 다음 해로 배당의무가 누적되는 누적적 우선주이다. 신형우선주의 대부분은 존속기간(보통 3년~8년)이 정해져 있어 이 기간이 지나면 보통주로 전환되는 전환우선주이다. 신형우선주는 종목명에 '우B', '2우B'와 같이 표시하는데 숫자는 발행조건이 다른 것을 구분하기 위한 것이다.

(9) 주식예탁증서

주식예탁증서(DR: Depository Receipts)는 기업이 주식을 발행해 해외에서 자금을 조달하고자 할 경우 국내에 보관된 주식(원주) 대신 외국의 예탁기관이 발행하여 해외 현지에서 유통시키는 대체증서를 말한다. 주식을 외국에서 직접 발행해 거래할 때 발생하는 여러 가지 문제점들을 DR을 발행하여 유통시킴으로써 해결할 수 있다.

국내 기업으로서는 삼성전자가 1991년 룩셈부르크에 DR을 상장한 것이 처음이고, 미국의 뉴욕거래소에 정식으로 상장된 것은 1994년 포항제철(현 포스코)이 처음이다. 발행절차는 발행회사(포철)가 현지의 예탁기관(뉴욕은행)과 계약을 하고 국내 보관기관(증권예탁원)에 주식을 맡기면 예탁기관은 현지통화(달러)로 표시된 보관영수증을 발행, 일반 주식처럼 유통시장에 내놓는다.

주식예탁증서는 발행된 시장에 따라서 ADR(American DR), EDR(European DR), GDR(Global DR) 등으로 구분된다. ADR은 미국 투자자들이 비미국 기업의 주식에 쉽게 투자할 수 있도록 미국 시장에서 발행하는 주식예탁증서이며 달러표시로 거래된다. GDR은 미국 · 유럽 등 복수시장에서 동시에 발행한 DR이다. 만일 외국 기업의 주식이 한국 증권시장에서 원화표시로 거래된다면 KDR(Korean DR)로 분류된다. 주식예탁증권의 형태로 상장된 외국 회사에 투자하는 것은 일반적인 외국 주식에 투자하는 것과 다르다. 예를 들어 주식 1주가 반드시 1DR이 아닐 수 있으며, 유상증자 때 부여되는 신주인수권이나 주식매수청구권의 행사에 대한 제약이 있을 수 있고, 한국의 회사법상 인정되는 주주제안권, 회계장부열람권과 같은 주주로서의 권리를 직접 행사할 수 없는 등 여러 제약이 존재할 수 있다.

전자증권제도

전자증권제도란 증권을 실물로 발행하지 않고 전자등록기관의 전자등록부에 증권 및 그 소유관계사항을 등록(등록발행)하고, 전산장부상으로만 등록증권의 양도 담보설정 권리행사 등이 이루어지는 제도이다.

발행회사는 주식사무가 간소화되고, 자금조달 편의가 높아진다. 투자자는 실물증권의 위변조 분실할 위험이 없어진다. 또한 사회적으로 실물증권 발행에 따르는 비용을 절감할 수 있으며 증권거래의 투명성이 증대되고, 자본시장의 경쟁력이 강화된다.

한국은 2016년 3월 '주식 · 사채 등의 전자등록에 관한 법률'이 공포된 이후 3년 6개월의 준비기간을 거쳐 2019년 9월 16일 시행에 들어갔다.

중국 증시 좁은 문 열린다…후룬퉁 효과 주목

중국 증시에서 잇따라 신시징이 개설되며 재평가받을지 주목된다. 외국인의 자금유입통로도 넓어지고, 기술창업주 종목으로 투자대상도 다양해지며 중국 증시의 체질개선이 이뤄지기 때문이다.

업계에 따르면 상하이와 런던 간 주식 교차거래시스템인 '후룬퉁'이 17일 정식 출범했다. 이날 런던증권거래소에서는 중국의 화타이(華泰)증권이 상장돼 거래가 시작됐다. 주된 대상은 주식예탁증서(DR)다. 예탁증서(DR)는 기업이 해외에서 주식발행을 통한 자금조달 시 국내에 원래의 주식을 보관하고 해외에서 유통할 목적으로 발행한 대체증서다.

런던거래소 상장사들은 중국에서 영국 주식을 기초자산으로 중국예탁증서(CDR)를 발행할 수 있다. 반대로도 가능하다. 상하이거래소에 상장사 중 일정한 자격을 갖춘 곳들은 런던거래소에서 해외주식예탁증서(GDR)를 발행할 수 있다.

후룬퉁은 중국 최초의 비중화권과의 상호 간 주식거래시스템으로 중국 자본시장의 대외개방이 가속화되고 중국 주식시장이 국제화를 개시했다는 데에 의미가 있다고 평가되고 있다.

-글로벌이코노믹(2019.06)

제4절 주식발행

주식이 발행되는 경우는 기업공개, 유상증자, 무상증자, 주식배당, 주식(액면)분할, 전환우선주와 전환사채의 전환 등이다.

1. 기업공개

기업공개(going public)란 1인 또는 몇몇 대주주가 소유하고 있는 주식회사의 지분을 일반대중에게 매각하여 주식소유를 분산시키는 것을 말한다. 기업공개를 통해 소유지분이 분산된 기업을 공개기업(public corporation)이라고 한다. 기업공개는 주식을 새로 발행하여 일반투자자에게 공모하는 신주공모(신주모집)와 이미 발행되어 기존 주주가 소유하고 있는 주식의 일부를 일반투자자에게 매각하는 구주매출이 있는데, 두 방법이 병행되기도 한다. 구주매출의 경우에는 매각되는 주식이 기존의 주주가 보유하고 있는 기발행주식이므로 주식매각대금이 기업으로 유입되는 것은 아니다.

(1) 기업공개와 상장

기업공개를 통해 공모된 주식은 한국거래소에 상장되는 것이 보통이므로 기업공개는 보통 상장기업이 되는 것을 의미한다. 한국거래소에 신규 상장되기 위해서는 상장신청일 6개월 이전에 모집 또는 매출한 주식의 총수가 발행주식의 30% 이상이 되도록 규정하고 있다. 따라서 기업공개를 할 때에는 기업공개 후에 가지게 될 자본금의 30% 이상을 공모방식으로 일반투자자로부터 조달하여야 한다. 기업이 상장하는 과정에서 신주발행을 하게 되면 공모주식수의

20% 이내에서 우리사주조합에 우선배정하게 된다.

(2) 기업공개의 의의

개인기업으로 출발하여 주식회사의 형태를 거쳐 기업공개를 통해 공개기업이 되는 것이 일반적인 기업의 발전과정이다. 기업공개는 사회 · 경제적인 면에서도 다음과 같은 의의가 있다.

① 기업의 소유권이 대중에게 분산됨으로써 경제력의 집중을 막고, 기업의 성장과 발전에 대한 과실이 일반 대중에 분배되는 대중자본주의와 증권자본주의를 실현할 수 있다.
② 기업의 성장에 따라 증가하는 자금수요를 기업주 개인의 자금이나 은행차입과 같은 간접금융만으로 조달하는 데는 한계가 있다. 기업공개는 직접금융을 통한 기업의 자금조달능력을 증대시킨다.
③ 기업공개를 통해 소유와 경영이 분리되면 전문경영인에 의한 기업경영이 가능해지고 기업의 투명성과 공신력을 높일 수 있다.
④ 투자자들에게 다양한 투자와 자산증식의 기회를 제공한다.
⑤ 창업자는 주식 매각을 통해 창업과 기업의 성장에 대한 과실을 현금으로 보상받을 수 있다.

이와 같은 기업공개의 긍정적인 역할 때문에 기업공개를 장려하기 위한 세제와 법률상의 혜택이 주어지고 있다. 그러나 기업공개를 위해서는 여러 가지 규정상의 요건을 갖추어야 하는데 그 이유는 공정하고 합리적인 기업공개를 통해 투자자를 보호하고 증권시장의 안정성을 지키기 위해서이다.

(3) 기업공개 시 발행가액의 결정

이론적으로 주식의 발행가액(공모가격)은 기업의 실질가치를 반영하는 것이라야 한다. 그러나 주식이 처음으로 시장에 등장하는 최초공모(IPO: initial public offering)의 경우 비교기준이 없기 때문에 적정한 발행가액을 결정하는 일이 쉽지는 않을 것이다. 공개 후에 주가가 발행가액보다 대폭 상승한다면 이는 발행가액이 과소 평가되었음을 의미한다. 반대로 공개 후에 주가가 발행가액에서 대폭 하락하면 공모주를 인수한 투자자에게 손실이 발생하고 발행기업은 물론 주간증권사의 신뢰에도 손상이 갈 우려가 있다.

공모주식의 발행가액은 원칙적으로 발행기업과 주간사회사가 협의하여 자율적으로 결정하는데 다음 3가지의 기업가치와 발행 당시의 경제와 증권시장의 상황 등을 종합적으로 고려하여 산정한다.

기업가치	내 용
수익가치	발행기업의 미래수익(주당 추정이익)을 할인하여 현재가치로 환산한 금액.
자산가치	발행기업의 주식발행 후 수정재무제표를 기준으로 산출된 주당 순자산가치.
상대가치	같은 업종에 속한 유사기업의 주가평균, 주당이익, 주당순자산을 비교하여 평가한 상대적인 가치.

그러나 실제로는 상장 이후 주가가 발행가액보다 상당히 높게 형성되는 경향이 있다. 이러한 현상은 총액인수가 일반적인 상황에서 인수기관이 위험부담을 줄이기 위해 가능한 한 발행가액을 낮추어 증권의 판매를 용이하게 하려는 것으로 이해되고 있다. 이러한 이유로 높은 수익이 기대되는 공모주청약에는 수요가 많이 몰리고 있다. 한국에서는 저소득 근로자의 재산형성을 위해 근로자 증권저축이나 근로자 주식저축에 가입한 투자자에게 공모주의 일정 물량을 우선 배정한 후 나머지를 일반투자자에게 청약을 받아 배정하고 있다.

2. 유상증자

우리가 택하고 있는 수권자본제도에 의하면 회사설립시 발행할 주식의 총수

(수권자본금)를 정관에 정하고, 설립 당시에는 수권자본의 1/4만 납입(발행)하면 된다. 회사설립 이후에는 필요(시설자금, 운전자금, 부채 상환, 재무구조 개선 등)에 따라 수시로 이사회의 결의를 거쳐 수권자본 내에서 신주를 발행할 수 있다.

신주의 발행은 신주를 인수하는 주주로부터 기업으로 주금(주식대금)이 납입되는 유상증자와 주금의 납입이 없이 신주가 발행되는 무상증자로 구분된다. 유상증자와 무상증자가 동시에 이루어지기도 하는데 병행증자와 포괄증자로 구분된다.

유 · 무상 병행증자	유상증자와 무상증자가 별개로 취급되어 유상증자를 포기하더라도 무상증자에는 참여할 수 있다.
유 · 무상 포괄증자	유상증자에 참여하여 주금을 납입하지 않으면 무상증자에도 참여할 수 없다.

유상증자과정에서 신규 발행주식을 누가, 얼마에 인수하느냐에 따라 기존의 구주주와 유상증자에 의해 발행되는 신주를 인수하는 신주주 사이에 이해가 엇갈릴 수 있다.

(1) 유상증자방식

유상증자는 신주인수권을 배분하는 방식에 따라 다음과 같이 구분된다.

① **구주주배정(주주할당발행)** 기존 주주(구주주)에게 지분에 따라 신주인수권(rights)을 배정하는 방식이다. 유상증자 후에도 구주주의 지분이 그대로 유지되어 재산권과 의결권이 보호되는 가장 전통적인 방식이다. 정관에 별도의 다른 조항이 없으면 주주는 지분에 따라 신주인수권을 배정받을 권리를 갖게 된다.

② **제3자배정(연고자할당발행)** 회사와 특수한 관계가 있는 연고자(임원,

그림 2-3

유상증자 청약의 예

(주)이녹스첨단소재 기명식 보통주식 공개매수 및 (주)이녹스 기명식 보통주식의 일반공모 유상증자 청약안내

2017년 9월 29일 ~ 2017년 10월 18일(20일간) (주)이녹스첨단소재의 주식을 공개매수하고 이의 대가로 (주)이녹스 기명식 보통주식을 일반공모 유상증자를 통해 발행하여 교부하고자 자본시장과 금융투자업에 관한 법률 제134조 제1항에 따라 공고합니다.

공개매수자: 주식회사 이녹스

공개매수사무취급자: 대신증권 주식회사

대신증권 지점망

거래처, 근로자)에게 신주인수권을 배정하는 방식이다. 할당 내용에 따라 회사의 경영권에 변화가 오고 구주주에게 손실이 발생할 수도 있으므로 주주총회의 의결을 거쳐야만 한다. 근로자 단체인 우리사주조합에 신주 발행물량의 일정분을 배정하기도 한다.

③ **일반공모**(general cash offer) 발행기관이 총액인수하여 일반투자자들에게 청약신청을 받아 신주를 발행하는 방법이다. 구주주의 지분이 감소하여 경영권이 침해될 수도 있고, 신주의 발행가액이 너무 낮게 책정되는 경우에는 구주주로부터 신주주에게 부가 이전되는 현상이 발생하므로 주주총회의 의

결을 거쳐야만 한다.

④ **주주우선공모발행**(standby rights offer) 이 방법은 구주주배정, 제3자배정, 일반공모를 시차를 두고 결합한 방법이다. 우선 구주주나 우리사주조합에게 신주인수권을 배정하고, 만약 실권주(미청약분)가 발생하면 일반투자자에게 일반공모를 하고, 그래도 미청약분이 발생하면 유상증자를 담당하는 발행기관이 나머지를 인수하는 방식이다. 구주주의 권익도 보장하고, 실권주 발생에 따른 위험도 피할 수 있기 때문에 가장 흔히 사용되는 방법이다.

(2) 유상증자 시 신주발행가격의 결정과 주주 간 부의 이전

상장법인이 유상증자를 하면서 신주를 발행할 때는 시가발행을 원칙으로 한다. 시가발행이란 신주의 발행가액을 액면가와는 무관하게 구주의 시상가격을 기준으로 책정하는 방식을 말한다.

신주발행가격은 이론적 권리락주가 또는 기준주가에 시가발행할인율을 30% 범위 내에서 적용하여 산정한다. 권리락주가는 유상증자 이후의 이론적인 주가를 의미하며, 기준주가는 유상증자 이전의 주가평균을 나타낸다. 신주배정방식과 신주발행가격에 따라 기존 주주(구주주)와 신주를 인수하는 신주주 간에 부가 이전되는 현상이 발생할 수도 있다. 따라서 신주발행가격은 신주배정방식에 따라 다르게 산정되는데 상세한 내용은 〈부록〉에 정리되어 있다.

예 제

주주 간 부의 이전현상

총발행주식수가 100주이고 현재 주가가 주당 10,000원인 (주)한국은 50% 유상증자를 통해 신주 50주를 발행하려고 한다. (주)한국은 부채가 없이 전액 자기자본만으로 조달된 기업이다. 신주배정방식과 발행가격에 따라 유상증자 이후에 신·구 주주들 간에 발생하는 부의 이전현상을 살펴보기로 하자.

① 신주가 모두 구주주(기존 주주) 이외의 투자자에게 인수되는 경우

	신주발행가격 (A)		
	7,000원	10,000원	13,000원
유상증자 전 주가(B)	10,000원	10,000원	10,000원
유상증자 이전의 기업가치	10,000원×100주 =100만원	100만원	100만원
신주 발행대금(기업으로의 현금유입)	7,000원×50주 =35만원	10,000원×50주 =50만원	13,000원×50주 =65만원
유상증자 후 기업가치	135만원	150만원	165만원
유상증자 후 총발행 주식수	150주	150주	150주
유상증자 후 주가(C)	135만원/150주 =9,000원	150만원/150주 =10,000원	165만원/150주 =11,000원
구주주의 주당 손익 (C−B)	손실 1,000원	없음	이익 1,000원
신주주의 주당 손익 (C−A)	이익 2,000원	없음	손실 2,000원

신주의 발행가격이 유상증자 이전의 주가(10,000원)와 같다면 구주주와 신주주 모두에게 아무런 부의 이전이 발생하지 않는다.

그러나 발행가격이 과소하게 책정되는 경우에는 기업이 헐값에 거래되어 구주주로부터 신주주에게 부가 이전된다. 반대로, 발행가격이 너무 과대하게 책정되는 경우에는 신주주로부터 구주주에게 부가 이전된다. 하지만 현명한 투자자라면 이러한 신주청약에 응모하지 않을 것이며 (주)한국은 유상증자를 통한 자금조달에 실패하게 될 것이다.

그러나 실제로는 기업에 관한 정보나 투명성이 부족하여 기업 외부의 투자자가 기업의 내용을 정확히 파악할 수 없는 경우도 있을 수 있다. 이러한 경우에 기업의 임원이나 대주주가 기업의 내용을 과대 포장하거나 고의로 주가를 부풀려 놓고 적정가격보다 높은 발행가격으로 유상증자를 시행한 후에 기업의 실질적인 내용이

시장에 알려지기 전에 주식을 처분하는 경우가 발생하기도 한다. 이러한 경우를 "물타기 증자"라고 한다.

이와 같이 주주 간에 부가 이전되는 경우를 피하기 위해서 신주를 매입할 수 있는 권리(신주인수권: rights)를 기존 주주에게 우선적으로 배정하는 방식(rights offering)이 사용된다. 신주를 지분에 비례해서 매입할 수 있는 권리가 기존 주주에게만 주어지고, 주주들이 발행주식을 모두 매입하여 실권주가 발생하지 않는 경우에는 발행가격이 주주들의 손익에 아무런 영향을 미치지 않을 것이다.

② 신주가 모두 기존 주주들에 의해 인수되는 경우

신주가 지분비례대로 기존 주주들에 의해 전량 인수된다면 사실상 구주주와 신주주는 동일인이므로 구분할 필요가 없다. 발행가격에 따라 유상증자 이후 주가가 변동하고 주식수는 증가하지만 주주들의 부와 지분권에는 아무런 변동이 없다.

---

(3) 신주인수권

신주인수권(pre-emptive rights, rights)은 기업이 유상증자를 실시하여 신주를 발행할 경우 기존 주주가 가지고 있던 주식 수에 비례하여 신주를 우선적으로 배정받을 수 있는 권리를 표시하는 증서(유가증권)로 증권거래소에 상장되거나 장외에서 매매할 수 있다. 유상증자를 할 때 신주는 보통 기존 주가보다 할인된 가격에 발행되므로, 증자에 참여하는 것이 기존 주주에게 이익이지만 유상증자에 참여하기 어렵거나 참여의사가 없을 경우 발행받은 증서를 타인에게 매도함으로써 유상증자 포기로 인한 손실을 막을 수 있다. 유상증자를 원하는 기존 주주는 신주인수권증서에 의하여 신주청약 권리를 행사하면 된다.

신주인수권은 기존 주주들에게 우선적으로 부여되는데 그 이유는 주주들의 경영권과 재산권을 보호하기 위해서이다. 신주인수권이 기존 주주들에게 지분비례대로 배분되지 않으면 기존 주주들의 기업지배권이 침해받을 수도 있다. 예를 들어, 낮은 가격으로 발행된 주식이 기존 주주가 아닌 투자자에게 대량으로 인수된다면 기존 주주들은 기업에 대한 통제력을 유지할 수 없게 된다.

한편 신주는 시장가격보다 낮게 할인되어 발행되는 것이 일반적이다. 따라서 유상증자 이후의 주가는 유상증자 이전의 주가와 발행가격과의 사이에서 결정되어 결과적으로 주가가 하락하는데 이러한 현상을 주가의 **희석화**(dilution)라고 한다. 주가의 희석화에 의해 기존 주주의 부가 손실되는 것을 보호하기 위해서는 신주인수권이 기존 주주에게 우선적으로 주어져야 한다.

신주인수권의 가치는 유상증자 이후의 주가(이론적 권리락주가)와 발행가격과의 차이이다.

신주인수권의 가치 = 이론적 권리락주가 − 발행가격

예 제

신주인수권의 가치

(주)한국의 현재 발행주식수는 1,000주이며 시장가격은 주당 10,000원이다. 신규투자에 필요한 자금을 조달하기 위해 주주할당방식의 유상증자를 통해 주당 8,000원에 250주를 발행하는 경우 신주인수권의 가치는 다음과 같다.

(1) $\text{신주배정비율} = \dfrac{\text{신규 발행주식수}}{\text{기존 발행주식수}} = \dfrac{250\text{주}}{1{,}000\text{주}} = 0.25(25\%)$

신주 1주를 배정받기 위해서는 구주 4주가 필요하다.

(2) $$\text{이론적 권리락주가} = \frac{\text{유상증자 이전의 기업가치} + \text{주식발행대금}}{\text{총발행주식수}}$$

$$= \frac{1{,}000\text{만원} + 200\text{만원}}{1{,}250\text{주}} = 9{,}600\text{원}$$

(3) 신주인수권의 가치 = (이론적 권리락주가 − 신주발행가격)/신주배정비율

$$= \frac{9{,}600\text{원} - 8{,}000\text{원}}{4\text{주}} = 400\text{원}$$

신주 1주를 인수하면 1,600원의 이익이 예상되지만 이를 위해서는 구주 4주가 필요하므로 구주 1주에 부여된 신주인수권의 가치는 400원이다.

3. 무상증자

무상증자는 재무상태표상의 자본잉여금이나 이익잉여금의 전부 또는 일부를 자본금으로 전입하고 전입액만큼 주식을 발행하여 기존 주주에게 지분 비례대로 무상으로 교부하는 것이다. 하지만 실질적으로 기업에 새로운 자금이 조달되는 것은 없고 다만 재무제표상 자기자본의 항목이 바뀌고 발행주식수가 늘어나게 된다(잉여금은 제5장의 기업분석을 참조).

4. 주식배당

주식배당(stock dividend)은 기업이 주주들에게 현금 대신 주식을 발행하여 배당을 지급하는 것을 말한다. 주식배당의 경우에도 발행주식의 수는 늘지만 기업에 새로운 자본이 조달되는 것이 아니라는 점에서는 무상증자와 같다(제6장 배당과 주가를 참조).

5. 액면분할

액면분할(stock split)은 액면가가 분할된 주식을 발행하여 무상으로 교부하고 재상장하는 것을 말하며 주식분할이라고도 한다. 예를 들어 10:1 액면분할은 액면가 5,000원인 주식 1주를 소유한 주주에게 액면가 500원인 주식 10주를 발행하여 무상으로 교부해주는 것이다. 주당 액면가가 분할배수만큼 주는 대신 주식수는 분할배수만큼 증가하기 때문에 자본금에는 변동이 없다. 주주들의 보유주식수가 분할비례만큼 똑같이 증가하기 때문에 지분비율(경영권)에도 변동이 없다.

액면분할은 기업의 가치에 영향을 미치는 실질적인 변화(새로운 투자나 자본조달 등)가 없기 때문에 이론적으로 기업가치(주주의 부)에는 변동이 없다. 그럼에도 기업이 액면분할을 실시하는 이유는 주식수가 늘면 거래량이 증가하고

황제주의 액면분할

한국 증시에서 액면가가 6가지(5,000원, 2,500원, 1,000원, 500원, 200원, 100원)로 다양해지면서 액면분할에 나서는 상장사가 늘고 있다.

연 도	2014	2015	2016	2017	2018
주식분할 기업수	8	29	37	0	38

삼성전자는 2018년 5월에 50:1의 액면분할을 시행하였다. 액면가 5,000원이던 삼성전자 주식이 액면가 100원짜리 100주로 재탄생한 것이다. 시장에서는 1주에 250만원 수준인 삼성전자의 주가가 거래에 부담스럽기 때문에 액면분할 이후 주가가 상승할 것으로 기대하고 있었다. 액면분할 공시일부터 거래정지일까지는 약 6%의 주가가 상승했다. 그러나 액면분할로 3일간 거래가 정지된 후 다시 상장되어 거래가 시작되자 주주들의 기대와는 달리 기관의 매도가 폭주하고 주가는 하락하였다. 액면분할 직전 종가인 53,000원(액면가 5,000원 기준으로는 265만원)보다 한 번도 주가가 오르지 못하고 액면분할 이후 1년 동안 주가는 10% 이상 하락하였다.

물론 액면분할 때문에 주가가 하락했다고 단정할 수는 없다. 주가에 더 큰 영향을 주는 것은 영업실적이다. 액면분할 이후 세계 경제의 둔화, 미중 무역갈등, 반도체 사이클 하락세 등이 더 큰 요인일 가능성이 크다.

2000년 4월에 시행된 SK텔레콤의 10:1 액면분할에서는 공시일부터 거래정지일까지 12%, 재상장 후 1개월 동안은 22%의 주가상승이 나타났다. 2015년 5월에 시행된 아모레퍼시픽의 10:1 액면분할의 경우에는 공시 후 거래정지일까지 35%, 재상장 후 1개월 동안 6%의 주가가 상승하였다.

주가에도 도움이 된다고 믿기 때문이다. 액면분할은 주가가 타 기업에 비해 월등히 높은 기업들에서 시행되고 있기 때문에 호재로 인식되는 경향이 있다. 기업의 입장에서는 주가가 너무 높아 둔화된 유동성을 향상시킬 수 있고, 투자자 입장에서는 소액으로 우량주식을 매입할 기회를 얻게 된다.

액면병합(stock reverse split) 또는 주식병합은 액면분할(주식분할)의 반대되는 개념이다. 10:1 액면병합은 액면가 500원인 주식 10주를 병합하여 액면가 5,000원인 주식 1주로 만드는 것이다. 액면분할과 마찬가지로 자본금, 지분권에는 아무 변동이 없고, 이론적으로 주주의 부에도 변동이 없다.

그러나 주식병합은 주가가 액면가를 밑돌거나 상대적으로 아주 낮은 기업이 시행하는 경우가 있기 때문에 시장에서 부정적으로 인식되는 경우가 많다. 실제로 주식분할에 비해 주식병합을 시행하는 기업의 수는 적은 편이다(2019년 상반기 중 상장법인의 액면분할은 22건, 액면병합은 4건).

6. 전환우선주와 전환사채의 전환

전환우선주나 전환사채의 소유자가 전환권을 행사하면 이들 증권은 미리 정해진 조건으로 보통주와 교환된다. 전환우선주는 우선주에서 보통주로 전환되는데, 이때 자본금에는 아무런 변화가 없다. 그러나 전환사채가 주식으로 전환되면 타인자본이 감소하는 대신 자기자본이 증가하여 증자의 효과가 있다.

7. 주식옵션(주식매수선택권)

주식옵션(incentive stock option)은 회사의 주식을 정해진 행사가격으로 매입할 수 있는 권한(주식매수선택권)을 말한다. 주식옵션은 경영활동과 기술혁신에 기여하였거나 기여할 가능성이 있는 임직원에게 동기를 부여하고 우수인력을 확보하기 위해 부여한다. 주식매수선택권을 행사하면 회사는 정해진 행사가격으로 신주를 발행하여 교부하는 것이 원칙이다. 발행되는 신주는 기명식 보통주식으로 부여시점 총발행주식수의 15/100 이내로 제한된다.

종업원지주제도

종업원지주제도는 회사가 특별한 편리를 제공하여 종업원으로 하여금 자사주를 취득·보유하게 하는 제도이다. 회사는 주식구입에 필요한 자금의 일부를 지원하거나 외부에서 차입할 때 지급보증을 해준다. 이 제도는 여러 유형이 있으나 가장 일반적인 것은 우리사주조합과 우리사주신탁이다.

(1) 우리사주조합

우리사주조합은 기업공개나 유상증자시 새로 발행되는 주식을 우선적으로 배정받는다. 상장법인이 유상증자를 할 때 우리사주조합원은 시가보다 25% 이상 할인된 가격으로 신주의 20% 범위 내에서 우선적으로 배정받을 수 있다. 우리사주조합의 결성은 비상장기업에서도 가능하다.

한국에서 최초의 우리사주조합은 1958년 유한양행이 회사주식을 간부에게 무상으로 분배하고 매입을 희망하는 사원들에게도 매입하도록 한 것이다. 그 후 기업공개가 활발해지고 법률적인 근거가 마련되면서 우리사주조합을 도입하는 기업이 늘어 현재에는 1,000개 이상의 조합이 결성되어 있다.

(2) 우리사주신탁(ESOP: Employee Stock Ownership Plans)

우리사주신탁은 기업과 종업원이 출연한 기금으로 자사주를 매입하는 것이다. 우리사주조합은 종업원 스스로 자신들의 이익을 위해 결성한 것이라면, 우리사주신탁은 기업이 종업원의 복지를 위해 마련한 제도이다. 기업은 성과급 지급수단으로 우리사주신탁에 기금(현금이나 무상주)을 출연하게 된다. 이 제도는 노사 간 합의에 의해 모든 기업이 도입할 수 있다. 다만 대주주나 일용직 근로자는 참여할 수 없다. 우리사주신탁에서는 자사주를 취득할 때 종업원과 기업 모두에게 세제혜택을 주고 있다.

종업원지주제도의 장점과 단점은 다음과 같다.

① 종업원이 주주로서 이익에 참여하기 때문에 노사분규가 줄고 생산성이 향상된다.
② 종업원의 재산형성에 도움이 된다.
③ 주식을 장기 · 안정적으로 보유하는 주주를 확보함으로써 주가를 안정시키고 적대적(강제적)인 합병인수(M&A)로부터 경영권 보호에 도움이 되는 우호적인 주주를 확보할 수 있다.
④ 우리사주조합의 경우 자사주 취득에 필요한 자금을 종업원이 전액 부담해야 하기 때문에 보수수준이 낮은 종업원은 저축여력 부족으로 참여하지 못할 수도 있다. 그리고 주가가 하락하거나 기업이 도산하면 근로소득과 자산투자소득이 동시에 하락할 위험이 있다.

구 분	우리사주조합	우리사주신탁
취득절차	유상증자나 기업공개시 주식을 우선적으로 배정	기업과 종업원이 출연한 기금으로 자사주 매입
취득재원	종업원 자금	종업원과 기업의 출연금
취득방법	종업원이 직접 매입	기업이 성과급 대신 지급

부 록*: 유상증자 시 신주발행가액의 산정

1. 구주주배정, 제3자배정, 주주우선공모시 발행가격결정

권리락 이전에 산정하는 1차 발행가액과 권리락 이후에 산정하는 2차 발행가액 중 낮은 가격으로 정하되 100원 미만은 절상한다.

① **1차 발행가액의 산정** 기준주가는 신주배정기준일 전 5거래일로부터 소급한 1개월 평균종가, 1주일 평균종가, 최근일 종가를 산술평균하여 정하되, 그 평균치가 최근일 종가를 상회하는 경우에는 최근일 종가를 기준주가로 한다. 여기에서 평균종가는 해당 기간(1개월 또는 1주일) 동안의 종가를 거래량으로 가중평균한 가격을 말한다. 기준주가는 증자 이전의 주가평균을 나타낸다.

$$\text{기준주가} = \text{Min}\left\{\frac{1}{3}(\text{1개월 평균종가}+\text{1주일 평균종가}+\text{최근일 종가}),\ \text{최근일 종가}\right\} \quad \text{(A)}$$

$$\text{이론적 권리락주가} = \frac{\text{기준주가}+(\text{신주발행가액}\times\text{증자비율})}{1+\text{증자비율}} \quad \text{(B)}$$

식 (B)에서 (신주발행가액×증자비율)은 구주 1주를 기준으로 증자를 통해 기업으로 유입되는 현금액을 나타낸다. (1+증자비율)은 구주 1주에 대한 증자 이후의 주식수를 나타낸다. 따라서 이론적 권리락주가는 증자 이후의 주당자산을 나타낸다.

1차 발행가액은 이론적 권리락주가에 시가발행할인율을 적용한 가격이다.

$$\text{신주발행가액} = \text{이론적 권리락주가}\times(1-\text{시가발행할인율}) \quad \text{(C)}$$

식 (B)의 이론적 권리락주가를 식 (C)에 대입하여 정리하면 다음과 같다.

$$\text{신주발행가액} = \frac{\text{기준주가}\times(1-\text{시가발행할인율})}{1+(\text{증자비율}\times\text{시가발행할인율})} \quad \text{(D)}$$

예 제

이론적 권리락주가와 신주발행가액

(주)한국은 20%의 유상증자를 계획하고 있다. 기산일로부터 소급하여 계산된 1개월 평균종가는 43,400원, 1주일 평균종가는 45,000원, 최근일 종가는 46,000원이다. 25%의 시가발행할인율을 적용하는 경우 (주)한국의 신주발행가액과 이론적 권리락주가는 다음과 같다.

$$\text{기준주가} = \frac{1}{3}(43{,}400\text{원}+45{,}000\text{원}+46{,}000\text{원}) = 44{,}800\text{원}$$

$$\text{신주발행가액} = \frac{44{,}800\text{원}\times(1-0.25)}{1+(0.2\times0.25)} = 32{,}000\text{원}$$

신주발행가액 = 이론적 권리락주가×(1−시가발행할인율)이므로

$$\text{이론적 권리락주가} = \frac{32{,}000\text{원}}{(1-0.25)} = 42{,}667\text{원}$$

② **2차 발행가액의 산정** 기준주가는 청약일 전 제5거래일로부터 소급한 1주일 평균종가와 최근일 종가를 산술평균하여 산정하되, 이 산정가액이 최근일 종가를 상회하는 경우에는 최근일 종가를 기준주가로 한다.

$$\text{기준주가} = \text{Min}\left\{\frac{1}{2}(\text{1주일 평균종가}+\text{최근일 종가}),\ \text{최근일 종가}\right\}$$

$$\text{신주발행가액} = \text{기준주가}\times(1-\text{시가발행할인율})$$

③ **최종 신주발행가액의 산정** 최종 신주발행가액은 1차 발행가액과 2차 발행가액 중 낮은 가격으로 정한다.

2. 일반공모 시 발행가격결정

기준주가와 신주발행가액은 위의 "② 2차 발행가액의 산정"과 동일한 방식으로 산정한다.

증권유통 3

미리보기

증권유통에서는 증권매매거래와 관련된 제도와 관행이 소개된다. 현재의 증권매매 제도와 관행은 시장의 효율성을 높이고 선의의 투자자를 보호할 수 있도록 오랜 기간에 걸쳐 변천되어 온 것이다. 따라서 제도와 관행을 이해하는 것도 중요하지만 그러한 제도와 관행이 도입되어 시행되는 동기와 목적을 이해하는 것도 중요하다. 증권시장이 글로벌화되면서 증권매매제도는 국제적인 스탠다드에 적합하도록 변화하는 추세에 있다.

유통시장의 역할과 구조 제1절

1. 유통시장의 역할

증권유통시장은 이미 발행된 증권이 투자자 사이에서 거래되는 시장이며 2차시장(secondary market)이라고도 한다. 증권시장을 발행시장과 유통시장으로 구분하는 것은 설명을 위한 것일 뿐 두 시장은 다음과 같이 상호보완적인 관계를 갖고 있다.

유통시장은 발행된 증권의 유동성과 담보력을 높여준다. 증권발행은 유통시장에서 원활한 거래, 즉 유동성을 전제로 하기 때문에 효율적인 유통시장이 없이는 발행시장이 존재할 수 없다. 한편 유동성이 높아서 언제나 적정가격에 매각할 수 있는 증권은 이를 담보로 현금을 빌리거나 빌려줄 수 있기 때문에 증권의 담보력이 높아진다. 원활한 유통거래를 통해 증권의 유동성과 담보력이 높아지면 증권투자가 촉진되고 증권발행에 대한 수요가 증가하여 기업이 자본조달을 원활하게 할 수 있다.

한편 유통시장에서 많은 투자자들의 경쟁에 의해 공정하게 결정되는 증권가격은 발행시장에서 새로 발행될 증권의 가격을 결정하는데 지표가 되고 자본의 효율적인 배분에도 중요한 역할을 하게 된다. 현존하는 유통시장의 구조와 각종 매매거래제도는 유통시장에서 가격이 공정하게 결정되어 자본이 효율적으로 배분될 수 있도록 발전되어 온 것이다.

2. 유통시장의 구조

유통시장은 정규시장과 장외시장으로 구분할 수 있다. 정규시장이란 일정한 시설과 장소를 갖추고 일정한 매매원칙에 따라 지속적으로 거래가 이루어지는 조직화된 시장으로 증권거래소(exchange)를 말한다. 한국의 대표적인 증권거래소는 한국거래소이다.

장외시장(over-the-counter market: OTC)은 거래소시장의 상대적인 개념으로 일정한 장소와 시설을 갖추지 않은 비조직적 시장을 말한다. 장외시장은 기본적으로 증권거래소에서 거래될 수 없는 증권, 최소거래단위 미만의 증권(단주), 증권거래소에서 매매거래가 정지된 증권 등을 거래하기 위한 보완적인 시장으로 출발하였다. 하지만 정보·통신기술이 발달하고 조직화되면서 점차 거래소시장과의 구분이 없어지고 거래소시장과 경쟁적인 관계로 변하고 있다. 대표적인 장외시장인 외환시장에서는 전 세계의 외환 딜러(dealer)와 브로커(broker)들이 통신망을 이용해 24시간 내내 거래를 하고 있다. 채권은 대부분 장외시장에서 거래되고 있다.

딜러와 브로커

딜러(dealer)는 거래되는 자산에 대해 자기 명의(계정)로 재고를 보유하고 있으면서 항시 매도/매수호가를 제시하고, 제시한 가격에 거래를 원하는 고객이 있으면 거래를 이행한다. 딜러는 시장에 유동성을 공급하는 역할을 하며, 딜러가 존재함으로써 시장에서 항상 거래가 가능하기 때문에 이들을 시장조성자(market maker)라고 한다. 딜러는 자신이 보유하고 있는 자산의 가격이 하락하면 손실이 발생하기 때문에 가격위험에 노출되어 있다. 딜러의 수익원은 매도/매수 가격의 차이(매매차익)이다.

브로커(broker)는 매수자와 매도자 사이에서 대리인으로서 거래를 성사시켜주고 수수료를 받는다. 브로커는 딜러와는 달리 자신의 계정으로 재고를 보유하고 있지 않기 때문에 가격변동위험에 노출되지 않는다.

거래소시장에서는 다수의 매수자와 다수의 매도자 사이에 경쟁매매방식으로 거래가 이루어지는데 비해 장외시장에서는 일반적으로 매수자와 매도자가 개별적으로 가격, 수량 등을 결정하는 상대매매방식으로 거래가 이루어진다. 거래소에서는 매매거래가 투자자 상호 간에 직접 이루어지는 것이 아니라 거래소의 회원사인 증권회사 또는 선물회사의 중개를 통해 이루어진다. 증권회사와 선물회사는 일반투자자들의 매수 · 매도 주문을 위탁받아 매매를 성사시켜주고 위탁수수료를 받는다.

3. 한국거래소

한국거래소(KRX: Korea Exchange)는 2005년 1월에 한국증권거래소, 코스닥증권회사, 한국선물거래소가 합병 통합되어 한국증권선물거래소로 출범하였다가 2009년 2월 4일 '자본시장과 금융투자업에 관한 법률'개정에 의해 개명되어 현재까지 유지되고 있다. 한국거래소는 증권회사와 선물회사들이 주주로 참여하는 주식회사의 형태이며 유가증권시장(이전의 한국증권거래소), 코스닥시장, 코넥스시장, 파생상품시장(이전의 한국선물거래소)으로 구성되어 있다.

유가증권시장과 코스닥시장에서는 주식, 채권, 수익증권, 상장지수펀드 등과 같은 유가증권이 거래되고 있다. 유가증권시장은 한국 최초의 증권거래소인 한국증권거래소가 증권선물거래소로 통합되면서 명칭이 바뀐 것이며 모든 내용은 종전의 한국증권거래소와 같다.

코스닥시장은 성장성과 기술력이 있는 유망 중소기업과 벤처기업의 주식과 채권을 거래하기 위해 1996년 미국의 나스닥(Nasdaq)시장을 벤치마킹하여 조직화된 거래소시장으로 설립되었다. 코스닥시장은 한국증권업협회가 개설하여 운영하고 있으나, 통합거래소 출범 이후에는 유가증권시장과 함께 한국거래소의 통합 관리를 받고 있다.

유가증권시장과 코스닥시장은 시장의 설립 시기와 배경, 운용 주체, 매매종목 등에서는 차이가 있으나 일반투자자들의 입장에서 유가증권을 매매하는 데는 거의 차이가 없다고 할 수 있다.

코넥스(KONEX, Korea New Exchange)는 코스닥시장 상장 요건을 충족시키지 못하는 벤처기업과 중소기업이 상장할 수 있도록 2013년 7월 1일부터 한국거래소 안에 개장한 중소기업 전용 주식시장이다. 기존의 중소기업 지원을 위한 코스닥시장이나 프리보드의 기능이 미흡했다는 점에서 초기 중소기업에 최

코스닥시장 개설 23주년...중소벤처기업에 59조 3,000억 자금 공급

한국거래소는 코스닥시장 개장 23주년을 맞아 그간 코스닥이 이룬 성과를 지난달 30일 분석 발표했다. 코스닥시장은 1996년 7월 1일 개장했다.

거래소에 따르면 지난달 27일 기준으로 코스닥 시가총액은 239조 1,000억원을 기록해 개설 당시의 7조 6,000억원 대비 31배 이상 성장했다. 하루 평균 거래금액은 4조 2,000억원으로 개설 당시(23억원)에 비해 1,800배 이상 증가했다. 현재 코스닥 상장기업수는 총 1,344개다. 개설 당시 341개사 대비 4배 증가했다.

시장개설 이후 코스닥시장을 통한 총자금조달 규모는 59조 3,000억원에 이른다. 59조원의 자금 가운데 기업공개(IPO)를 통한 공모는 25조 9,000억원, 시장 내 유상증자 규모는 33조 4,000억원을 차지했다.

지난해 코스닥을 통한 자금조달 금액은 3조 3,000억원으로 시장 개설 이듬해인 1997년의 1,491억원의 21배로 늘었다. 2015년 2조 8,392억원, 2016년 3조 4,345억원, 2017년 4조 5,500억원 등 중소 벤처기업에 대한 자금조달 지원이 꾸준히 이뤄지고 있다.

고용창출 효과도 눈에 띈다. 지난해 기준으로 코스닥 상장법인에 재직하고 있는 임직원수는 38만 2,182명이다. 1997년 3만 9,933명에 비해 9.6배 증가했다.

시장규모 확대와 함께 질적 변화도 나타나고 있다. 과거 통신장비, 부품 등 제조업종 중심의 상장 업종도 문화콘텐츠, 반도체, 바이오 헬스케어 등으로 다각화하는 추세다. 1999년까지 코스닥 전체 시가총액의 68.1%를 차지했던 IT 관련주는 19.2%로 감소한 반면 바이오 헬스케어 업종은 0.4%에서 26.5%로 크게 증가했다. 같은 기간 문화콘텐츠 업종은 1.2%에서 9.8%로, 반도체 업종은 2.8%에서 8.8%로 비중이 증가했다.

한국거래소 관계자는 "시장의 양적, 질적 성장을 바탕으로 코스닥시장은 고용증대를 통한 일자리 창출에 기여했고, 모험자본 공급으로 한국경제 산업 패러다임 변화를 주도하고 있다"고 밝혔다.

-전자신문(2019.06)

적화된 증권시장의 필요성이 제기되었으며, 초기 중소기업 특성을 반영한 시장제도를 마련하기 위해서는 기존 증권시장을 활용하기보다는 새로이 설계하는 것이 용이하다는 판단하에 코넥스시장이 개설되게 되었다.

파생상품시장은 우리나라 유일의 종합 파생상품거래소이며 한국선물거래소가 한국거래소에 통합된 것이다. 파생상품시장에서는 현재 미국달러선물, KOSPI200 변동지수선물, 금선물, 국채선물, KOSPI200선물, 코스닥150

선물, 미국달러옵션, KOSPI200옵션, 개별주식옵션 등이 거래되고 있다.

4. K-OTC시장

2000년 3월 제도화된 장외거래시장의 필요성에 의해 출범한 장외주식호가중개시장은 2005년 7월, 시장명칭을 '프리보드(Free Board)'로 변경, 코스닥시장 상장 전 단계 중소기업의 직접금융 활성화에 중점을 두고 운영되었다. 그러나 주식거래 대상기업이 거래소 퇴출기업 등 소수의 중소기업 위주로 한정됨에 따라 공신력과 역할이 크게 저하되고, 중소기업 전용 주식시장인 코넥스시장이 개설되면서 그 역할이 크게 위축되자 2014년 1월 금융위원회와 금융투자협회는 프리보드 개편방안을 발표했고 프리보드는 K-OTC(Korea Over-The-Counter) 시장으로 새롭게 탄생하게 되었다.

K-OTC의 기본 방향은 비상장기업의 주식을 투명하게 거래할 수 있는 실질적인 장으로서의 기능을 수행하는 것이다. 설립의 기대효과로는 투자자에게는 주식거래의 편의성 제고와 당사자 간 직접거래에 따른 투사자 피해감소, 기업의 경우는 비상장기업의 주식거래 활성화에 따른 직접금융 조달의 활성화, 증권사의 경우는 비상장주식의 거래 중개 등 새로운 수익기반 확대라 할

<table>
<tr><th colspan="2">구 분</th><th>K-OTC</th><th>거래소 시장</th></tr>
<tr><td colspan="2">매매방식</td><td>상대매매</td><td>경쟁매매</td></tr>
<tr><td rowspan="2">매매거래시간</td><td>정규시장</td><td colspan="2">09:00~15:30</td></tr>
<tr><td>시간외시장</td><td>없음</td><td>07:30~08:30
15:40~18:00</td></tr>
<tr><td colspan="2">호가수량단위</td><td colspan="2">1주</td></tr>
<tr><td colspan="2">가격제한폭</td><td>30%</td><td>30%</td></tr>
<tr><td colspan="2">위탁증거금</td><td>현금 또는 주식 100%</td><td>금융투자회사 자율</td></tr>
<tr><td colspan="2">결제전매매</td><td colspan="2">가능</td></tr>
<tr><td colspan="2">수도결제</td><td colspan="2">매매결제일로부터 3영업일</td></tr>
</table>

수 있다.

5. 상 장

(1) 상장의 의의

상장(listing)이란 증권이 거래소에서 매매될 수 있도록 일정한 요건(상장요건)을 갖춘 증권을 심사를 거쳐 등록함으로써 매매거래의 대상으로 인정하는 것을 말한다. 이렇게 등록된 증권을 상장증권이라고 하며, 상장증권을 발행한 기업을 상장기업(상장법인)이라고 한다. 코스닥시장에서는 유가증권시장(종전의 증권거래소)과 구별하기 위해서 코스닥상장증권 또는 코스닥상장기업이라는 용어를 사용하기도 하며, 증권업협회에 등록한다는 의미에서 상장 대신에 "등록"이라는 용어를 사용하기도 한다.

상장증권은 상장 후에도 거래소로부터 규제와 관리조치를 받게 되며 요구되는 조건을 충족시키지 못하는 증권은 매매거래가 정지되거나 상장이 폐지된다. 이러한 조치가 취해지는 이유는 증권가격이 공정하게 형성되고, 유통이 원활하게 이루어져 시장성이 확보되게 함으로써 투자자를 보호하기 위해서이다.

증권이 상장되어 거래되기 위해서는 지분을 투자자들에게 분산시키기 위한 기업공개(IPO: initial public offering)가 선행되어야 한다. 한국에서는 오랫동안 기업공개와 상장을 연계하여 왔기 때문에 상장요건을 갖추지 못한 기업은 기업공개를 할 수 없었다. 그러나 1999년부터는 증권시장을 활성화시키고 기업이 원활하게 자금을 조달할 수 있도록 기업공개와 상장을 분리하여 유가증권시장이나 코스닥시장의 상장요건을 갖추지 못한 기업이라 하더라도 주간사회사와의 계약에 의해 기업공개를 추진하고 주식발행을 통해 자금을 조달할 수 있도록 하였다.

(2) 상장의 종류

상장에는 주권상장(유가증권상장, 코스닥시장상장, 코넥스시장상장), 채권상장, 증권상품상장(ETF, ETN)과 SPAC(Special Purpose Acquisition Company) 상장이 있다. 주식의 상장은 다음과 같은 다양한 방법으로 이루어진다.

상장방법	내 용
신규상장	기업이 발행한 주권을 증권시장에 처음으로 상장시키는 것을 말한다. 신규상장은 상장예비심사청구 후 공모(모집 · 매출)를 하였는지 여부에 따라, 공모상장과 직(유통)상장으로 구분되며, 직상장의 경우는 코스닥상장법인이 공모없이 시장 이전하는 경우에만 인정된다.
재상장	상장법인의 분할 또는 분할합병에 의하여 설립된 법인이나, 상장법인 간의 합병에 의하여 설립된 법인 또는 상장이 폐지된 후 5년이 경과되지 않은 법인이 발행한 주권을 상장시키는 것을 말한다.
추가상장	상장법인이 증자, 합병, 전환사채 또는 신주인수권부사채를 소유한 자의 권리행사 등으로 인하여 새로이 발행한 주권을 상장시키는 것을 말한다.
변경상장	주권의 기재내용이 변경(상호, 종류, 액면금액 등)되는 경우, 새로운 주권을 교체 · 발행하여 상장시키는 것을 말한다.

(3) 상장요건

상장을 원하는 기업은 대표 주관회사를 선정하는 등 사전준비를 거쳐 상장예비심사를 신청하고 한국거래소의 상장위원회에서는 해당 기업의 상장 적격성 심의를 거쳐 예비심사에 대한 결과를 상장신청인과 금융위원회에 통지한다. 상장적격 통지를 받은 신청기업은 증권신고서를 금융위원회에 제출하고 수요예측과 공모가격 등을 결정하여 신규상장신청서를 한국거래소에 제출하면 한국거래소에서 승인여부를 해당 기업에 통지한다. 상장예비심사는 규모요건(자기자본, 상장예정주식총수, 매출액), 분산요건(일반주주 소액주식수, 의무공모, 일반주주수), 재무요건(매출액 및 이익 등 경영성과), 안정성 · 건전성요건(경과연

수, 합병, 감사의견, 부도발생 등), 실질적 심사기준(기업의 계속성, 투명성, 기업공시 및 주주이익 보호)에 대한 심사를 거친다(세부적인 상장요건은 한국거래소(www.krx.co.kr)의 상장공시를 참조).

(4) 외국 주식의 국내 상장

포스코나 한국전력과 같은 한국 우량기업의 주식이 주식예탁증서(DR: depository receipt)의 형태로 뉴욕증권거래소(NYSE)에 상장되어 거래되고 있다. 마찬가지로 외국 기업의 주식도 주식예탁증서의 형태로 한국 증권시장에 상장되어 거래할 수 있다.

제2절 매매거래

여기에서 설명하는 매매거래는 거래소·코스닥시장에서의 주식거래에 관한 것이며 채권(제9장), 수익증권(제11장), 선물(제12장), 옵션(제13장)은 별도로 설명한다.

주식의 매매거래는 월요일부터 금요일까지 이루어지며, 정규시장(09:00~15:30)과 시간외시장(장 개시 전 08:00~09:00, 장 종료 후 15:40~18:00)으로 구분된다. 시간외시장은 정규시장 개시 전과 종료 후 투자자에게 추가적으로 매매기회를 부여하기 위한 시장이다. 매매거래 과정을 그림으로 나타내면 〈그림 3-1〉과 같다.

1. 증권거래계좌 개설과 위탁증거금 납입

정규시장에서는 증권업의 허가를 받고 증권거래소 또는 증권업협회 회원으

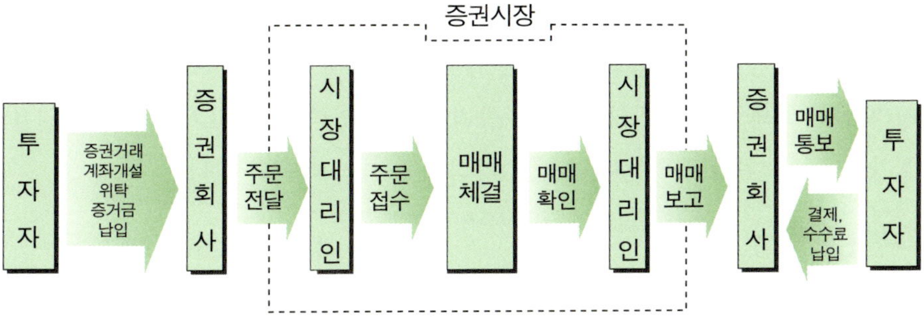

그림 3-1
증권의 매매거래과정

로 등록된 증권회사만이 거래를 할 수 있으며 일반투자자는 증권회사에 매매거래계좌를 개설하고 매매를 위탁하여야 한다.

위탁증거금이란 증권회사가 매매를 위탁하는 고객(위탁자)의 결제이행을 확보하기 위해 징수하는 현금 또는 유가증권을 말하며, 주문액수에 대한 증거금의 비율을 증거금률이라고 한다. 매수주문의 경우에는 현금을, 매도주문의 경우에는 당해 매도증권 또는 현금을 위탁증거금으로 납입할 수 있다. 증거금률과 징수방법은 증권회사가 증권시장상황과 투자자의 신용정도를 감안하여 자율적으로 결정한다. 기관투자자나 기타 증권거래소가 지정하는 투자자는 위탁증거금을 면제받을 수도 있다. 과거에는 거래소가 위탁증거금의 징수율과 그 징수방법을 정하여 운영하였으나, 1998년 4월 1일부터는 증권회사가 자율적으로 결정하도록 하여, 현재 대부분의 증권회사는 개인투자자의 경우 약 40%의 징수율로 위탁증거금을 징수하고 있다.

2. 매매주문

투자자는 문서, 전화, 인터넷 등을 이용하여 증권회사를 통해 주문을 낼 수 있다. 주문에는 종목, 수량, 가격, 주문형태 등이 포함되어야 한다.

(1) 호가와 매매거래단위

증권시장(유가증권시장과 코스닥시장)에서는 매매거래를 신속하고 원활하게 처리하기 위해 매매거래의 가격을 규격화하고 있다. 가격표시의 최소단위를 호가(quote)단위라고 하는데 증권의 가격대에 따라 다음과 같다.

【 기 존 】

가격대	단 위			
	유 가	코스닥 코넥스	유가 주식선물	코스닥 주식선물
~1천원	1원	1원	10원	1원
1천~5천원	5원	5원	10원	5원
5천~1만원	10원	10원	10원	10원
1만~5만원	50원	50원	50원	50원
5만~10만원	100원	100원	100원	100원
10만~50만원	500원	100원	500원	100원
50만원~	1,000원	100원	1,000원	100원

【 변경(2023년부터) 】

가격대	단 위	
1천원 미만	1원	0.1%~
1천~2천원 2천~5천원	1원 5원	0.05~0.1% 0.1~0.25%
5천~1만원	10원	0.1~0.2%
1만~2만원 2만~5만원	10원 50원	0.05~0.1% 0.1~0.25%
5만~10만원	100원	0.1~0.2%
10만~20만원 20만~50만원	100원 500원	0.05~0.1% 0.1~0.25%
50만원 이상	1,000원	~0.2%

유가증권시장에서는 거래를 원활하게 처리하기 위해 최소매매수량단위(round lot)를 정하고 있다. 증권 종류별 매매수량단위는 다음과 같다.

구 분	매매수량단위	비 고
주 권	1주	2014년 6월 2일 개정
외국주식예탁증서(DR)	1증권	2014년 6월 2일 개정
상장지수집합투자기구 집합투자증권(ETF)	1주	2002년 9월 30일 도입
신주인수권증권	1증권	2009년 8월 3일 개정
신주인수권증서	1증서	2009년 8월 3일 개정
주식워런트증권(ELW)	10증권	2005년 8월 26일 도입
수익증권	1좌	2014년 6월 2일 개정

주식의 경우 10주 미만(1주~9주)의 단수주 또는 단주(odd lot)는 증권회사를 거래상대방으로 하여 장외거래를 통해서만 매매거래가 가능하였으나, 2014년 6월 2일부터 '한국거래소 선진화 전략'의 일환으로 코스피시장 전 종목의 단주거래가 허용되었다.

(2) 주문방법

주문은 가격을 지정하는 방법에 따라 다음과 같이 구분된다.

① 지정가주문 지정가주문(limit order)은 투자자가 지정한 가격(limit price)보다 유리한 가격에서만 매매가 체결될 것을 요구하는 주문이다. 따라서 매수주문은 투자자가 지정한 가격이나 그 이하에서만 주문을 체결시켜야 하고, 매도주문은 투자자가 지정한 가격이나 그 이상에서만 주문을 체결시켜야 한다.

② 시장가주문 시장가주문(market order)은 현재 시장에서 형성된 가격으로 매매가 체결되도록 하는 주문으로 성립가주문이라고도 한다. 시장가주문에서 매매체결은 거의 확실하게 이루어지지만 얼마에 몇주가 체결될지는 시장상황에 달려 있다. 증권회사는 최선을 다해 매수자에게는 가능한 한 낮은 가격으로, 매도자에게는 가능한 한 높은 가격으로 거래가 이루어지도록 노력한다.

③ 조건부지정가주문 매매거래시간 중에는 지정가주문으로 매매거래에 참여하지만 매매체결이 이루어지지 않은 잔여수량은 종가결정(장 종료 전 10분간 단일가매매) 시에 시장가주문으로 자동 전환되는 주문이다.

④ 최유리지정가주문 상대방 최우선호가로 즉시 체결이 가능하도록 하기 위해 주문접수 시점의 상대방 최우선호가 가격으로 지정되는 주문형태이다. 즉, 매도의 경우 해당 주문의 접수시점에 가장 높은 매수주문의 가격, 매수

의 경우 해당 주문의 접수시점에 가장 낮은 매도주문의 가격으로 지정한 것으로 보아 매매체결에 참여하는 주문이다.

⑤ **최우선지정가주문** 최우선지정가주문은 해당 주문의 접수시점에 자기 주문 방향의 최우선호가 가격으로 지정되어 주문이 제출된다. 매도의 경우 해당 주문의 접수시점에 가장 낮은 매도주문의 가격, 매수의 경우 당해 주문의 접수시점에 가장 높은 매수주문의 가격으로 지정한 것으로 보아 참여하는 주문이다

⑥ **목표가주문** 투자자가 특정 지정가격이 아닌 당일의 거래량가중평균가격(VWAP) 등 향후에 결정될 가격 또는 그와 근접한 가격으로 매매체결을 원하는 경우, 회원이 재량으로 투자자가 목표로 하는 가격에 최대한 근접하여 체결될 수 있도록 하는 주문유형을 말한다. 다만, 목표가주문과 관련된 호가유형은 별도로 존재하지 않기 때문에 회원사가 목표가 달성을 위해 투자자 주문을 지정가호가 또는 시장가호가 등의 형태로 분할하여 제출하여야 한다.

⑦ **경쟁대량매매주문** 투자자가 종목 및 수량은 지정하되 당일의 거래량가중평균가격(VWAP)으로 매매거래를 하고자 하는 주문유형이다. 이는 시장충격을 최소화하는 대량매매제도의 한 유형으로서 최소수량요건 등이 적용되며 정규시장과는 별도의 시장에서 비공개로 매매체결이 이루어진다.

3. 매매거래의 체결

모든 주문은 전산시스템을 통해 거래소에 전달되어 매매체결원칙에 따라 처리되며 체결내역은 전산시스템을 통해 즉시 통보된다.

(1) 매매체결원칙

동일한 종목에 대해서도 다수의 매수자와 매도자가 각기 다른 가격으로, 다른 시간에, 다른 수량을 주문하는 매매를 체결시키기 위해서는 일정한 원칙이 필요하다. 거래의 체결은 다음과 같은 우선의 원칙을 따른다.

① **가격우선의 원칙** 매수주문은 높은 가격의 주문이 낮은 가격의 주문보다 우선적으로 체결된다. 매도주문은 낮은 가격의 주문이 높은 가격의 주문보다 우선적으로 체결된다.

② **시간우선의 원칙** 동일한 가격의 주문에 대해서는 먼저 접수된 주문이 나중에 접수된 주문보다 우선적으로 체결된다.

③ **수량우선의 원칙** 동일한 가격의 주문에 대해 접수시간의 선후가 분명치 않은 경우에는 수량이 많은 주문이 수량이 적은 주문보다 우선적으로 체결된다.

④ **위탁매매우선의 원칙** 동일한 가격에서의 매매체결에 대해 고객의 위탁매매가 증권회사가 자신의 이익을 위해 거래하는 자기매매보다 우선적으로 체결된다.

(2) 매매체결방법

매매체결은 다수의 매도자와 매수자 사이에서 거래가 이루어지는 경쟁매매방식에 의해 이루어지는데 가격결정방식에 따라 단일가격에 의한 경쟁매매와 복수가격에 의한 경쟁매매로 나뉘어진다.

① **동시호가매매**(단일가격에 의한 경쟁매매)

동시호가매매는 수요와 공급을 집중시켜 균형가격을 결정할 필요가 있을 때 적용하는데 시가와 종가를 결정할 때와 매매중단 후 최초로 가격을 결정할 때 적용된다.

동시호가매매에서는 일정 시간 동안 접수된 매도 · 매수호가를 가격 및 시간 우선원칙에 따라 우선하는 호가 간에 하나의 가격으로 매매체결이 이루어진다.

시가(始價) 결정	정규시장이 시작하기 전인 08 : 30~09 : 00에 접수된 주문을 동시호가매매로 처리하여 당일의 시가를 결정
종가(終價) 결정	정규시장 마감 10분 전부터 10분간(오후 3:20~3:30) 접수된 주문을 동시호가매매로 처리하여 당일의 종가를 결정
매매중단 후 최초로 가격 결정	매매거래가 재개되는 시점부터 10분간 접수된 주문을 동시 호가매매로 처리하여 가격을 결정

예 제

동시호가매매 (시가결정)

아래의 표는 시가를 결정하기 위해 접수된 가상적인 호가를 정리한 것이다.

누적매도수량	매도수량	가 격	매수수량	누적매수수량
	300○	9,540	●500	500
	300○	9,530	●300	800
	200○	9,520	●200	1,000
2,200	300○ 200◑ 100●	9,510	●500 ●300	1,800
1,600	400●	9,500	○200	
1,200	200●	9,490	○300	
1,000	400●	9,480	○200	
600	400●	9,470		
200	200●	9,460		

●전량체결 ◑일부체결 ○미체결

누적매도수량은 매도수량을 낮은 호가부터 누적하고, 누적매수수량은 매수수량을 높은 호가부터 누적한 것이다. 예에서 시가는 가장 많은 거래가 가능한 9,510

원으로 결정되고 1,800주가 거래된다. 결정된 동시호가(9,510원) 또는 이보다 높은 가격을 제시한 모든 매수주문(1,800주)이 체결된다. 매도주문의 경우 동시호가보다 낮은 가격을 제시한 모든 매도주문(1,600주)이 체결되지만 9,510원에 주문된 매도수량 중 시간적으로 우선하는 200주만이 체결된다(9,510원에 대한 매도주문은 가격에 가깝게 표시된 주문이 시간상 우선하는 주문이다).

---

② **접속매매**(복수가격에 의한 경쟁매매)

접속매매는 매매거래시간 중에 가격우선의 원칙과 시간우선의 원칙에 따라 가장 낮은 매도호가와 가장 높은 매수호가가 합치되는 경우 먼저 접수된 호가의 가격으로 매매를 체결시킨다.

예 제

접속매매

아래의 표에서 ①②…는 호가가 접수된 순서를 나타낸다. 이러한 경우 우선 ①과 ③에 의해 9,530원에 100주가 체결되고, ②와 ④에 의해 9,490원에 100주가 체결된다.

매도수량	가 격	매수수량
	9,540	
	9,530	① 100
③ 200	9,520	
	9,510	
	9,500	
	9,490	② 100
④ 300	9,480	
	9,470	
	9,460	

---

③ 시간외거래

주식 시간외거래란 정해진 정규시간(09:00~15:30) 외의 거래를 말하는 것으로 장전시간외매매, 시간외종가매매, 시간외단일가매매로 나누어진다.

장전시간외거래는 8시 30분~8시 40분까지 전일 마감된 종가로 체결이 되고, 시간외 종가매매(장후시간외거래)는 15시 40분부터 16시까지 당일 종가로 체결된다. 주문은 15시 30분부터 가능하지만, 실제 주문의 체결은 15시 40분부터 시작되어 16시에 마감된다.

시간외단일가매매는 16시부터 18시까지 그날 마감된 종가를 기준으로 -10%~10% 범위 안에서 10분 단위로 체결(총 12회)되는 거래를 말한다.

구 분	시간외단일가매매 주요 내용
거래대상	주권, ETF, ETN, 외국주식예탁증권(당일 거래미형성 종목 제외)
거래시간	16:00~18:00(120분)
매매방법	10분 단위 주기적 단일가매매
가격변동범위	당일종가 ±10%(다만, 당일 상하한가 이내)
매매수량단위	1주
주문유형	지정가주문

4. 결 제

(1) 결제와 매매거래형태

결제는 체결된 매매에 대해 거래대금과 증권이 교환되는 것을 말한다. 매매거래는 결제 시점에 따라 보통거래, 당일결제거래, 익일결제거래로 나누어진다.

보통거래	매매체결일을 기산일(T)로 하여 3일째 되는 날(T+2)에 결제가 이루어진다. 거래가 없는 날은 계산에서 제외되며, 주식, 신주인수권, 수익증권, 일반채권의 거래에 적용된다.
당일결제거래	매매체결일 당일(오후 4시)에 결재가 이루어진다. 주식 중 관리대상종목, 일반채권거래와 국채달러간 거래에 적용된다. 당일 결재거래에서는 거래대금 전액을 위탁증거금으로 예탁해야 한다.
익일결제거래	매매체결일 다음 날에 결제가 이루어진다.

(2) 대체결제제도

대체결제는 투자자, 증권회사, 금융기관 등이 소유하고 있는 증권을 한국예탁결제원에 예탁하고 거래 발생시에는 실물증권을 주고받지 않고 계좌 간 이체해주는 제도이다. 대체결제는 증권매매거래에 따른 결제를 효율적으로 해결하기 위한 제도이다.

주주는 주권을 직접 소유하고 있지 않아도 주주명단이 해당 증권의 발행회사에 통보되면 상법상 주주로 인정되어 실질주주로서의 각종 권리를 행사할 수 있다.

(3) 위탁수수료

위탁수수료는 증권회사 간 경쟁에 의해 자율적으로 결정된다. 위탁수수료율은 대략 거래금액의 0.1~0.5%(MTS의 경우에는 0.01~0.03%) 정도이지만 대체로 거래금액이 적을수록 상대적으로 높은 율의 수수료를 내게 된다.

제3절 매매거래의 관리

한국거래소에서는 공정한 거래질서를 확립하고 투자자를 보호하며 유가증권시장의 효율성을 제고하기 위해 다음과 같은 제도를 시행하고 있다.

1. 회원감리

회원감리란 효율적인 증권시장을 유지하기 위해 공정거래질서에 위배되는 매매거래행위를 조사하고 조치를 취하는 것을 말한다. 회원감리의 주요 내용은 상장법인 대주주 및 임원의 주식소유 및 변동상황 보고, 내부자거래 금지, 시세조정행위 금지, 증권회사와 증권유관기관 임직원의 주식매매 금지, 일임매매 금지 등이다.

내부자거래

내부자거래(inside trading)란 기업의 임직원이나 주요 주주 등과 같은 내부자(insider)들이 직무나 직위에 의해 얻은 내부정보(inside information)를 이용하여 자기회사의 주식을 거래하는 것을 말한다. 내부자들은 내부자거래를 통해 많은 이익을 얻을 수 있는 반면 일반투자자들은 손해를 볼 가능성이 많기 때문에 증권시장의 발전과 공정한 거래질서를 위해 내부자거래는 법적으로 엄격하게 규제하고 있다.

법률적으로 내부자는 기업의 임직원이나 주요 주주는 물론 당해 법인에 대하여 승인, 허가, 지도 감독 등의 권한을 가지는 자, 당해 법인과 계약을 체결하고 있는 자, 일반인에게 공개되지 않은 중요한 정보를 직무과 관련하여 알게 된 자, 이들로부터 당해 정보를 받은 자 등으로 넓게 정의되고 있다.

2. 주가감시

주가감시(stock watch)는 이상매매종목에 대해 그 원인을 규명하고 실제로 매매과정에서 불공정행위가 있었는지를 밝히는 일이다. 주가감시의 목적은 불공정매매를 최소화하고 공정성과 투명성을 확보하여 선의의 투자자를 보호함으로써 증권시장에 대한 신뢰도를 높이려는 것이다.

주가감시는 우선 주가 및 거래량이 정상적인 범위를 벗어나 불공정거래의 개연성이 높은 종목을 골라내어 풍문이나 보도가 있는 종목에 대하여는 조회공시를 의뢰하고 경우에 따라서는 매매심리를 담당하는 부서에 정밀조사를 의뢰하게 된다. 한국거래소의 시장감시위원회는 특별심리부와 기획감시팀을 신설하여 불공정거래에 대한 감시 및 단속을 강화하고 있다.

3. 가격제한폭

한국거래소는 급격한 가격 변동에 따른 투자자의 피해를 방지하고 시장의 안정을 확보하기 위해 하루에 변동할 수 있는 주식가격의 상하폭을 전일 종가의 30%로 제한하고 있다. 2015년 6월 15일부터 기존 ±15%에서 ±30%로 확대되었다. 외국인주식예탁증서, 전환사채, 신주인수권부사채 등 주식의 성질을 갖는 회사채도 주식과 같이 가격제한폭의 적용을 받는다.

가격제한폭제도는 원래 취지와는 달리 가격기능을 제한하여 가격을 왜곡하고 시장의 효율성을 떨어뜨린다는 문제점이 있다. 가격제한폭은 점차 확대되는 추세에 있으며 궁극적으로는 폐지되어 일일가격변동에 제한이 없어질 것으로 예상된다.

4. 기업공시제도

기업공시제도(corporate disclosure system)는 기업의 중요 경영정보를 이해관계자 및 일반투자자에게 충분히, 적시에 그리고 정확하게 공개하도록 하여 투자자 스스로 자유로운 판단과 책임하에 투자결정을 할 수 있도록 함으로써 투자자를 보호하고 증권시장의 효율성을 확보하기 위한 제도이다. 증권감독원에서는 효율적인 기업공시를 위해 전자공시시스템(www.dart.fss.or.kr)을 운용하고 있다.

기업공시는 크게 발행시장공시와 유통시장공시로 구분할 수 있다. 발행시장공시는 유가증권이 처음으로 시장에 공급되는 단계에서 발행기업의 재무사항(유가증권신고서, 사업설명서, 발행실적보고서 등)을 공시하는 것을 말한다. 유통시장공시는 거래되는 유가증권에 대해 기업의 경영활동내역 등 투자판단과 관련된 자료를 공시하는 것을 말하며, 사업보고서, 반기/분기보고서 등을 정기적으로 공시하는 정기공시와 그때그때 중요한 사항을 공시하는 수시공시가 있다.

수시공시(timely disclosure)는 기업의 가치를 판단하는 데 중요한 영향을 주는 기업의 주요 경영정보이므로 적시에 공시하는 것으로 주요 경영사항 공시, 최대주주 등과의 거래공시, 조회공시, 자진공시 등이 이에 해당한다. 조회공시는 증권거래소가 투자자 보호를 위하여 풍문, 보도내용 등의 사실여부와 주가와 거래량의 급변 시에 투자자의 투자판단에 중대한 영향을 미칠 수 있는 미공개 정보가 있는지 여부를 상장법인에게 확인하여 공시하도록 한 제도이다. 이처럼 풍문 또는 보도의 사실여부의 확인, 중요 정보의 유무에 대하여 조회공시를 요구받은 상장법인은 원칙적으로 그 요구일로부터 1일 이내에 이에 응하여야 한다.

공정공시제도는 기업이 투자분석가(analysts)나 기관투자가 등 특정 집단에게 기업의 중요 정보를 제공하는 경우에는 그 내용을 일반투자자에게도 즉시 공시하도록 의무한 것이다. 따라서 기업의 임원 등(공정공시 정보제공자)이 단순 실수로 특정인에게 특정 정보(공정공시 대상정보)를 제공하는 경우에도 공정공시의 의무가 발생하게 된다.

5. 매매거래중단제도

매매거래중단제도(CB: circuit breakers)는 증권시장의 변동폭이 확대되어 하루 중 주가지수가 일정 수준 이상 급락하는 경우 시장참여자들에게 냉정한 판단을 할 수 있는 시간을 주기 위해 거래를 일시적으로 중단하는 제도이다. 한국거래소에서는 2015년 6월 제도변경을 통해 3단계의 단계별 적용을 채택하였다. 1단계는 코스피 혹은 코스닥지수가 전일 종가 대비 8% 이상 하락한 상태가 1분간 지속될 경우 20분간 매매중단 후 10분간 단일가매매로 거래를 재개하고, 2단계의 경우 15% 이상 급락한 상태가 1분간 지속되거나 1단계 매매거래중단제도(CB) 발동시점 대비 1% 이상 추가 하락할 경우 20분간 거래를 중단한 후 10분간 단일가매매로 시장거래를 재개한다. 마지막 3단계는 전일 대비 20% 이상 하락하여 1분간 지속하거나 2단계 매매거래중단제도(CB) 발동시점 대비 1% 이상 추가 하락하는 경우 발동되어지며 주식시장의 모든 거래가 중단되고 당일 장은 종료된다. 각 단계별로 발동은 1일 1회로 한정하고 당일종가결정시간 확보를 위해 장종료 40분 전 이후에는 중단하지 않는다(단, 3단계는 예외).

한국거래소는 어음 또는 수표의 부도발생, 은행거래정지, 영업활동의 정지, 회사정리절차개시 등과 같이 기업경영에 중대한 영향을 미치는 풍문 등과 관련하여 주가 및 거래량이 급변하거나 급변이 예상되는 종목에 대해서는 투자자보호와 시장관리를 위해 필요한 경우 매매거래를 일시적으로 중단할 수 있다. 이후 공시를 통해 중단사유가 해소되면 매매거래를 재개할 수 있다.

블랙 먼데이와 매매거래중단제도

매매거래중단제도(circuit breakers)는 블랙 먼데이(black monday)라고 불리는 1987년 10월 19일 뉴욕증권거래소의 주가대폭락에 대한 원인 규명과 이에 대한 재발방지책으로 등장하였으며 한국 증권시장에는 1998년 12월에 도입되었다.

2000년 4월 14일(금요일) 미국 뉴욕증권거래소(NYSE)와 나스닥(nasdaq)에서 물가상승과 금리인상에 대한 우려로 주가가 폭락하자 4월 17일(월요일) 개장을 앞둔 오전 8시 40분경 한국증권거래소(현재의 유가증권시장)의 동시호가에서는 주요 종목들에 대해 매도주문이 매수주문을 2~3배 압도하고 있어 주가하락이 예상되어 있었다. 9시 개장하자마자 코스피지수는 89포인트(11%)가 하락하여 9시 4분경 한국에서는 사상 처음으로 매매거래중단제도가 발동하였다.

6. 감리종목과 관리대상종목 지정

감리종목은 비정상적인 가격과 거래량의 변동을 투자자에게 환기시키기 위해 거래소에서 요주의종목으로 지정한 종목을 말한다. 감리종목 지정 기준은 시장의 상황에 따라 수시로 변동한다.

관리대상종목 또는 관리종목은 부도발생, 회사정리절차개시 등 상장폐지 기준에 해당하는 사유가 발생하여 유통 가능성이 떨어진 종목에 대해 투자자에게 주의를 환기시키기 위해 거래소에서 요주의종목으로 지정한 종목을 말한다.

감리종목이나 관리대상종목(또는 관리종목)으로 지정되면 신용거래 종목에서 제외되고, 위탁증거금율도 100%로 인상되고 당일결제거래만 허용되며, 증권저축가입자의 매수대상에서 제외되고, 해당기업의 해외증권발행이 금지된다.

이밖에 한국거래소에서는 시장감시규정(제5조)에 따라 시장감시위원회에서 시장을 감시하다가 급등락종목이나 특정 지점의 관여율이 높은 종목, 거래량이 급증하는 종목 등 이상매매 징후가 나타나는 종목이 발견되면 등급에 따라 투자주의종목(1단계), 투자경고종목(2단계), 투자위험종목(3단계)으로 지정하여 관리하고 있고 그 정도가 심한 경우에는 '1일 매매거래 정지'를 지정할 수 있는 제도를 갖추어 시행하고 있다.

7. 프로그램매매 호가관리 (사이드카)

프로그램매매(program trading)는 미리 입력된 프로그램으로 매매를 실행하는 거래전략을 말하는데 주로 주가지수선물을 이용한 거래에 이용되고 있다. 주가지수선물시장에서의 가격변동은 프로그램매매를 통해 주식 현물시장의 가격에 많은 영향을 미치게 된다. 프로그램매매 호가관리(sidecar)는 주가지수선물가격이 급변할 경우 주식 현물시장에 대한 영향을 최소화하여 주식 현물시장을 안정적으로 운용하기 위한 제도이다.

프로그램매매 호가관리는 주가지수선물가격이 전일종가 대비 5%(코스닥은

6%) 이상 상승 또는 하락해 1분간 지속될 때 발동한다. 상승의 경우에는 프로그램매수의 호가효력을 5분간 정지하고(매수 사이드카), 하락의 경우에는 프로그램매도의 호가효력을 5분 동안 정지한다(매도 사이드카). 사이드카는 5분 경과 후 자동적으로 해제되어 매매체결이 재개된다.

코스닥150선물의 경우에는 가격이 기준가격 대비 6% 이상 상승하거나 하락하고 코스닥150지수의 수치가 직전 매매거래일의 최종수치 대비 3% 이상 변한 상태로 1분간 지속되는 경우에 해당 시점부터 5분간 접수된 프로그램 매매호가의 효력을 정지한다. 1일 1회에 한해서 발동할 수 있으며 주식시장 종료 40분 전(오후 2시 50분) 이후에는 발동할 수 없다.

8. 배당락

이익배당을 지급받을 주주를 확정하기 위해서는 결산일에 주주명부를 폐쇄하여 주식의 명의변경을 정지하게 된다. 한국거래소에서는 보통거래제도에 의해 매매가 체결된 날(T)로부터 3일째 되는 날(T+3)에 결제가 이루어지기 때

"배당투자, 배당기산일보다 배당락 당일 매도가 유리"

배당기산일에 주식을 매도하는 것보다 배당락일까지 보유하는 것이 오히려 이득이라는 분석이 나왔다. 다소 주가가 하락하더라도 배당수익을 고려하면 이익을 낼 확률이 지난 10년간 70%에 달한다는 설명이다.

한국투자증권은 지난 10년간의 데이터 분석 결과를 기초한 보고서를 통해 "배당투자의 경우 배당기산일보다는 배당락 당일에 주식을 매도하는 게 유리하다"며 "이익 모멘텀을 보유한 고배당주는 배당락일 매도로 기대수익을 높일 수 있다"고 설명했다. 코스피의 배당락 전후 주가 변화율을 보면 지난 10년간 배당락일 종가가 시가보다 높게 형성된 횟수는 10번 중 7번, 그중 5번은 배당기산일 종가보다 주가가 높은 것으로 확인됐다.

또한 개별 종목 흐름도 전체 시장과 다르지 않았다. 특히 배당수익률이 2% 이상인 고배당주의 경우 배당락일 종가로 주식을 매도하는 것이 확률상 좀 더 유리한 것으로 나타났다.

-연합뉴스(2018.12)

문에 결산일(주주명부폐쇄일) 2일 전까지 매수한 주식은 이익배당을 받을 권리가 있다. 하지만 결산일 직전일에 매수한 주식은 이익배당을 받을 수 있는 권리가 소멸되는데 이를 배당락(ex dividend)이라고 하며 이 날을 배당락일이라고 한다.

배당락조치는 배당을 받을 권리가 소멸되었음을 투자자에게 주지시키기 위한 조치이며, 결산일 직전일(배당락일)에 당해 주식이 배당락된 가격으로 주가가 형성되도록 관리하기 위한 것이다. 배당락 종목은 종목명에 ★를 붙여 구분한다.

9. 권리락

배당과 마찬가지로 유 · 무상증자에서도 신주인수권을 배정받을 수 있는 주주를 확정하기 위해 신주배정기준일을 정하고 이날 주주명부에 등재된 주주에게만 신주인수권이 부여된다. 따라서 신주배정기준일(주주명부폐쇄일) 2일 전까지 매수한 주식은 신주인수권을 받을 권리가 있지만 신주배정기준일 직전일에 매수한 주식은 신주인수권을 받을 수 있는 권리가 소멸되는데 이를 권리락(ex right)이라고 하며 이 날을 권리락일이라고 한다.

권리락조치는 신주인수권을 받을 권리가 소멸되었음을 투자자에게 주지시키기 위한 조치이며, 신주배정기준일 직전일(권리락일)에 당해 주식이 권리락된 가격으로 주가가 형성되도록 관리하기 위한 것이다. 권리락 종목은 종목명에 ◉를 붙여 구분한다.

신용거래 제4절

주식의 신용거래에는 증권회사로부터 자금을 차입하여 주식을 매입하는 신용매수와 증권회사로부터 주식을 빌려서 매도하는 대주거래가 있다. 일반적인 증권거래계좌는 투자자의 계좌에 있는 예탁금만큼만 매수할 수 있는 현금거래계좌를 말한다. 신용거래를 위해서는 별도의 신용거래계좌를 개설해야 하며 이 경우에 매수금액이 현재 예탁금을 초과하는 경우에는 그 차액을 증권회사가 자동적으로 융자해준다.

1. 신용매수

신용매수(margin purchase)는 주식을 매입할 때 매입자금의 일부만 투자자가 부담하고 나머지 금액은 증권회사가 융자해주는 신용거래를 말한다. 신용매수를 위한 신용거래 융자금은 증권회사 자체의 자금이나 한국증권금융(주)으로부터 차입한 자금으로 제공되며 투자자는 융자금에 대해 일정한 이자를 지급해야 한다. 신용거래 융자금의 상환기간은 증권사마다 차이가 있으나 일반적으로 30일에서 90일 사이이며 융자한도는 대개 1억원까지(개인 조건별로 30억원까지)로 한다.

신용매수의 경우 증권회사는 융자에 대한 채권을 확보하고 과도한 투기거래를 억제하기 위해 투자자로 하여금 매입대금의 일정률을 현금이나 대용증권으로 신용거래계좌에 예치하도록 하는데 이를 신용거래 보증금이라고 한다. 신용거래 보증금의 비율은 최저 40% 한도내에서 시장상황과 증시정책에 따라 증권회사가 종목별로 달리 정할 수 있는데 대개의 경우 45~50%를 적용하고 있다.

신용매수는 주가가 오를 것이라는 예상하에 이루어진다. 신용매수에서는 매입자금의 일부만을 투자자가 부담하기 때문에 현금매수에 비해 투자손익이 확대되는 레버리지효과가 발생한다.

대용증권

대용증권은 유가증권의 활용도를 높이기 위하여 현금을 대신해서 위탁증거금과 신용거래보증금으로 사용할 수 있도록 거래소가 별도로 지정한 유가증권을 말한다. 대용증권은 국가 · 지방자치단체 또는 정부투자기관에 납부하는 각종 보증금 · 공탁금으로도 사용될 수 있다.

시장에서 환금성이 있는 유가증권은 대부분 대용증권으로 사용될 수 있는데, 현재 상장주권(관리종목 및 정리매매종목은 제외) 및 상장채권, 상장외국주식예탁증서, 자산운용회사가 발행한 수익증권, 주택저당채권유동화회사가 발행한 수익증권 등이 대용증권으로 지정되어 있다.

예 제

어떤 투자자가 (주)한국의 주가상승을 예상하고 주당 1만원에 100주를 신용매수했다고 가정하자. 신용거래 보증금 비율이 40%라면 이 투자자는 신용거래 보증금 40만원(1만원×100주×40%)을 자기의 신용거래계좌에 예치하고 매입자금 100만원 중 나머지 60만원은 증권회사로부터 융자받게 된다. 융자금에 대한 이자를 무시하고 주가 등락에 따른 투자수익을 현금매수의 경우와 비교하면 다음과 같다.

	주가상승			주가하락		
주가상승률과 하락률	10%	20%	30%	−10%	−20%	−30%
현금매수 투자수익률	10%	20%	30%	−10%	−20%	−30%
신용매수 투자수익률	25%	50%	75%	−25%	−50%	−75%

융자금에 대한 이자비용을 고려하면 주가상승 시 투자수익은 이자율만큼 낮아지고, 주가하락 시 투자손실은 이자율만큼 커지게 될 것이다.

신용매수를 통해 매입한 증권은 융자금에 대한 담보로 증권회사에 예치된다. 그런데 주가하락으로 담보의 가치가 융자금 이하로 하락하게 되면 증권회사는 융자금을 회수하지 못할 수도 있다. 이러한 경우에 대비해서 증권회사는 담보가치를 융자액의 일정 비율 이상으로 유지할 것을 요구하는데 이 비율을 신용거래 융자금 담보유지비율(흔히 담보유지비율)이라고 하며 현재 140% 이상을 요구하고 있다.

담보가치가 하락하여 신용거래 고객의 담보비율(담보가치/융자액)이 담보유지비율에 미달되면 증권회사는 즉시 고객에게 추가 담보를 요구하는데 이를 마진 콜(margin call)이라고 한다. 예를 들어, 자기 자금 400만원과 증권사에서 신용융자로 빌린 600만원으로 1,000만원의 주식을 매수했는데 주가가 떨어져 평가금액이 840만원 밑으로 떨어지는 경우에 마진 콜이 적용된다.

마진 콜을 당한 고객은 4일 이내에 담보유지비율 수준으로 담보를 추가로 납부해야 한다. 담보의 추가 납부를 이행하지 않는 경우에 증권회사는 담보부족이 발생한 이틀 뒤에 주식을 일부 팔아 담보비율을 맞춘다. 주가가 급락하여 담보비율이 100% 이하로 떨어진 상태에서 추가 담보 요구가 이행되지 않는다면 담보처분액이 융자액에 미달하여 투자자는 투자자본을 모두 잃게 되는데 이러한 경우의 신용거래계좌를 소위 "깡통계좌"라고 한다.

증권회사가 고객으로부터 징수하는 융자금에 대한 이자율과 고객에게 지급하는 고객예탁금 이용료율은 기간에 따라 고객의 등급에 따라 차등 징수 · 지급된다.

2. 대차거래와 대주거래

주식 공매도(short sale)란 주식의 가격이 떨어질 것으로 예상되면 주식을 빌려서 매도하고 다시 되사서 갚는 매매전략이다. 없는 주식을 빌려서 매도한다는 의미에서 공(空)매도라고 하며, 영어로는 매입 또는 매수를 의미하는 롱(long)과 반대되는 개념이라는 뜻에서 short sale이라고 한다. 공매도는 주식을 미리 빌려놓고 매도하는 차입공매도와 주식 없이 먼저 매도한 뒤 결제일에 갚는 무차입공매도(네이키드 숏: naked short)로 나뉘는데, 우리나라에서는 차입공매도만 허용된다.

공매도는 투자자에 따라 대차거래와 대주거래로 구분할 수 있다. 대차거래는 기관과 외국인이 이자, 수수료, 담보, 계약만기일 등을 따로 계약을 맺어 서로 주식을 대여하는 거래를 말한다. 대주거래는 개인이 금융투자회사(주로 증권회사)로부터 주식을 빌려 매도하는 거래를 말한다. 그러나 개인의 대주거래는 개인투자자가 증권사로부터 빌려 활용할 수 있는 유통대주의 거래 가능 종목이 150여개에 불과해 사실상 물량의 한계로 인해 거의 활용되지 않고 있기 때문에 한국에서 공매도는 기관들의 대차거래와 유사한 개념으로 인식되고 있다. 공매도 기간 중 배당이 지급되는 경우에는 공매도한 투자자가 원 주식소유자에게 배당금을 지급해야 한다. 공매도를 할 수 있는 대상은 주식뿐만 아니라 외환, 선물, 옵션, 일반상품 등 다양하다.

공매도는 신용매수와는 반대로 주가가 하락할 것이라는 예상을 전제로 한다. 예를 들어 현재 1만원인 (주)한국의 주가가 하락할 것으로 예상하는 어떤 투자자가 대주거래를 통해 (주)한국의 주식을 1만원에 매도한 후 주가가 9,000원으로 하락한다면 이 투자자는 시장에서 주식을 9,000원에 매입하여 상환하고 (거래비용을 무시한다면) 주당 1,000원씩의 이득을 얻을 수 있다. 그러나 예상과는 반대로 주가가 11,000원으로 상승하는 경우에는 주당 1,000원씩의 손실이 발생하게 된다.

대주거래에서는 주식 매도대금과 신용거래보증금으로 납부한 현금 또는 대용증권이 신용거래계좌에 담보로 예치된다. 담보로 예탁되어 있는 주식매도대금에 대해서는 증권회사가 고객에게 대주매도대금이용료를 지급한다. 신용거래보증금으로 납부한 대용증권의 가격이 하락하여 담보가치가 하락하거나, 대주로 매도한 주식의 가격이 상승하면 담보유지비율을 지키지 못하는 경우가 발생할 수 있다. 이러한 경우에 증권회사는 마진 콜을 통해 추가 담보를 요구하고, 이에 응하지 않으면 담보를 처분하여 강제로 상환을 받게 된다.

3. 신용거래의 역할과 위험

(1) 신용매수의 역할

신용매수는 단기적으로 주식에 대한 매수세(사자 세력)을 증가시키는 역할을 한다. 주식시장 침체기에는 신용매수에 대한 규제를 완화하고 신용거래보증금률을 낮춤으로써 신용매수를 활성화하여 주식시장을 부양하는 정책수단으로 사용할 수 있다.

그러나 주가상승기에는 신용매수가 주가상승을 부추겨 시장을 과열시키는 역할을 할 수도 있다. 이러한 상황에서는 신용매수에 대한 규제를 강화하고 신용거래보증금률은 상향조정함으로써 주식시장을 진정시키는 정책수단으로 사용할 수 있다.

(2) 공매도의 역할

공매도는 단기적으로는 매도세(팔자 세력)를 증가시키는 역할을 한다. 따라서 주식시장이 과열되었을 때에는 시장을 진정시키는 역할을 하지만, 주식시장 침체기에는 주가하락을 더욱 부채질하는 부작용을 일으킬 수도 있으며, 대규모 공매를 한 후에 악성 루머를 퍼뜨려 특정 주가를 끌어내리는 불공정거래의 가능성도 있다. 공매도는 주가하락기에 사용될 가능성이 많기 때문에 공매도에 의해 주가하락이 가속화되는 것을 막기 위해 직전 가격보다 낮은 가격에서는 공매도를 할 수 없도록 규정하고 있다(up-tick rule).

공매도 물량을 다시 매수해서 상환하는 것을 쇼트커버링(short covering)이라고 한다. 따라서 공매도된 후 아직 상환되지 않은 잔액인 대차거래잔액이 많은 주식에 쇼트커버링 매수세가 유입되면 주가가 큰 폭으로 반등할 것으로 예상하기도 한다.

공매도에 대한 투명한 정보공유를 위해 "보고 및 공시의무" 제도가 존재한다. 주식의 종목별 발행총수에 대한 일별 순보유 잔고비율이 일정 비율 이상이 되면 순보유 잔고(공매도 잔고)를 보고 또는 공시해야 한다.[1] 공매도에 의한 시장 교란과 주가 왜곡을 막아 투자자 피해를 최소화하기 위한 것이다. 영국, 일본, 홍콩 등 상당수 선진국이 시행하고 있었다.

공매도 잔고 보고제도는 주식 발행량의 일정 비율 이상으로 공매도 포지션을 쌓은 것에 대해 투자자가 해당 주식의 종목명, 투자자의 성명 등 인적사항과 공매도 잔고를 금융당국에 보고토록 하는 제도이다. 한국은 2012년 8월 30일부터 시행되었다. 공매도 잔고비율이 0.01% 이상이면서 잔고 평가액이 1억원 이상 또는 잔고 평가액 10억원 이상인 투자자는 금융감독원에 의무적으로 이 사실을 보고해야 한다.

2016년 6월 30일부터 공매도 공시제도가 시행되고 있다. 공매도 잔고가 상장주식 총수 대비 0.5% 이상일 때 이를 공시한다. 주식명과 인적사항 등을 공시한다. 일별 잔고비율이 0.5%를 넘은 상태를 유지한다면 매일 공시의무가 발생한다. 투자자는 금융감독원에 공시 자료를 제출하며, 한국거래소는 금융감독원으로부터 관련 자료를 받은 뒤 거래소 홈페이지에 이를 공시한다.

2016년 11월부터는 공매도 잔고 보고 및 공시기한이 단축되었다.[2] 기존 대량보유자 및 종목별 공매도 잔고를 T+3일(거래일 후 3일) 장종료 후 공시하던 것을 T+2일 장종료 후에 이루어지도록 하였다. 따라서 공매도 잔고 보고기한이 T+3일 오전 9시에서 T+2일 오전 9시로 조정되었다.

이때 공매도 과열종목 지정제도도 신설되었다. 비정상적으로 공매도가 급증하고 가격이 급락하는 종목을 매 거래일 장종료 후 "공매도 과열종목"으로 지정하여 다음 매매거래일 하루 동안 공매도 거래를 제한한다. 다음과 같은 조건을 모두 충족하는 경우 과열종목으로 지정된다(코스피 기준). ① 당일 공매도 거래비중이 해당 종목 전체 거래대금의 20% 이상. ② 당일 종가가 전일종가 대비 5% 이상 하락. ③ 공매도 거래비중이 과거 40거래일 평균 대비 100% 이상 증가.

---

1) 종목별로 보유하고 있는 주식의 수량에서 차입(신용대주 등)한 수량 등을 차감한 값을 순보유 잔고라고 하며, 이 값이 음수(−)인 상태를 공매도 잔고라고 한다. 즉, 공매도 잔고와 음(−)의 순보유 잔고는 같은 의미이다.

2) 2016.11.10, 금융위원회 보도자료, "공매도 및 공시제도 개선방안".

계륵된 공매도 공시

시행된 공매도 공시제도에서 드러난 문제점은 크게 두 가지다. 먼저 공매도 주체가 명확하지 않다는 것이다. 공매도 공시에 따르면 국내 증시에서 공매도 잔고를 0.5% 이상 보유하고 있는 투자자는 고작 20명도 안 된다.

투자자별 공매도 잔고가 정확히 얼마인지도 현 제도로는 알 수 없다. 공매도 잔고가 1%든, 5%든 공매도 잔고를 0.5% 이상 보유하고 있다는 점만 공시할 뿐이다.

장장 2년이 넘게 걸려 자본시장법에도 명시한 공매도 공시제도가 '계륵'이 된 이유는 하위 규정을 만든 금융위원회를 통해 들을 수 있었다. 먼저 공매도 잔고 비중이 0.5% 이상인 투자자가 20명도 되지 않는 것은 헤지펀드 등이 공매도에 투자하는 방식과 관계가 있다고 말한다. 차입공매도를 해야 하는 국내 증시에서 헤지펀드는 직접 공매도를 하는 것이 아니라 증권사에게 일정한 수수료를 주고 수익만 스왑하는 방식으로 투자하기 때문이라는 설명이다. 관련 거래까지 법적 테두리에서 규제하려면 정교한 인프라가 필요한데, 전 세계적으로 아직은 미비한 사항이라고 덧붙였다. 투자자별 보유자량까지 공개하지 못하는 이유에 대해서는 투자자들의 포지션 전략이 드러날 수 있기 때문이라고 해명했다.

공매도가 대부분 모든 국가에서 허용되고 있는 투자전략이라는 점을 외면한 채 '무조건 없애야 한다', '공매도 투자자가 주가 하락의 주범'이라는 식의 다소 감정적인 여론은 국회가 공매도 공시제도를 별 논의 없이 손쉽게(?) 통과시킬 수 있었던 배경임을 부인할 수 없다.

이번 공시제도를 통해 우리 시장이 다시 한 번 더 배운 점은 여전히 공매도에 대해 알지도 못한다는 것이다. 제대로 알지 못하니 제대로 된 대책이 나올 수 없었던 것은 당연한 결과다. 고민하지 않았던 국회, 책임을 피하려 했던 정부, 공부하지 않았던 투자자가 변하지 않으면 투기성 짙은 공매도 세력을 절대로 이길 수 없다.

-머니투데이방송 MTN(2016.07.)

(3) 공매도의 위험

현금매수에서 최대 손실은 주가가 0으로 하락하여 주식매수대금(투자금액)을 다 잃는 경우인데 이때 손실률은 −100%이다. 한편 주가에는 상한이 없으므로 이론적으로 무한대의 투자수익이 가능하다.

신용매수의 경우에는 투자수익 또는 손실이 현금매수에 비해 확대되지만 최대 손실은 투자금액(손실률 −100%)으로 한정되는 반면, 무한대의 투자수익이 가능하다.

공매도에서는 주가가 하락하는 만큼 수익이 발생하는데 주가의 하한은 0이므로 가능한 최대 수익은 주식매도대금으로 한정된다. 한편 공매도에서는 매도한 주식의 가격이 상승하면 손실이 발생하는데 주가에는 상한이 없으므로 이론적으로 무한대의 손실이 가능하다. 다시 말해서 공매도의 투자수익은 주

공매도 규제

공매도 규제를 찬성하는 측의 주장은 금융시장이 불안할 때 공매도로 주가가 급락하고 금융불안이 확대된다는 것이다. 규제를 반대하는 측은 공매도를 규제하면 주식시장의 기능이 위축되고 장기적으로는 오히려 해가 된다고 주장한다.

한국에서는 1969년 2월 신용융자, 신용대주제도가 도입되면서 개인들의 공매도가 가능해졌고, 1996년 2월부터 상장사 주식의 대차제도가 도입되면서 기관들의 공매도도 허용됐다. 하지만 2000년 우풍상호신용금고가 차입 없이 대량으로 공매도한 주식의 결제를 못하는 사태가 발생하면서 무차입 공매도는 폐지됐다.

2008년 금융위기 발발 이전까지 미국을 비롯한 대부분의 국가에서 무차입공매도가 허용되었지만, 위기 이후 캐나다, 헝가리, 아이슬란드 등 일부 국가를 제외하고 전 세계적으로 무차입공매도는 금지된 상태이다. 2008년 미국은 19개 투자은행 주식에 대해 공매도를 30일간 금지시켰다. 한국도 2008년 9월부터 한시적으로 전 종목에 대한 공매도를 금지시켰고, 이후 2009년 6월에 비(非)금융주에 대한 공매도 제한은 해제되었다.

유로존 위기로 전 세계적으로 주식시장이 폭락하자 금융당국은 다시 전체 주식에 대한 공매도를 3개월 한시적으로 제한했다. 금융위원회는 시장 불안에 대응하여 2011년 8월 10일부터 유가증권시장 및 코스닥시장 전체 상장종목에 대해 한시적(8.10~11.9일, 3개월간) 공매도 금지조치를 시행한 것이다. 이후 2011년 11월 10일부터 비금융주에 대한 공매도 금지조치는 해제하되, 금융주에 대한 금지조치는 유지하였다. 2013년 11월 14일에서야 금융주 공매도 금지는 해제되었다.

이후 코로나19로 인한 시장 불안이 가중되며 다시 공매도 금지조치가 시행되었다. 금융위원회는 증권시장 전체 상장종목에 대해 한시적(2020.3.16일~9.15일, 6개월간)으로 공매도 금지조치를 시행하였다. 그러나, 금지조치 종료를 앞두고 코로나19가 재확산되며 금지조치를 6개월 연장(2021.3.15일까지)하였다. 글로벌 증시가 안정되며 코로나19 위기로 인해 한시적으로 공매도를 금지하였던 대부분의 국가가 금지조치를 종료하였다. 우리나라도 논의결과, 2021년 5월 3일부터 코스피200 및 코스닥150 지수 구성종목에 대한 공매도를 재개하였다.

식매도대금으로 한정되어 있는 반면 무한대의 투자손실이 가능하므로 현금매수나 신용매수보다 훨씬 위험한 거래라고 할 수 있다.

공매도는 투기적인 성격을 내포하고 있으므로 신용거래가 제한 없이 허용된다면 투자자는 물론 증권회사도 과도한 위험에 노출되어 시장의 안정성을 해칠 수도 있다. 이러한 부작용을 방지하기 위해 신용거래에 대해서는 여러 가지 규제를 하고 있다. 증권시장에서 관리종목이나 감리종목으로 지정되면 신규 신용거래가 중지된다. 증권회사별로 한도를 정해 자기자본의 일정 비율 이상은 신용거래를 허용할 수 없으며, 개별 종목별로 고객별로도 신용거래의 한도가 정해져 있다.

대주거래는 신용매수보다 훨씬 위험하기 때문에 규제가 더 심한 편이다. 기업의 임직원 또는 주요 주주는 공매도를 할 수 없으며, 개인투자자들의 경우에는 제한적으로 허용하고 있다.

주식시장정보 4

제1절 주식시세표

제2절 주가지수

제3절 기타 주식시장지표

미리보기

증권투자는 정보의 게임이라고 한다. 이 말은 증권투자의 성과는 정보에 의해 결정된다는 것을 의미한다. 따라서 "정보의 홍수시대"에 정보를 신속하고 정확하게 활용할 수 있는 능력이야말로 투자자가 갖추어야 할 가장 필수적인 것이다. 제4장에서는 주가와 거래량, 그리고 증권시장 주변의 자금지표 등 투자자들이 전통적으로 사용하고 있는 증권정보를 설명한다. 증권시장에서 가장 손쉽게 얻을 수 있으면서도 중요한 정보는 시장가격과 거래량이다. 증권거래는 투자자들이 보유하고 있는 정보를 바탕으로 이루어지므로 증권가격에는 시장에 존재하는 모든 정보가 용해되어 있는 것이다.

제1절 주식시세표

가장 대표적인 시장정보는 주식시세표이다. 인터넷시대 이전에는 일간신문의 주식시세표나 증권회사 객장의 전광판이 주식시세를 전달하는 대표적인 수단이었다. 그러나 지금은 주식시세를 포함한 실시간대의 각종 시장정보를 인터넷을 통해 손쉽게 접할 수 있다. 주식시세표에는 다음과 같은 내용이 포함되어 있다.

1. 소속부 지정과 산업별 업종분류

(1) 소속부 지정

한국거래소에서는 효율적인 시장관리를 위해 주식을 해당 요건에 따라 일반종목과 관리종목으로 구분하고 있다. 상장회사에 영업정지나 부도사태가 발생할 경우에는 투자자들의 주의를 환기시켜 투자자를 보호할 목적으로 해당 종목을 관리대상종목으로 지정하여 특별 관리하게 된다. 관리대상종목으로 지정되면 그 종목은 지정사유 확인일 당일은 매매거래가 정지되고 이후는 신용거래도 금지된다.

(2) 산업별 업종분류

2022년 10월 21일 현재 유가증권(코스피)시장은 940종목, 코스닥시장은 1,597개, 코넥스시장 125개의 종목으로 구성되어 있으며, 이는 다시 코스피 21개 업종, 코스닥 34개 업종으로 분류된다.

그림 4-1

주식시세표

KRX 한국거래소

2022.10.21 KRX 증시 Brief

(금융시장분석팀 15:45 분 기준)

현물	지수 (p)	증감 (p,%)	거래대금 (조원)	선물 (2209)	지수 (p)	증감 (p,%)	거래량 (계약)
KOSPI	2,213.12	-4.97(-0.22)	6.0(-2.3)	KOSPI200	289.55	+0.95(+0.33)	308,489
KOSDAQ	674.48	-5.96(-0.88)	5.0(-0.3)	KOSDAQ150	961.10	-1.50(-0.16)	84,532
KRX300	1,303.27	-0.73(-0.06)	5.4(-1.7)	KRX300	1,306.60	+1.20(+0.09)	134

KRX 한국거래소 KOREA EXCHANGE

2022년 10월 21일 금요일
통합시장지 제2772호[유가증권시장지 제12374호, 코스닥시장지 제5957호] (1)

주식(유가증권시장)

주식 시세표

단축코드	종목명	종가	대비	등락률	시가	고가	저가	거래량(주)	거래대금(원)	상장주식수(주)	시가총액(백만원)	증권구분	불성실공시법인 여부
A095570	AJ네트웍스	6,280	-430	-6.41	6,550	6,630	6,170	209,140	1,322,672,380	46,822,295	294,044	주권	
A006840	AK홀딩스	12,600	-150	-1.18	12,450	12,700	12,350	9,245	115,486,150	13,247,561	166,919	주권	
A027410	BGF	3,220	+10	0.31	3,175	3,250	3,170	72,752	233,355,200	95,716,791	308,208	주권	
A282330	BGF리테일	183,000	+7,000	3.98	175,000	184,500	174,500	62,816	11,419,297,500	17,283,906	3,162,955	주권	
A138930	BNK금융지주	6,230	-170	-2.66	6,350	6,360	6,210	1,703,182	10,669,616,880	325,935,246	2,030,577	주권	
A001460	BYC	376,000	+2,500	0.67	371,000	376,000	366,000	71	26,420,000	624,615	234,855	주권	
A001465	BYC우	139,000	-1,000	-0.71	140,000	140,000	136,000	190	26,082,500	215,385	29,939	주권	
A001040	CJ	72,600	-800	-1.09	73,800	73,800	72,200	26,089	1,902,431,100	29,176,998	2,118,250	주권	
A079160	CJ CGV	13,250	-200	-1.49	13,350	13,550	13,250	79,956	1,065,382,400	47,710,933	632,170	주권	
A00104K	CJ4우(전환)	66,900	-200	-0.3	66,600	67,000	66,200	2,956	197,127,400	4,226,512	282,754	주권	
A000120	CJ대한통운	82,300	-2,700	-3.18	84,700	84,800	82,200	66,799	5,526,466,100	22,812,344	1,877,456	주권	
A011150	CJ씨푸드	2,620	-25	-0.95	2,625	2,650	2,590	34,261	89,677,010	35,930,773	94,139	주권	
A011155	CJ씨푸드1우	25,100	-400	-1.57	25,050	25,450	25,000	654	16,355,350	200,000	5,020	주권	
A001045	CJ우	46,500	-700	-1.48	46,900	48,000	46,500	1,011	47,654,500	2,260,223	105,100	주권	
A097950	CJ제일제당	398,500	-5,000	-1.24	399,000	401,000	396,500	11,325	4,506,244,000	15,054,186	5,999,093	주권	
A097955	CJ제일제당 우	165,500	-1,500	-0.9	167,500	167,500	165,000	453	75,171,000	1,327,433	219,690	주권	
A000590	CS홀딩스	52,700	-500	-0.94	53,000	54,100	51,000	4,335	226,926,700	1,154,482	60,841	주권	
A012030	DB	733	-7	-0.95	742	745	729	154,284	113,037,843	201,173,933	147,460	주권	
A016610	DB금융투자	4,100	-70	-1.68	4,180	4,195	4,090	93,085	383,927,940	42,446,389	174,030	주권	
A005830	DB손해보험	57,800	-1,100	-1.87	59,100	59,100	57,200	120,249	6,927,597,800	70,800,000	4,092,240	주권	
A000990	DB하이텍	40,200	+450	1.13	39,550	40,950	39,550	383,780	15,510,935,700	44,398,588	1,784,823	주권	
A000995	DB하이텍1우	87,900	+14,600	19.92	73,700	94,500	72,600	4,110	365,645,900	112,316	9,873	주권	
A139130	DGB금융지주	7,070	-150	-2.08	7,190	7,190	7,060	487,566	3,460,079,090	169,145,833	1,195,861	주권	
A001530	DI동일	14,650	-450	-2.98	15,000	15,200	14,500	50,818	756,153,850	25,568,270	374,575	주권	
A000210	DL	57,800	-1,000	-1.7	59,300	59,300	56,900	61,823	3,552,870,200	20,955,884	1,211,250	주권	
A001880	DL건설	13,450	-550	-3.93	14,050	14,100	13,350	37,158	504,105,200	22,053,284	296,617	주권	
A000215	DL우	33,450	-150	-0.45	33,400	33,450	33,050	79	2,630,500	1,686,115	56,401	주권	
A375500	DL이앤씨	34,550	-1,550	-4.29	35,750	35,750	34,350	171,077	5,935,206,850	38,693,623	1,336,865	주권	
A37550L	DL이앤씨2우(전환)	27,250	-550	-1.98	26,750	27,700	26,600	1,015	27,284,700	2,111,951	57,551	주권	
A37550K	DL이앤씨우	22,250	-900	-3.89	23,100	23,300	22,100	3,262	72,847,200	2,113,885	47,034	주권	

* 자료: 증권시장지(한국거래소)

2. 기본 정보

(1) 종 목

보통주만을 발행한 기업은 기업명이 바로 종목명이 된다. 우선주, 신주, 전환사채를 발행한 기업은 기업명(보통주 종목명) 뒤에 우, 신, 전환 등으로 종목명을 구분하여 표기한다.

① **단축코드** 단축코드 번호는 한국거래소에서 거래되는 전 종목을 6자리의 고유번호로 표시한 것이다. 단축코드 앞에 붙여진 알파벳 "A"는 주권, "B"는 사채, "C"는 국채, "D"는 지방채를 의미한다.

② **우선주** 종목명 뒤에 붙은 영문자나 숫자는 보통주가 아닌 우선주를 의미한다. 종목명 뒤에 영문자 표시가 없는 것은 보통주보다 1%포인트만큼의 배당을 더 받는 구형우선주를 말한다. 종목명 뒤에 영문자 B가 붙는 것은 최저배당률이 정관에 명시되어 있으며 존속 기간이 정해져 있어 만기가 되면 보통주로 전환되는 신형우선주를 말한다. 종목명 뒤에 영문자 C가 붙는 것은 전환형우선주로서 투자자가 신청할 경우 보통주로 바뀌게 된다. 우선주 뒤에 1, 2, 3이라는 숫자는 우선주라도 각기 다른 조건에 따라 발행되었다는 것을 나타낸다.

XX은행 1우 ——— 구형우선주(배당률: 보통주배당률+1%)
XX은행 2우B ——— 신형우선주(최저배당률 명시, 전환형 우선주)

③ **신 주** 신주는 증자나 합병 등으로 신규로 발행되어 최초의 결산기가 지나지 않은 주식을 말한다. 신주와 구주를 구분하는 이유는 발행시점에 따라 배당이나 신주인수 등 주주의 권리내용에 차이가 있을 수 있기 때문이다. 하지만 개정된 상법에서는 회사의 정관으로 신주의 배당기산일을 직전영업년도말로 소급할 수 있도록 하여 신주에 대해서도 배당금 전액을 지급할 수 있도록 하였다.

④ **감리종목** 주가와 거래량이 일정 기간 내에 급변한 경우 주가 급등락에 대한 투자자의 주의를 환기시키기 위해 감리종목으로 지정한다.

(2) 가 격

① **시가(始價)** 오전 8시 30분부터 9시 개장 직전까지 접수된 주문에 대한 동시호가로서 거래당일의 개장가격을 말한다(제3장 증권유통을 참조).

② **종가(終價)** 거래당일의 마지막 10분간(오후 3시 20분부터 3시 30분까지) 동시호가에서 결정된 그 날의 최종가격을 말한다. 장 마감 직전 동시호가를 실시하는 이유는 인위적으로 종가를 조작하는 것을 방지하기 위해서이다.

조간 신문에는 발행일 하루 전의 종가가 보도되지만, 석간 신문에는 기사 마감시점의 가격이 보도되는 경우가 있으며, 이때는 반드시 몇 시 몇 분 현재의 주가임을 시세표 상단에 명시하게 된다.

③ **대비 및 등락률** 대비는 전일종가 대비 당일종가의 변화분(당일종가-전일종가)을 의미하며, 등락률은 전일종가 대비 당일종가의 변화율(%, 대비/전일종가)을 의미한다.

④ **고가 및 저가** 거래당일의 체결가격 중에서 최고의 가격과 최저의 가격을 표시한다. 고가와 저가의 차이는 주가의 일일변동성을 나타낸다.

(3) 거래량

거래당일 매수 · 매도된 총주식수를 표시한다. 거래량은 주식시세표에서 주가와 더불어 가장 중요한 정보 중의 하나이다.

블루칩과 옐로칩

블루칩(blue chip)은 위험이 작고 가치 하락의 가능성이 매우 낮은 우량 투자종목으로 오랜 기간 안정적인 이익창출과 배당지급을 실행해 온 기업의 주식을 의미한다

옐로칩(yellow chip)이란 보통 블루칩에 비해 가격이 낮고 업종 내 위상도 블루칩에 못미치는 종목군으로, 블루칩보다는 시가총액이 작지만 재무구조가 안정적이고 업종을 대표하는 중저가 우량주를 말한다. 옐로칩은 블루칩에 비해 주가가 낮기 때문에 사는데 대한 가격부담이 적고 유통물량이 많아 블루칩에 이은 실적 장세주도주로 평가받고 있다.

주가지수 제2절

1. 주가지수의 의미

지수(index)는 어떤 상품군의 가격을 기준시점과 대비하여 나타내는 가격지표이다. 주가지수는 주식시장 전체 또는 일부의 주가평균을 기준시점의 주가평균과 대비하여 나타낸 가격지표이다. 주가지수는 주식시장의 상황을 나타내는 가장 기본적인 지표로서 투자자들이 이용할 수 있는 중요한 정보를 담고 있다. 주가지수의 등락은 주식시장의 전반적인 가격변동흐름을 나타내며, 개별 주식과 주가지수의 등락을 비교 · 분석함으로써 개별 주식에 대한 위험과 투자성과를 측정할 수도 있다.

주가지수는 지수 계산에 포함된 주식종목의 범위와 가중평균방법에 따라 구분된다.

가중평균방법에 따른 주가지수의 구분

주가지수	가중평균방법
가치가중지수	대상종목의 시장가치에 따라 가중평균
동일가중지수	대상종목의 주가를 동일하게 가중평균
가격가중지수	대상종목의 주가수준에 따라 가중평균

2. 한국의 주가지수

한국 시장의 주가지수는 크게 KRX시리즈, KOSPI시리즈, KOSDAQ시리즈, 테마지수로 분류할 수 있다. 각 시리즈 내에서도 다양한 지수가 산출되고 있으며 여기에서는 대표적인 지수를 소개하기로 한다.

(1) 코스피

① 지수 계산방식 코스피(KOSPI: Korea Stock Price Index)는 한국의 대표적인 주가지수로서 유가증권시장에 상장되어 있는 모든 주식을 대상으로 하는 가치가중지수(value weighted index)이다. 가치가중지수는 지수를 측정하는 시점의 시장가치를 기준시점의 시장가치와 비교하여 계산하는 시가총액식지수이다.

$$\text{가치가중지수} = \frac{\text{비교시점의 시장가치}}{\text{기준시점의 시장가치}} \times 100\text{포인트}$$

코스피의 계산방식을 이해하기 위해 상장주식이 3개밖에 없는 단순한 상황을 가정해보자.

종 목	기준시점(1980. 1. 4)			비교시점(2019. 7. 15)		
	주식수	주 가	시장가치	주식수	주 가	시장가치
A	2만주	2만원	4억원	2만주	40만원	80억원
B	1	1	1	1	20	20
C	5	5	25	5	100	500

시가총액은 어느 한 시점에서 측정한 주식시장 전체의 가치이며, 각 종목(기업)별 시장가치(*MV*: Market Value)의 합이다. 코스피의 기준시점은 1980년 1월 4일이며, 이 날의 시가총액을 코스피 100포인트로 정한 것이다.

■ 기준시점(1980년 1월 4일)의 시가총액

$=MV_A+MV_B+MV_C$

=(2만주×2만원)+(1만주×1만원)+(5만주×5만원)

=30억원

■ 비교시점(2019년 7월 15일)의 시가총액

=(2만주×40만원)+(1만주×20만원)+(5만주×100만원)

=600억원

코스피(2019. 7. 15) $=\frac{600억원}{30억원}\times100$포인트 $=2,000$포인트

② **지수의 수정**　수식배딩, 주식분할은 기업가치에 영향을 미치지 않으므로 지수에도 영향을 미치지 않는다. 하지만 신규상장, 상장폐지, 유상증자 등 시가총액 자체에 영향을 미치는 사건의 경우에는 주가지수의 연속성을 유지하기 위하여 기준시점의 시가총액을 역으로 조정해주어야 한다.

예를 들어, 발행주식수가 2만주이고 시장가격이 30만원인 주식 D가 신규상장되었다고 가정하자. D의 시장가치가 포함된 새로운 시가총액은 다음과 같다.

■ 새로운 시가총액 $= MV_A + \cdots + MV_C + MV_D$

= 600억원+60억원

= 660억원

D의 신규상장을 반영하기 위해서는 기준시점의 시가총액도 조정되어야 한다. 이때 주가지수가 일관성을 유지하기 위해서 D의 시장가치(3억원)가 주식시장의 평균인 2,000%만큼 성장했다고 가정하여 D의 가상적인 시장가치인 3억

원이 기준시점의 시가총액에 더해진다.

$$\text{조정된 주가지수} = \frac{600\text{억원}+60\text{억원(D의 신규상장으로 증가된 시가총액)}}{30\text{억원}+3\text{억원(기준시점의 가상적인 D의 기업가치)}} \times 100\text{포인트}$$

$$= 2{,}000\text{포인트}$$

따라서 신규상장으로 비교시점의 시가총액이 증가한만큼 비례대로 기준시점의 시가총액을 증가시켜주면 주가지수의 일관성을 유지할 수 있다. 상장폐지가 발생하는 경우에는 비교시점의 시가총액을 비례대로 감소시켜 줌으로써 주가지수의 연속성을 유지할 수 있다.

③ 코스피의 특성 주가지수는 계산방식에 따라 그 성격과 특징이 달라진다. 가치가중방식인 코스피는 시장가치가 큰 대형주의 가격변동이 주가지수에 상대적으로 많은 영향을 미치지만, 발행물량이 적은 소형주는 주가지수에 많은 영향을 미치지 못하게 된다. 따라서 체감적인 주가동향을 반영하지 못한다는 결점을 갖고 있다. 실제로 많은 소형주의 하락에도 불구하고 대형주가 몇 종목만 상승하여도 종합주가지수가 상승하는 현상이 흔히 발생한다.

코스피의 장점은 상장주식 모든 종목을 대상으로 하고 있기 때문에 주식시장을 대표할 수 있으며, 주가는 높지만 발행주식수가 적은 주식의 영향을 적게 받는다는 것이다.

(2) 코스닥

코스닥지수는 코스닥시장에 상장된 보통주를 구성종목으로 하며 1997년 1월 3일부터 산출 발표하고 있다. 산출방식은 코스피와 마찬가지로 시가총액식이다. 처음에는 기준지수를 100으로 산출하였으나 지수의 절댓값이 낮아 시장 움직임에 대한 체감도가 낮고, 지수변별력이 떨어지는 점을 개선하기 위해 2004년 1월 26일부터 기준지수를 1,000으로 조정하고 이전 자료도 모두 소급하여 산출하고 있다.

(3) 코스피 200

코스피 200 지수는 유가증권시장에 상장된 보통주 중 시장대표성, 산업대표성, 유동성을 고려하여 선정된 200종목으로 구성되어 있다. 지수의 특성상 대형주가 차지하는 비중이 높은 것이 특징이다. 2019년 7월 말 기준 시가총액 상위 10사가 차지하는 비중은 51.4%이며 삼성전자는 28.4%를 차지하고 있다.

코스피 200 지수는 원래 주가지수선물(코스피 200 선물) 및 옵션의 기초지수(거래대상)로 활용하기 위해 도입되었는데 인덱스펀드, 상장지수펀드(ETF) 등 다양한 금융상품의 벤치마크지수로도 폭넓게 활용되고 있다. 기준시점은 1990년 1월 1일이며 기준지수는 100이다.

(4) KRX 300

KRX 300은 유가증권시장 및 코스닥에 상장된 종목 중 섹터별로 우량기업 300개 종목으로 구성된 국내 시장을 대표하는 벤치마크지수이다. 기준시점(2010년 1월 4일)의 기준지수는 1,000이다.

(5) KTOP 30

KTOP 30은 한국 경제의 성장성을 반영하여 국내 주식시장을 대표할 수 있도록 유가증권시장 및 코스닥시장 상장종목을 대상으로 경제대표성, 시장대표성, 투자자접근성, 지속성장성 및 지수영향도를 기초로 지수위원회가 심사하여 종목을 선정한다.

지수산출은 구성종목의 주가변동이 고르게 반영될 수 있도록 주가평균(주가가중방식)으로 산출한다. 기준시점(1996년 1월 3일)의 기준지수는 888.85이다.

(6) 코스피 고배당 50, 코스피 배당성장 50

코스피 고배당 50 지수는 유가증권시장 상장종목 중에서 우량중소형주 중심으로 배당수익률이 높은 50종목을 대상으로 한다. 지수산출은 배당수익률이 높은 순서로 편입비중이 결정되는 배당수익률 가중방식을 채택하고 있다. 기준시점(2009년 7월 1일)의 기준지수는 1,000이다.

코스피 배당성장 50 지수는 유가증권시장 상장종목 중 장기간 안정적 배당을 실시하고 향후 배당규모가 성장할 것으로 예상되는 50종목으로 구성하고 배당수익률 가중방식으로 산출되는 지수이다. 기준시점 및 기준지수는 코스피 고배당 50과 동일하다.

(7) KRX Governance Leaders 100

KRX Governance Leaders 100 지수는 유가증권 및 코스닥 시장 상장종목 중에서 한국기업지배구조원이 평가한 ESG 평가 3요소(환경(E), 사회(S), 지배구조(G))의 지배구조점수가 개선되거나 우수한 100종목을 구성종목으로 한다. 지수산출은 지배구조점수가 높은 순서로 편입비중이 결정되는 지배구조점수 가중방식을 채택하고 있다. 기준시점(2010년 1월 4일)의 기준지수는 1,000이다.

지배구조를 반영한 지수는 지배구조 우수기업에 대해 합리적인 평가기회를 부여함으로써 기업의 자발적인 지배구조 개선을 유도하기 위한 것이다.

(8) 코스피 우선주 지수

코스피 우선주 지수는 유가증권시장에 상장된 우선주 중에서 시가총액이

배당주 펀드

통상 배당주펀드는 찬바람이 불기 시작하는 가을에 적합한 투자상품으로 알려져 있다. 대부분의 상장사가 12월 결산법인이어서 가을에 이 펀드에 가입해 배당 수익을 노리는 것이다. 그러나 한국거래소의 분석 결과 지난 2005년 3월~2012년 4월까지 월별 배당지수(KODI) 수익률을 분석한 결과 매년 3~7월 성과가 가장 우수한 것으로 나타났다. 증권사 관계자는 "통상 10월부터 배당 수익률을 기대하는 자금들이 몰리는데 이쯤 되면 사실상 꼭지를 잡는 격"이라며 "서서히 수익을 내기 시작하는 상반기에 미리 투자해 수익을 극대화하는 것이 최선의 투자법"이라고 말했다.

-머니투데이(2012.06)

큰 20개 종목을 대상으로 한다. 지수산출은 시가총액식이며 기준시점(2009년 7월 1일)의 기준지수는 1,000이다.

3. 외국의 주요 주가지수

(1) 다우존스산업평균지수

DJIA(Dow Jones Industrial Average)는 가격가중방식의 주가지수로서 미국 주식시장을 대표하는 대형우량주(blue chips) 30개 종목의 주가를 평균한 것이다. 권리락이나 주식분할 등의 시장외적인 주가변동 요인이 발생하면 지수의 일관성을 유지하기 위하여 수정된 주가를 사용한다.

$$\text{다우존스식 주가지수} = \frac{\text{비교시점의 수정주가평균}}{\text{기준시점의 수정주가평균}} \times 100$$

1896년부터 시작된 DJIA는 세계적으로 가장 많이 알려졌기 때문에 이러한 방식의 주가지수를 다우존스식 주가지수라고 부른다. 다우존스식 주가지수에는 일본경제신문이 산출하여 발표하는 니케이지수(Nikkei Index; 일경지수(日經指數)), 우리나라의 한국경제신문이 발표하는 한경다우지수(80개 종목), 매일경제신문이 산정 발표하는 매경지수(100개 종목)가 있다.

다우존스식 주가지수는 지수산출이 간단하고, 주가변동을 민감하게 나타내는 장점이 있다. 하지만 높은 주가의 주식이 낮은 주가의 주식에 비해 지수에서 차지하는 비중이 높으며, 주가변동이 심한 소수종목이 지수에 미치는 영향이 큰 것이 단점이다.

(2) 뉴욕증권시장종합지수, S&P 500, S&P 100

뉴욕증권시장종합지수(NYSE composite index)는 뉴욕증권거래소에 상장되어 거래되는 모든 주식을 대상으로 시가총액방식으로 계산된 주가지수이다.

S&P 500와 S&P 100은 Standard and Poor's가 선정한 500개와 100개 종목을 대상으로 시가총액방식으로 계산된 주가지수이다. S&P 500에 대해서는 주가지수선물이 거래되고 있으며, S&P 100에 대해서는 주가지수옵션이 거래되고 있다.

(3) MSCI지수

MSCI지수는 미국의 투자은행인 모건스탠리의 자회사인 MSCI(Morgan Stanley Capital International)가 작성해서 발표하는 세계 주가지수이다. MSCI지수는 전 세계를 대상으로 투자하는 대형 펀드, 특히 미국계 펀드 운용에 기준으로 사용되고 있다. MSCI지수는 지역별, 국가별, 산업별, 펀드스타일 등에 따라 100여개 이상의 지수를 발표하고 있다. MSCI지수는 크게 보면 미국, 유럽 등 선진국 중심의 세계지수(World Index)와 아시아, 중남미 등의 신흥시장지수(Emerging Market Index)로 나눌 수 있다. MSCI 신흥시장(EM)지수는 한국을 포함한 신흥시장 28개국의 기업을 기준으로 산출되며 주가등락과 환율변동에 따라 국가별 편입비중이 매일 바뀐다. 또한 대상 국가가 외국인투자자의 매매를 제한하는 경우에는 해당 국가의 편입비율이 줄어들게 된다.

MSCI 신흥국지수 변경으로 자금유출 우려

금감원 거시감독국은 중국 A주 등의 MSCI EM(신흥국) 반영비율 확대 영향이라는 연구보고서에서 MSCI EM에서 한국의 편입 비중이 지난 1월 기준 14.0%에서 오는 8월 13.2%로 0.8%포인트 줄어들면서 한국 시장에서 투자자금이 유출될 것으로 전망했다. 유출되는 자금은 중국, 사우디아라비아, 아르헨티나로 투자될 것으로 내다봤다. 이론상 국내에서 유출되는 자금 규모는 MSCI EM 추종자금 약 1조 8,000만달러 대비 0.8%에 해당하는 16조 2,000억원이 될 것으로 계산됐다.

금감원 관계자는 "국내 증시 규모와 점진적 비중 확대 등을 감안하면 국내 증시에 미치는 영향은 크지 않을 것"이라며 "다만 단기적 투자심리 악화와 장기적 비중 축소에 따른 자금 유출 가능성에 유의할 필요가 있다"고 전했다.

-매일경제신문(2019.06)

한국 증시는 MSCI 선진지수 편입을 위해 많은 노력을 하고 있다. 한국 증시가 MSCI 선진지수에 편입되면 이 지수를 추종하는 펀드들이 MSCI 선진지수에서 한국 증시가 차지하는 비중만큼 한국 주식을 사들이고 장기투자형 자금이 한국 증시에 유입될 것을 기대할 수 있다. 최근의 증권과 외환시장의 거래시간 30분 연장은 외국인 투자자의 거래 편의를 위해 MSCI가 제기한 MSCI 선진지수 편입 전제 조건 중의 하나를 충족시키기 위한 것이다. MSCI 선진지수에 편입되려면 일단 관찰대상국으로 선정된 뒤 1년간 검증을 받아야 한다.

이밖에도 각국의 대표적인 주가지수에는 영국의 FTSE 100지수, 홍콩의 HangSeng지수 등이 있다.

기타 주식시장지표 제3절

주가와 주가지수 이외에도 주식시장의 장세를 파악하는 데 도움이 되는 자료들은 다음과 같다.

1. *PER*(주가수익비율)

PER(P/E Ratio, Price Earnings Ratio)는 주가를 주당순이익으로 나눈 것으로 시장에서 주가가 주당순이익의 몇 배로 평가받는지를 나타내는 지표이다. *PER*가 15인 주식이 있다면 시장에서 투자자들은 이 기업이 벌어들인 1원의 이익에 대해 15원의 가치를 부여한다는 의미이다.

$$PER = \frac{\text{주가}}{\text{주당순이익}}$$

*PER*는 주가를 예측하거나 저평가된 주식을 선별하는 데 활용되고 있다. 동일 업종에 속해 있고 다른 조건이 비슷한 두 기업의 *PER*가 현저히 다르다면, *PER*가 낮은 주식은 상대적으로 저평가되었다고 할 수 있다. 이 경우 투자자들은 저(低) *PER* 주식을 매수하고 고(高) *PER* 주식을 매도하는 전략을 취할 것이다.

2. 시가총액

시가총액은 모든 상장주식을 시가(시장가격)로 평가한 금액을 말하며, 상장기업 주식의 총가치이다. 시가총액은 자본시장의 규모를 나타내는 지표로 사용된다.

시가총액의 증감은 상장주식수의 증감과 주가의 등락에 의해 결정된다. 발행주식수가 안정된 상황에서 주가의 상승은 곧 시가총액의 증가로 나타난다. 하지만 주식 공급물량의 증가보다 주가의 하락속도가 더 빠른 경우에는 시가총액이 감소하게 된다. 따라서 시가총액의 증감은 원인에 따라 그 의미가 달리 해석되어야 한다.

3. 거래량회전율, 거래대금회전율

거래량회전율(turnover ratio)은 일정 기간 동안 평균발행주식수에 대한 주식거래량을 %로 표시한 것이다. 예를 들어, 한 달 동안 거래량이 10만주이고 발행주식수의 평균이 100만주라면 거래량회전율은 10%가 되는 것이다.

$$\text{거래량회전율} = \frac{\text{주식거래량}}{\text{평균발행주식수}} \times 100\%$$

거래량회전율은 해당 증권의 시장성을 나타낸다. 거래량회전율이 큰 종목은 거래가 활발하기 때문에 투자자가 원할 때 쉽게 매매할 수 있다. 그러나 발행주식수가 많은 대형주는 거래량회전율에서 분모가 크기 때문에 대체로 회전율이 낮게 나타나고, 소형주는 반대로 회전율이 높게 나타나는 경향이 있다. 이러한 경우에는 거래량회전율과 함께 거래대금회전율을 보완적으로 사용할 수 있다.

거래대금회전율은 일정 기간 동안의 총거래대금을 이 기간 동안의 평균시가총액으로 나눈 수치이다. 동일한 거래량에 대해 거래대금회전율이 높다는 것은 가격대가 높은 주식의 거래가 빈번했다는 것을 의미한다. 반대로 낮은 거래대금회전율은 가격대가 낮은 주식의 거래가 상대적으로 빈번했음을 의미한다.

$$\text{거래대금회전율} = \frac{\text{총거래대금}}{\text{평균시가총액}} \times 100\%$$

만약 어떤 기간 중에 두 회전율이 모두 상승했다면 이는 주식의 매매가 활발하여 시장성이 높아졌다는 것을 의미한다. 한편 거래량회전율은 높지만 거래대금회전율이 낮다면 주가가 낮은 주식의 거래가 활발하고, 반대로 거래량회전율은 낮지만 거래대금회전율이 높다면 주가가 높은 주식의 거래가 활발하다는 것을 알 수 있다.

4. 증권시장 주변의 자금동향지표

주식매매에는 반드시 자금의 흐름이 수반된다. 이러한 자금의 흐름은 직·간접적으로 주식의 수요와 공급에 영향을 미치고 궁극적으로 주가에도 영향을 미치게 된다. 따라서 주식매매와 관련된 각종 자금의 성격과 그 흐름을 파악하는 것은 중·단기적인 주가의 움직임을 파악하는 데 아주 중요하다.

(1) 고객예탁금

고객예탁금은 투자자가 증권의 매매와 관련하여 증권회사에 일시적으로 예탁해 놓은 자금을 말한다. 증권매입을 원하는 투자자가 맡긴 위탁예수금, 증권저축계좌의 저축예수금, 신주 청약을 위해 맡긴 청약예수금 등이 이에 속한다. 증권회사는 고객예탁금에 대해 매 3개월마다 사용료를 지불한다.

고객예탁금은 증권의 매수자금력으로서 대기매수세를 의미하기 때문에 고객예탁금과 주가와는 아주 밀접한 상관관계가 있다. 주가상승기에는 주가상승에 앞서 주식시장으로 유입되는 고객예탁금이 미리 증가하고, 주가하락기에는 주가하락이 진행된 후에야 고객예탁금이 유출되는 것이 보통이다.

(2) 신용융자잔고

신용융자잔고는 증권회사와 증권금융이 신용거래자에게 융자해준 대출금총액을 말한다. 융자를 받은 신용거래자는 차입금에 대해서 일정 이자를 지급해야 하며, 상환만기는 증권사별로 상이하여 일반적으로 30일에서 90일(길게는 270일)까지로 제한되며 융자한도는 대개 동일인에 대해 1억원 정도(많게는 조건별로 30억원까지)로 운영되고 있다. 한편 신용융자에 의해 매수된 총주식수는 종목당 상장주식수의 20%를 넘지 못하도록 한도가 규정되어 있다.

신용융자잔고가 증가한다는 것은 이자를 부담하는 차입금으로라도 주식을 매수하겠다는 시장의 표시이므로 주가상승을 기대하는 투자자가 많다는 것을 의미한다. 그러나 한편으로 신용융자잔고가 한도에 도달해서 해소되지 않고 있다면 주가가 곧 하락 국면으로 진입할 것으로 예상할 수 있다. 신용융자의 상환만기를 지키기 위해서 신용융자로 매수한 주식을 매도할 경우 이 것이 매도압박 물량이 되어 주가하락의 요인이 될 수 있는 것이다. 이렇게 대다수 투자자들과는 반대되는 논리로 신용융자잔고의 증가를 주가하락의 신호로 해석하는 투자자를 반대론자(contrarian)라고 한다.

(3) 대주잔고

대주잔고는 투자자가 대주거래를 위해 증권회사로부터 빌린 주식 중 아직 상환되지 않고 있는 주식수를 말한다. 대주매도대금은 담보로 증권회사에 예탁되며 증권회사는 대주거래자에게 일정의 이용료를 지급한다. 대주의 경우

IR(Investor Relation)

IR은 기업의 경영내용과 미래전망에 대해 포괄적인 정보를 주식투자가들에게 제공하여 결과적으로 기업의 자금조달을 원활하게 하는 기업설명 활동을 말한다. IR은 주로 기관투자가들을 대상으로 이루어지며 여기에서는 좋은 정보뿐만 아니라 나쁜 정보까지도 포함한 종합적 정보를 전달한다. 최근에는 IR도 일종의 경영활동이라는 인식이 확산되면서 그 중요성이 부각되어 많은 기업들이 IR활동에 적극 나서고 있는 추세이다.

일반적으로 상환기간은 60일로 정해져 있으며 기간은 연장되지 않는다. 투자자별 금액한도는 1억(많게는 3억까지)원으로 한정되고, 대주를 통해 투자자에게 대여된 주식은 총발행주식의 10%를 넘지 못하게 규정되어 있다.

대주잔고와 주가와의 관계는 신용융자잔고와 정반대로 이해될 수 있다. 대주잔고가 증가한다는 것은 주가하락을 예상하는 투자자들이 늘고 있다는 증거지만, 차후에는 대주잔고가 잠재적인 매수세력으로 작용할 수도 있다. 모든 신용거래는 150일 이내에 청산되어야 하므로 대주잔고만큼 상환기간 내에 반드시 재매수되어야 하기 때문이다.

(4) 미상환융자금

미상환융자금은 신용거래융자금을 융자받은 후 150일 이내에 상환하지 못한 잔고를 말한다. 미상환융자금은 상환만기일이 지나면 바로 투자자의 의사와 상관없이 증권회사가 신용융자로 매수한 주식을 매도(반대매매)하여 청산하게 된다. 이러한 경우는 주로 신용융자로 주식을 매수한 후 주가가 하락하여 매수한 주식을 처분하지 못하는 상황에서 발생한다. 따라서 미상환융자금의 증가는 단기적인 대기매물로서 주가하락을 부채질하는 효과가 있다.

(5) 위탁자미수금

위탁자미수금은 주식매수대금의 미납분, 신용거래의 결제부족금, 유상증자 청약대금의 미납분 등을 말한다. 미수금이 발생하면 증권회사는 고객에게 미

'신용대주 확대'로 개인 공매도 늘어날까

신용거래 대주는 한국증권금융이 다른 기관으로부터 주식을 빌려 개인에게 대여해주는 제도다. 신용거래 대주 물량의 대부분이 공매도 거래로 이어지는 만큼 한국증권금융의 신용거래 대주 확대 방침에 따라 개인의 공매도 거래가 늘어날 것으로 예상되는 가운데 전문가들 사이에서는 의견이 엇갈리고 있다.

국내 공매도시장에서 개인들의 비중이 미미한 만큼 신용거래 대주 확대로 개인투자자들의 공매도 거래가 활성화될 수 있을 것이란 분석이 나온다. 반면 일각에서는 개인이 공매도 거래에 참여한다 해도 수익을 올릴 수 있는 확률이 미미한 만큼 시장 변동성만 커질 수 있다는 지적도 제기되고 있다. 업계 전문가는 개인들이 공매도 거래를 통해 수익을 올릴 확률이 극히 낮을 것으로 전망했다. 공매도 거래 시기와 변동성을 개인이 예측하기에는 정보의 불균형이 너무 크다는 지적이다. 특히 중소형주에 대해 개인이 롱숏전략을 펼칠 경우 자칫 외국인들의 먹잇감으로 전락할 수 있기 때문에 전문 매니저 및 기관들도 어려워하는 것이 공매도 거래라고 강조했다.

–뉴시즈(2019.01)

수금 상환을 요구하고 기간 내에 납부하지 않을 경우에는 고객의 의사와 관계없이 반대매매를 통해 청산하게 된다.

미수금의 증가도 단기적으로 매도물량을 증가시켜 주가하락으로 이어질 수 있다.

5 증권분석

제1절 경제분석

제2절 산업분석

제3절 기업분석

미리보기

증권투자는 개별증권의 내재가치를 평가하여 과소 평가된 증권을 매수하고, 과대 평가된 증권을 매도하는 투자종목선택(selection)과 증권의 매매시기선택(timing)으로 구분할 수 있다. 증권분석은 증권의 내재가치를 찾아내는 일인데, 증권의 기본적 분석(fundamental analysis)이라고도 한다.
매매시기의 선택은 주로 과거 증권가격의 움직임을 분석함으로써 미래 가격의 움직임을 예측하는 것인데 이 과정에서는 주로 그래프, 도표, 차트 등이 이용되기 때문에 이를 기술적 분석(technical analysis)이라고 한다.

증권분석은 경제분석, 산업분석, 기업분석의 순서로 하향식(top down방식)으로 진행된다. 경제분석에서는 국내외 경제환경을 이해하고 경제의 흐름을 파악하여 어떤 증권을 투자대상으로 삼을 것인가를 판단하게 된다. 산업분석에서는 산업의 동태적 변화와 제품의 주기에 대한 분석을 통해 성장 가능성이 있는 산업을 파악하여 투자 업종을 선택하게 된다. 마지막으로 기업분석을 통해 기업의 내재가치를 파악하고 구체적인 투자종목을 선택하게 된다.

증권분석의 하향식 과정

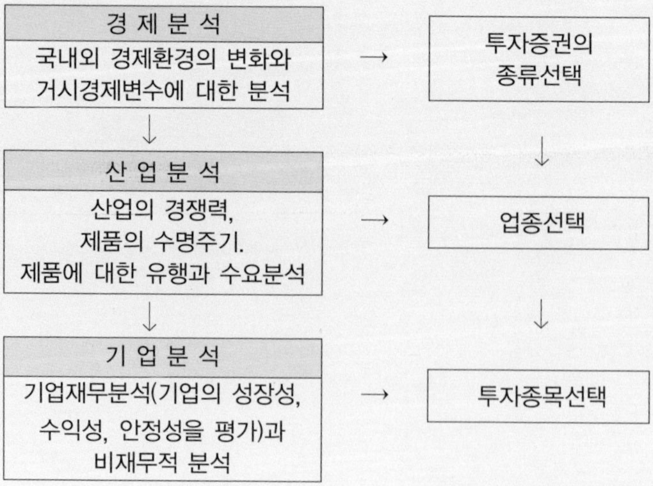

경제분석 제1절

주가에는 미래 기업성과에 대한 투자자들의 예상이 반영되어 있다. 한편 기업성과는 국내외의 경제상황과 환경의 변화에 영향을 받지 않을 수 없다. 경제분석의 주된 목적은 기업의 경영성과에 영향을 미치는 기업 외적요인과 주가와의 관계를 이해하는 데 있다. 국민경제의 전반적인 움직임은 거시경제변수로 파악되기 때문에 경제분석의 주된 내용은 거시경제변수와 주가와의 관계를 파악하는 것이다.

경제분석에 앞서 그 한계를 인식할 필요가 있다. 경제분석에 대한 단편적인 이해를 그대로 증권투자에 적용하는 것은 매우 위험한 일이다. 거시경제변수 간의 관계는 유기적이고 복합적이기 때문에 경제변수와 주가와의 관계를 단편적으로 정의하는 것은 매우 어려운 일이다. 둘 사이는 경제변수가 주가에 영향을 미치는 일방적인 관계가 아니라, 주가가 다른 경제변수에도 영향을 미칠 수 있는 쌍방의 관계이기 때문이다. 따라서 정확한 경제분석을 위해서는 경제이론에 대한 폭넓은 이해가 선행되어야 한다.

1. 경제성장률(GDP성장률)과 경기전망

국내총생산(Gross Domestic Product, GDP)은 한 나라의 영역 내에서 가계, 기업, 정부 등 모든 경제주체가 일정 기간 동안 생산한 재화 및 서비스의 부가가치를 시장가격으로 평가하여 측정한 수치이다. GDP는 당해년도 및 기준 연도 중 어느 해의 시장가격을 이용하여 생산액을 평가하느냐에 따라 명목 및 실질 GDP로 구분된다. 명목GDP는 생산액을 당해년도 시장가격으로 평가한 것으로 물가상승분이 반영된 것이고, 실질GDP는 생산량에 기준 연도의 시장가격을 곱해서 계산하므로 가격 변동은 제거되고 생산량 변동만을 반영하게 된다.

국민경제의 전체적인 규모나 구조변동 등을 분석하고자 할 때에는 명목GDP를 사용하며, 경제성장, 경기변동 등 국민경제의 실질적인 생산활동 동향 등을 알아보기 위해서는 실질GDP를 이용한다.

경제성장률이란 일정 기간 동안 각 경제활동 부문이 만들어낸 부가가치가 전년에 비하여 얼마나 증가하였는가를 보기 위한 지표로서 한 나라의 경제 성과를 측정하는 중요한 척도이다. 보통 실질GDP의 증감률로 나타낸다.

GDP의 증가는 고용과 국민소득의 증가를 의미하며 이는 다시 소비와 저축의 증가로 이어진다. 소비의 증가는 다시 기업의 매출과 수익의 증가, 그리고 이어서 주가상승으로 연결될 것이다. 저축의 증가는 금융자산에 대한 수요를 증가시켜 주가상승을 유발하게 된다. 주가상승에 의한 부의 증가는 다시 소비를 증가시켜 주가와 부가 동반 상승하는 선순환으로 이어진다.

한편 주가가 상승하면 기업은 주식시장을 통해 자기자본을 원활하게 조달할 수 있어 신규 투자와 설비투자가 활발해지고 생산성과 경쟁력을 향상시킬 수 있다. 생산성과 경쟁력의 향상은 다시 기업의 수익력과 주가상승으로 연결되어 경제가 동반 성장하는 선순환으로 발전하는 데 기여할 것이다.

일반적으로 경제 전체의 활동수준을 경기라고 한다. 과거의 경험으로 보아 경기는 성장, 후퇴, 침체, 회복의 순환과정을 반복하고 있다. 이와 같은 경기의 모습은 그 움직임이 파도와 비슷하다고 하여 이를 경기순환(business cycle)이라고 한다.

현재의 경기상태를 올바로 진단하고 앞으로의 경기전망을 정확히 예측하는 것은 매우 중요하다. 여기에 사용되는 것이 경기지표이다. 미래 기업성과에 대한 투자자들의 예상치인 주가는 실물경제보다 앞서서 반응하는 특징이 있다. 따라서 종합주가지수는 경기변동에 앞서 나타나는 경기선행지표(leading indicator)의 역할을 하게 된다. 이와 동일한 경기선행지표에는 구인구직비율, 건설수주액, 제조업 재고지수, 장단기금리차 등이 있다.

2. 금 리

금리는 자금의 수요와 공급을 일치시켜주는 자금에 대한 가격이라고 할 수 있다. 금리가 주가에 미치는 영향은 매우 복합적이다. 우선 금리상승은 할인율을 상승시켜 기업이 벌어들일 미래 현금흐름의 가치, 즉 주가를 하락시킨다. 한편 금리상승으로 기업의 금융(차입)비용이 증가하면 기업의 수익이 감소하고 주가는 하락하게 된다. 금리가 상승하면 기업이 계획하고 있는 투자안에 대한 기대수익이 감소하기 때문에 기업은 투자를 감축하고 이는 기업경쟁력의 약화와 주가하락으로 이어진다. 반대로 금리가 하락하면 투자가 증가되어 기업의 경쟁력이 향상되고, 금융비용의 하락으로 기업의 수익성이 증가하게 되어 주가는 상승하게 된다.

주식은 예금이나 채권과 같이 고정수익을 제공하는 증권들과 경쟁(대체)관계에 있다. 금리상승기에는 주식으로부터 채권이나 예금으로 자금이 이동하여 주가가 하락하게 된다.

시중의 장기금리를 나타내는 지표로는 3년 만기 국공채와 회사채의 수익률이 있으며, 단기금리는 만기 1년 미만(90일)의 양도성예금증서(CD: certificate of deposit)의 수익률을 지표로 사용하고 있다. 한편 금융기관 간의 초단기금리인 콜(call)금리는 시중의 자금사정을 나타내는 지표로 활용되고 있다(제1장 증권투자와 금융 참조).

기준금리

기준금리란 중앙은행인 한국은행 안에 설치된 금융통화위원회에서 매달 결정하는 금리이다. 기준금리는 한국은행의 환매조건부채권 매매, 대기성 여·수신 등 금융기관 간 거래의 기준이 되는 금리를 의미한다. 기준금리는 운용 목표치에 불과하고 실제로 자금시장에서 거래되는 다양한 금리는 기본적으로 자금의 수요자와 공급자에 의해 결정된다. 그럼에도 한국은행이 제시하는 기준금리가 중요한 이유는, 한국은행에서 기준금리를 발표하면 시중은행을 포함한 금융기관들은 이를 기준으로 하여 각각 금리를 책정하게 된다. 따라서 한국은행이 기준금리를 올리면 시중 금리도 상승하게 되고, 기준금리를 낮추면 시중 금리도 떨어지게 된다.

3. 물가, 인플레이션

물가상승은 특정한 재화의 가격이 아닌 소비자물가지수(CPI: consumer price index)나 도매물가지수(WPI: wholesale price index)와 같은 물가수준의 상승을 의미한다. 물가상승은 화폐가 지닌 구매력의 감소를 의미한다. 투자, 소비 등 모든 경제의사결정은 구매력을 기준으로 하는 실질가치에 의해 이루어진다. 투자자들은 물가상승으로부터 자산가치를 보호해주는 인플레이션헤지(hedge)효과가 있는 자산을 선호할 것이다.

물가상승이 주가에 미치는 영향은 상반되는 두 가지로 구분할 수 있다. 우선 물가가 상승하면 기업이 보유하고 있는 자산의 가치도 상승하고 이것이 주가에 반영되어 주가가 상승하게 된다. 한편 물가상승은 고정수익이 제공되는 채권이나 예금에 대한 수요를 감소시켜 주가를 상승시키는 요인으로 작용하게 된다. 만약 주가상승률이 물가상승률보다 높다면 투자자들은 인플레이션헤지 효과가 있는 주식을 선호할 것이다.

물가상승이 주가에 미치는 부정적인 영향으로는 우선 물가상승으로 제품의 원가가 상승하면 수익이 감소하고 주가가 하락하게 된다. 그리고 물가상승으로 소비자들의 실질소득이 감소하면 제품에 대한 수요가 감소하여 기업의 수익이 감소하고 주가가 하락하게 된다.

그러나 이와 같은 단순한 분석에는 주의가 필요하며 해당 기업이 생산하는 제품의 특성에 따라 다른 결론도 가능하다. 가격탄력성이 낮아서 가격상승에

'초인플레' 짐바브웨 결국 통화폐기

아프리카 남부에 위치한 짐바브웨는 2008년 5,000억%에 달했던 초(하이퍼)인플레이션으로 자국통화가 붕괴하자 2015년 결국 3경 5,000조 짐바브웨 달러를 미화 1달러로 교환하고 자국화폐를 폐기하기로 하였다. 2008년에 짐바브웨에서는 계란 3알이 1,000억 짐바브웨 달러에 거래되었다. 짐바브웨 화폐 중 최고권액은 '0'이 14개 붙은 100조 짐바브웨 달러인데 미화 1달러로 바꾸려면 100조 지폐 350장이 필요하다. 짐바브웨 지폐는 관광객들에게 기념품으로 팔리고 있다.

도 불구하고 제품에 대한 수요가 과도하게 감소하지 않는 제품이라면 물가상승 후에도 기업의 수익이 감소하지 않을 것이다. 마찬가지로 소득탄력성이 낮아서 물가상승으로 인한 실질소득의 감소에도 불구하고 제품에 대한 수요가 과도하게 감소하지 않는 제품이라면 기업의 수익이 감소하지 않을 수도 있다.

4. 통화량과 통화정책

통화량이 주가에 미치는 영향은 주식시장에 대한 직접적인 영향과 금리와 물가를 통해서 나타나는 간접적인 영향으로 구분해서 설명할 수 있다.

통화량의 긴축은 우선 주식시장에 유입되는 투자자금을 감소시켜 직접적으로 주가를 하락시키는 역할을 한다. 통화량의 증가는 시중의 유동자금을 풍부하게 만들어 이자율을 하락시키고 이는 다시 할인율의 하락, 금융비용의 감소, 채권수익률의 하락을 통해 주가의 상승으로 이어진다. 그러나 통화량의 증가가 물가상승으로 이어져 인플레이션 압력이 발생하는 경우에는 투자자들이 금융자산보다는 부동산과 같이 인플레이션헤지효과가 있는 실물자산을 선호하게 되어 주가가 하락할 수도 있다.

한편, 통화량의 증감은 이자율과 물가, 나아가서 주가의 움직임으로 당장 나타나는 것은 아니며 경제구조와 당시의 경제상황에 따라 시차를 두고 나타난다.

5. 환율과 국제수지

환율은 두 화폐 간의 교환비율(상대가격)이다. 우리에게 가장 중요한 환율은 대부분의 국제무역 및 금융거래에서 결제통화로 사용되고 있는 미국 달러에 대한 원/달러 환율이다. 원/달러 환율은 달러에 대한 원화의 액수(예: ₩1,100/U$1)로 표시된다. 환율의 인상은 원화가치의 하락(미국 달러가치의 상승)을 의미하며 원화가 평가절하(depreciation)되었다고 한다. 반대로 환율의 인하는 원화가치의 상승(미국 달러가치의 하락)을 의미하며 원화가 평가절상

(appreciation)되었다고 한다. 환율도 기본적으로는 외환시장에서 외환에 대한 수요와 공급에 의해 결정되지만 외환의 수요와 공급 역시 정부의 정책에 영향을 받으며, 금리와 물가 등의 경제변수와도 복합적으로 연관되어 있기 때문에 환율과 주가와의 관계도 종합적으로 이해되어야 한다.

국제수지(Balance of Payment)

국제수지는 1년 동안 발생한 해외와의 모든 경제적 거래를 체계적으로 정리한 통계치이다. 국제수지는 거래의 내역에 따라 구분한다. 경상수지는 무역거래는 물론 무역외거래와 이전거래를 포함한 경상거래를 집계한 것이다. 국제수지에서 경상수지가 중요한 이유는 경상수지의 불균형은 곧 국제수지의 구조적 불균형을 의미하기 때문이다. 경상거래를 통해 벌어들인 외화가 지불한 금액보다 많으면 경상수지가 흑자를 이루게 되는데, 이 수치가 한 국가의 경제성장이나 고용 등 실제 경제상황을 반영하는 지표이다. 일반적으로 국제수지의 흑자와 적자는 경상수지의 흑자와 적자를 의미한다.

자본수지는 경상거래에서의 불균형을 보전하기 위한 자본차입이나 해외투자, 자본유출 등 국가 간 자본의 이동을 나타낸다. 경상거래에서 발생한 적자는 외국으로부터의 자본차입으로 보전될 수밖에 없다. 마찬가지로 경상수지 흑자는 외국으로의 자본유출(대여)로 상쇄될 수밖에 없다. 따라서 사후적으로는 국제수지가 균형을 이룰 수밖에 없다.

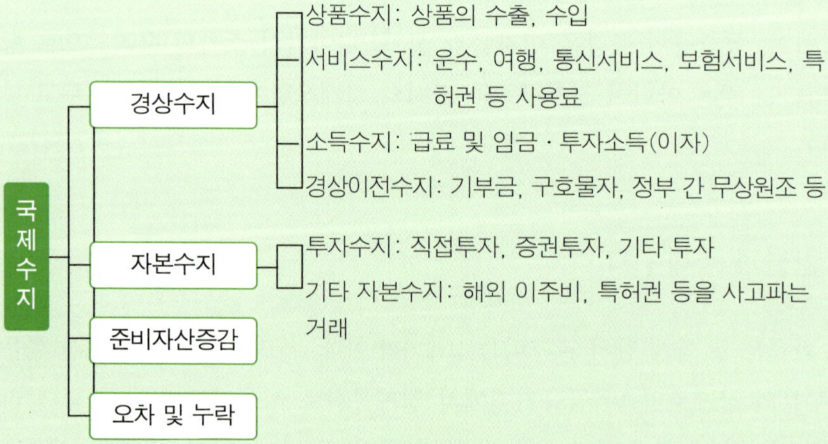

자본시장의 개방으로 외국 투자자본의 이동이 자유로워지면서 해외로부터의 자본 유입과 유출이 증권시장에 미치는 영향은 점차 확대되고 있다. 특히 자본시장의 규모가 상대적으로 작은 한국 증권시장에서 외국 투자자본(외국인 투자자)의 영향력은 대단히 크다.

원/달러 환율이 상승하면 수출상품의 달러 표시 가격이 하락하여 가격경쟁력이 증대되므로 수출이 증가하게 된다. 한편 원/달러 환율이 상승하면 수입상품의 원화 표시 가격이 상승하여 수입은 감소하게 된다. 무역거래만을 생각하면 원/달러 환율의 상승은 국제수지를 개선시켜주는 효과가 있다.

그러나 자본거래를 생각한다면 환율과 주가와의 관계는 복잡해진다. 자본시장개방으로 외국인 투자자금의 비중이 큰 상황에서 주가상승을 초과하는 급격한 환율상승이 발생하면 환차손(주식매도대금을 달러로 바꿨을 때 달러금액의 감소)을 우려한 외국인 투자자들이 주식매도에 나서고 주가는 하락하게 된다. 외환시장에서 외국인 투자자들의 달러 매수는 환율상승을 더욱 부추기고, "환율상승－주가하락"의 악순환이 발생할 수도 있다.

환율의 상승이 기업의 수익에 미치는 영향은 그 기업의 성격에 따라 다르게 나타날 수 있다. 수출주력업종이면서 수입원자재에 대한 의존도가 낮은 기업은 환율상승으로 수출이 증가하면 수익이 증가하고 주가가 상승할 것이다. 하지만 수입원자재에 대한 의존도가 크다면 원가상승 때문에 환율상승으로 인한 긍정적인 효과가 상쇄될 것이다.

경상수지와 주가와의 관계는 경상수지가 주가에 미치는 영향과 더불어 경상수지의 흑자 또는 적자가 발생하게 된 경제상황을 같이 생각해 볼 필요가 있다. 경상수지의 흑자는 경제안정과 수출증가를 통한 경제성장의 결과이다. 일반적으로 국제수지의 흑자는 외환의 공급을 증가시키고 이는 다시 환율의 인하(평가절상)를 유도하여 주가를 하락시키는 효과가 있다. 그러나 국제수지 흑자의 증대는 국내로 유입되는 외화자금의 증가를 초래하여 통화량을 증가시키는 효과가 있으며 이는 다시 주가를 상승시키는 요인으로 작용한다. 따라서 환율과 국제수지가 주가에 미치는 영향은 당시의 경제상황과 산업 및 기업의 특성과 연결하여 분석하는 것이 필요하다.

6. 경제정책

재정, 통화, 금융, 산업, 조세 등 다양한 정책과 규제는 모두 통화량, 금리,

환율, 국제수지 등 거시경제변수를 통해 직·간접적으로 증권시장에 영향을 미치고 있다. 경제정책의 효과도 복합적이기 때문에 경제정책과 주가와의 관계는 여러 요인들이 종합적으로 이해되어야 한다.

정부가 행사하는 주요 정책수단과 규제에는 다음과 같은 것들이 있다.

(1) 예 산

정부의 재정정책은 예산의 수립과 집행을 통해 이루어진다. 정부 예산상의 세입(수입)과 세출(지출)은 균형을 이루지 못하는 경우가 일반적이다. 정부는 재정적자를 채권시장에서 차입으로 보전해야 하므로, 재정적자는 이자율상승과 주가하락의 요인으로 작용한다. 그러나 재정적자는 정부지출의 증가를 의미하므로 이는 곧 민간부문의 소비와 투자를 촉진하여 주가를 상승시키는 역

양적완화(Quantitative Easing)

양적완화란 경기부양을 위해 중앙은행이 기준금리를 조절하여 간접적으로 유동성을 조절하던 기존 방식과 달리, 정부의 국채나 여타 다양한 금융자산의 매입을 통해 시장에 유동성을 공급하는(돈을 푸는) 정책이다. 양적완화는 자국의 통화가치를 하락시켜 수출경쟁력을 높이는 것이 주목적이다. 한 나라의 양적완화는 다른 나라 경제에도 영향을 미칠 수 있다. 예를 들면 미국에서 양적완화가 시행되어 달러 통화량이 증가하면 달러가치가 하락하여 미국 상품의 수출경쟁력은 강화되나, 원자재 가격이 상승하여 물가는 상승하며, 달러가치와 반대로 원화가치는 상승(원화의 평가절상, 환율하락)한다.

2001년 3월 일본은행이 장기간의 침체를 벗어나기 위해 처음으로 도입하였으며 "아베노믹스"란 이름으로 불리웠다. 미국은 2008년 리먼브러더스 파산 사태 이후 양적완화를 시행하였다. 2012년 9월 13일 연방준비제도이사회(Fed)는 매달 400억 달러 규모의 주택저당증권(MBS: mortgage-backed securities)를 사들이고 0% 수준의 기준금리를 2015년 중반까지 유지하기로 한다는 3차 양적완화(QE3)를 발표하였다. 이후 저금리의 풍부한 자금이 풀리면서 경제성장률이 마이너스에서 4.6%(2014년 상반기)까지 회복되었으며, 실업률이 하락하는 등 경기부양 효과가 나타났다. 이에 따라, 2014년 10월에 열린 연방공개시장위원회(FOMC) 정례회의에서 양적완화 종료를 선언하였다. 한편, 양적완화 정책을 점진적으로 축소하는 것을 테이퍼링(tapering)이라고 한다.

할을 하기도 한다.

(2) 지급준비율

시중은행은 고객 예금 중의 일부를 지불준비금으로 중앙은행에 예치해야 하는데, 예금에 대한 지불준비금의 비율이 지불준비율이다. 지불준비율을 높이면 은행이 대출할 수 있는 자금이 감소하여 통화량이 감축되는 효과가 있다. 은행대출이 감소하면 금리상승과 함께 기업투자가 감소하게 된다.

(3) 재할인율

재할인율(재할인금리)은 시중은행이 중앙은행으로부터 자금을 대출받을 때 적용되는 이자율이다. 시중은행은 상업어음을 할인해줌으로써 고객에게 대출을 하고, 이 어음을 다시 재할인 받아 중앙은행으로부터 대출을 받게 된다. 재할인율의 인상은 은행이 고객에게 대출할 때 적용하는 대출이자율의 인상으로 연결되어 대출이 감소하게 되며 통화량의 감소를 의미한다.

재할인율의 조정은 경제전반에 많은 영향을 미치기 때문에 대부분의 나라에서 경기조절의 수단으로 활용하고 있다. 재할인율의 조정에 따라 증권시장이 즉각 반응하는 이유도 여기에 있다. 특히 미국 연방준비이사회(FRB: Federal Reserve Board)의 연방금리(Federal Fund rate) 조정은 미국뿐만이 아니라 세계 각국의 증권시장에도 즉각적인 영향을 미치고 있다. “미국 연방준비이사회 의장의 말 한 마디가 세계 증시를 움직인다”는 말은 이러한 상황을 나타내는 것이다.

(4) 공개시장조작

중앙은행은 채권시장에서 직접 거래에 참여함으로써 통화량을 조절하기도 한다. 국채를 발행하면 발행금액만큼 시중에 현금통화가 감소하고, 반대로 이미 발행된 국채를 상환하면 상환액만큼 통화가 증가하게 된다. 한국에서는 통화조절을 위한 공개시장조작에 통화안정증권(통안증권)이 활용되고 있다.

제2절 산업분석

산업분석(industry analysis)의 목적은 해당기업이 속한 산업의 특성과 이러한 특성이 주가에 미치는 영향을 파악하는 것이다. 산업의 특성은 궁극적으로 제품의 특성, 생산과 비용구조의 특성, 기술적 특성 등의 요인에 의해 결정된다.

1. 경기순환과 산업

모든 산업이 국내 · 외의 경제환경 변화에 똑같은 영향을 받는 것은 아니다. 특히 호황과 불황의 경기순환과정에서 매출이나 이익의 민감도가 모든 산업에 걸쳐서 똑같은 것은 아니다. 경기변동에 대한 산업의 민감도는 제품의 성격, 생산과 비용구조를 나타내는 영업레버리지, 타인자본의존도를 나타내는 재무레버리지에 달려 있다.

(1) 제 품

라면과 같은 기초식품업, 감기 · 두통약과 같은 제약업 등의 생필품 관련 업종은 경기에 민감한 영향을 받지 않는다. 그러나 같은 소비재라 할지라도 자동차나 가전제품같은 고가의 내구성 소비재는 경기에 민감한 영향을 받는다. 사치성 소비재의 경우에는 소득분배구조에 따라 다르지만 일반적으로 경기에 민감한 영향을 받을 가능성이 많다. 한편 기계공구, 건축자재 등 산업생산과 직접 관련된 업종은 당연히 경기에 민감한 영향을 받을 것이다.

(2) 비용구조

비용은 고정비용과 가변비용으로 구분된다.

	내 용	예
고정비용	생산량과 관계없이 고정적으로 발행하는 비용	임대료, 관리비, 이자
가변비용	생산량에 비례해서 발생하는 비용	원료비, 인건비

총비용 중 고정비용이 차지하는 비중이 큰 산업이나 기업은 경기변동에 대한 적응력이 약하기 때문에 위험이 크다. 호황기에는 매출증가에 비해 상대적으로 비용증가폭이 적기 때문에 높은 수익이 발생한다. 하지만 불황기에는 매출감소에도 불구하고 비용을 비례적으로 줄일 수 없기 때문에 수익이 악화되어 재무적 곤경에 빠지고 최악의 경우에는 도산할 수도 있다.

비용구조는 개별기업이 선택하기 이전에 산업의 특성에 의해 결정되는 경우가 많다. 자본집약적이고 고가의 첨단설비가 필요한 산업(반도체, 자동차 등)은 특성상 영업비용 중에서 고정비용이 차지하는 비중이 크다. 거대한 자본투자가 필요한 산업(중화학공업 등)은 부채의존도가 커서 고정비용인 금융(이자)비용의 비중이 크다. 따라서 영업(생산)구조나 자본구조에 의해 고정비용의 비중이 큰 산업(기업)은 매출액의 변동에 대해 이익의 변동이 증폭되므로 주주의 입장에서는 위험하다고 할 수 있다.

2. 제품수명주기

제품은 일반적으로 도입기, 성장기, 성숙기, 쇠퇴기의 제품수명주기(product life cycle)를 갖는다. ① 도입기는 신상품이 시장에 도입되는 시기로 경쟁이 없기 때문에 고가판매와 고수익이 가능하지만 개발비와 광고비 등의 지출과 제한된 수요로 미래가 불투명하고 위험이 높은 시기이다. ② 성장기에는 제품에 대한 수요가 증가하고 시장규모가 확대되며 대량생산에 따른 제조원가의 하락으로 이윤이 증가하고 위험도 대폭 감소한다. ③ 성숙기에는 새로운 경쟁기업이 시장에 진입하면서 공급은 늘지만 수요는 포화상태에 이르고 가격경쟁이 치열해져서 수익성이 저하되고 경쟁력이 없는 기업은 도태되기 시작한다. ④ 쇠퇴기에 접어들면 제품은 시대에 뒤진 상품으로 전락하여 판매량과 이익이 급속하게 감소하게 된다.

제품수명주기에 의한 산업분석에서는 그 산업의 주제품이 수명주기의 어느 단계에 있는가를 파악하여 산업의 미래를 예측하게 된다. 그러나 제품수명주기를 이용한 산업분석의 한계를 인식할 필요가 있다. 기술개발의 속도가 빨라지고, 소비자들의 기호(유행)가 빨리 변하면서 제품의 수명주기도 점점 짧아지고 있다. 특히 컴퓨터, 통신 등 첨단기술제품은 그 변화가 점점 가속화되어 제품의 수명주기를 측정하기가 어려울 정도이다. 이러한 상황에서 해당 산업이 제품수명주기상의 어떤 위치에 있는가를 판단하기란 점점 어려워지고 있다. 더구나 기업들의 다각화전략에 따라 기업이 어떤 산업에 속해있는지를 뚜렷하게 구분하기 어려운 경우도 있다.

3. 산업의 경쟁구조

산업의 경쟁구조를 결정하는 요소에는 각종 진입장벽, 제품의 대체성, 기존 업체 간의 경쟁 등이 있다.

(1) 진입장벽

진입장벽(entry barrier)은 새로운 기업이 해당산업에 쉽게 진출할 수 있는 정도를 말한다. 금융업이나 전기, 수도, 통신과 같은 국가기간산업은 산업의 특성상 과당경쟁을 막아 산업경쟁력을 보호하거나 과잉투자에 위한 국가적 손실을 방지하기 위해서 정부가 진입을 규제하고 있다. 이밖에 제품공정에 필수적인 기술이 특허권(patent)에 의해 보호되는 산업도 진입장벽이 높다고 할 수 있다. 자동차, 철강, 조선과 같은 산업은 막대한 설비투자비용 때문에 시장진입이 어려운 경우이다. 화장품, 주류업, 식음료업, 제약업 등은 판매 · 유통망 때문에 시장진입이 어려운 경우이다.

그러나 전 세계적인 규제완화(deregulation)의 추세에 따라 정부의 규제에 의한 진입장벽은 허물어지고 있는 실정이다. 금융업의 경우 업종 간 진입장벽이 없어지면서 경쟁은 점점 치열해지고 있다. 국가기간산업의 경우에는 효율성을 높이기 위해 공기업 민영화가 활발하게 진행되고 있다.

특허권이 경쟁기업의 시장진입을 완전히 막아주는 것은 아니다. 특허권을 침해하지 않고도 대체기술을 개발하여 유사한 기능의 모사품(clone)을 오히려 저가에 생산하는 경우를 흔히 볼 수 있다.

(2) 제품의 대체성

기본적인 사용 목적은 같지만 기능, 디자인, 가격면에서 다양한 제품이 존재하는 경우 소비자들은 한 제품 대신에 다른 제품을 쉽게 대체해서 구입할 수 있으며, 이러한 제품은 소비자의 대체성이 높다고 말할 수 있다. 대체성이 높은 제품을 생산하는 산업에서는 경기변화에 따라 고가와 저가 상품에 대한 수요의 대체, 유행의 변화에 따른 수요의 대체, 경쟁기업의 가격전략에 따른 수요의 대체 등으로 기업 간 경쟁이 다원적이며 수익에 대한 안정성도 떨어진다.

(3) 기존 업체 간의 경쟁

한 산업 내에서의 경쟁은 기본적으로 경쟁업체의 수, 경쟁업체 간 시장점유율의 분포, 업체 간 제품차별화의 정도에 따라 결정된다. 일반적으로 경쟁업체가 많을수록 경쟁이 심한 것으로 알려져 있다. 그러나 단순히 경쟁업체의 수만을 가지고 경쟁상태를 파악하는 데는 한계가 있으며 업체 간 시장점유율 등 실제 시장상황이 고려되어야 한다.

많은 수의 기업이 시장점유율 확보를 위해 가격인하를 무기로 무한경쟁을 벌이는 경우에는 산업 전체의 수익기반이 무너지는 상황이 발생할 수도 있다. 한편 시장이 포화된 상태에서는 소수의 기업이 시장주도권을 위해 사활을 걸고 무차별적인 경쟁을 벌이는 경우도 있다. 한편 산업 내에 주도기업이 존재하는 경우에는 독점기업에 대한 정부의 규제를 피하기 위해 주도기업이 시장점유율을 더 이상 늘리려는 노력을 하지 않는 상태에서 묵시적인 담합에 의해 과도한 경쟁없이 시장분점이 유지되는 경우도 있다.

업체 간 제품이 차별화되어 각 기업이 차별화된 자기만의 고객층을 확보하고 있는 경우에는 업체 간 경쟁이 비교적 적다고 할 수 있다.

제3절 기업분석

기업분석은 경제분석을 통해 국내외의 기업 외적 환경을 분석하고, 산업분석을 통해 유망업종을 선택한 후에 가장 발전 가능성이 크고 안정적인 유망기업을 선택하는 일이다. 많은 기업 중에서 최고의 가치를 가진 기업을 선택하기 위해서는 객관적인 기준에 의한 평가가 필요하다. 재무제표를 이용한 재무비율분석이 기본적으로 이용되는 이유가 여기에 있다. 이밖에도 주식시장의 자료를 이용한 기업가치분석방법이 많이 활용되고 있다.

같은 업종에 속한 기업이라도 기업마다 독특한 특성을 가지고 있기 때문에 계량화된 기준만으로 기업의 가치를 평가할 수는 없을 것이다. 기업의 평가에는 창업주와 최고경영자의 경영철학, 기업의 조직문화, 노사관계, 제품의 차별화 정도, 시장에서 소비자의 신인도 등 객관적으로 계량화하기 어려운 질적인 요소도 포함되어야 한다. 따라서 효율적인 기업가치분석을 위해서는 계량적인 방법과 비계량적인 방법이 상호보완적으로 병용되어야 할 것이다.

1. 재무제표

기업은 이해관계자에게 정기적으로 기업의 경영성과와 재무상태, 그리고 그 전망에 대한 내용을 보고할 의무가 있으며 사업연도별로 사업보고서(annual report)를 작성하여 발표하게 된다. 사업보고서에는 전년도 사업기간 중의 사업결과에 대한 설명과 외부감사인의 감사의견, 미래의 사업계획서, 그리고 기본적인 재무제표가 포함되어 있다. 상장회사는 각 사업연도 경과 후 90일 이내에 사업보고서를 증권관리위원회와 증권거래소에 제출하여 2년 동안 공시실에 비치하고 일반인도 열람할 수 있도록 해야 한다.

재무제표(financial statements)는 일정 기간 동안 진행된 기업경영활동을 정해진 원칙에 따라 정리한 표이다. 한국에서는 재무제표 작성에 일반기업회계기준을 적용해 왔으나 2011사업연도부터 상장법인과 비상장금융회사(저축은행 등 일부 제외)는 의무적으로 국제회계기준(IFRS: International Financial Reporting Standards)을 적용하고 있으며 이를 '한국 채택 국제회계기준(K-IFRS)'이라고 한다. 단 비상장기업은 한국회계기준원에서 제정한 일반기업회계기준(K-GAAP)을 적용하며 K-IFRS를 선택적으로 적용할 수 있다.

국제회계기준(IFRS)

국제회계기준(IFRS)은 국제적 협업과정을 통해 제정하는 회계기준이며 전 세계 120여개국이 채택하고 있다. 전 세계적으로 단일화된 국제회계기준(IFRS)을 적용함으로써 회계투명성을 제고하고, 글로벌 기업이 이중으로 재무제표를 작성해야 되는 부담을 없앨 수 있으며, 동일한 항목의 수치에 대해 국내기업은 물론 외국기업 간에도 객관적인 비교가 가능하게 되었다.

국제회계기준(IFRS)이 도입되면서 재무제표의 구성, 항목의 평가방식, 명칭 등도 변경되었다. 가장 큰 변화는 연결재무제표 공시를 의무화하여 연결 대상 회사의 재무상태와 영업실적 등을 모두 반영한 정확한 재무정보를 투자자들에게 제공할 수 있다는 것이다. 대차대조표(B/S: balance sheet)는 재무상태표로 명칭이 바뀌고 일부 항목의 평가방법도 변경된다. 손익계산서의 경우에는 당기순이익에 기타포괄손익을 포함한 포괄손익계산서를 기존의 손익계산서와 함께 보고할 수 있게 되었다. 재무제표에는 재무상태표와 손익계산서 이외에도 현금흐름표와 자본변동표가 포함된다.

기본적인 재무제표의 종류와 내용은 다음과 같다.

(1) 재무상태표

재무상태표(statement of financial position)는 일정 시점 현재(회계년도 말) 기업의 자산, 부채 및 주주지분의 금액을 보고한 것이다. 자산(assets)은 미래에 경제적 효익을 창출할 것으로 기대되는 기업의 경제적 자원을 말한다. 부채(liabilities)는 기업 자산에 대한 채권자의 청구권을 말하며, 주주지분(stockholders' equity)은 주주의 청구권을 말하는데 자본이라고도 한다. 부채와 주주지분(자본)은 자산의 조달 원천을 나타내므로 부채와 주주지분의 합은 항상 자산과 같아야 한다.

자산 = 부채 + 주주지분(자본)

부채는 채권자에게 의무적으로 상환되어야 한다. 만일 원금이나 이자에 대한 지급의무를 약속대로 이행하지 못하면 기업은 채무불이행에 빠지고 도산에

연결재무제표

연결재무제표(consolidated financial statements)란 법률적으로 독립적인 회사들이라 하더라도 실질적으로 지배·종속관계에 있는 회사들을 단일의 경제실체로 간주하여 작성하는 재무제표이다. 한 회사가 다른 회사의 주식을 50% 이상 보유하면 그 회사의 경영권을 확보하고 지배(control)할 수 있는데 이때 지배하는 회사를 지배회사(parent company)라고 하고, 지배받는 회사를 종속회사(subsidiaries)라고 한다. 소유지분이 널리 분산된 회사의 경우에는 50% 미만의 지분으로도 그 회사를 실질적으로 지배할 수 있다. 한국채택국제회계기준(K-IFRS)에서는 타기업을 지배하는 기업은 연결재무제표를 '주된 재무제표'로 작성해서 발표해야 한다.

연결재무제표는 지배회사와 종속회사 간의 내부거래를 제거한 후 두 회사의 개별재무제표를 결합해서 만들어진다. 따라서 연결재무제표에는 지배회사와 종속회사 전체의 자산과 부채, 수익과 비용 등의 총액이 표시된다. 연결재무제표에는 지배회사가 책임져야 하는 종속회사의 부채와 미래 경제적 손실 가능성에 대한 정보가 포함되어 있기 때문에 지배회사에 대한 재무상태와 수익성을 정확하게 파악할 수 있다.

이를 수도 있다. 그러나 주주지분에 대해서는 이러한 의무가 없다. 기업에 손실이 발생하면 주주가 그 손실을 모두 떠안게 되어 주주의 지분(자본)이 잠식당한다. 그러나 이익이 발생하면 이는 모두 주주의 몫이 된다. 이러한 의미에서 부채를 타인자본, 주주지분(자본)을 자기자본이라고도 한다. 자본(주주지분)은 자산에서 부채를 차감한 잔여지분(residual equity)이라는 점에서 순자산(net assets)이라고도 한다.

재무상태표

20××년 12월 31일 현재

<table>
<tr><td rowspan="2">지 산</td><td>부 채 (타인자본)</td></tr>
<tr><td>자 본 (자기자본)</td></tr>
</table>

① 자 산 자산은 유동성이 큰 순서에 따라 유동자산과 비유동자산으로 구분된다. 유동자산은 다시 당좌자산과 재고자산, 기타유동자산으로 구분된다. 재고자산이 현금화되기 위해서는 일단 판매가 되어야 하고 판매 후에도 대금 회수까지는 일정 기간이 소요되므로 재고자산은 유동자산 중 가장 유동성이 낮은 자산이다. 당좌자산(quick assets)은 유동자산에서 재고자산을 제외한 나머지를 말한다. 비유동자산은 장기금융자산, 관계기업투자, 유형자산, 무형자산으로 구분된다.

유동자산
- 당좌자산
  - 현금 및 현금성자산 : 현금, 당좌예금, 보통예금
  - 단기금융자산 : 금융기관이 취급하는 정형화된 단기금융상품
  - 매출채권 : 외상매출금과 받을어음
  - 단기대여금

재고자산 : 완제품, 원자재
기타유동자산 : 선급금, 선급비용 등

비유동자산
장기금융자산 : 여유자금의 장기적 활용, 타기업에 대한 장기투자 목적의 금융자산
관계기업투자 : 타기업의 주요 경영의사결정에 중대한 영향력을 행사할 수 있을 정도로 보유한 주식(보통주의 20%)
유형자산 : 토지, 건물, 구축물, 기계장치, 선박, 건설중인 자산
무형자산 : 영업권, 창업비, 개발비

② **부 채** 부채는 상환만기가 빠른 순서에 따라 유동부채와 비유동부채로 구분한다.

유동부채
매입채무 : 외상매입금과 지급어음
단기차입금
기타유동부채 : 선수금, 선수수익 등

비유동부채
사채 : 시장에서 발행한 회사채
장기차입금
장기충당부채
기타유동부채

유동성

자산의 유동성(liquidity)은 얼마나 빠르고(신속성) 쉽게(용이성) 현금으로 전환할 수 있는가를 나타낸다. 통상 1년을 기준으로 이 기간 안에 현금화할 수 있는 자산을 유동자산으로 분류한다. 현금은 그 자체가 유동성이다. 보통예금은 예금액 그대로 인출이 가능하므로 현금 다음으로 유동성이 높은 자산이다. 비유동자산은 유동자산에 속하지 않는 자산으로 기업활동에 장기간 사용하기 위해 보유하는 자산을 말한다.

유동성이 높은 자산은 수익성이 떨어진다. 현금에서는 아무런 수익을 얻을 수가 없으며, 재고자산을 유지하기 위해서는 오히려 비용이 발생한다. 그럼에도 유동성이 높은 자산을 보유하는 이유는 기업의 안정성과 편리성 때문이다. 충분한 현금(유동성)을 확보하지 못하면 지급의무(부채 상환, 거래대금 지급 등)를 이행하지 못하고 재무적 곤경(financial distress)에 처할 가능성이 커진다. 재고자산이 충분하지 못하면 고객의 주문에 응하지 못할 수도 있다. 따라서 기업은 유동성을 보유함으로써 얻을 수 있는 효익(혜택)과 유동성을 보유하기 위해 희생해야 하는 수익과의 상반(교환)관계를 고려해 적절한 유동성을 보유해야 한다.

③ **자 본** 자본은 자산총액에서 부채총액을 차감한 것이다. 자본은 납입자본, 이익잉여금, 기타포괄손익누계액으로 기록된다.

납입자본 : 자본금, 주식발행초과금
이익잉여금 : 당기순이익의 누적 유보액
기타포괄손익누계액 : 자산재평가손익, 매도가능금융자산평가손익 등

유상증자에서 시가발행에 의해 주식이 액면가 이상으로 발행되면 액면가는 자본금으로, 액면가를 초과하는 금액은 납입자본 중 주식발행초과금으로 보고된다.

이익잉여금은 기업이 창업해서 현재까지 창출한 당기순이익 중 주주에게 배

유보율과 자본잠식

유보율(reserve ratio)은 잉여금(자본잉여금+이익잉여금)을 합한 금액을 납입자본금으로 나눈 비율로서, 기업의 설비확장 또는 재무구조의 안정성을 위해 어느 정도의 사내유보가 되어 있는가를 나타내는 지표이다.

기업의 자본은 (납입)자본금과 잉여금으로 구성된다. 만일 회사의 적자폭이 커져 잉여금이 바닥나고 납입자본금을 상쇄하기 시작하면 이를 자본잠식 또는 부분자본잠식이라고 한다. 특히 누적적자가 많아져 잉여금은 물론 납입자본금마저 모두 잠식되어 자본총계가 마이너스 상태가 되면 이를 자본전액잠식 또는 완전자본잠식이라고 한다.

당하지 않고 유보한 누적액이다. 이익이 창출되면 일단 손익계산서에 당기순이익으로 보고되고 배당으로 지급되지 않고 사내유보된 금액은 재무상태표에 이익잉여금으로 누적된다.

기타포괄손익누계액은 당기순이익에 포함되지 않은 손익인 '기타포괄손익'의 누계액을 말한다.

(2) 손익계산서

손익계산서(I/S: income statement)는 일정 기간(통상 1년) 동안의 수익과 비용을 대응시켜 기업의 경영성과를 나타내는 회계보고서이다. 손익계산서는 재무상태표와 함께 기업경영분석을 위한 가장 중요한 자료로 활용되고 있다.

손익계산서에서는 매출액에서 비용이 차례대로 차감되면서 매출총이익, 영업이익, 법인세차감전순이익, 당기순이익 등이 차례로 계산된다.

손익계산서

20××년 1월 1일부터 20××년 12일 31일까지

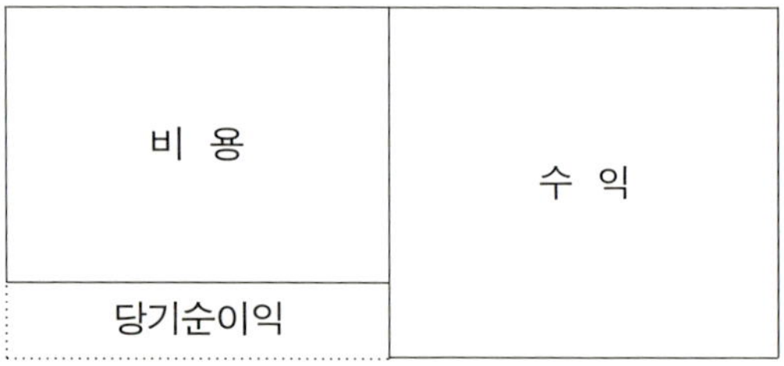

매출액 : 상품 및 서비스의 판매수익

\- 매출원가 : 상품과 서비스의 구입/제조원가+재고액 감소분

매출총이익(손실)

\- 판매비와 관리비 : 판매활동과 기업의 관리 · 유지에 필요한 비용(급여, 퇴직급여, 후생복리비, 임차료, 접대비, 감가상각비, 광고선전비, 연구개발비, 대손상각비 등)

영업이익(손실)
+ 영업외수익 : 영업 이외의 활동에 의해 회계기간 중 1회 이상 반복적으로 발생하는 수익(이자수익, 배당금수익, 임대료, 외환차익, 투자자산처분이익, 유형자산처분이익 등)
− 영업외비용 : 제조 및 판매활동과는 직접 관련이 없지만 경상적으로 발생하는 비용(이자비용, 유가증권처분손실, 재고자산평가손실, 외환차손, 유형자산처분손실 등)

법인세비용차감전순이익(손실)
− 법인세비용

당기순이익(손실)

(3) 현금흐름표

현금흐름표(statement of cash flows)는 기업이 실제로 현금흐름을 얼마나 창출하여 어떻게 사용하였는지, 그리고 현금이 부족한 경우에는 어떻게 조달하였는지에 대한 정보를 제공한다. 기업의 채무이행능력을 평가해야 하는 채권자에게 현금흐름표는 매우 중요한 의미를 갖는다.

현금흐름표에서는 기업의 활동을 다음과 같이 구분하고, 이러한 구분에 따라 현금흐름을 보고하는데 기본 구조는 다음과 같다.

현금흐름표

영업활동 현금흐름(=유입−유출)
+ 투자활동 현금흐름(=유입−유출)
+ 재무활동 현금흐름(=유입−유출)

= 현금의 증가/감소(=총유입−총유출)
+ 기초의 현금

= 기말의 현금

저량과 유량

경제 · 경영분석에서 모든 변수는 저량(貯量)과 유량(流量)으로 구분된다. 저량은 어느 한 시점에 측정한 댐의 저수량으로, 유량은 댐에서 내보내는 단위 시간당 방류량으로 이해될 수 있다.

저량(stock variable) : 일정 시점에서 측정한 값으로 재무상태표 항목은 모두 저량이다.
유량(flow variable) : 일정 기간 동안에 발생한 값으로 손익계산서, 현금흐름표 항목은 모두 유량이다.

2. 재무비율분석

재무비율은 재무상태표와 손익계산서 등 재무제표항목들의 비율을 말한다. 재무자료를 이용한 분석 중에서도 재무비율분석은 간단하면서도 유용한 정보를 제공하는 편리한 분석도구이다. 재무비율은 분석자의 관심분야, 즉 분석목적에 따라 그 선택이 달라지게 된다. 단기채권자는 채무이행을 위해 기업이 보유하고 있는 현금, 즉 유동성에 관심을 갖게 된다. 장기채권자는 부채의 원리금 상환을 보장할 수 있는 장기적인 수익성에 관심을 갖게 된다. 주주들은 기업이익에 대한 잔여청구권자로서 유동성과 장기채무상환능력은 물론 수익의 크기와 수익의 실현에 관련된 위험에도 관심을 갖게 된다.

재무비율을 이용하여 재무상태나 경영성과를 평가하는 데는 두 가지 분석방법이 있다. 첫째는 각 재무비율이 과거부터 현재까지 어떻게 변해왔는가를 보는 추세분석(trend analysis)이다. 둘째는 특정 기업의 재무비율을 산업 전체의 재무비율과 비교하거나 동일업종 내의 다른 회사나 경쟁업체의 재무비율과 비교하여 분석하는 상호비교분석(cross-sectional analysis)이다. 상호비교분석에서 흔히 사용되고 있는 비교기준의 종류와 특징은 다음과 같다.

① **이상적 표준비율** 이상적 표준비율은 기업의 업종이나 규모와 관계

없이 일률적으로 적용되는 기준이다. 1997년 말 외환위기가 발생했을 때 채권은행에서 재벌기업에게 부채비율을 200% 이하로 낮출 것을 요구한 것이 이러한 경우이다. 이상적 표준비율에는 특정 국가의 상거래습관, 특정 기업이 속한 산업의 특성이나 기업의 규모 등이 고려되지 않고 있다. 한편 이상적인 재무비율도 분석자의 입장에 따라 다를 수 있기 때문에 이상적 표준비율을 적용하는 데는 한계가 있다.

② **산업표준비율** 상호비교분석 시 가장 많이 이용되는 기준비율은 산업표준비율(industry average ratio)이다. 산업표준비율은 같은 산업에 속하는 기업들의 재무비율로부터 그 산업을 대표하는 재무비율의 값을 산출해놓은 것이다. 산업표준비율로는 한국은행이 매년 발간하는 「기업경영분석」이나 각 기업의 경제연구소에서 발간하는 자료에 수록된 것들이 많이 이용되고 있다. 산업표준비율들은 업종별 종합재무제표에서 계산된 것이므로 그 업종에 속한 기업들의 재무비율을 가중평균한 것이라고 볼 수 있다.

③ **경쟁상대기업 및 최우량기업의 재무비율** 상호비교분석에서 비교기준으로 경쟁상대기업이나 산업 내에서 경영성과가 가장 우수한 기업의 재무비율을 이용하는 경우가 많다. 앞서 소개한 산업표준비율은 기업의 다각화로 산업별 분류가 어려운 경우에는 이용에 한계가 있으며, 소수의 기업이 시장에서 경쟁을 하고 있는 상황에서는 산업표준비율보다는 경쟁상대기업의 재무비율을 기준비율로 삼는 것이 더 유용할 것이다. 경쟁상대기업은 여러 가지 면에서 비슷한 여건에서 활동하고 있기 때문에 경쟁상대기업의 재무비율과 비교함으로써 분석대상기업의 재무적 강점과 약점을 파악할 수 있는 이점이 있다.

재무비율분석은 관심 내용에 따라 안정성, 효율성, 성장성, 수익성 등으로 구분된다. 투자자들은 증권회사들이 정기적으로 발간하는 「상장기업분석」을 이용하면 주요 재무비율을 손쉽게 구할 수 있다.

그림 5-1

산업표준비율

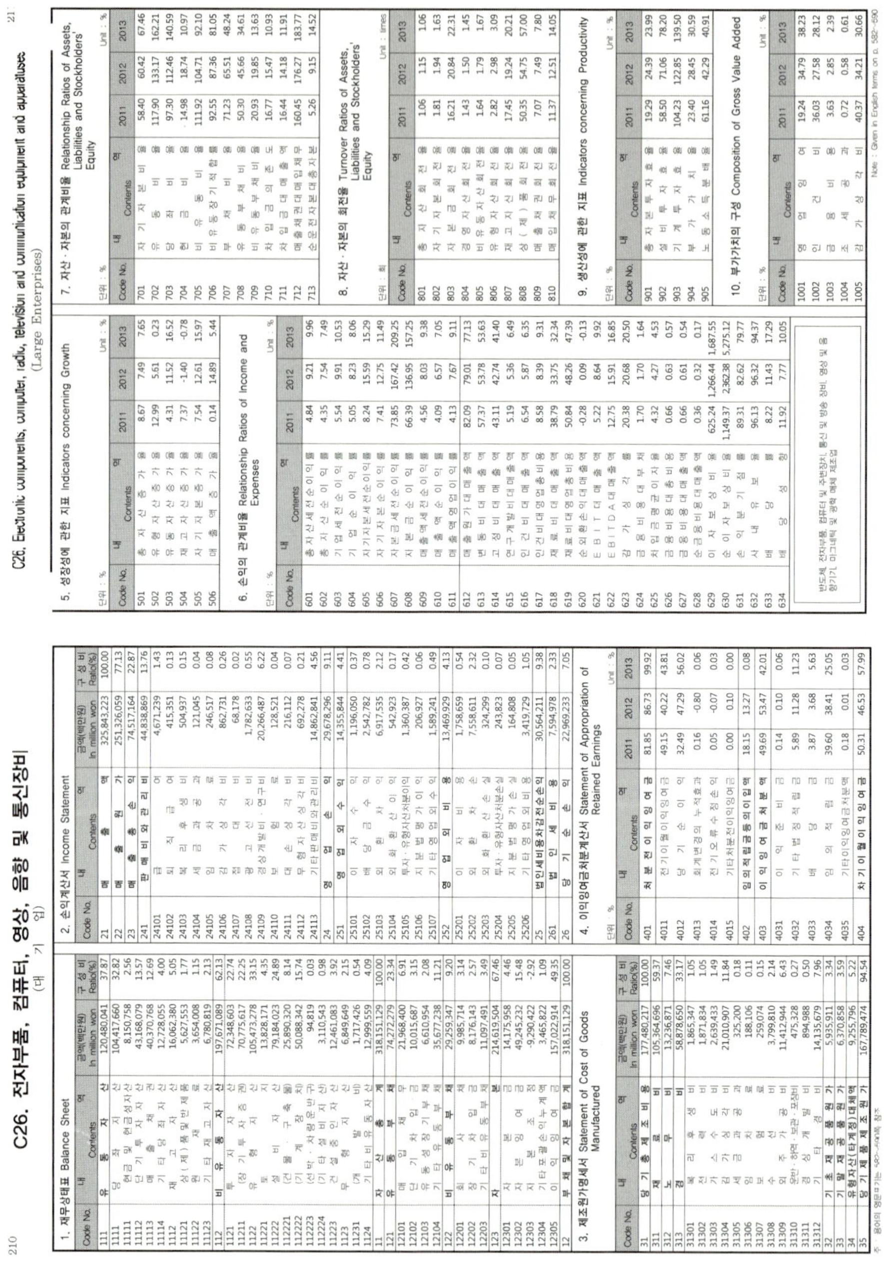

* 출처: 한국은행 [기업경영분석]-[산업분류표: 전자부품 등(대기업)]

(1) 재무위험분석

재무위험분석에서는 기업의 채무이행능력(지급능력)을 평가하는데 안정성 분석이라고도 한다.

① **유동비율(%)** $= \dfrac{\text{유동자산}}{\text{유동부채}}$

유동비율(current ratio)은 현금, 매출채권, 재고자산 등 단기성 유동자산으로 1년 이내에 만기가 도래하는 단기채무를 상환할 수 있는 능력을 측정한다. 그러나 유동비율은 그 수치뿐만 아니라 질적인 내용도 함께 이해되어야 한다. 현금성 유동자산의 증가에 의한 유동비율의 증가와 판매부진으로 인한 재고 및 원자재의 증가나 미수금의 증가 때문에 발생하는 유동비율의 증가는 그 의미가 전혀 다르기 때문이다. 그리고 유동자산을 필요 이상으로 과다하게 보유하면 다른 곳에 투자해서 얻을 수 있는 기회수익을 포기하는 것이므로 장기적으로 수익성은 저하된다.

② **당좌비율**(%) $= \dfrac{\text{당좌자산}}{\text{유동부채}} = \dfrac{\text{유동자산}-\text{재고자산}}{\text{유동부채}}$

당좌비율(quick ratio)은 산성시험비율(acid-test ratio)이라고도 한다. 당좌자산은 유동자산에서 상대적으로 유동성이 낮은 재고자산을 제외한 것이다. 재고자산의 비중이 큰 기업의 단기적인 채무상환능력을 측정하는 데는 유동비율보다 당좌비율이 더 적절한 지표가 될 것이다.

③ **부채비율**(%) $= \dfrac{\text{총부채}}{\text{자기자본}}$

부채비율(debt ratio)은 기업 재무구조의 건전성을 나타내는 지표로 가장 많이 사용되고 있다. 채권자들은 낮은 부채비율을 선호하지만, 주주의 입장에서는 자기자본보다 비용이 저렴한 타인자본을 적절히 사용함으로써 자기자본에 대한 수익률을 높일 수 있기 때문에 차입경영을 선호하는 경향이 있다.

$$④\ \textbf{이자보상비율}(\text{배}) = \frac{\text{영업이익}}{\text{이자지급액}}$$

이자보상비율(times interest earned)은 채무에 대한 이자지급능력을 나타내며, 영업이익에 의해 이자가 어느 정도 보장되고 있는가를 측정한다. 영업이익은 이자와 법인세차감전이익(EBIT: Earnings Before Interest and Tax)을 말한다.

(2) 효율성 분석

효율성비율은 기업이 보유하고 있는 자산이나 자본이 얼마나 효율적으로 운용되었는가를 나타내는 지표로 활동성비율이라고도 한다. 효율성비율은 일정 기간 동안의 영업활동수준을 나타내는 매출액과 각 자산 또는 자본항목들과의 관계를 회전율로 측정한다. 회전율이 높다는 것은 자산이나 자본이 효율적으로 활용되었다는 것을 의미한다.

매출은 연중 지속적으로 발생하지만 자산이나 자본은 회계년도 말에 측정한 값이므로 효율성 분석에서 분모의 자산이나 자본 항목은 연평균치를 사용하는 것이 합리적이다.

좀비기업(zombie company)

좀비기업이란 정부 또는 채권단으로부터 지원을 받아 파산을 면하고 연명하는 ('되살아난 시체') 기업을 말한다. 좀비기업은 3년 연속 이자보상배율이 1배 미만, 즉 영업을 해서 번 돈으로 대출이자도 갚지 못하는 기업을 말한다. 좀비기업은 업계를 좀먹고, 다른 업종으로 부실을 퍼트리며, 은행 부실을 키우고, 잠재력이 있는 기업에게 지원되어야 할 자금은 그만큼 줄어들게 되어 경제 전반에 악영향을 미친다.

한국의 경우, 2008년 금융위기로 인한 기업의 줄도산을 막기 위하여 정부는 회생 가능성이 없는 중소기업에까지 일괄적으로 긴급자금을 지원하였다. 2009년 5월 한국개발연구원(KDI)의 분석에 따르면, 좀비기업이 전체 기업의 14.8%에 해당하는 2,600여 개에 이르렀고, 서비스 업종에서는 5개 기업 가운데 1개 기업이 좀비기업으로 분류되었다.

$$평균자산(자본) = \frac{전기말의\ 자산(자본) + 당기말의\ 자산(자본)}{2}$$

$$① \ \textbf{총자산회전율}(회) = \frac{매출액}{총자산}$$

총자산회전율(total assets turnover)은 총자산이 일정 기간 동안 몇 번 회전하였는가를 나타내는 지표로서, 이 비율이 낮다면 과잉투자 혹은 비효율적인 투자를 하고 있다는 것을 의미한다.

$$② \ \textbf{자기자본회전율}(회) = \frac{매출액}{자기자본}$$

자기자본회전율(equity turnover)은 자기자본 이용의 효율성을 측정하는 지표로 사용된다.

$$③ \ \textbf{비유동자산회전율}(회) = \frac{매출액}{비유동자산}$$

비유동자산회전율(fixed assets turnover)은 비유동자산이 얼마나 효율적으로 활용되고 있는지를 측정하는 지표이다. 이 비율이 낮은 경우에는 자산투자가 과다하였거나 자산이 비효율적으로 이용되고 있음을 의미한다.

$$④ \ \textbf{재고자산회전율}(회) = \frac{매출액}{재고자산}$$

재고자산회전율(inventory turnover)은 재고자산이 일정 기간 동안에 몇 번이나 매출로 전환되었는가를 나타낸다. 재고자산회전율이 낮을수록 과도한 재고를 보유하고 있어서 현금흐름이 악화되고 재고비용부담이 커지게 된다. 이 비율이 높을수록 적은 재고자산으로 생산 및 판매활동을 효율적으로 수행하고 있다는 것을 의미한다.

(3) 성장성 분석

성장성은 기업의 규모나 성과가 전년에 비해 얼마나 증가하였는가를 측정하는 지표로서, 기업의 시장지배력이나 미래의 수익창출능력을 나타내는 지표로 사용된다.

$$① \textbf{매출액증가율}(\%) = \frac{\text{당기매출액} - \text{전기매출액}}{\text{전기매출액}}$$

매출액증가율(sales growth rate)은 전년도 매출액에 대한 당해연도 매출액의 증가율로서 기업의 외형적인 성장을 판단하는 대표적인 지표이다.

$$② \textbf{순이익증가율}(\%) = \frac{\text{당기순이익} - \text{전기순이익}}{\text{전기순이익}}$$

순이익증가율(net income growth rate)은 전년도 순이익에 대한 당해연도 순이익의 증가율로서 기업활동의 최종적인 성과에 대한 증가율을 나타내는 지표이다.

$$③ \textbf{총자산증가율}(\%) = \frac{\text{당기말총자산} - \text{전기말총자산}}{\text{전기말총자산}}$$

총자산증가율(total assets growth rate)은 기업 자산규모의 증가율로서 기업의 전반적인 성장을 측정하는 지표이다.

$$④ \textbf{자기자본증가율}(\%) = \frac{\text{당기말자기자본} - \text{전기말자기자본}}{\text{전기말자기자본}}$$

자기자본증가율(equity growth rate)은 일정 기간 동안 내부유보 또는 유상증자 등을 통해 자기자본이 얼마나 증가했는가를 나타낸다. 이 비율이 높을수록 기업의 재무적 안정성과 주가의 상승 가능성이 높다고 판단된다. 자기자본증가율이 총자본증가율보다 낮다는 것은 총자본의 증가가 자기자본보다는 타인자본의 증가에 의해 이루어졌으며 자본구조가 악화되었음을 나타낸다.

(4) 수익성 분석

수익성은 영업활동과 자산 · 부채관리 등 기업경영에 대한 종합적인 성과를 나타내는 지표이다. 기업이 존속하기 위해서는 최소한도의 수익이 보장되어야 하기 때문에 수익성은 주주와 경영자는 물론 채권자에게도 중요한 지표로 활용된다.

① 매출이익률

$$\text{매출영업이익률}(\%) = \frac{\text{영업이익}}{\text{매출액}} = \frac{\text{매출액} - \text{매출원가} - \text{영업비용}}{\text{매출액}}$$

$$\text{매출순이익률}(\%) = \frac{\text{당기순이익}}{\text{매출액}}$$

매출이익률(profit margin)은 손익계산서상의 각 이익항목을 매출액에 대한 백분율(%)로 표시한 것이다. 매출영업이익률(operating profit margin)은 매출액에 대한 영업이익의 비율로 표시된다. 매출영업이익률은 기업의 순수한 영업활동 성과를 측정하는 지표로 사용된다.

매출순이익률(net profit margin)은 매출액에 대한 순이익의 비율로 표시된다. 매출순이익률에는 세금을 포함한 모든 비용이 반영되었기 때문에 최종적인 기업활동의 성과를 측정하는 지표로서 가장 널리 사용되고 있다.

매출영업이익률과 매출순이익률을 서로 연계하여 분석하면 이익의 증감이 어느 단계에서 발생했는지를 파악할 수 있다. 영업비용(판매비와 관리비)이 과다한 경우에는 영업이익이 감소하여 매출영업이익률이 낮게 나타난다. 영업이익은 증가하였으나 이자비용 및 환차손 등 영업외비용이 과다하게 발생한 경우에는 매출순이익률이 낮게 나타날 것이다.

② 자본이익률

자본이익률(*ROI*: return on investment)은 기업에 투하된 투자자금에 대한 수익성을 나타내는 지표로서 기업의 수익성을 판단하는 대표적인 지표로 활용된다.

자본이익률은 투자자금에 따라 총자본이익률과 자기자본이익률로 구분된다.

$$총자본이익률(\%) = \frac{당기순이익}{총자본} = \frac{당기순이익}{총자산} = \frac{당기순이익}{매출액} \times \frac{매출액}{총자산}$$
$$= 매출순이익률 \times 총자산회전율$$

총자본은 자기자본과 타인자본(부채)의 합이며 결국 총자산과 같다. 따라서 총자본이익률은 곧 총자산이익률(*ROA*: return on asset)이며 기업의 자산이 수익 창출에 얼마나 효율적으로 이용되었는가를 나타낸다.

$$자기자본이익률(\%) = \frac{당기순이익}{자기자본}$$

자기자본이익률(*ROE*: return on equity)은 주주의 투자자본에 대해 주주에게 귀속되는 이익의 비율을 나타낸다.

③ 듀퐁재무분석시스템

듀퐁재무분석시스템(Dupont system)은 지금까지 논의된 각종 재무지표들을 체계적으로 연계시켜 기업의 수익성에 영향을 미치는 요인들을 분석하는 방법이다.

$$자기자본이익률 = \frac{당기순이익}{자기자본} = \frac{당기순이익}{총자산} \times \frac{총자산}{자기자본}$$
$$= \frac{당기순이익}{매출액} \times \frac{매출액}{총자산} \times \frac{총자산}{자기자본}$$
$$= 매출순이익률 \times 총자산회전율 \times \frac{자기자본 + 부채}{자기자본}$$
$$= 매출순이익률 \times 총자산회전율 \times (1 + 부채비율)$$

듀퐁분석에 의하면 매출순이익률(마진율), 총자산회전율(자산효율성), 부채

듀퐁재무분석시스템

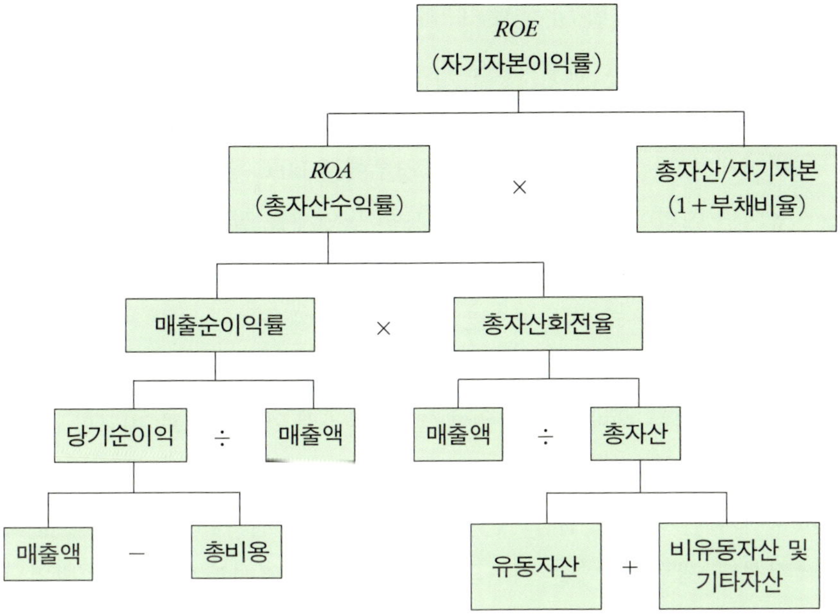

비율이 높을수록 자기자본이익률이 증가함을 알 수 있다. 부채비율이 높으면 기업의 안정성이 저하되어 위험이 증가하지만 매출순이익률(마진율)이 양(+)인 경우에는 자기자본이익률(수익성)이 높아진다. 따라서 부채(타인자본)는 안정성과 수익성을 동시에 고려하여 기업가치를 극대화하는 수준에서 결정되어야 한다.

3. 재무비율분석의 한계와 보완

(1) 재무비율분석의 한계

재무비율분석은 간단하면서도 경영성과와 재무상태에 대해 많은 정보를 제공하기 때문에 널리 이용되고 있지만 다음과 같은 한계점이 고려되어야 한다.

① 회계처리방법(회계기준의 선택)에 따라 재무비율이 다르게 나타난다.
예를 들어, 재고자산의 가치를 평가할 때 선입선출법(FIFO: first-in first-out)과 후입선출법(LIFO: last-in first-out)의 선택에 따라 매출이익과 영업이익이 달라지고 재무비율도 다르게 계산된다. 인플레이션이 높은 기간에는 FIFO를 적용하면 매출원가를 낮추어 이익을 높일 수 있다. 반대로 법인세를 절감하는 것이 목적인 경우에는 LIFO를 적용하여 매출원가를 높이면 이익이 감소하여 당해 연도의 법인세를 절감할 수 있다.

② 기업의 재무비율은 그 절대치보다는 산업평균치나 동종 산업 내 선도기업의 재무비율과 비교함으로써 의미를 갖게 된다. 그러나 기업이 다각화되어 다양한 영역에서 사업을 하는 경우 정확한 산업평균치를 구하고, 비교하는 데에는 어려움이 있다. 따라서 객관적으로 비교할 수 있는 적절한 기준비율의 선정이 중요하다.

③ 물가가 큰 폭으로 변동하는 경우에는 역사적 원가(historical cost)에 의해 작성된 재무제표에는 기업의 재무상태나 경영성과가 제대로 반영되지 못하는 문제점이 있다. 예를 들어, 재무상태표에서 재고자산 · 비유동자산과 같은 비화폐성자산들은 과거의 취득원가로 계상되므로 자산가치가 과소 평가되고 이에 따라 주주들의 지분가치가 과소 평가되는 문제가 발생하게 된다. 한편 손익계산서에서는 물가상승을 반영한 매출은 과대 계상되고 물가상승을 반영하지 못한 비용은 과소 계상됨으로써 기업의 경영성과가 제대로 반영되지 못하는 문제점이 발생하게 된다.

④ 재무비율에 의존하여 결론을 내리는 일은 금물이다. 재무비율의 우량과 불량의 판정기준은 주관적일 수밖에 없기 때문에 주가 등 시장정보와 질적인 요소들을 이용하여 종합적으로 해석되고 판정되어야 한다.

(2) 주가관련 비율

① **주가수익비율(PER)** $= \dfrac{\text{주가}}{\text{주당순이익}}$

PER(P/E: price earnings ratio)는 주가가 주당순이익의 몇 배인가를 나타내

는 승수이다. 예를 들어 주당순이익이 2,000원이고 현재의 주가가 20,000원인 주식의 *PER*는 10이 된다. 이는 기업이 벌어들인 1원의 순이익에 대해 시장에서 투자자들이 그 가치를 10배로 평가(10배를 지불)하고 있다는 것을 의미한다.

이론적으로 현재의 주가는 미래 예상수익에 의해 결정되므로, *PER*는 현재의 주가를 예상 주당수익(*EPS*)으로 나누는 것이 바람직하다. 그러나 예상수익을 구해야 하는 현실적인 문제 때문에 실제로는 현재 주가를 당기 또는 전기의 주당이익으로 나누어서 *PER*를 계산하고 있다.

동일 업종에 속해 있고 주당순이익 규모가 비슷한 두 기업의 *PER*에 큰 차이가 있다면 *PER*가 낮은 주식이 상대적으로 저평가되었다고 볼 수 있다. 이러한 경우 투자자들은 저 *PER*주식을 매입하고 고 *PER*주식을 매도하는 전략을

코스피 싸졌다…PER 9.36배로 금융위기 때 수준

코스피 상장사의 실적 대비 주가수준이 글로벌 금융위기 무렵과 비슷한 수준으로 낮아진 것으로 나타났다. 한국거래소에 따르면 중국 경기둔화 우려와 '애플 쇼크'로 국내 증시가 충격을 받은 지난 3일 코스피의 주가수익비율(PER)은 9.36배로 2009년 4월 1일(9.20배) 이후 약 9년 9개월 만의 최저치를 기록했다. 주가순자산비율(PBR)도 0.85배로 2008년 11월 25일(0.82배) 이후 약 10년 1개월 만에 가장 낮았다.

최근 코스피의 PER · PBR가 글로벌 금융위기 때 수준까지 하락한 것은 코스피 상장사들의 주가 하락폭이 실적이나 순자산 감소폭보다 컸기 때문이다. 코스피는 지난해 9월 말 이후 미중 무역전쟁과 통화정책의 불확실성으로 급격히 하락했고 최근에는 중국 경기둔화 우려와 애플 충격이 더해지면서 부진의 늪에서 벗어나지 못하고 있다. PER · PBR가 낮아지면 밸류에이션(평가가치)이 그만큼 떨어진 것이어서 '바닥론'이 제기되며 저평가 매력이 커질 수 있다.

코스피 PER는 글로벌 금융위기 이후 점차 회복세를 보여 2010년 4월 26일 24.78배까지 치솟았다. 최근 수치는 당시의 절반 수준에도 미치지 못한다. PBR 역시 2011년 4월 25일 1.63배까지 올랐던 것을 고려하면 최근 수치는 당시의 절반 수준을 약간 웃도는 상태다.

한편 매출액 성장이 부진한 가운데 나타난 이익 급증으로 시장에서는 PER 평가에 인색해지고 있다며 아직은 코스피 바닥론을 거론하기엔 시기상조라는 분석도 있다.

-연합뉴스(2019.01)

취할 것이다. 그러나 효율적인 주식시장에서 주가가 합리적으로 평가된다는 것을 전제로 하면 *PER*가 낮은 것은 주가의 과소 평가 때문이 아니라 투자자들이 그 기업의 성장성을 낮게 평가하여 *PER*도 낮게 평가되었다고 해석할 수 있다.

② **주가순자산비율**$(PBR) = \frac{\text{주가}}{\text{주당순자산}}$

주가순자산비율(price book-value ratio)은 주가 대 주당순자산(1주당 장부가치)의 비율이며 장부상으로 본 소유주지분과 증권시장에서 평가된 가치를 비교한 것이다. 수익성이 높고 사내유보를 많이 한 기업일수록 주당순자산이 많으며 주가순자산비율은 낮아질 것이다. 따라서 *PBR*이 낮은 주식일수록 저평가된 주식으로 인식되고 있다.

③ **토빈의** $\boldsymbol{q}$(Tobin's q) $= \frac{\text{자산의 시장가치}}{\text{자산의 대체원가}}$

토빈의 q는 기업 자산의 대체원가에 대한 시장가치(주가)의 비율이다. 대체원가란 어떤 자산을 구입하기 위해 지급해야 할 원가를 말한다. 인플레이션이 진행되면 자산의 장부가치에 비해 대체원가가 커지는 것이 보통이다. 토빈의 q는 기업 자산에 대한 시장의 가치평가를 나타낸다. 토빈(James Tobin)은 q가 1을 초과하면 기업이 투자를 하고, q가 1이 될 때 투자를 중단한다고 주장하였다. 높은 q는 기업의 자산이 시장에서 높게 평가되었다는 것을 의미한다. 높은 q는 곧 그 기업이 좋은 투자기회를 가지고 있음을 투자자들이 믿고 있다는 증거이다. 토빈의 q가 높을수록 그 기업이 제품시장에서 경쟁력과 경쟁우위를 점하고 있어서 성장 가능성이 크다는 것을 의미한다.

(3) *EVA*

EVA(economic value added)란 투하된 자본이 자본비용을 제외하고 얼마만큼의 이익을 창출했는가를 금액으로 측정한 것으로 경제적 부가가치 또는 경제적 부가이익이라고 한다.

당기순이익은 타인자본비용만을 반영한 경영성과인데 비해, *EVA*는 자기자본에 대한 기회비용까지를 반영하여 내실경영에 대한 성과를 측정한 “진정한” 이익이라고 할 수 있다. 당기순이익 등 손익계산서상의 이익항목은 투하자본에 대한 기회비용을 충분히 고려하지 않은 수치이기 때문에 이러한 이익항목이 양(+)이라 할지라도 기회비용이 그보다 클 경우 기업은 실제로 손실을 본 것이다. *EVA*가 양수(+)라는 것은 자본수익률이 가중평균자본비용을 능가하여 영업활동을 통해 경제적인 부가가치가 창출되었다는 것을 의미한다.

EVA = 투하자본×(자본수익률−가중평균자본비용)

*EVA*는 기업이 영업활동을 통해 창출해낸 순가치의 증가분으로 세후영업이익에서 자본비용을 차감하고 남은 것이다.

난관 산적한 포스코, 주주가치 제고 필요

포스코가 기업가치 제고를 위해 배당확대 등 주주달래기에 나서고 있지만 주가는 신통치 않다. 업황 문제는 차치하더라도 투자(ROIC)와 비용(WACC) 문제도 효율적으로 바꿔야 한다. 더 나아가 환경 사회 지배구조(Environment Social Governance; ESG) 투자 확대에 따른 대응도 해야 한다. 이는 다시 기업의 조달비용에 영향을 미치기 때문이다.

포스코의 가중평균자본비용(WACC: 자본과 부채로 조달한 자금에 대한 평균비용)은 지난 2009년 9.16%에서 2013년 5%대로 낮아졌다. 그러나 지난해에는 7.42%로 재차 상승했다.

등락은 차치하더라도 2018년 WACC가 2009년 대비 낮아져 부담이 줄었다고 볼 수 있다. 그러나 이 기간 동안 투자자본수익률(ROIC)도 10.27%에서 8.34%로 축소됐다. 같은 기간 EVA스프레드(ROIC-WACC)는 1.11%에서 0.92%로 내렸다.

2012년에서 2016년까지 EVA스프레드는 마이너스(−)를 기록해 기업가치를 갉아먹었다.

포스코 신용등급이 AAA급으로 복귀한다면 WACC 부담을 덜 수 있다. 문제는 ROIC를 현 수준으로 유지할 수 있는지 여부다. 우선 실적이 부진하면 ROIC는 축소된다. 시황 악화 전망이 주를 이루는 가운데 포스코가 투자 확대를 통해 재도약을 노리고 있어 부담은 더욱 커진다.

-아주경제(2019.06)

$$EVA = \text{세후영업이익} - \text{투하자본에 대한 기회비용}$$
$$= \text{세후영업이익} - (\text{투하자본} \times \text{세후가중평균자본비용})$$

*EVA*는 기업이 창출한 영업이익에서 영업이익에 대한 청구권을 차감한 나머지이다. 영업이익에서 차감되는 청구권은 정부에 납부하는 법인세, 채권자에게 지급하는 이자와 원금, 주주에게 보상해야 하는 적정자기자본이익을 말한다.

4. 비재무적 분석

기업의 비재무적 분석에서는 계량화할 수 없는 질적 요소를 평가하여 기업의 경쟁력과 종합적 경영능력을 측정하는 것이 목적이며 다음과 같은 요소들이 분석의 대상이다.

(1) 제 품

기업이익의 근본적인 원천은 제품의 판매이기 때문에 기업의 제품이야말로 기업의 능력을 평가하는 데 가장 중요한 요소라고 할 수 있다. 제품에 대해서는 기업이 생산하고 있는 제품의 구성과 특성, 제품라이프사이클, 제품의 시장지위 등이 분석된다.

① 제품의 구성과 특성 기업이 생산 · 판매하는 제품의 종류와 각 제품이 전체 매출액에서 차지하는 비율을 검토한다. 한 제품의 판매에만 의존하는 경우에는 시장의 위험에 그대로 노출되어 수익이 불안정해질 수 있다. 이어서 각 제품의 기본적인 특성이 분석되는데, 이때는 제품의 용도(생산재/소비재), 주된 생산요소(노동집약형/자본집약형/기술집약형), 생산방식(다품종소량생산/소품종대량생산)에 대한 분석이 필요하다.

② **제품라이프사이클** 산업분석에서 소개된 제품라이프사이클은 개별 기업의 제품을 평가하는 데도 유용하게 활용된다. 라이프사이클상의 각 단계별로 현재의 수익규모나 수익률은 물론 미래의 성장성 · 수익성 · 안정성에 대한 전망을 할 수 있다. 최근에는 유행과 소비자들의 기호, 그리고 기술개발속도가 빨라짐에 따라 제품라이프사이클도 점차 단축되고 있어 이에 대한 세심한 분석이 요구되고 있다.

③ **제품의 시장지위** 제품의 시장지위는 해당 제품에 대한 시장 전체의 성장률과 해당 제품의 시장점유율로 평가한다. 시장 전체의 성장률을 고려하는 이유는 제품라이프사이클의 단계별로 현재와 미래의 매출성장과 수익성에 대한 전망이 달라지고 이에 따라 기업의 경쟁력을 파악할 수 있기 때문이다.

시장점유율을 평가하는 이유는 시장점유율이 높을수록 시장에서 제품가격 결정을 선도하여 시장지배력을 증대시킬 수 있으며 동시에 규모의 경제에 의해 원가를 절감하여 수익성을 높일 수 있기 때문이다.

(2) 경영자원

기업의 성장 여부는 바로 기업이 보유하고 있는 경영자원에 달려 있다. 경영자원은 인적 자원, 물적 자원, 재무적 자원, 기술적 자원으로 나눌 수 있다.

① **인적 자원** 인적 자원은 기업의 성패를 결정하는 가장 중요한 요인이다. 기업의 인적 자원은 경영자와 근로자 그리고 경영조직으로 구성되어 있다.

효율적인 경영조직은 기업이 보유하고 있는 자원으로부터 최대한의 가치를 창출해내기 위한 수단, 즉 기업의 목표와 전략을 실천하는 수단이다. 경영조직에 대해서는 환경변화에 대한 적응력, 의사결정의 분권화 정도, 기업문화 등이 평가된다.

오늘날과 같이 급변하는 경영환경에서 최고경영자의 자질은 무엇보다도 중요하다. 급변하는 환경을 신속하고 정확하게 평가해서 이에 올바르게 대응하는 경영자의 리더십은 기업의 성공에 필수적인 요소이다. 이 밖에도 경영자의 평가에는 최고경영자의 인간적인 성품, 기업관 등에 대한 검토가 함께 이루어져야 한다.

종업원에 대해서는 종업원의 숙련도, 생산성, 급여수준 등이 평가된다. 그리고 안정적인 노사관계가 유지되고 있는가를 보기 위해서는 노사분규의 빈도와 원인, 근로조건, 종업원 이직률 등이 평가된다.

② **물적 자원** 물적 자원은 생산 · 판매과정에서 직접 활용되는 원자재, 설비 등을 말한다.

원자재에 대해서는 원자재의 안정적인 확보가 관심인데 이를 평가하기 위해서는 원자재의 주요 공급자, 시장의 수급상황, 원자재 가격의 변동추이와 변동요인, 원자재의 대체 가능성 여부 등이 평가되어야 한다. 원자재의 공급을 단일공급자에게 의존하거나 원자재를 대체할 수 있는 기술이 확보되어 있지 못하다면 원자재 시장에서 발생하는 모든 위험에 그대로 노출되어 기업의 안정성이 저하될 것이다.

기술혁신이 빠르게 진행되고 제품라이프사이클이 짧아지고 있는 환경에서는 기업이 보유하고 있는 설비의 종류와 내용을 평가하는 것도 매우 중요한 일이다. 설비에 대한 평가에는 생산설비의 규모와 투자시기는 적정한지, 기술적으로 진부화된 것은 아닌지가 평가되어야 한다.

③ **재무적 자원** 재무적 자원은 기업의 생존과 지속적인 성장을 위해서 필수적인 요소이다. 재무적 자원에 대한 평가에는 일차적으로 재무분석을 통해 장 · 단기 지급능력, 현금흐름, 수익성 등이 평가된다. 그러나 기업이 필요로 하는 중요한 재무적 자원은 기업의 외부자금조달능력이다. 기업의 외부자금조달능력은 자본시장(주식과 회사채의 발행)과 단기금융시장(은행대출과 어음할인 등)에서 기업이 어떠한 평가를 받고 있는가에 달려 있다. 금융시장의 평가가 전문가에 의한 종합적인 평가라는 점에 비추어 기업의 외부자금조달능력은 단순히 재무적 자원에 대한 평가를 넘어서 그 의미가 매우 크다고 할 수 있다.

재무적 자원의 평가에는 기업의 신용도(신용평가기관의 신용등급), 거래은행과의 관계, 금융시장에서의 평판 등이 포함된다.

④ 기술적 자원 기업의 기술적 자원은 연구개발(R&D)능력을 말한다. 1등만이 생존할 수 있는 무한경쟁시대에 기업성장의 원천은 기술혁신에 있으며, 기술혁신은 기업의 연구개발능력에 달려 있다. 기업의 연구개발능력은 양적, 질적 요소가 함께 평가되어야 한다.

기술적 자원의 양적인 요소는 매출액에 대한 연구개발비의 비율, 연구원의 수, 등록된 특허권의 수, 연구원의 설치 여부 등으로 평가한다. 질적인 요소에는 연구개발활동에 대한 최고경영자의 인식, 창조적인 연구와 개발활동을 장려하는 연구환경 등이 포함된다.

(3) 기업의 사회적 책임과 기업윤리

기업의 사회적 책임에 대한 관심이 높아지고 각종 소비자 및 사회단체들의 활동과 영향력이 증대되면서 환경, 노동 등에 대한 사회의 평가가 기업가치에도 영향을 미치고 있다. 많은 기업들이 자기 회사의 특정 상품보다는 기업의 전반적인 이미지를 제고하기 위한 광고와 문화활동 및 지역사회에 대한 후원에 많은 관심을 보이는 것도 이러한 이유 때문이다.

경제와 의식수준이 향상되면서 기업의 사회적 책임에 대한 시장의 기대치는 점차 높아지고 있으므로 기업의 친사회, 친문화, 친환경적인 활동은 장기적인 관점에서 전통적인 경영활동 못지 않게 중요해지고 있다.

6 배당과 주가

미리보기

모든 자산의 가치는 그 자산으로부터 기대되는 미래 현금흐름의 현재가치이다. 주식의 가치는 미래 배당의 현재가치이다. 주가상승에 의한 시세차익도 결국은 미래 배당증가에 대한 기대감에 의한 것이기 때문에 주식의 가치는 궁극적으로 미래 배당흐름에 의해 결정된다. 제6장에서는 배당으로부터 주식의 가치를 평가하는 배당모형과 배당과 관련된 기업의 재무정책이 주가에 미치는 영향을 설명한다.

주식의 가치평가 제1절

1. 주식의 내재가치

주식의 가치평가는 주식의 내재가치(intrinsic value)를 구하는 일이다. 내재가치는 배당수입이나 자본소득(시세차익)과 같은 미래 현금흐름을 할인한 현재가치를 말한다. 이때 미래 현금흐름의 불확실성이 클수록 높은 할인율이 적용되어 현재가치는 감소하게 된다.

주식에 대한 투자종목선택은 내재가치와 시장가격을 비교함으로써 이루어진다. 시장가격이 내재가치보다 높은 주식은 과대 평가되었으므로 매도하고, 반대로 시장가격이 내재가치보다 낮은 주식은 과소 평가되었으므로 매수하게 된다. 이러한 판단은 주식의 시장가격은 내재가치를 중심으로 변동하며 장기적으로는 시장가격이 내재가치에 회귀하여 균형이 실현된다는 믿음에 의한 것이다.

주식의 내재가치를 평가하는 절차는 다음과 같다.

① 해당 기업의 미래 주당 현금흐름을 측정한다.
② 현금흐름의 불확실성을 반영한 할인율(요구수익률)을 측정한다.
③ 미래 주당 현금흐름을 할인하여 현재가치를 구한다.

$$P_0 = \sum_{t=1}^{\infty} \frac{t\text{기의 현금흐름}}{(1+\text{할인율})^t}$$

2. 배당평가모형*

배당평가모형은 주식가치를 평가하는 가장 기본적인 모형이다. 배당평가모형에서 주주들이 받는 궁극적인 현금흐름은 배당금이며, 주식의 내재가치는 미래의 영속적인 배당흐름을 할인한 현재가치의 합으로 표시된다.

$$P_0 = \frac{D_1}{1+k} + \frac{D_2}{(1+k)^2} + \cdots + \frac{D_n}{(1+k)^n} + \cdots \tag{6-1}$$

P_0 : 주식의 내재가치
D_t : 예상되는 미래 배당금($t = 1, 2, \ldots, n, \ldots$)
k : 할인율(주주들의 요구수익률, 자기자본비용)

모형(model)

사회과학에서는 자연과학과는 달리 실험을 할 수가 없기 때문에 사회현상을 체계적으로 이해하고 미래를 예측하기 위해서는 모형에 의존하는 수밖에 없다.

경제 · 경영현상(현실)은 워낙 복잡하기 때문에 현실 그대로를 이해하기는 불가능하다. 따라서 가정을 함으로써 복잡한 현실을 단순화시키고 여기에 논리적인 사고를 적용하여 결론을 도출하게 된다. 그러나 이러한 결론은 비현실적인 가정하에서 도출되었으며 아직 검증되지 않았기 때문에 이를 가설(hypothesis)이라고 한다. 가설이 현실에 대한 설명력이 있는지 여부를 확인하는 과정이 가설검증(hypothesis testing)인데 주로 실제 자료를 이용한 통계적인 방법이 사용된다. 검증을 통해 현실에 대한 설명력이 있다고 인정된 결론(주장)은 미래를 예측하는 데 활용된다.

미래의 영속적인 배당흐름을 예측하기가 불가능하기 때문에 미래 배당흐름에 대한 가정을 함으로써 배당평가모형을 단순화할 수 있다. 항상성장모형(constant growth model)은 기업의 이익과 배당이 매년 g만큼 일정하게 성장한다고 가정한 모형이다.

$$P_0 = \frac{D_0(1+g)}{1+k} + \frac{D_0(1+g)^2}{(1+k)^2} + \cdots + \frac{D_0(1+g)^n}{(1+k)^n} + \cdots \quad (6\text{-}2)$$

D_0 : 현재의 주당배당금
g : 배당성장률(growth rate)

식 (6-2)는 다음과 같이 정리된다.[1)]

$$P_0 = \frac{D_0(1+g)}{k-g} = \frac{D_1}{k-g} \quad (6\text{-}3)$$

식 (6-3)은 다음과 같이 표시할 수 있다.

$$k = \frac{D_1}{P_0} + g \quad (6\text{-}4)$$

식 (6-4)는 주식투자수익률이 배당수익률(D_1/P_0)과 자본수익률(주가상승률: g)로 구성되어 있다는 것을 나타낸다.

기업의 당기순이익은 배당금과 유보이익으로 처분되는데, 당기순이익에 대한 배당금의 비율은 배당성향(dividend payout ratio)으로, 당기순이익에 대한 유보이익의 비율은 유보성향(retention ratio)으로 정의된다.

---

1) $P_0 = \frac{D_0(1+g)}{1+k} + \frac{D_0(1+g)^2}{(1+k)^2} + \cdots + \frac{D_0(1+g)^n}{(1+k)^n} + \cdots$ ①

식 ①의 양변에 $\frac{(1+k)}{(1+g)}$를 곱하면

$\frac{(1+k)}{(1+g)} P_0 = D_0 + \frac{D_0(1+g)}{(1+k)} + \frac{D_0(1+g)^2}{(1+k)^2} + \cdots$ ②

②−①을 하면

$\frac{(1+k)}{(1+g)} P_0 - P_0 = D_0$ ③

③을 P_0에 대해 정리하면 식 (6-3)이 된다.

$$배당성향(d) = \frac{배당금}{당기순이익}$$

$$유보성향(1-d) = \frac{유보이익}{당기순이익} = 1 - 배당성향$$

기업의 자기자본이익률(ROE: return on equity)이 주주들이 요구하는 요구수익률(자기자본비용)보다 낮다면 기업은 이익을 유보하지 말고 전부 주주들에게 배당금으로 지급해야 한다. 왜냐하면 주주들이 직접 다른 곳에 투자하면 기업이 투자해서 벌어들이는 것보다 높은 수익을 얻을 수 있기 때문이다. 만약 자기자본이익률이 자기자본비용보다 낮은 경우에 유보성향을 높인다면 주가는 오히려 하락하게 될 것이다. 따라서 이익을 기업 내에 유보해서 재투자하는 것은 자기자본이익률이 자기자본비용보다 큰 경우($ROE > k$)에만 의미를 갖게 된다.

배당성향과 자기자본이익률(ROE)이 일정하다면, 배당성장은 자기자본성장에 의해서만 가능하며 배당성장률은 자기자본성장률과 같다. 그런데 자기자본성장률은 자기자본이익률과 유보성향(=1−배당성향)을 곱한 값이므로 배당성장률은 자기자본이익률과 유보성향의 곱으로 나타난다.

$$g = ROE \times (1-d)$$

ROE : 자기자본이익률=순이익/자기자본
$1-d$: 유보성향(d=배당성향)

요구수익률, 할인율, 자본비용

기업이 투자자들로부터 자본을 제공받기 위해서는 투자자들이 요구하는 최소한의 수익률을 지불해야 한다. 그런 의미에서 투자자의 요구수익률을 최소필수수익률(minimum required rate of return)이라고도 한다. 요구수익률은 투자자들이 다른 투자에서 얻을 수 있는 기회수익률이기도 하다. 한편 주주들의 요구수익률은 주주들이 기대하는 미래 현금흐름을 할인하는 데 사용되는 할인율이며, 기업이 자기자본을 사용하는 대가로 지불하는 자기자본비용(equity cost of capital)이다.

주식의 내재가치는 자기자본이익률(ROE), 기업의 배당정책(d), 그리고 위험이 반영된 기업의 자기자본비용(k)에 의해 결정된다. 본질적으로 주식의 가치는 기업의 수익성, 성장성, 위험의 3가지 요소에 의해 결정된다는 것을 알 수 있다.

성장하는 기업은 수익성이 높은 투자기회를 많이 갖고 있어서 ROE가 높은 기업이다. 이러한 기업은 이익의 많은 부분을 유보하여 재투자함으로써 성장률(g)을 높이고 주가를 상승시킬 수 있다. 반대로 수익성이 높은 투자기회가 고갈된 기업은 낮은 자기자본이익률(ROE)과 낮은 유보성향($1-d$) 때문에 성장률(g)이 낮아지며 이는 곧 주가의 하락으로 나타나게 된다.

기업의 성장은 결국 투자기회(ROE)와 배당정책($1-d$)에 의해 결정된다. 성장단계에 있는 기업은 재투자에 필요한 자금을 내부자금으로 조달하기 위해 현금배당을 하지 않거나 낮은 배당률을 유지하고, 완숙기에 접어든 기업은 과거의 투자에서 발생하는 수익 중 많은 부분을 현금배당으로 지급하게 된다. 기업의 가치는 미래수익과 배당에 대한 기대치라고 할 수 있다. 그러나 배당은 미래수익이 없이는 불가능하며, 배당정책은 기업이 독자적으로 결정할 수 있으므로 기업의 가치는 결국 미래에 수익을 창출해낼 수 있는 기회, 즉 ROE에 달려 있는 것이다.

ROE에 영향을 미치는 요소들은 다음 식을 통해 이해될 수 있다.

$$ROE = \frac{\text{순이익}}{\text{자기자본}} = \frac{\text{순이익}}{\text{매출액}} \times \frac{\text{매출액}}{\text{총자산}} \times \frac{\text{총자산}}{\text{자기자본}}$$

$$= \text{매출순이익률} \times \text{총자산회전율} \times (1+\text{부채비율})$$

높은 ROE를 유지하기 위해서는 제품에 대한 부가가치가 높아 판매마진이 높고(매출순이익률), 효율적인 자산운용으로 과잉투자나 비효율적인 투자가 없으며(총자산회전율), 비용이 저렴한 타인자본이 적절히 활용되어야 한다.

항상성장모형을 이용하여 PER를 구성하는 주요 요소를 파악할 수 있다. 주당배당금(D_0)은 주당순이익(E)에 배당성향(d)을 곱한 것이므로($D_0=E \cdot d$)

항상성장모형의 양변을 주당순이익(E)으로 나누면 다음과 같다.

$$PER = \frac{D_0(1+g)}{k-g} \div E = \frac{D_0(1+g)}{k-g} \times \frac{d}{D_0} = \frac{(1+g)\cdot d}{k-g}$$

*PER*는 결국 성장성(g)과 배당정책(d), 그리고 주식의 위험(k)에 의해 결정된다는 것을 알 수 있다. 일반적으로 미래에 대해 낙관적인 예측이 지배적인 호황기에는 요구수익률(k)이 낮아져서 주가가 상승하고 이는 *PER*의 상승으로 나타난다. 다른 조건이 일정하다면 성장률이 높을수록 주가가 상승히고 이는 *PER*의 상승으로 나타난다.

*PER*는 주가를 예측하거나 저평가된 주식을 선별하는 데 활용되고 있다. 주식의 이론적 가치는 그 시점의 주당순이익과 정상적인 *PER*의 곱으로 나타난다.

$$P_t^* = (P/E)^* \times E_t$$

P_t^* : t 시점의 적정주가
$(P/E)^*$: 정상적인 *PER*
E_t : t 시점의 주당순이익

따라서 주식의 이론적 가치(적정주가)를 구하기 위해서는 정상적인 *PER*를 구하는 것이 핵심이다.

동일 업종에 속해 있고 주당이익규모가 비슷하며 다른 조건이 비슷한 두 기업의 *PER*가 현저히 다르다면, 낮은 *PER*의 주식은 상대적으로 저평가되었다고 할 수 있다. 이 경우 투자자들은 저(低) *PER* 주식을 매수하고 고(高) *PER* 주식을 매도하는 전략을 취할 것이다.

배당의 종류 제2절

배당은 자기자본을 출자한 주주들에게 출자에 대한 보상으로 지급하는 현금 또는 기타 자산(주식 및 현물)을 말한다. 배당정책은 기업이 벌어들인 순이익을 유보이익과 배당금으로 배분하는 의사결정을 말한다. 유보이익은 기업 내에 유보되어 재투자를 위한 기업 내부의 자금조달원천이 된다.

한국 증권시장에서는 경제성장기에 내부자금조달을 극대화하기 위해 현금배당을 억제해왔다. 배당은 주주총회에서 결정하고 정기주주총회는 1년에 한 번 열리기 때문에 배당 역시 1년에 한 번 지급하는 것이 보통이었다. 그러나 2015년 3월 자본시장법 특례조항을 시행하여 외부감사인이 재무제표에 대해 적정의견을 표명하고 감사 또는 감사위원회 전원이 동의할 경우에는 주주총회 이전이라도 이사회에서 배당을 결정할 수 있도록 하였다. 이러한 배당규제성책의 완화로 인하여 배당이 활성화될 것으로 전망되며 배당실적이 우수한 상장주식만을 대상으로 산출되는 배당지수가 투자 종목을 선택하는 주요 기준으로 활용될 것으로 예상된다.

중간배당제도

주식회사에서 영업연도 중간에 배당하는 것을 말한다. 중간배당은 영업연도 중 1회만 할 수 있으며, 배당금 지급 시기는 이사회가 정하는데 통상 반기결산일을 기준으로 중간배당이 실시된다. 또 반드시 현금으로만 배당해야 한다. 2015회계연도에는 코스피와 코스닥시장에서 37개 기업이 중간배당을 지급했으며 점차 증가하는 추세이다.

중간배당제는 한 회기에 두 번의 배당을 함으로써 기업 회계의 투명성을 높이는 효과가 있다. 중간배당의 재원은 직전 결산기의 순재산액에서 자본금, 법정준비금, 배당금, 중간배당에 따라 적립해야 할 이익준비금 등을 뺀 금액이다. 중간배당은 그동안 실적이 좋았으며 향후 실적도 좋을 것이라는 것과 "주주중시경영"을 한다는 공표효과가 있다.

반면 중간배당이 실제로 이뤄지는 경우에는 일시적으로 재무구조가 나빠지게 된다. 현금유출이 일어나는 탓이다.

1. 현금배당

현금배당(cash dividend)은 주주들에게 현금으로 이익을 배분하는 가장 일반적인 형태의 배당이다. 배당은 액면배당률(주당배당금/액면가)과 시가배당률(주당배당금/주식의 시장가격)을 표시할 수 있다. 예를 들어, 액면가는 5,000원이고 시가는 50,000원인 기업에서 액면배당률 10%로 현금배당을 지급한다면 이는 주당배당금으로 500원을 지급하는 것을 의미하며, 시가배당률은 1%가 된다. 시가배당률은 바로 배당수익률(dividend yield)이며 투자자가 배당수익률은 쉽게 파악할 수 있도록 시가배당률을 의무적으로 공시해야 한다.

우선주배당은 보통주액면배당률 +1%로 결정되어 왔으나 개정된 상법에 의해 발행되는 신형우선주에서는 보통주배당률과 연계시키지 않고 자유롭게 정할 수 있다.

신구주합병

결산기 중간에 유상증자 등으로 신주가 발행되는 경우, 배당기산일이 달라 구주와 신주가 별도의 종목으로 거래된다. 그러나 한 번의 배당을 거치게 되면 배당기산일이 동일하게 되므로 권리의 차이가 없어지게 되어 신주와 구주가 동일 종목으로 합병하게 되는데, 이것을 신구주합병이라 한다.

2. 주식배당

주식배당(stock dividend)은 현금 대신 주식을 발행하여 주식소유비율에 따라 무상으로 교부하는 것이다. 10% 주식배당은 기존 보유주식수의 10%에 해당하는 주식을 발행하여 배당으로 지급하는 것을 말한다. 주식배당은 추가적인 자본이 납입되지 않고 재무상태표상의 이익잉여금(유보이익)이 자본금계정으로 이전되는 것일 뿐 기업가치(주주의 부)에는 아무런 변동이 없다.

예 제

주식배당

주식배당 이전의 자본구성은 액면 5,000원짜리 보통주 1만주의 자본금과 1천만원의 이익잉여금이었다. 20%의 주식배당을 하게 되면 주식수는 20%(2천주) 증가하고 이익잉여금이 자본금으로 전환되지만 자기자본의 구성이 바뀌었을 뿐 자기자본총액에는 변동이 없다. 기업의 실질적인 내용에는 아무런 변동이 없으므로 주식배당 후에 주당순이익은 20% 감소하고 주가도 20% 감소하여 이론적으로는 주주들의 부에 아무런 변동이 없다.

	주식배당 이전	주식배당 이후
자본금 이익잉여금	5,000만원(@5,000원×10,000주) 1,000만원	6,000만원(@5,000원×12,000주) 0
자기자본총액	6,000만원	6,000만원

주식배당예고제

주식배당예고제는 주식배당을 하려는 기업들은 결산기말을 기준으로 그 15일 전까지 주식배당률을 의무적으로 공시하도록 하는 제도를 말한다. 예를 들면 12월 말 결산법인의 경우 결산기말이 12월 31일이므로 12월 16일까지는 예정배당률을 거래소 공시를 통해 투자자들에게 알려야 한다. 이 제도는 배당결의가 있는 주주총회 시점과 주식유통시장의 배당락시점과의 시차를 이용해서 대주주 등이 내부자거래에 악용할 가능성을 배제하기 위한 제도이다.

기업과 주주의 입장에서 주식배당은 각각 다음과 같은 장 · 단점이 있다.

① 유보이익이 사외로 유출되는 것을 막음으로써 기업의 유동성을 확보할 수 있다. 성장속도가 빠른(수익성이 높은 투자기회를 많이 갖고 있는) 기업은 투자자금을 내부에서 조달하는 것이 유리하기 때문에 현금배당 대신에 주식배당을 실시하는 경우가 많다.

② 언제든지 기업 외부로 유출될 수 있는 일시적인 자본인 유보이익을 자본금으로 전입함으로써 영구자본화할 수 있다.

③ 주가관리 차원에서 주식가격을 하락시켜 거래가 원활하게 이루어지도록

할 수 있다. 주가가 다른 주식에 비해 비정상적으로 높은 경우 원활한 거래가 어려워서 주가상승에 걸림돌이 될 수도 있다. 이러한 경우 주식배당으로 주가를 하락시키면 주식에 대한 수요가 증가하여 결과적으로 주가가 상승하는 효과가 발생한다. 예를 들어, 20% 주식배당에 대해 주가하락이 20% 미만이면 결과적으로 주가상승효과가 발생하는 것이다.

④ 주주의 입장에서는 기업이 안정적인 배당정책을 유지해서 주식배당 후에도 주당배당금을 종전처럼 유지한다면 결과적으로 배당금수익이 늘어난다. 또한 기업이 유보이익을 재투자하여 높은 수익을 얻을 수 있다면 장기적으로는 주가상승을 기대할 수도 있다.

⑤ 기업의 입장에서는 발행주식수가 증가함으로써 과중한 배당압력을 받을 수도 있다. 그리고 일시적으로 주당수익(*EPS*)이 낮아지면서 기업사정을 잘 모르는 투자자들로부터 기업의 신뢰도가 하락하여 주가가 하락할 우려도 있다.

⑥ 신주를 발행해야 하므로 현금배당보다 비용이 많이 든다.

3. 자사주매입

자사주매입은 기업이 주가관리와 경영권 안정을 목적으로 자사주식을 매입하여 보관하는 것으로 주식재매입(stock repurchase)이라고도 한다. 자사주매입은 시장에서 공개적으로 매입하는 것이 원칙이나 금융감독위원회가 투자자 보호에 문제가 없다고 인정할 경우에는 시간외 대량매매를 통해서도 자사주를 취득할 수 있다. 자사주매입으로 매입된 주식은 기업의 금고에 보관된다는 의미에서 금고주(treasury stock)라고 한다.

자사주매입은 자본소득(시세차익)의 형태로 배당을 지급하는 효과가 있다. 배당소득보다 자본소득에 낮은 세율이 적용되므로 주주들에게는 현금배당보다 자사주매입이 유리하다. 그러나 세금절약을 위한 자사주매입은 원칙적으로 금지되어 있다.

자사주소각(이익소각)은 기업이 매입해서 보관 중인 자사주를 소각하는 것을 말한다. 주주총회의 결의로 정관에 주식소각(이익소각)에 대한 근거가 마련된 기업은 취득목적과 관계없이 매입한 지 6개월이 지난 자사주를 이사회의 결의만으로 임의로 소각을 할 수 있다.

세금절약 이외에도 자사주매입은 다음과 같은 장 · 단점이 있다.

① 기업이 일시적으로 발생한 이익으로 현금배당을 증가시킨다면 미래에도 증가된 배당을 유지해야 하는 압력을 받을 수 있다. 이러한 경우 자사주매입을 통해 주주들의 배당에 대한 기대감을 자극하지 않으면서도 현금배당과 같은 효과를 얻을 수 있다.

② 비우호적인 세력으로부터 인수제의(hostile tender offer)가 있을 때 자사주매입을 이용하여 경영권을 방어할 수 있다.

③ 부채를 발행하여 조달한 자금으로 자사주를 매입함으로써 자본구조를 조정할 수 있다.

④ 주가가 과소 평가된 경우 주가관리수단으로 자사주매입이 활용되기도 한다. 1989년 Ford자동차는 영업실적에 비해 주가가 과소 평가되었다고 판단하여 20억달러 규모의 자사주매입 계획을 발표하여 주가를 적정 수준으로 끌어올리는 데 성공하였다.

⑤ 그러나 자사주매입을 통해 금고주를 많이 보유하고 있는 기업은 좋은

의제배당

정규의 이익처분은 아니지만 실질적으로 배당과 똑같은 이익이 주주 또는 출자자에게 돌아가는 경우의 이익배당을 말한다. 상법에 따른 배당이 아니면서 세법상 배당으로 간주되는 것인데, 자본잉여에 해당하는 금액을 말하며 이는 배당소득으로 처리되어 과세된다. 즉 ① 주식의 소각, 자본의 감소 · 퇴사 · 탈퇴나 출자의 감소가 있는 경우 ② 법인의 잉여금의 전부 또는 일부를 자본에 전입하는 경우 ③ 법인이 해산하는 경우 ④ 법인이 합병하는 경우에 주주 또는 사원이 받는 이익이 당초 그들이 투하한 자본보다 많을 때에 그 초과하는 부분을 배당으로 보아 과세하는 것이다.

자사주매입으로 기업의 재무위험을 처리

자사주매입이란 회사가 이미 발행한 주식을 매입이나 증여를 통해 재취득하여 보유하는 것을 말한다. 2012년 4월 이후부터는 비상장기업에서도 직전 연도 말 배당 가능 이익을 한도로 주주총회 등 상법상 절차를 거쳐 자사주 매입을 할 수 있게 되었다.

자사주매입은 세법상 소각 목적일 때 의제배당으로 과세되고 소각 목적이 아닐 때 주식의 양도소득으로 과세되기에 높은 절세효과를 가지고 있다. 양도차익에 20%의 세율이 적용되어도 상여나 배당 등 다른 이익금 환원방법에 비하여 세금부담이 적으며 4대 보험료가 부과되지 않는 이점이 있다.

따라서 기업은 주식이 저평가된 시점에 자사주매입을 통해 기업의 성장 가능성을 알리고 투자를 유도할 목적으로 자사주 매입을 활용하며, 발행주식수를 감소시키지 않으면서도 주주들의 지분율과 미래 배당을 증가시키기 위해 활용하게 된다.

또한 기업의 고질적인 재무문제인 가지급금과 미처분이익잉여금을 해결하는 데도 탁월한 효과를 발휘한다. 더욱이 자사주매입은 주식의 소유권이 기업으로 이동함에 따라 상속 자산에서 제외되기에 가업 승계를 진행할 때도 효과적이다. 이외에도 외부 투자자금 유치, 주주의 투자자금 환원, 대주주 경영권 강화, 임직원 스톡옵션, 이익잉여금 정리 시 활용할 수 있다.

-한국경제TV(2019.06)

투자기회가 없어 현금을 과다하게 보유하고 효과적으로 활용하지 못하는 기업으로 인식될 수도 있다.

제3절 배당정책

배당정책의 목표 역시 주주의 부(기업가치)를 극대화하는 것이다. 그러나 배당정책이 기업의 투자 및 자본조달정책과 무관한 것은 아니다. 예를 들어, 배당금을 늘려서 내부금융의 원천인 유보이익을 줄이면 결국 외부금융(자본시장을 통

배당정책을 잘 활용하는 기업이 흔들리지 않는다.

배당은 기업이 영업활동을 통해 발생한 이익금을 주주에게 소유지분에 따라 투자의 대가로 분배하는 것을 말한다. 이에 기업이 이익을 어느 정도의 규모로, 어느 시기에, 어떤 형태로 배당하는가를 정하는 것이 배당정책이다.

기업에서 배당정책을 잘 활용할 경우에는 중소기업의 고질적 문제인 미처분이익잉여금, 가지급금, 차명주식 등의 위험을 효과적으로 정리할 수 있으며 자금 운용에 도움이 된다. 더욱이 적절한 주가관리를 가능하게 하고 재무구조 개선에 탁월하며 대외적으로 기업평가가 높아져 사업 성장의 기회를 극대화할 수 있다.

하지만 상당수의 기업은 배당을 할 때 법인세와 배당소득세를 이중으로 납부해야 한다는 잘못된 생각을 가지고 있어 배당을 활용하지 못하고 있다. 이처럼 배당이 이뤄지지 않을 경우 누적된 미처분이익잉여금으로 인해 세금부담이 커지고 기업가치가 상승하여 재무구조를 어지럽힐 수 있다. 따라서 조속한 시일 내에 배당정책을 활용해 재무구조를 안정화시키는 것이 필요하다.

그러나 배당정책을 올바르게 활용하기 위해서는 기업 정관에 배당정책과 관련된 사항이 있는지 검토해야 한다. 아울러 기업 순자산에서 자본금 및 법정적립금을 제외한 배당가능이익이 있어야 한다. 만일 기업에 현금성자산이 많더라도 결손으로 배당가능이익이 존재하지 않으면 배당할 수 없다는 것을 유념해야 한다.

–진자신문(2019.05)

가지급금

가지급금은 실제 현금의 지출은 있었지만 거래의 내용이 불분명하거나 거래가 완전히 종결되지 않아 계정과목이나 금액이 미확정인 경우를 말하며 늦어도 결산기말까지는 그 내역을 명확히 조사하여 확정된 계정과목으로 대체시켜 주어야 한다. 가지급금은 연 4.6%의 인정이자를 발생시키고 그 금액만큼 이익으로 간주되어 법인세가 증가하게 된다. 가지급금의 대표적인 예는 기업주가 기업자금을 개인적 용도로 사용하는 것이다.

한 외부자금조달)에 대한 의존도가 커질 수밖에 없다. 그리고 배당이 투자정책(투자규모)과 무관하게 결정될 수는 없다. 그러나 여기에서는 기업의 투자나 자본조달정책과는 무관하게 배당정책이 독립적으로 주가에 미치는 영향만을 논의하기로 한다.

1. 배당이론

배당정책에 대해서는 배당성향이 높은 기업이 배당성향이 낮은 기업에 비해 상대적으로 기업가치가 높게 평가된다는 전통적인 주장과 자본시장이 완전하다는 가정하에서 배당정책과 주가는 무관하다는 주장이 대립되어 왔다.

(1) 불확실성

이익이 배당으로 지급되지 않고 기업 내에 유보되어 성공적으로 재투자되면 미래에 더 많은 현금배당과 주가상승을 기대할 수 있다. 그러나 "손안에 든 새(bird in the hand)" 주장에 의하면 투자자들은 미래의 불확실한 현금흐름보다는 현재의 확실한 현금배당을 선호하기 때문에 유보를 늘리면 투자자들의 위험이 증가하여 주가가 하락한다는 것이다. 다시 말해서 숲 속에 있는 많은 새보다는 내 손안에 있는 확실한 한 마리의 새가 더 가치가 있다는 것이다.

그러나 이러한 주장에는 논리적인 오류가 포함되어 있다. 기업의 위험은 이미 투자단계에서 결정되는 것이지 투자성과(이익)를 배분하는 배당정책과는 무관하기 때문이다.

(2) 세 금

현행 세율구조에서 주가의 극대화를 위해서는 배당성향을 낮추어야 한다는 주장이 가능하다. 주가상승에 의한 시세차익(자본이득)에 대해서는 자본소득세가 적용되고, 현금배당액에 대해서는 배당소득세가 적용된다. 그러나 일반적으로 자본소득세가 배당소득세보다 낮기 때문에 투자자들은 배당보다는 유보이익을 재투자하여 주가가 상승하는 것을 선호한다. 다시 말해서, 배당을 지급하면 주주들의 세금부담이 증가하기 때문에 사내유보를 선호한다는 것이다.

이러한 논리를 확대하면 배당소득에 대해 세금을 내지 않아도 되는 비과세 투자자나 낮은 세율이 적용되는 저소득 투자자는 배당소득(배당성향이 높은 주식)을 선호하고, 높은 세율이 적용되는 고소득 투자자는 자본이득(배당성향이

경제정의와 자본소득세

우리나라는 근로소득에 비해 각종 금융·자본거래로 얻는 수익에 매기는 세금이 적은 편이다. 허약한 자본시장을 '비과세' 당근으로 키우자는 목적이었으나, 최근 들어 자본이득에도 과세를 강화하는 것이 경제정의에 부합한다는 여론이 확산되고 있다. 현재 금융소득세로는 예금, 채권 등의 이자에 부과하는 이자소득세와 주주의 배당소득에 부과하는 배당소득세가 있다. 국세 14%에 지방세(국세의 10분의 1인 1.4%)를 합쳐 각각 소득의 15.4%씩 부과된다.

자본시장에서 주식과 채권, 파생상품에 붙는 세금은 없거나 제한적이다. 주식 양도차익에 대한 과세는 체계가 복잡하다. 우선 상장주식의 경우, 소액주주라면 0.3%의 증권거래세만 내면 된다. 시가 10억원 이상을 보유하거나 주식지분율이 일정 규모(코스피 1%, 코스닥 2%, 코넥스 4%) 이상의 주식을 가진 대주주에게만 20~30%의 양도소득세가 부과된다. 비상장주식은 대주주·소액주주 모두 주식 종류(대·중소기업)에 따라 10~20% 세금을 내야 한다.

정치권에서는 최근 고소득자에 대한 소득세율 상향조정 논의와 더불어 주식과 파생상품 등 자본소득에 대한 과세도 강화해야 한다는 목소리가 높아지고 있다. 하지만 정부는 자본이득과세 강화가 자본시장을 위축시킬 우려가 있고, 자본이득세 도입으로 거래세가 줄어들면 오히려 세수가 줄어들 수도 있다며 난색을 표하고 있다.

낮은 주식)을 선호하는 "고객효과"가 발생할 것이다. 그러나 "고객효과"에 대한 실증적 증거는 아직 충분치 않은 실정이다.

(3) 시장규율(market discipline)

현대 기업의 특징인 "소유와 경영의 분리"는 자본은 다수의 투자자들로부터 조달되지만 경영권은 경영자(전문경영인이나 경영에 참여하는 내부주주)에 의해 행사되는 것을 말한다. 경영에 직접 참여하지 못하는 외부주주들이 경영자의 모든 행위를 감시할 수 없기 때문에 경영자는 기업의 자원을 이용하여 특권적인 소비를 할 수 있다. 특권적 소비란 기업의 수익에 기여하지 못하는 지출을 말하며 기업가치를 하락시킨다.

배당성향이 높은 기업은 경영자가 재량으로 사용할 수 있는 자금이 적기 때문에 특권적 소비의 가능성을 줄일 수 있다. 한편 배당을 늘리면 유보이익이 줄어들고 기업 외부에서 조달해야 하는 자금의 규모가 커지기 때문에 추가적인 자본조달비용이 발생한다. 그러나 기업 외부로부터 자금을 조달하기 위해서는 자본시장을 대상으로 투자설명회를 하거나 신용평가를 받는 등 시장의 감시와 평가를 받아야 한다. 다시 말해서, 주주들은 배당을 늘림으로써 자본시장의 규율을 이용하여 경영자를 감시하고 기업의 효율을 증가시킬 수 있는 것이다. 따라서 투자자들이 배당성향이 높은 주식을 선호하기 때문에 "배당성향이 높은 기업의 주가"가 높게 평가될 것이다. 실제로 "외부주주의 주식소유비율이 낮은 기업일수록 배당성향이 낮다"는 실증적 증거가 제시되기도 하였다.

(4) 배당의 정보효과

기업가치(주가)는 기업내용에 대한 시장의 평가이다. 그러나 주식시장이 정보에 대해 비효율적이라면 기업의 미래 현금흐름, 수익성, 성장성 등 기업내용에 관한 정보가 시장에 제대로 전달되지 못하는 정보의 불균형 또는 정보의 비대칭(information asymmetry)이 발생할 수도 있다. 이러한 경우 배당은 기업에 관한 정보를 시장에 전달하는 신호수단으로 사용될 수 있다.

기업이 배당을 안정적으로 유지해오고 있는 상황에서 배당을 증가시키면 이러한 수준의 배당을 앞으로도 지속적으로 지급할 수 있을 만큼 기업의 미래 현금흐름에 대한 전망이 낙관적이라는 신호로 해석되어 주가가 상승하게 되는데 이를 배당의 정보효과 또는 신호효과(signaling effect)라고 한다.

2. 배당의 안정화정책

실제로 대부분의 기업들은 일시적인 순이익의 변동과는 관계없이 주당배당금을 안정적으로 지급하고 있는데, 이를 배당의 안정화정책이라고 한다. 「주당배당금(DPS) = 주당이익(EPS) × 배당성향(d)」이기 때문에 주당배당금을 안정적으로 유지하기 위해서는 주당이익(순이익/주식수)의 변동에 따라 배당성향이 조정되어야 한다.

기업이 배당의 안정화정책을 추구하는 이유는 투자자들(특히 배당소득이 생활의 주된 소득원인 투자자들)이 안정적인 배당은 덜 위험한 것으로 인식하여 이러한 주식을 선호하기 때문이다. 따라서 같은 금액이라도 안정적으로 배당금을 지급하는 주식에는 낮은 할인율이 적용되어 주가가 높게 평가될 것이다.

3. 배당결정요인

지금까지는 배당정책을 주로 주주의 입장에서 기업가치(주가)와 연관하여 논의하였지만 배당정책은 기업의 다른 이해당사자들과의 관계와 기업의 특성에 의해서도 영향을 받는다.

(1) 법적 규제와 사채약정서상의 배당제한규정

배당정책은 기업의 자율적인 결정사항이지만 투자자보호를 위해 법률적인 규제가 가해지고 있다. 주주와 채권자들은 기업의 이익배당에 대해 상반된 이해관계에 있다. 주주들은 많은 이익배당을 원하지만 채권자들은 이자와 원금의 상환을 위해 기업자산, 특히 현금이 기업 외부로 유출되는 것을 원하지 않는다. 상반된 이해관계를 조정하기 위해 상법에서는 주주총회의 이익처분권을 인정하는 대신에 채권자를 보호하기 위해 기업의 배당정책을 제한하는 자본유지정책을 요구하고 있다. 자본유지정책이란 기업으로 하여금 자본준비금과 법정준비금을 유지하는 것은 물론 이익준비금 이외에도 별도의 준비금을 적립하도록 규정한 것이다.

기업이 무담보로 채권을 발행하는 경우 발행 후에 사채권자의 권리가 손상되지 않도록 하기 위하여 발행회사가 이익에 비하여 과대한 배당을 행하는 것을 제한하는 계약조항을 사채약정서상에 명기할 수 있다. 이 배당제한의 내용은 예를 들어 "발행일이 속하는 사업연도 이후의 배당누계액이 세후당기순손익의 누계액에 ○○억원을 더한 금액을 초과하는 배당을 실시할 수 없다" 또는 "사채를 발행하기 이전의 이익으로부터는 배당을 할 수 없다" 또는 "순운전자본(유동자산 - 유동부채)이 일정 수준 이하일 경우에는 배당할 수 없다" 등이다.

(2) 기업의 유동성

재무상태표상에 나타나는 배당가능이익이나 유보이익이 기업이 실제로 보유하고 있는 현금액을 나타내는 것은 아니다. 이들 중의 상당 부분은 이미 영업활동에 투입되어 활용되고 있다. 따라서 실제 배당은 재무상태표상의 수치가 아니라 기업이 실제로 보유하고 있는 유동성(현금)에 의해 결정된다.

(3) 기업 라이프사이클

기업의 라이프사이클은 진입기, 성장기, 안정기(완숙기), 쇠퇴기의 4단계로 구분할 수 있다. 기업은 각 단계마다 성장속도, 투자수익률, 이익의 안정성 등에서 다른 특징을 보이고 있으며 이러한 특징들은 배당을 결정하는 요소로 작용한다.

성장기에 위치한 기업은 확장을 위한 자금수요가 크기 때문에 유보이익을 이용한 기업내부금융의 필요성이 크고 상대적으로 배당성향이 낮은 경향이 있다.

안정기에 있는 기업은 이익이 안정적이기 때문에 미래이익을 예측하기가 쉽고 그 오차도 적다. 따라서 이익을 많이 유보해야 할 필요가 상대적으로 적다. 하지만 이익이 안정적이지 못한 기업은 미래이익이 감소하는 경우를 대비해 상대적으로 많은 이익을 유보해야 할 것이다.

기업의 투자수익률 역시 배당을 결정하는 중요한 요소로 작용한다. 주주들이 배당금을 다른 곳에 투자해서 얻을 수 있는 수익률(기회수익률)이 기업이 유보이익을 재투자해서 얻을 수 있는 수익률보다 높다면 당연히 기업은 이익을 유보하지 말고 주주들에게 배당으로 지급해야 한다. 쇠퇴기에 접어든 기업은 수익률이 높은 신규 투자는 고갈된 반면 기존 투자로부터 안정적인 현금흐름이 발생하기 때문에 비교적 높고 안정적인 배당을 유지할 수 있다.

(4) 외부 자본조달의 용이성

수익성이 이미 시장에 알려져 있고 안정적인 이익을 창출하고 있는 대기업의 경우에는 외부 자금조달이 비교적 쉽다. 그러나 담보자산이 적은 중소기업이나 영업실적이 아직 시장에 나타나지 않은 벤처기업은 외부 자금을 조달하기가 상대적으로 어렵다. 따라서 중소기업이나 벤처기업은 내부 자금을 확보하기 위하여 배당 대신 이익을 유보할 것이다.

(5) 기업지배권

기업이 배당을 많이 지급할수록 외부자금에 의존할 가능성은 커진다. 사채발행이나 은행차입을 통해 부채(타인자본)를 조달하면 채무불이행(부도)의 가능성이 증가하여 주주의 위험이 증가하게 된다. 한편 신주를 발행하여 유상증자를 하는 경우에는 대주주의 지분이 감소하여 적대적인 기업합병·인수(M&A)에 의해 경영권이 위협받을 수도 있다. 따라서 부도위험과 경영권 방어를 감안한다면 기업의 배당성향은 낮아질 것이다.

두 노벨상 수상자의 경고 "배당은 환상"

때는 1960년대 초반. 미국의 증권가는 고(高)배당이 주가에 유리한지 반대로 저(低)배당이 유리한지를 놓고 의견이 분분했다.

한쪽에서는 "배당성향이 높은 기업의 주가는 당연히 밸류에이션이 높아야 한다"고 주장하는데 반해, 다른 한쪽에선 "말도 안되는 소리, 배당을 많이 하면 내부유보가 적어 기업은 투자를 위해서 비싼 외부 자금을 조달해야 한다"고 반론을 펼치고 있었다.

기업의 경영자에게도 배당정책은 초미의 관심사였다. 주가 성적이 경영자의 능력을 판단하는 중요한 지표로 사용되는 만큼 경영자는 배당정책을 건드려서 주가를 '조작(manipulate)'할 수 있는지를 알고 싶어 했다.

학계에서도 수년째 여러 실증 연구 논문들을 발표하며 이 문제를 해결하려고 노력했지만 딱히 컨센서스를 도출하지 못한 상태였다.

이때 재무학계의 떠오르는 별인 머튼 밀러(Merton Miller)와 프랑코 모디글리아니(Franco Modigliani) 교수는 1961년 배당이 기업가치에 아무런 영향을 미치지 못한다는 그 유명한 배당 무관련 이론(irrelevance of dividend)을 발표한다.

모디글리아니와 밀러 교수는 이미 1958년 부채비율이 기업가치에 아무런 영향을 주지 않는다는 유명한 부채-자본구조 무관련 이론(irrelevance of debt-equity structure)을 발표하면서 재무학계에 센세이션을 일으켰던 인물.

재무학을 공부한 사람이면 누구나 다 아는 MM의 배당 무관련 이론은 모든 게 동일한 상태에서 기업이 배당을 인위적으로 늘린다고 해서 주가가 오르거나 주주의 부(富)가 늘어나지 않는다는 걸 증명했다.

배당 무관련 이론은 주식 투자수익은 배당수익과 자본이득의 합인데 배당수익을 올리면 자본이득이 그만큼 줄어들어 결과적으로 주식 투자수익엔 아무런 변동이 없다는 걸 분명히 보여줬다.

▶주식 투자수익=배당수익+자본이득

따라서 기업이 배당을 가령 1,000원만큼 늘리면 주가는 정확히 1,000원만큼 떨어져 주주입장에선 부에 하등의 변동이 생기지 않게 된다. 즉 배당소득 증가는 자본이득 감소와 정확히 상쇄되고 마는 것이다. 즉 기업이 배당을 늘리게 되면 주주 입장에선 왼쪽 주머니의 돈(자본이득)이 오른쪽 주머니(배당소득)로 옮겨 간 것에 불과하게 된다.

머튼과 모디글리아니 교수는 인위적으로 배당을 늘려 주가를 올릴 수 있다는 생각을 '재무적 환상(financial illusion)'이라 불렀다. 그들은 기업가치는 이익창출 능력(earning power)이나 투자정책(investment policy)과 같은 실질적인(real) 요소에 의해 결정될 뿐, 배당과 같은 재무적인 요소를 조절해서 바꿀 수 있는 것은 아니라는 걸 분명히 일깨워줬다.

배당 무관련 이론이 증권가와 기업 경영자에게 던진 메시지는 강력한 것이었다. "배당을 가지고 주가를 조작할 수 있다는 허튼 생각을 버려라."

MM의 배당 무관련 이론이 발표된 이후 배당정책에 대해선 더 이상 논쟁이 일어나지 않았다.

모디글리아니와 밀러 교수는 자본구조 이론과 배당정책, 자산가격결정모형 등 재무학에 끼친 공로를 인정받아 1985년과 1990년에 각각 노벨 경제학상을 수상했다.

그런데 MM의 배당 무관련 이론이 나온 지 50여년이 지난 지금 한국 증권가에는 배당을 늘이면 주가가 오른다는 얼토당토한 얘기가 나오고 있다. 증권사들은 저마다 배당성향을 올리면 주가가 크게 오를 것이라는 리포트를 연일 쏟아내며 여론을 호도하고 있다. 언론들도 가세하여 증권가의 '배당 띄우기' 작업에 동참하고 있다.

"배당(증액)만으로도 코스피지수는 3000선에 도달할 수 있다(노무라증권)"거나 "배당수익률이 2배 개선되면 밸류에이션(PBR: 주가순자산배율)이 20% 상승한다(현대증권)", "배당성향이 30%로 높아지면 PER(주가수익배수)이 20% 올라간다(대신

증권)" 등등 마치 배당이 한국 증시를 구원할 '수퍼 히어로' 인양 주장하고 있다.

그리고 이들 리포트와 기사를 계속 접하는 주식 투자자들은 이러한 주장을 자연스레 받아들이며 세뇌당하고 있다.

'도대체 이 얘기는 어디서 나온 걸까?' '배당이 주가에 아무런 영향을 미치지 않는다'는 MM의 배당 무관련 이론은 증권사 애널리스트라면 누구나 다 알 텐데, 왜 이런 근거 없는 리포트로 여론을 호도하는 걸까?' 알 수 없는 일이다.

하지만 노벨 경제학상을 수상한 재무학계의 두 거장은 분명히 말한다. "배당으로 주가를 조작(manipulate)할 수 있다는 생각은 재무적 환상(financial illusion)일 뿐"이라고.

-머니투데이(2014.08)

7 효율적 시장과 증권의 기술적 분석

제1절 효율적 시장가설
제2절 기술적 분석의 개념
제3절 기술적 분석방법

미리보기

증권투자는 정보의 게임이다. 정확한 정보를 이용하여 거래를 하는 투자자(informed traders)는 그렇지 못한 투자자보다 좋은 투자성과를 얻을 것이다. 정확하지 못한 정보에 의존하는 투자자는 도태되고 시장에는 정확한 정보를 가진 투자자만이 남게 될 것이다. 이러한 과정에서 투자자들이 갖고 있는 정보는 거래를 통해서 증권가격에 반영되는 것이다. 정보가 증권가격에 반영되는 정도와 속도에 대해 대립되는 두 가지의 주장이 존재하고 있다.

효율적 시장가설이란 증권가격에 영향을 미치는 정보가 신속하고 정확하게 증권가격에 반영된다는 주장이다. 따라서 증권가격에는 이미 모든 정보가 충분히 반영되어 있으며 정보는 무작위하게 생성되기 때문에 주가의 움직임도 무작위적이라는 것이다.

그러나 시장에서 많은 투자자나 증권분석가들은 과거의 주가움직임에서 어떠한 패턴을 발견하려고 많은 노력을 하고 있다. 이러한 노력은 반복되는 패턴을 이용하여 증권의 매매시점(timing)을 포착하기 위한 것이다. 이러한 분석에는 주로 그래프나 도표(chart)를 이용하기 때문에 이를 기술적 분석(technical analysis)이라고 하며, 기술적 분석가들을 chartists라고도 한다.

효율적 시장가설 제1절

1. 효율적 시장의 의미

효율적 시장(efficient market)이란 증권가격에 영향을 미치는 모든 정보가 신속하고 정확하게 가격에 반영되는 시장을 말한다. 따라서 효율적 시장에서는 이용 가능한 정보가 이미 증권가격에 반영되어 있기 때문에 투자자들은 위험에 상응하는 위험프리미엄을 포함한 정상수익(normal return)만을 얻을 수 있을 뿐, 정상수익을 초과하는 초과수익(abnormal return)은 실현이 불가능하다는 것이다.

증권시장의 효율성은 정보의 내용과 범위에 따라 구분된다.

(1) 약형의 효율적 시장

약형(weak form)의 효율적 시장은 과거의 역사적 정보(historical information)가 이미 현재의 주가에 반영되어 있는 시장을 말한다. 대표적인 과거 정보는 주가와 거래량이다. 따라서 과거의 주가는 미래 주가의 움직임을 예측하는 데 아무런 도움이 되지 않으며 과거의 주가를 이용해도 정상수익 이상의 초과수익을 얻을 수 없다는 것이다.

이러한 주장은 과거의 주가움직임에서 반복되는 패턴을 찾고 이를 이용하여 미래 주가의 움직임을 예측하려는 기술적 분석과는 정면으로 배치되는 것이다. 주식시장에서 많은 투자자들이 기술적 분석을 활용하고 있다는 점에서 주식시장이 약형의 효율적 시장인지에 대해서는 검증이 필요하다.

(2) 준강형의 효율적 시장

준강형(semi-strong form)의 효율적 시장은 일반에게 공개된 정보(public information)가 이미 현재의 주가에 충분히 반영되어 있는 시장을 말한다. 공개정보에는 과거의 정보는 물론 각종 뉴스, 공시사항, 증권분석정보, 기업이 보고한 회계정보 등이 포함되어 있다. 공개정보의 특징은 투자자 누구나 쉽게 취득할 수 있다는 것이다.

준강형의 효율적 시장에서는 공개정보를 이용한 주식투자에서 정상수익 이상의 초과수익은 기대할 수 없다. 따라서 공개된 정보를 분석하여 기업의 내재가치를 평가하고 이를 시장가격과 비교하여 시장가격이 내재가치보다 낮으면 매입하고, 시장가격이 내재가치보다 높으면 매도하는 전략은 준강형의 효율적 시장에서는 아무런 의미가 없게 된다.

(3) 강형의 효율적 시장

강형(strong form)의 효율적 시장은 내부정보를 포함한 모든 이용 가능한 정보

소문에 사고 뉴스에 팔아라

2000년 1년 동안 미국에서는 지난 10여년간의 경기호황이 막을 내리고 .com기업을 포함한 첨단기술주들의 수익악화에 대한 우려 때문에 주가가 대폭 하락하였다. 2001년에 들어서면서도 미국 경제에 대한 비관적인 전망이 가시지 않자 미국경제의 경착륙을 완화하기 위해서 연방준비이사회가 연방금리(Federal Fund rate)를 0.5%포인트 인하할 것이라는 소문이 시장에 나돌았다. 2001년 1월 30일 드디어 연방준비이사회에서는 소문대로 연방금리를 0.5%포인트 인하하였다. 그러나 이 날 미국의 주가는 소폭 하락하였고 이에 대한 여파로 한국에서도 주가가 하락하는 현상이 벌어졌다.

이러한 현상은 금리인하가 주가와 무관해서가 아니다. 금리인하효과는 발표 이전에 이미 투자자들의 예측에 의해 주가에 충분히 반영되었고 실제 뉴스가 시장에 보도된 시점에서는 더 이상 정보로서의 가치가 없었기 때문이다. 이러한 사건은 주식시장이 준강형의 효율적 시장이라는 것을 보여주는 생생한 증거이다.

'효율적 자본시장'

정보 효율성은 증권가격이 중요한 정보를 충분히 그리고 신속히 반영하는 것을 말한다. 따라서 효율적 자본시장에서는 남보다 우월한 수익률을 얻기란 불가능하게 된다.

또 자본시장 효율성은 실증적인 측면에서도 의미를 가지지만 규범적인 측면에서도 그 중요성이 무시될 수 없다. 이를테면 투자관리에 있어 적극적 전략을 택할 것인지 혹은 소극적 전략을 택할 것인지에 관한 의사결정은 시장이 효율적이냐, 아니냐, 또 효율적이라면 어느 정도 효율적이냐에 달려 있다. 시장이 완전히 효율적이라면 과소 또는 과대 평가된 증권을 발굴해 내려는 적극적 투자전략은 허사로 끝나고 말 것이다.

합리적 또는 효율적 자본시장에서는 현재에 이용 가능한 모든 정보가 이미 증권가격에 반영되기 때문에 새로운 정보만이 미래의 가격변동을 유발하게 된다. 새로운 정보란 정의상 예측할 수 없는 것이므로 새로운 정보를 반영하는 미래의 증권가격도 예측할 수 없는 형태로 움직인다는 것이다. 예측할 수 있는 가격변화는 현재의 가격에 반영되고 만다. 결국 예측할 수 있는 미래의 주가변화는 오늘의 주가변화만 초래하고 만다.

이 같은 주장을 "효율시장가설"이라 한다.

파마(Fama)가 1970년에 그 내용을 체계적으로 정리한 이후 지금까지 무수한 이론적, 실증적 연구들이 이뤄져 재무학 분야의 가장 중요한 연구주제 중 하나가 되고 있다. 파마는 1970년 자신의 논문에서 현재의 증권가격이 어떤 범위의 정보를 반영하고 있느냐에 따라 효율적 시장을 약형, 순상형, 강형의 세 가지 형태로 구분하고 실증연구의 기본방향을 제시했다. 이러한 분류방법은 정보의 범위를 명확하게 하는 측면에선 좋지만 그 이후 연구들의 실제 연관성 측면에선 다소 불편한 점이 있어 파마는 1991년 논문에서 이를 다음과 같이 재분류했다.

약형 효율성 대신에 그 범위를 넓혀 과거 수익률, 배당수익률 등의 수익률 예측능력, 그리고 이례현상과 시장변동성에 관한 연구 등을 포함시켰다. 또 준강형과 강형이란 용어들 대신에 사건연구와 사적정보에 관한 연구란 제목들을 사용해 연구들을 분류했다. 지금까지의 연구결과를 종합하면 현실의 자본시장이 효율적인지, 아닌지에 관해 명확한 결론을 내리기는 어렵다. 이러한 연구결과들은 자본시장이 상당한 정도로 효율적일 수 있으나 완전하게 효율적이지는 못하다는 것을 의미한다.

현실의 자본시장이 과연 효율적인지에 관한 논쟁은 계속되고 있지만 시장효율성이란 개념의 유용성과 또 그것이 자본시장 연구에서 차지하는 중심적 위치는 의심할 여지가 없다. 시장이 완전하게 효율적이라면 우리가 일반적으로 알고 있는 많은 사실들이 부정될 수 있기 때문이다.

-한국경제신문, 〔MBA〕강좌

(all available information)가 이미 현재의 주가에 반영되어 있는 시장을 말한다. 내부정보(inside information)는 내부자들만이 독점적으로 접근할 수 있는 정보를 말한다. 내부자(insider)란 경영의사결정에 직접 참여해서 정보를 생산하는 기업의 임원, 직원, 대주주는 물론, 기자나 변호사처럼 자신들의 업무과정에서 일반투자자에게 공개되기 이전에 우선적으로 정보에 접근할 수 있는 사람들을 말한다.

2. 효율적 시장가설의 검증

증권시장의 효율성 여부는 투자자에게는 물론 학문적으로도 중요한 관심거리이다. 과거 정보는 공개된 정보의 일부이고, 또한 공개된 정보는 이용 가능한 모든 정보의 일부이기 때문에 준강형의 효율적 시장은 약형의 효율적 시장을 의미하고, 강형의 효율적 시장은 준강형의 효율적 시장, 나아가서 약형의 효율적 시장을 의미한다. 그러나 약형의 효율적 시장이 준강형의 효율적 시장을 의미하는 것은 아니다. 다시 말해서 세 가지 효율적 시장가설은 서로 배타적인 개념이 아니라 정보의 범위에 따라 효율성의 정도를 구분한 것이다.

그림 7-1
정보의 범위와 효율적 시장

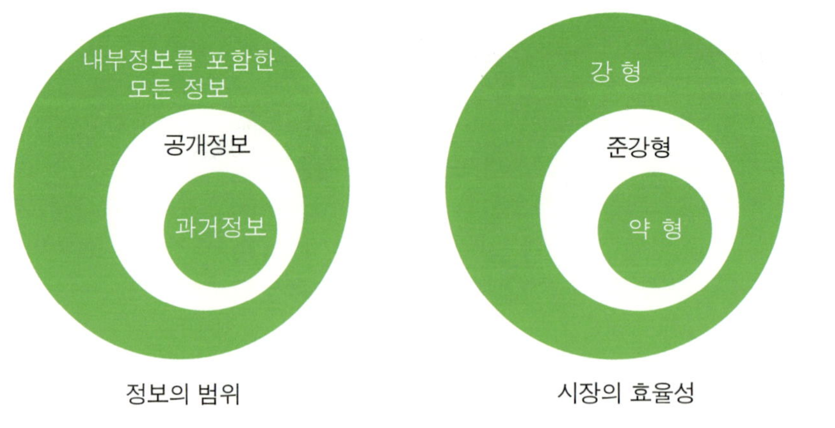

(1) 약형의 효율적 시장가설에 대한 검증

약형의 효율적 시장가설을 검증하는 데 가장 간단하고 대표적인 방법은 연의 검증과 필터기법이다.

① **연의 검증** 연(連)의 검증(run test)은 주가움직임의 연속성 즉, 주가상승과 하락이 랜덤(random)하지 않고 어떤 추세를 가지고 있는지를 검증하는 방법이다. 주가상승을 (+)로, 주가하락을 (−)로 표시하고 (+)와 (−)가 무질서하게 반복되면 주가가 랜덤하게 움직인다는 것을 의미하고 이는 약형의 효율적 시장가설을 지지하는 증거가 되는 것이다. 대부분의 연의 검증에서는 주가가 무작위로 움직인다는 랜덤워크(random walk)모형이 받아들여져서 주식시장이 약형의 효율적 시장이라는 가설을 인정하고 있다.

② **필터기법** 필터기법(filter technique)은 주가변동의 일정 폭(x%)을 정해 놓고 주가가 저점으로부터 x%만큼 상승하면 그 주식을 매입하고, 그다음의 고점에서 x%만큼 하락하면 주식을 매도하는 기계적인 투자기법이다. 만일 주가가 랜덤워크를 따른다면 필터기법을 이용한 투자전략이 여러 주식에 분산투자하는 단순한 투자전략보다 더 높은 수익을 낼 수 없을 것이다. 필터기법을 이용한 검증에서도 약형의 효율적 시장가설이 인정받고 있다(제3절 기술적 분석 중 필터기법 참조).

(2) 준강형의 효율적 시장가설에 대한 검증

준강형의 효율적 시장가설을 검증하는 데는 사건연구와 잔차분석이 사용되고 있다.

① **사건연구** 사건연구(event study)는 어떤 사건에 대한 정보가 발표되는 시점(event day)을 중심으로 정보가 언제 · 어떻게 주가에 반영되는지를 분석하는 것이다. 준강형의 효율적 시장에서는 〈그림 7-2〉에서 ①의 경우처럼

그림 7-2

효율적 시장에서 유리한 정보에 대한 주가반응

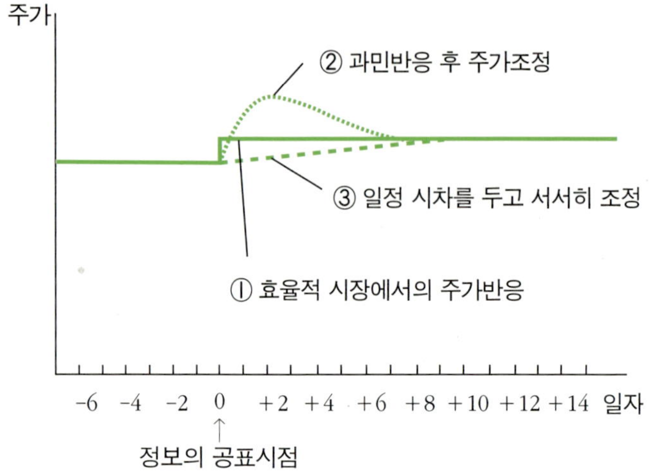

정보가 공표되는 즉시 정확하게 주가에 반영될 것이다. 정보 공표 후 주가가 과도하게 상승 또는 하락한 후 균형으로 돌아가기 위해 다시 조정이 발생하거나, 주가 조정이 시차를 두고 서서히 진행된다면 이는 주식시장이 준강형의 효율적 시장이 아니라는 증거이다.

실제 조사에서는 정보가 공표되기 이전에 주가가 반응하는 것으로 밝혀졌는데 이는 정보가 사전에 누출된다는 것을 의미한다. 이와 같은 사례는 주식시장이 준강형의 효율적 시장이라는 증거로 인정되고 있으며 방송이나 신문보도에서 취득한 정보로는 초과수익을 달성하기 어렵다는 것을 의미한다.

② 잔차분석 잔차분석에서는 정보가 공표된 이후에 증권을 취득한 투자자가 초과수익을 얻을 수 있는지 여부를 관찰한다. 효율적 시장에서는 초과수익의 실현이 불가능할 것이다.

실제수익과 정상수익과의 차이인 초과수익을 계산하기 위해서는 우선 정상수익이 계산되어야 한다. 정상수익이란 증권의 위험에 상응하는 적정한 보상이 주어진 수익을 말한다. 정상수익은 수익률모형을 이용하여 계산되는데 흔히 사용되는 것이 시장모형(market model)이다(시장모형은 제8장에서 설명된다).

여기에서 잔차(residual)는 실제수익률과 모형에 의해 추정된 정상수익과의 차이, 즉 비정상적인 초과수익률을 말한다.

주식분할, 무상증자, 당기순이익, 회계처리방법의 변경 등에 대한 공표가 주가에 미치는 영향을 연구한 결과 대부분의 경우에 발표시점 이전에 주가가 반응하는 것으로 밝혀져 준강형의 효율적 시장가설이 받아들여지고 있다.

(3) 강형의 효율적 시장가설에 대한 검증

강형의 효율적 시장가설은 검증 자체가 어려울 수밖에 없다. 그 이유는 내부정보를 구분하는 것은 물론 내부정보를 이용하여 비정상적인 초과수익을 얻을 수 있었는지를 파악하기가 어렵기 때문이다. 그러나 내부정보를 가진 투자자가 그렇지 못한 투자자보다 우월한 투자성과를 낼 것이라는 주장을 부정하기는 어려울 것이다. 사후에 적발되어 처벌받은 내부자거래의 실제 예를 보더라도 정상수익보다 많은 수익을 얻을 수 있다는 것을 알 수 있다. 따라서 주식시장이 강형의 효율적 시장이라는 가설은 일반적으로 지지받지 못하고 있다.

3. 검증의 한계와 주가의 이례현상

지금까지 소개된 통계적 검증에서는 대체로 준강형의 효율적 시장가설을 지지하는 충분한 증거가 수집된 것으로 보인다. 그러나 통계적인 검증에는 한계가 있으며 검증방법, 사용하는 자료와 검증기간에 따라 다른 결론이 나올 수도 있다. 실제로 증권시장의 효율성과는 배치되는 여러 가지 현상들이 관찰되고 있다. 체계적이고 지속적으로 나타나는 이러한 현상들을 증권시장의 이례현상(market anomalies)이라고 한다.

(1) 기업규모효과

기업규모효과(size effect)란 소형주에 대한 투자수익률이 위험조정 후에도 대형주의 투자수익률보다 평균적으로 높은 현상을 말하며 소기업효과(small firm effect)라고 한다.

(2) 계절적 이례현상

① 1월효과 1월효과(January effect)는 1월의 수익률이 다른 달의 수익률보다 지속적으로 높게 나타나는 현상을 말한다. 1월효과는 규모가 작은 기업에서 두드러져서 규모효과와 1월효과가 복합적으로 나타나고 있다.

만약 기업규모효과와 1월효과가 지속된다면 "규모가 작은 기업의 주식에 12월에 미리 투자"함으로써 초과수익을 얻을 수 있을 것이다. 그러나 모든 투자자들이 이러한 투자전략을 취한다면 결국에 이러한 현상은 사라져야 할 것이다. 1월효과는 세계의 주요 주식시장에서 공통적으로 발견되고 있는데, 만약 시장이 효율적이라면 이러한 현상이 발견될 수 없을 것이다.

② 주말효과 주말효과(weekend effect)는 다른 요일에 비해 금요일의 주가가 높고 그다음 월요일의 주가가 낮아 금요일의 수익률은 높고 금요일부터 월요일까지의 수익률(즉, 월요일 수익률)은 지속적으로 낮은 현상을 말한다. 만약 주말효과가 존재한다면 투자자들은 주가가 하락하기 전인 금요일에 소유주식을 매도하거나 주식을 빌려 공매도(short selling)하고 월요일에 싼 가격에 주식을 재매수하여 이익을 볼 수 있을 것이다. 투자자들이 이러한 행동을 보인다면 금요일 수익률은 떨어지고 월요일 수익률은 올라가서 주말효과는 사라져야 할 것이다. 주가의 변동이 독립적이고 무작위적(랜덤워크)이라면 요일 간 수익률의 차이는 존재하지 않을 것이다.

③ 일중효과 일중효과(intra-day effect)는 하루 중 수익률이 어떤 패턴을 나타내는 현상이다. 밝혀진 하루수익률의 패턴은 U자나 V자형인데 이는 개장

증시에도 계절이 있다?… '계절효과'와 주가

증시가 연중 특정한 시기에 강세 또는 약세를 보이는 현상을 '캘린더 효과(calendar effect)' 또는 계절효과라고 부르는데 이는 오랜 역사를 가진 미국 증시에서 지어진 말이다.

1월 효과란 1월의 평균적인 수익률이 나머지 달의 평균적인 수익률보다 높게 나타나는 현상을 말한다. 2006년 발표된 국내 한 증권회사의 자료에 따르면 1980년 이후 코스피는 1월에 평균 3.9%p 올랐는데 2~12월 동안 월평균상승률은 0.91%p에 그친 것으로 나타나 우리나라에서도 26년 동안의 데이터로 보면 1월 효과는 있다고 할 수 있다. 1월 효과는 새해를 맞아 주식분석가들이 낙관적인 수치와 전망을 제시하기 때문에 투자자들의 투자 심리가 고조된다는 점과 1월에는 유망한 업종을 미리 매수하고 새로운 마음으로 매매에 임하는 점, 연말이나 연초에 집중된 각종 보너스 지급금들이 증시로 흘러든다는 점 등 다양한 요인들이 원인으로 꼽히고 있다.

또한 산타랠리(Santa rally)란 크리스마스를 전후로 연말과 신년 초에 주가가 강세를 보이는 현상을 말하는데 산타클로스가 투자자들에게 선물을 준다는 뜻이다. 원인으로는 크리스마스 선물을 위한 소비로 내수가 증가하고 해당 기업의 발전 가능성이 높아지면서 그 기업의 주식을 매입하려는 사람들이 늘어나고 경기의 선순환으로 이어지며 증시 전체의 강세 현상이 나타난다는 것이다.

한편 서머랠리(Summer rally)는 매년 초여름인 6월에서 7월까지 주가가 상승하는 여름철 주식시장을 가리키는 말이다. 서머랠리는 미국에서 펀드매니저들이 여름휴가를 떠나기 전 미리 주식을 사두면서 증시가 오른 것에서 유래한 말이라고 한다. 역시 우리나라보다는 여름휴가가 긴 선진국 증시에서 많이 나타나는 것으로 알려져 있다. 흥미로운 것이 시장이 하강기일 경우에는 반대로 주식을 팔고 휴가를 떠나려는 사람들이 많아지면서 주식수익률을 떨어뜨리는 역할도 한다는 것이다.

-서울경제TV(2019.04)

초기 및 폐장시간대에 수익률이 높다는 것을 의미한다. 효율적 시장에서는 이러한 현상이 지속적으로 관찰될 수 없을 것이다.

(3) *PER* 효과

*PER*효과는 저(低)*PER*주식의 수익률이 위험조정 후에도 고(高)*PER*주식의 수익률보다 높은 현상을 말한다. *PER*효과는 *PER*에 따라 주가가 체계적으로

잘못 평가된다는 것을 의미하며 주식시장이 준강형의 효율적 시장이 아니라는 증거이다. 저*PER* 주식에 대한 선호는 *PER*효과가 발견되기 이전부터 존재하였다. 한국 주식시장에서도 외국인 투자자들의 투자기법을 따라 많은 투자자들이 *PER*를 종목선택의 기준으로 사용하고 있으며 "*PER*혁명"이라는 말이 생겨나기도 했다.

(4) 최초공모주현상

최초공모주(IPO: Initial Public Offering)현상이란 최초로 공모발행되는 주식의 발행가격이 너무 낮게 책정(저평가)되어 이 주식을 청약받은 투자자에게 높은 초과수익률이 발생하는 현상이다. 이러한 현상은 미국뿐만 아니라 우리 주식시장에서도 나타났는데 당시에는 최초공모주청약은 곧 초과수익으로 인식될 정도였다. 이러한 현상은 공모를 주선하는 투자은행이 발행위험을 줄이기 위해 실제 가치보다 저가발행하기 때문이라는 설명이 지배적이다. 그렇더라도 시장이 효율적이라면 이러한 현상이 지속적으로 나타나지는 않을 것이다.

4. 주가와 시장심리

주가가 내재가치보다는 시장의 심리적 요인(투자자의 군중심리나 유행)에 의해 결정되는 경우도 생각할 수 있다. 이러한 현상은 미인선발대회와 거품이론(버블이론)으로 설명된다.

(1) 미인선발대회

저명한 경제학자이며 유능한 투자자였던 케인즈(J. M. Keynes)는 주식투자를 미인대회(beauty contest)로 비유하였다. 미인대회에서 유능한 심사위원은 '미인'이 아니라 '미인으로 선발될 참가자'를 선택해야 한다. 따라서 심사위원은 미의 기준과는 상관없이 다른 나머지 심사위원들이 선택할 미인을 선택할 것이다.

주식투자에서도 마찬가지로 내재가치보다는 다른 투자자들이 높은 가치를 인정하는 주식을 선택하는 것이 중요하다는 것이다. 이 논리에 따르면 과대 평가된 주식도 더 높은 가격에 사줄 투자자만 있다면 아무 문제가 없으며, 나보다 더 바보가 있는 한 주식투자에서 성공할 수 있다는 말이다.

(2) 버블이론

버블이론(bubble theory)은 내재가치와 상관없이 군중심리에 의해 주가가 부풀려지고 결국 언젠가는 거품이 꺼지게 된다는 주장이다. 거품이론에 대해서는 역사적으로 많은 사례가 있지만 부동산과 주가에 대한 최근의 경험으로 설명될 수 있다.

① 일본의 주식과 부동산 버블 1990년대 초에 주식과 부동산 버블이 꺼질 때까지 일본에서는 주식과 부동산가격은 하락하지 않는다는 신화가 있었다. 버블이 최고조에 달했을 당시 일본의 부동산 시가는 미국 전체의 5배에 이르고, 농경을 팔아 미국 전체를 살 수 있을 정도였다. 일본 주식시장의 시가총액은 미국의 1.5배, *PER*는 60으로 미국의 15배에 이르렀다. 이러한 버블의 발단은 일본 특유의 높은 저축률과 0에 가까운 낮은 이자율에 의한 풍부한 유동성 때문이었다. 미래를 낙관한 일본 투자자(투기자)들은 주식에 투자하고, 주식을 담보로 빌린 돈으로 부동산을 구입하고, 다시 부동산을 담보로 돈을 빌려서 주식을 매입하고, …. 결과적으로 주식과 부동산이 동반상승하는 연결고리가 형성된 것이다. 그러나 인플레이션을 걱정한 일본 중앙은행의 금리인상을 기폭제로 거품은 순식간에 꺼지고 말았다.

일본의 대표적인 주가지수인 Nikkei 지수는 거품이 꺼지기 직전인 1989년 12월의 38,915엔을 정점으로 2002년 말에는 8,578까지 하락하기도 하였다. 은행에 담보로 제공되었던 주식과 부동산가격의 폭락으로 금융기관에는 막대한 부실채권이 발생하였으며, 이것이 아직도 일본 경제의 회생에 걸림돌이 되고 있다.

② 인터넷 열풍과 코스닥 버블 2000년 초반 한국 코스닥시장에서는

주가가 급등하여 6개월만에 시가총액이 2.5배 성장하고 거래금액이 거래소시장을 능가하기에 이르렀다. 당시의 상황에 대해 한편에서는 "기존의 가치평가이론으로는 새로운 기술과학주(특히 인터넷 주식)를 평가할 수 없으며, 전통적인 기업의 주가하락에도 불구하고 코스닥 주가가 급등하는 것은 디지털 경제시대에 당연한 일이며 코스닥 주가는 앞으로도 추가 상승할 여력이 있다"고 주장하고 있었다. 그러나 다른 한편에서는 "코스닥 주가는 '묻지마 투자'라는 일시적 유행에 따른 거품일 뿐이다"라는 주장이 제기되고 있었다.

인터넷기업과 관련된 버블현상은 한국뿐만이 아니라 미국에서도 발생했다. 미국에서 대표적인 .com기업의 하나였던 etoys.com의 주가는 최고 94달러 수준에서 28센트까지 하락한 후 결국은 도산하고 말았다. 1년도 채 되지 않는 기간 동안에 많은 코스닥 종목들의 주가가 1/10 이하 수준으로 떨어지는 현상은 버블이론 말고는 설명하기가 어려울 것이다.

몰락한 닷컴(.com)기업의 주식 골동품으로 인기 상한가

미국의 유명 온라인 장난감 소매업체인 e토이즈(etoys.com)는 한때 시가총액이 80억달러에 달했으나 2001년 3월 적자 누적으로 파산하고 말았다. 그 후 휴지조각이던 e토이즈의 주식이 골동품 수집가들 사이에서 인기를 끌면서 139달러까지 치솟았다. 현재 e토이즈는 동종 업계의 KB토이즈(kbtoys.com)에 "이름값" 1,400만달러를 받고 인수되어 다시 e-business시장에 등장하였다.

제2절 기술적 분석의 개념

주가의 움직임을 분석하는 방법은 크게 기본적 분석과 기술적 분석으로 구분할 수 있다. 기본적 분석(fundamental analysis)은 주식의 내재가치에 영향을 미치는 요인들과 주가와의 체계적인 관계를 파악함으로써 저평가된 주식을 골라내는 종목선택(selection)에 관한 일이다. 기술적 분석(technical analysis)은 과거와 현재의 주가 변동을 분석하고 여기에서 찾아낸 특징을 이용하여 미래의 주가 변화를 예측하여 매매시점을 판단(market timing)하는 일이다. 한마디로 기본적 분석은 주식에 대한 수요와 공급에 영향을 미치고 주가의 상승과 하락을 유발하는 경제적 요인이 분석의 대상인 반면, 기술적 분석은 주식시장의 움직임 그 자체가 분석의 대상이다.

기술적 분석에서는 "주가는 모든 것을 반영한다", 즉 주식에 대한 수요와 공급에 영향을 미치는 경제적 · 정치적 · 사회적 · 심리적 요인들이 모두 주가에 반영되어 있다고 믿는다. 따라서 기술적 분석에서는 주가에 영향을 미치는 요인들의 변동을 파악하고 이해하는 것이 주가의 움직임을 예측하는 데 반드시 필요하지는 않다는 것이다. 기술적 분석은 주가, 거래량 등 주식시장의 움직임을 차트로 표시하고 이 차트(chart)를 분석하는 것이 주된 내용이다. 이러한 의미에서 기술적 분석가를 차트분석가(chartists)라고 하기도 한다.

기술적 분석은 주가의 움직임에 추세와 패턴이 존재한다는 것을 전제로 한다.

1. 추 세

기술적 분석은 "주가는 추세를 이루며 움직인다."는 것을 전제로 한다. 주식시장에서 추세(trend)란 주가가 일정 기간 계속 같은 방향으로 움직이는 것을 말하는데 뉴턴(Newton)의 제1법칙인 관성의 법칙을 주식시장에 적용한 것이다. 주식시장에서 추세의 방향은 상승, 하락, 수평의 세 가지로 구분할 수 있다. 성공적인 투자를 위해서는 "추세에 편승하라"는 말처럼 추세의 개념은 기술적 분석에서 필수적인 것이다. 예를 들어 상승추세 초기에 매수하고 추세 말기 또는 추세의 반전을 확인한 후에 매도한다면 성공적인 투자가 가능하다는 것이다.

추세선은 일정한 범위 내에서 정점과 바닥을 형성하면서 움직이는 주가를 연결한 것이다. 상승하고 있는 주가의 바닥선을 잇는 것을 상승추세선이라 하고, 하락하고 있는 주가의 정점을 잇는 것을 하락추세선이라고 한다. 지금까지 형성된 추세선을 3% 이상 이탈하여 새로운 추세로 전환하는 것을 추세전환(추세반전)이라고 한다. 추세전환에는 거래량이 중요한 요소로 작용하는데 추세선이 상승전환하기 위해서는 거래량이 증가하여야 하고, 반대로 추세선이 하락전환하는 과정에서는 거래량이 감소하는 경향이 있다.

2. 패 턴

기술적 분석은 "주가의 움직임에는 패턴이 존재하고 이 패턴은 반복된다."는 것을 전제로 한다. 주가패턴(price pattern)이란 차트상에 나타나는 특정한 형태의 주가움직임을 말한다. 주가패턴을 분석하는 패턴분석은 기본적으로 "역사는 되풀이 된다"는 것을 전제로 한다. 차트에 나타난 주가의 움직임은 결국 시장참여자들의 행동을 반영한 것인데 사람들은 생각을 잘 바꾸지 않는 경향이 있으며 어떠한 상황이 발생하면 과거에 이와 유사한 상황에서 취했던 행동을 그대로 답습할 가능성이 많다는 것이다. 따라서 현재의 주가가 형성되는 과정과 유사한 과정을 과거의 예에서 찾을 수 있다면 과거의 주가패턴을 이용하여 앞으로의 주가움직임을 예측할 수 있다는 것이다.

3. 효율적 시장과 주가패턴

한편 주식시장의 일각에서는 특히 주식시장이 효율적 시장이라고 믿는 학자들을 중심으로 주가패턴이 존재할 수 없다는 주장이 있다. 주가패턴에 대해 다음과 같은 상반된 주장이 있다.

(1) 주가패턴이 존재하지 않는다는 주장

주가패턴이 존재하지 않는다는 주장은 약형의 효율적 시장가설을 검증하는 과정에서 제시된 사례들과 함께 다음과 같이 설명할 수 있다.

〈그림 7-3〉과 같은 주가패턴이 존재한다고 가정해보자. 그러나 투자자들이 고점에서 일제히 매도하고 저점에서 일제히 매수한다면 주가는 추세를 따

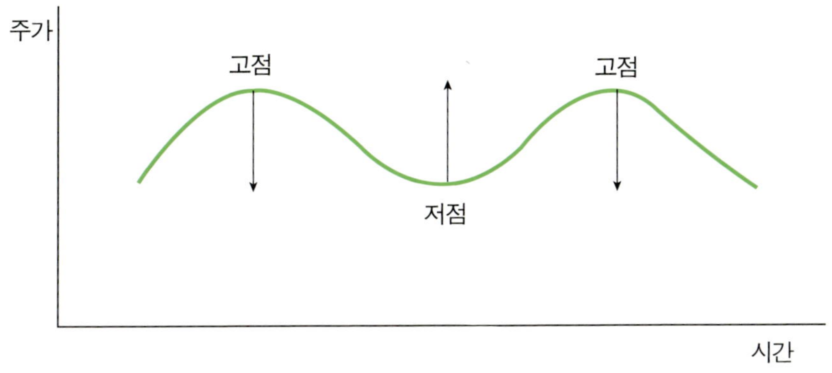

그림 7-3
주가파동

라 서서히 조정되는 것이 아니라 수직으로 하락 또는 상승하게 될 것이다. 이는 주가패턴이 존재한다는 애초의 가정과는 정면으로 배치되는 것이다. 한편 패턴을 파악했다고 하더라도 이 패턴은 과거의 것일 뿐 앞으로도 반복된다는 보장은 없다. 또 패턴이 반복된다고 하더라도 패턴상에서 현재 위치를 파악하기 어려울 것이다. 따라서 주가패턴은 존재할 수 없으며 주가패턴을 이용한 매매전략은 무의미하다는 것이다.

(2) 주가패턴이 존재한다는 주장

효율적 자본시장은 정보가 투자자에게 동시에 전달되고, 새로운 정보를 전달받은 투자자는 즉각 거래에 참여해 정보가 주가에 충분하고 신속하게 반영된다는 것을 전제로 한다. 그러나 불완전한 증권시장에는 정보의 비대칭(information asymmetry)이 존재하기 때문에 실제로는 정보가 투자자에게 동시에 전달되지 않을 뿐만 아니라, 정보를 전달받은 투자자가 모두 즉각 거래에 참여하지도 않는다. 새로운 정보는 적극적인 투자자에게 먼저 전달되고 그다음에 일반 대중에 전달되며, 정보의 분석과 이에 따른 행동도 시차를 두고 일어난다. 따라서 새로운 균형가격은 시간을 두고 형성되며 그 과정에서 주가패턴이 생겨나게 된다. 따라서 기술적 분석을 통해 추세의 출발점을 미리 찾아낼 수 있는 투자자는 그렇지 못한 투자자에 비해 많은 이익을 얻을 수 있다는 것이다.

기술적 분석에 대한 논리적이고 실증적인 반증에도 불구하고 시장에서는 다양한 기술적 분석방법이 사용되고 있다. 역설적으로 만약 주가패턴을 찾아내기 위한 그래프나 차트가 증권투자에 아무런 도움이 되지 않았다면 기술적 분석은 이미 폐기되어 존재하지 않을 것이다. 그리고 기술적 분석의 가치가 통계적으로 검증되지 않았다고 기술적 분석이 아무런 가치가 없다고 단정할 수는 없을 것이다.

제3절 기술적 분석방법

기술적 분석은 추세분석을 기본으로 여기에 거래량, 주가변동성 등을 더해 종합적인 분석방법으로 발전하고 있다. 특히 컴퓨터의 발달로 전통적인 기술적 분석에 통계 기법을 활용하여 분석 결과를 즉시에 도출하고 이를 매매에 적용하는 것이 가능하게 되었다. 최근에는 신경망조직(Neural Network)이론, 전문가시스템(Expert System), 퍼지(Fuzzy)이론, 인공지능(Artificial Intelligence; AI) 등을 이용하여 보다 과학적인 분석방법으로 발전하고 있다.

1. 다우이론과 엘리어트파동이론

(1) 다우이론

기술적 분석의 창시자는 다우존스회사(Dow Jones Company)를 설립하고 월스트리트 저널(WSJ: Wall Street Journal)의 편집자였던 미국의 찰스 다우(Charles

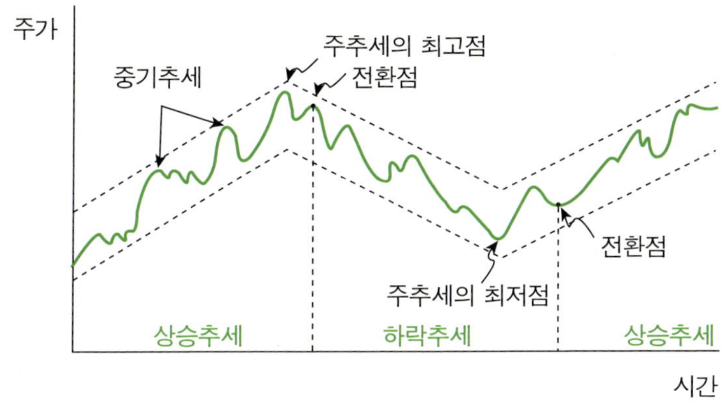

그림 7-4
다우이론과 전환점

Dow)이다. 다우이론의 기본적 개념은 "평균이 모든 것을 나타낸다"는 것이다. 실제로 다우는 다우존스산업평균지수(DJIA), 일명 다우지수가 경제와 주식시장에 관한 모든 것을 반영하고 있다고 주장하였다.

다우이론에서는 주식시장의 추세(trend)가 강조되는데 주가추세를 3단계로 구분한다.

① **주추세**(major trend)　1년 또는 몇 개월 이상 계속되는 장기추세를 말한다. 주추세의 상승을 강세시장(bull market), 하락을 약세시장(bear market)이라고 한다.

② **중기추세**(secondary trend)　주추세가 진행되는 과정에서 주추세에 대한 조정으로 몇 주 또는 몇 달간 계속되는 반동작용을 말하며 2차추세라고도 한다.

③ **소추세**(minor trend)　매일매일의 단기적인 주가움직임을 말하며 다우이론에서는 중요시되지 않는다.

다우이론의 주된 목적은 주추세가 반전되는 전환점을 찾는 것이다. 주추세의 전환은 중기추세가 변화하는 형태에 따라 다음과 같은 원칙에 의해 포착된다.

① 새로운 중기추세의 최고점이 이전의 최고점을 능가하면 상승추세는 지속된다.
② 새로운 중기추세의 최고점이 이전의 최고점을 능가하지 못하면 주추세는 하락세로 반전한다.
③ 새로운 중기추세의 최저점이 이전의 최저점을 능가하면 주추세는 상승세로 반전한다.

다우이론은 1929년 주식시장의 붕괴를 예언함으로써 유명해졌다. 경제대공황이 시작되기 직전인 1929년 9월에 다우지수(DJIA)는 381포인트였다. 1929년 10월 23일 WSJ은 사설에서 다우이론을 근거로 미국 증권시장의 활황이 끝나고 불황이 시작될 것이라는 것을 예측하였다. WSJ의 예측대로 3년도 안 되는 기간 동안 다우지수가 41포인트로 급락하고, 증권시장의 붕괴가 경제대공황(The Great Depression)으로 이어짐으로써 다우이론이 많은 관심을 끌게 되었다.

그러나 주가패턴이 존재하는가? 주가패턴이 반복되는가? 하는 근본적인 의문 이외에도 다우이론을 실제 투자에 응용하는 데는 어려움이 있다. 과거 자료에서 중기추세와 주추세를 구분하고 전환점을 찾아내는 일은 간단하다. 그러나 주가파동이 진행 중인 상태에서 현재의 주가수준이 파동의 연장선상 어느 위치에 있는지(중기추세인지 주추세인지)를 알기는 어려운 일이다. 그리고 추세반전을 확인할 수 있다고 하더라도 이는 시간이 지난 다음에야 가능한 일이다.

(2) 엘리어트파동이론

다우이론은 다우가 사망한 후에도 많은 투자자와 학자들에 의해 발전되어 왔다. 그중 대표적인 것이 엘리어트파동이론(Elliott Wave Principle)이다. 엘리어

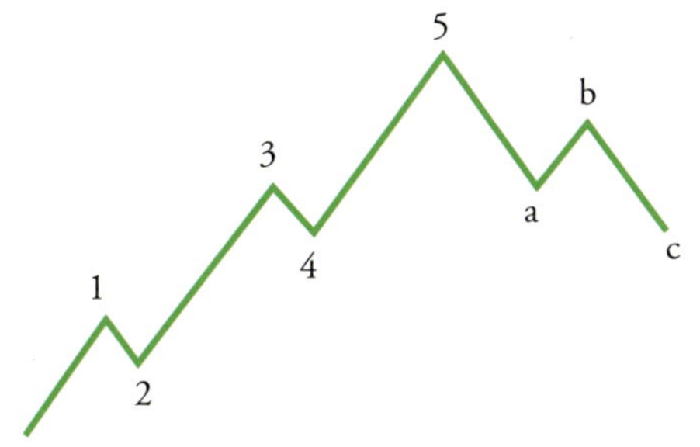

그림 7-5

엘리어트파동의 기본패턴

트파동이론은 엘리어트 자신이 말했듯이 다우이론에 대한 보충적인 내용이라고 할 수 있다. 엘리어트파동이론은 미국의 경제대공황을 전후로 뉴욕증권시장의 극심한 등락에 대한 분석에서 시작되었으며 과거 수십년 동안의 연간, 월간, 주간, 일간, 심지어는 30분간의 주가움직임을 분석한 결과이다.

엘리어트파동이론에서 가장 중요한 요소는 패턴분석이다. 엘리어트파동이론에서 큰 흐름으로 본 주가상승과 하락의 순환은 5개의 상승파동과 3개의 하락파동이 리듬을 타고 반복적으로 진행된다는 것이다. 〈그림 7-5〉는 엘리어트파동이론의 기본패턴을 나타낸다. 상승파동은 1, 2, 3, 4, 5파로 구성되는데 추세와 같은 방향으로 움직이는 추진파(impulse wave)(1, 3, 5파)와 추세와 반대방향을 움직이는 조정파(correction wave)(2, 4파)로 구성된다. 상승이 마무리된 후에는 상승파동 전체를 조정하는 3개의 파동(a, b, c파)이 이어진다.

〈그림 7-5〉와 같은 기본파동은 다른 장기적인 파동에서 추진파와 조정파의 역할을 하는데 여기에서도 마찬가지로 상승방향의 추진파는 5개, 하락방향의 조정파는 3개로 구성된다.

2. 지지선과 저항선

지지선(support line)이란 주가가 그 이하로 하락할 경우 매입세력이 매도세력을 능가하는 가격수준을 말한다. 주가가 지지선까지 하락하면 하락세가 멈

추고 상승세로 전환되거나 지지선 위에서 보합을 이루게 된다. 이것은 싼 가격이 매수(수요)를 유발시키고 반대로 매도세력은 싼 가격에 매도(공급)하기를 꺼리기 때문이다.

저항선(resistance line)이란 주가가 그 이상으로 상승할 경우 매도세력이 매입세력을 능가하는 가격수준을 말한다. 주가가 저항선까지 상승하면 상승세가 저항을 받고 하락세로 전환되거나 저항선 아래에서 보합을 이루게 된다. 이것은 비싼 가격이 매도(공급)를 유발시키고 반내로 매수세력은 비싼 가격에 매입(수요)하기를 꺼리기 때문이다.

일반적으로 바로 직전에 나타난 최고점은 저항선이 되는 경우가 많고, 반대로 직전에 나타난 최저점은 지지선이 되는 경우가 많다. 또한 저항선이 일단 돌파되면 이제까지의 저항선은 지지선의 역할을 하고, 반대로 지지선이 돌파되면 이제까지의 지지선은 그 이후로는 저항선의 역할을 하는 경우가 많다.

몇 차례의 시도에도 주가가 저항선이나 지지선을 돌파하지 못하였다면 이를 추세의 전환을 나타내는 신호로 보는 경우가 많다. 한편 저항선이나 지지선은 최근에 나타난 것일수록 그 중요성이 큰데 그 이유는 가장 최근에 나타난 가격변동이 향후의 주가움직임에 많은 영향을 미칠 가능성이 높기 때문이다.

그림 7-6

지지선과 저항선

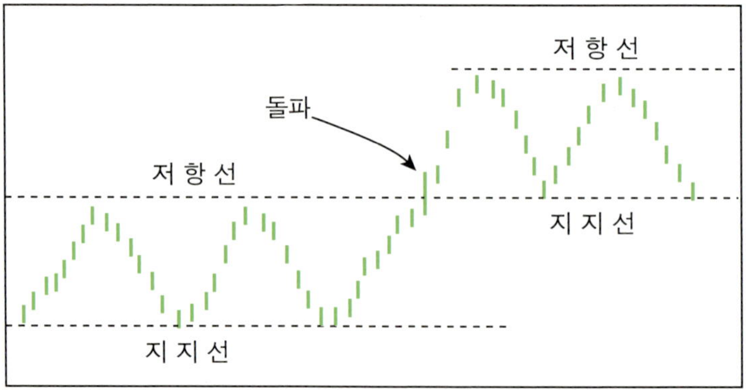

3. 이동평균선분석

(1) 이동평균선

이동평균선(MA: moving average)은 기술적 지표 중에서 가장 많이 사용되고 있는 것으로 일정 기간 동안의 평균주가를 선으로 나타낸 것이다. 이동평균은 평균되는 주가와 평균을 내는 시간에 의해 결정되는데 x-일 단순이동평균은 x-일 동안의 주가 또는 주가지수를 단순평균한 것이다. 다음과 같은 가상적인 주가지수에서 5일 이동평균은 다음과 같다.

일 시	06.10	06.11	06.12	06.13	06.14	06.17
주가시수(포인드)	2,099.49	2,111.81	2,108.75	2,103.15	2,095.41	2,090.73

$$MA_5(06.17) = \frac{2,111.81+2,108.75+2,103.15+2,095.41+2,090.73}{5} = 2,101.97$$

$$MA_5(06.14) = \frac{2,099.49+2,111.81+2,108.75+2,103.15+2,095.41}{5} = 2,103.72$$

이동평균선은 이동평균을 선으로 연결한 것이다. 이동평균선의 가장 큰 장점은 주가를 평균하는 과정에서 주가변동의 불규칙성이 어느 정도 제거되었기 때문에 이동평균의 변화를 통해 추세의 변화를 간단히 파악할 수 있다는 것이다. 이동평균선은 평균기간에 따라 단기 · 중기 · 장기 이동평균선으로 구분한다. 단기이동평균선은 주가변동에 민감하기 때문에 추세의 전환을 일찍 알려주지만 정확도가 낮은 반면, 장기이동평균선은 주가변동에 둔감해서 추세 전환을 파악하는 데는 늦지만 예측의 정확도는 높아지게 된다. 일반적으로 많이 사용되고 있는 이동평균선과 그 특징은 다음과 같다.

▶ 5일 이동평균선

1주일(5거래일) 동안의 평균가격으로 단기매매선이라고 한다. 5일선은 현재의 주가수준과 가장 밀접하게 움직이므로 단기투자자에게 중요한 기준선이 된다.

▶ 20일 이동평균선

1개월(20거래일)간의 평균가격으로 중기매매선 또는 생명선이라고 한다. 20일선의 기울기는 현재 주가흐름의 방향을 나타내는 지표로 사용된다.

▶ 60일 이동평균선

3개월간의 평균가격으로 중기적 추세선 또는 수급선이라고 한다. 60일선은 상승 또는 하락추세로의 전환을 판단하는 중요한 기준이 된다.

▶ 120일 이동평균선

6개월간의 평균가격으로 장기적 추세선 또는 경기선이라고 한다. 120일선의 기울기는 시장의 전체적인 흐름을 분석하는 데 사용된다.

(2) 매매시점 포착

매매시점의 포착은 각 시장상황에서 주가와 이동평균선의 교차형태에 따라 매수 · 매도신호를 찾는 일이다.

주가가 상승추세에 있을 때에는 주가가 이동평균선보다 빠르게 움직이므로 주가선이 이동평균선보다 위에 위치할 것이다. 반대로 주가가 하락하는 추세에 있을 때에는 주가가 이동평균선보다 빠르게 움직이므로 주가선이 이동평균선보다 아래에 위치할 것이다.

① 이동평균선이 하락한 후 보합이나 상승으로 전환하는 시점에서 주가가 이동평균선을 상향돌파할 때에는 매수시기로 판단한다〈그림 7-7 (A)〉.

② 이동평균선이 상승 후 조정국면이나 하락으로 전환하는 시점에서 주가가 이동평균선을 하향돌파할 때에는 매도시기로 판단한다〈그림 7-7 (B)〉.

③ 주가가 상승하는 이동평균선 위에서 하락하다가 이동평균선에 접근하면서 상승으로 반전되는 시점은 매수시기로 판단한다. 주가가 이동평균선 위에 있다는 것은 주가가 적어도 완만한 상승을 유지하고 이동평균선이

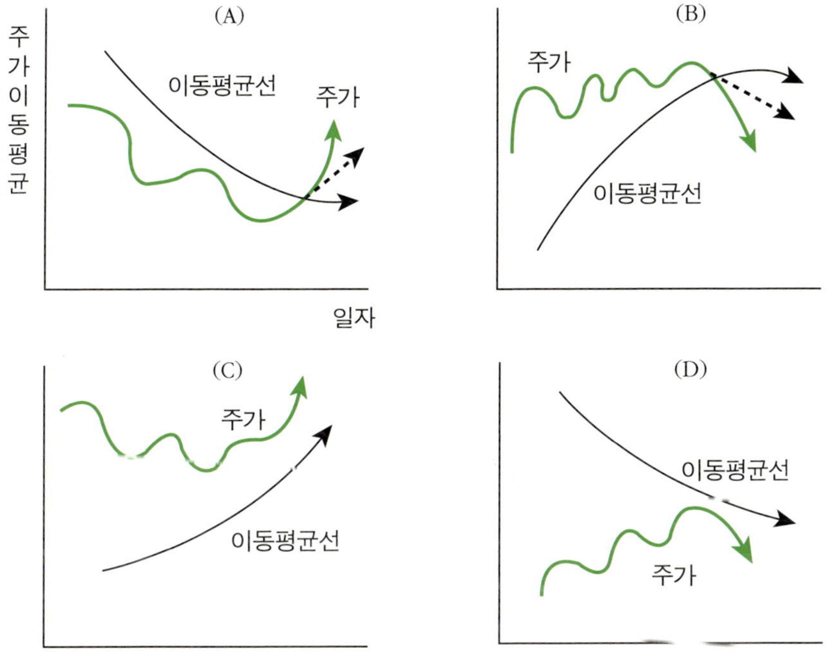

그림 7-7

주가와 단기 이동평균선을 이용한 매매시점 포착

상승세에 있었다는 것을 의미한다. 이러한 상황에서 주가가 하락하다가 이동평균선을 하향돌파하지 않고 상승세로 반전된다는 것은 주가상승의 신호로 충분하다는 것이다〈그림 7-7 (C)〉.

④ 주가가 하락하고 있는 이동평균선 밑에서 이동평균선으로 접근하다 이동평균선을 뚫지 못하고 다시 하락할 때는 매도시기로 판단한다〈그림 7-7 (D)〉.

▶ 이격도

이격도(disparity)는 주가 또는 주가지수가 이동평균선과 어느 정도 떨어져 있는가 하는 괴리율을 말하는데 주가 또는 주가지수가 과열 또는 침체된 상태인지를 판단하는 지표로 사용된다. 이격도는 주가 또는 주가지수를 이동평균으로 나누어 %로 표시하는데 20일 이동평균선으로 계산된 이격도(20일 이격도)

를 많이 사용한다.

$$\text{이격도} = \frac{\text{주가(주가지수)}}{\text{이동평균주가(주가지수)}} \times 100\%$$

이격도가 100%라는 것은 주가 또는 주가지수가 추세를 유지하고 있는 상태를 나타낸다. 이격도가 100%를 과도하게 벗어났다는 것은 현재 주가가 추세(이동평균)를 과도하게 벗어났다는 것을 말한다. 그런데 주가는 추세로 회귀하려는 경향이 있으므로 추세를 과도하게 이탈한 경우에는 다시 추세로 회귀하는 시점을 경험적으로 찾아내어 이를 매매신호로 이용할 수 있다. 매매신호는 시장상황과 투자자에 따라 탄력적이고 주관적으로 판단하게 되는데 아래에 제시된 수치는 하나의 기준으로 삼을 수 있다.

20일 이격도에서는 상하 5%를 기준으로 이격도가 105% 이상이면 과열상태로 인식하여 매도신호로, 95% 이하이면 매수신호로 여겨진다. 강세장에서 주가상승은 추세를 이어가는 자연스러운 현상이기 때문에 이격도가 107%를 초과해야 매도신호로 인식한다. 반대로 강세장에서는 이격도가 98% 정도만 하향이탈해도 이를 매수신호로 인식한다. 한편 약세장에서는 주가상승이 추세의 전환이 아니라 일시적인 상승일 가능성이 많기 때문에 이격도가 102%만 넘어도 매도신호로 판단한다. 약세장에서는 주가하락을 추세의 연장으로 인식하여 주가가 충분히 하락한 후에야 상승 반전할 것으로 판단하여 이격도가 92%를 하향이탈하면 매수신호로 판단한다.

60일 이격도에서는 상하 10%를 기준으로 110% 이상이면 매도신호로, 90% 이하이면 매수신호로 여겨진다. 120일 이격도의 경우에는 상하 15%를 기준으로 이격도 115%와 85%를 각각 매도와 매수신호로 해석한다.

(3) 대세판단

대세판단을 위해서는 속성이 다른 장 · 단기 이동평균선이 교차하는 형태를 분석하게 된다. 단기이동평균선은 시세의 전환을 빨리 알려주는 반면 주가의 변동에 민감하기 때문에 "일시적인 움직임"으로 끝나고 마는 경우가 많다. 이에 비해 중 · 장기 이동평균선은 시세의 전환을 나타내는 것은 늦지만 단기적인 주가변동에 좌우되지 않기 때문에 주가의 기조(큰흐름)를 확인하는 데 더 효과적이다.

▶ 대세상승과 대세하락

상승장세에서는 단기, 중기, 장기 이동평균선 순으로 상승방향이 전환되고, 하락장세에서도 마찬가지로 단기, 중기, 장기 이동평균선 순으로 하락방향이 전환된다.

정배열은 단기, 중기, 장기 이동평균선 순으로 위에서 아래로 배열된 상태에서 상승하는 형태를 말하는데 대세상승을 나타내는 신호로 받아들여진다. 역배열은 장기, 중기, 단기 이동평균선 순으로 위에서 아래로 배열된 상태에서 하락하는 형태를 말하는데 대세하락을 나타내는 신호로 받아들여진다.

(4) 추세전환

주가가 상승할 때에는 장기 · 중기 · 단기 이동평균선을 차례로 지지선으로 상승하고, 하락으로 반전할 때에는 단기 · 중기 · 장기 이동평균선을 차례로 하향 이탈하게 된다. 주가가 하락할 때에는 단기 · 중기 · 장기 이동평균선을 차례로 저항선으로 하락하고, 상승으로 반전할 때에는 주가가 단기 · 중기 · 장기 이동평균선을 차례로 상향 돌파하게 된다.

골든크로스(golden cross)는 단기이동평균선이 장기이동평균선을 밑에서 위로 뚫고 돌파(상향돌파)하는 것을 말하며 단기이동평균선이 상승하는 경우에만 발생한다. 골든크로스는 강세장으로의 전환을 알리는 강력한 매수신호로 받아들여지고 있다. 골든크로스에서 거래량이 증가하는 경우에는 강세장으로의 전환을 더욱 확신할 수 있다.

데드크로스(dead cross)는 반대로 단기이동평균선이 장기이동평균선을 위에서 아래로 뚫고 돌파(하향돌파)하는 경우를 말하며 단기이동평균선의 하락을

그림 7-8

장 · 단기 이동평균선에 의한 대세판단

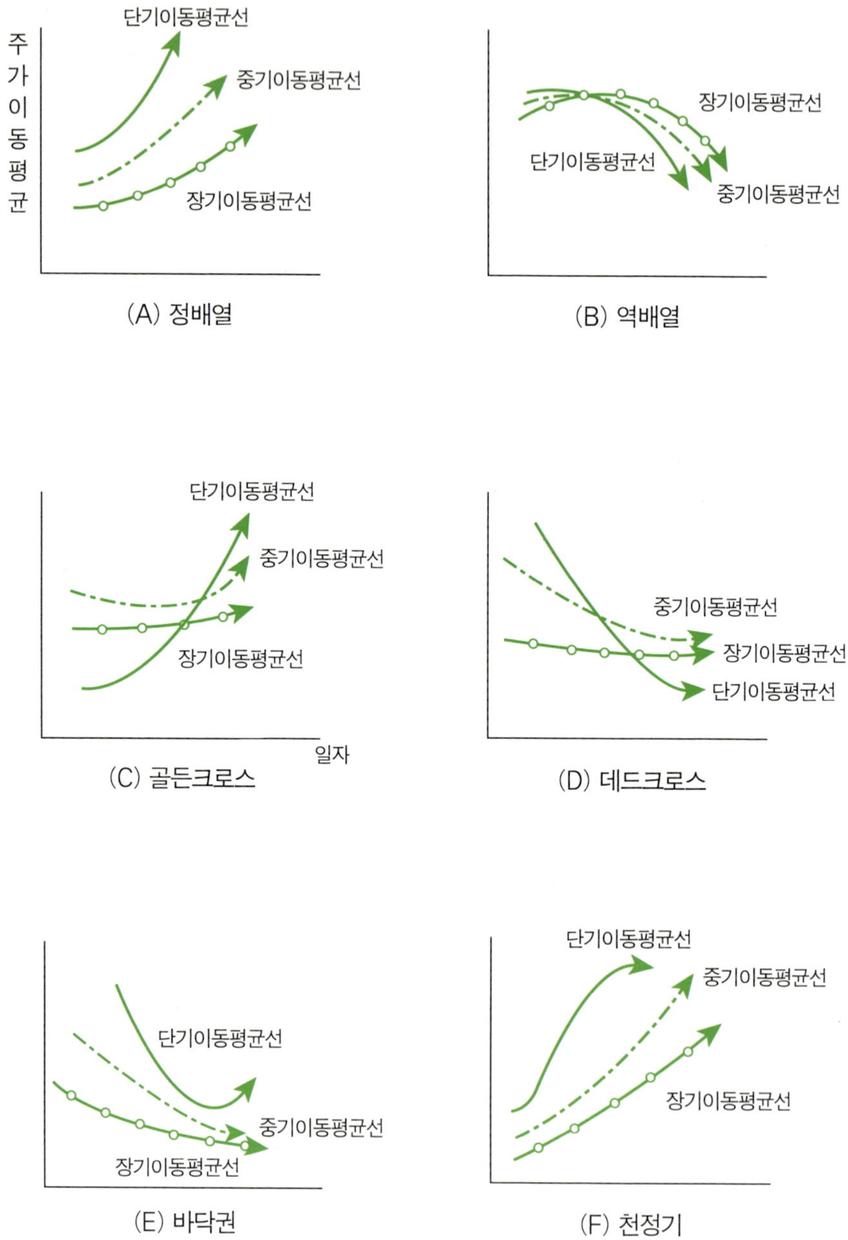

전제로 한다. 데드크로스는 침체장세로의 전환을 알리는 신호로 받아들여지고 있다. 데드크로스에서 대체로 거래량이 감소하는 경우가 많다.

골든크로스와 데드크로스를 판단하는 데는 보통 20일선과 60일선을 사용한다. 단기 · 중기 · 장기 이동평균선 사이의 간격이 멀어질수록 기존 추세가 지속되고, 반대로 간격이 좁혀지기 시작하면 곧 추세가 전환될 것을 예고하는 신호로 여겨진다.

(5) 바닥권과 천정권

장 · 단기 이동평균선이 장기간의 하락 후에 단기이동평균선이 상승하기 시작하면 주가가 바닥권을 벗어나 상승기로 접어들었다는 신호로 여겨진다. 장 · 단기 이동평균선이 장기간의 상승 후에 단기이동평균선이 하락하기 시작하면 주가가 천정권을 벗어나 하락기로 접어들었다는 신호로 여겨진다.

4. 봉차트분석, 캔들(candlestick) 분석

주가의 흐름은 시가와 종가, 고가와 저가를 기준으로 그릴 수 있다. 봉차트는 직사각형 모양의 몸통(real body)과 몸통 위와 아래에 있는 두 개의 선으로 구성되어 있는데 그 모양이 양초 같기 때문에 캔들(candle)이라는 이름이 붙여졌다. 몸통은 장중 시가(open price)와 종가(close price) 사이의 가격범위를 나타내는데, 종가가 시가보다 높게 형성되면, 즉 주가가 상승하면 양봉이라고 하며 백색 또는 적색으로 표시한다. 반대로 종가가 시가보다 낮게 형성되면, 즉 주가가 하락하면 음봉이라고 하며 흑색 또는 청색으로 표시한다. 몸통의 위와 아래에 있는 가는 선은 그림자(shadows) 또는 수염이라고 하는데 윗그림자의 상단은 장중 고가를 아랫그림자의 하단은 장중 저가를 나타낸다. 따라서 몸체와 그림자를 합한 전체 길이는 하루 동안 주가의 변동폭을 나타낸다.

봉차트분석은 봉(캔들)의 기본적 형태를 이해하는 것으로부터 시작된다.

봉차트는 봉을 시간경과에 따라 옆으로 배열한(시계열) 차트인데 종축(Y축)

그림 7-9

캔들의 구조

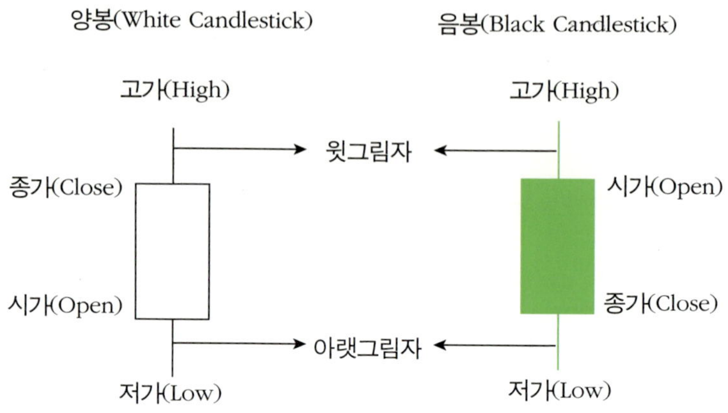

에는 가격이, 횡축(X축)에는 시간이 표시된다. 시계열로 배열된 봉차트는 시장의 추세를 파악하는 데 사용된다. 〈그림 7-10〉은 흔히 볼 수 있는 봉차트를 나타낸다.

그림 7-10

봉차트

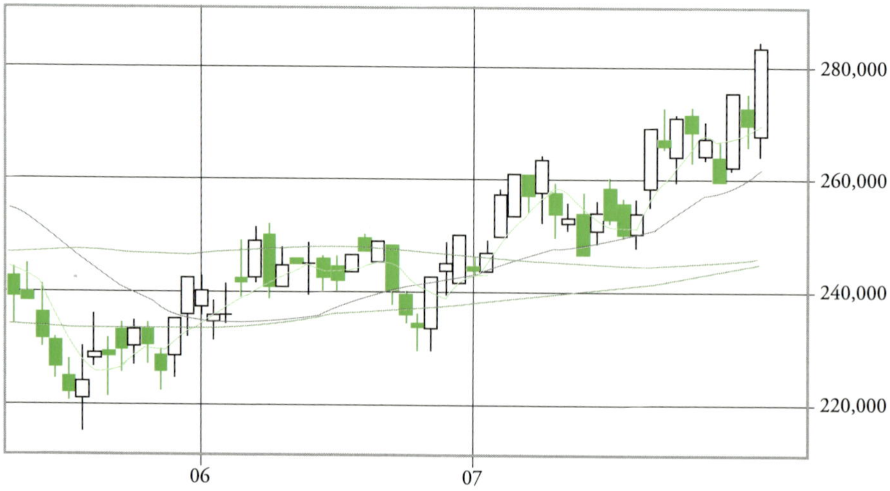

표 7-1 **캔들의 기본적 형태와 특성**

형 태	특 성
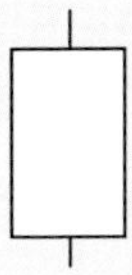	하루 동안 시가와 종가의 차이, 즉 몸통이 큰 형태로 Long Days라고 한다.
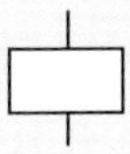	하루 동안 시가와 종가의 차이가 거의 없어 몸통이 아주 작거나 거의 없는 형태로 Short Days라고 한다.
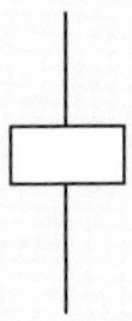	몸통의 길이에 비해 그림자의 길이가 아주 긴 형태로 강세와 약세가 팽팽히 맞서는 상황을 나타낸다. 주로 추세전환국면이나 지지나 저항이 크게 작용하는 국면에서 나타난다.
	시가와 종가가 거의 같이 몸통이 아주 작은 형태는 매수와 매도의 힘이 중립을 이루는 경우에 나타나는데 이후에 추세흐름에 중요한 변화가 일어날 수 있는 신호가 된다. 여기에 위, 아래 그림자가 길고 시가와 종가가 중간에 위치하는 형태는 매수와 매도가 서로 확신을 갖지 못한 상태에서 급등락을 거듭하는 뇌동매매에서 흔히 발생한다.
	음봉으로 그림자가 없는, 즉 시가가 고가와 같고 종가가 저가와 같은 형태로 매우 취약한 하락장세를 나타낸다. 이전의 하락추세에서 나타나면 지속적인 하락을 예상할 수 있다.
	양봉으로 그림자가 없는, 즉 시가와 저가가 같고 종가가 고가와 같은 형태로 매우 강력한 상승장세를 나타낸다. 이전의 상승추세에서 나타나면 지속적인 상승패턴으로 본다.
	시가와 고가, 그리고 종가가 비슷한 수준에서 형성되는 우산 형태로 반전형으로 분석한다. 이전의 추세가 하락국면이었다면 상승반전될 가능성이 크고, 반대로 이전의 추세가 상승국면이었다면 하락반전될 가능성이 크다.
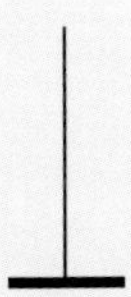	시가 이후 강한 상승세를 보이다가 종가에 저가 수준에서 되밀려 마감하는 형태이다. 이전 추세가 상승이었다면 하락반전될 가능성이 크고, 반대로 하락추세였다면 상승전환될 가능성이 크다.

5. 볼린저밴드(Bollinger Band)

볼린저밴드는 추세분석과 변동성분석을 동시에 수행한다는 점에서 이동평균을 이용한 추세분석보다 발전된 개념이다. 볼린저밴드는 시장 전체 또는 개별 종목에 대해서 적용할 수 있다. 일반적으로 가격밴드는 이동평균선의 일정 간격 또는 일정 비율로 결정되지만 볼린저밴드는 다음과 같이 밴드가 이동평균선을 중심으로 가격변동성, 즉 표준편차의 배수로 결정된다.

볼린저 BAND = 추세중심선 ± (가격변동성 × 승수)

추세중심선은 보통 20일 이동평균선을 사용하는데 시장의 성격에 따라 조정할 수도 있다. 가격변동성은 주가의 표준편차를 사용하며 승수는 보통 2를 사용하지만 상황에 따라 조정이 가능하다. 볼린저밴드에서 가격변동성(표준편차)이 커지면 밴드의 폭도 넓어지고, 가격변동성이 작아지면 밴드의 폭도 좁아진다. 일반적으로 가격이 추세를 형성하게 되면 변동성이 커지기 때문에 밴드의 폭이 넓어지게 되고, 횡보일 때는 가격변동성이 작아져서 밴드의 폭도 좁아

그림 7-11
볼린저밴드를 이용한 매매전략

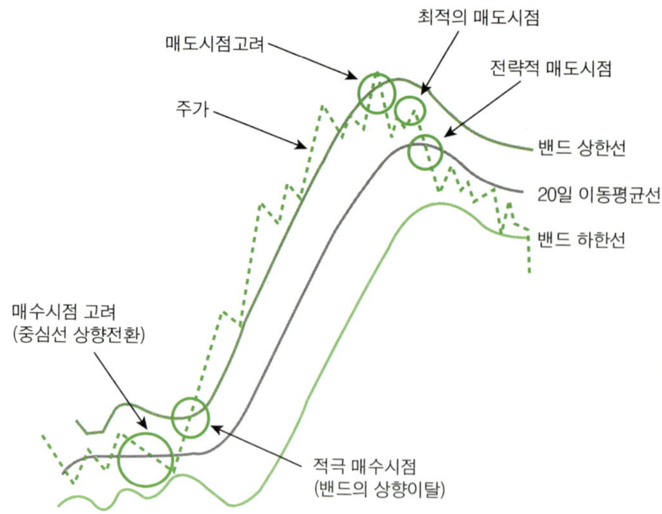

지게 된다.

볼린저밴드 분석에서는 가격이 밴드의 상한선에 도달하면 과매수로 판단해서 매도신호로 인식하고, 밴드의 하한선에 도달하면 과매도로 판단해서 매수신호로 인식한다.

6. 거래량 분석

일반적으로 거래량이 주가에 선행하는 것으로 알려져 있다. 따라서 거래량은 개별증권이나 지수(시장)의 추세전환을 예측하는 유용한 자료로 활용되고 있다.

(1) *OBV*

OBV(on balance volume)는 주가(또는 지수)가 전일에 비해 상승한 날의 거래량은 더하고 하락한 날의 거래량은 차감하여 이를 누적하여 집계한 것이다.

$$OBV = \text{주가상승일의 거래량 누계} - \text{주가하락일의 거래량 누계}$$

[표 7-2]는 *OBV*를 구하는 예이다.

표 7-2

OBV(예)

거래일	종합주가지수	일일거래량	*OBV*
·	2,212	1,000	-
·	2,220	1,200	1,200
·	2,223	1,300	2,500
·	2,215	1,000	1,500
·	2,220	1,500	3,000
·	2,210	1,200	1,800
·	2,228	1,500	3,300
·	2,210	1,800	1,500

OBV 선은 *OBV*를 연결한 선이다.

*OBV*는 거래량이 주가를 선행한다는 것을 전제로 한다. 강세시장에서는 주가가 상승하면 거래량이 증가하는 것이 일반적이므로 *OBV*선도 상승세를 유지하고 *OBV*선의 고점이 이전의 고점보다 높게 형성된다. 약세시장에서는 주가하락과 함께 거래량이 감소하는 것이 일반적이므로 *OBV*선도 하락세를 보이고 *OBV*선의 저점이 이전의 저점보다 낮게 형성된다.

이러한 원리를 기초로 *OBV*선은 다음과 같이 해석된다.

① 주가(지수)가 하락하고 있는 데도 *OBV*선이 이전의 저점수준으로 떨어지지 않는 것은 시장에서 주가하락을 이용해 저가매집이 일어나고 있는 것으로 주가는 반등하게 된다.

② 주가(지수)가 상승하고 있는 데도 *OBV*선이 이전의 고점을 돌파하지 못하는 것은 시장에서 주가상승을 이용해 보유주식을 처분하고 있으며 주가는 하락하게 된다.

③ 주가(지수)가 보합권에서 횡보를 하고 있을 때 *OBV*선의 고점이 계속 상승하면 향후 강세를 예고하는 것이고, *OBV*선의 저점이 계속 하락하면 향후 약세를 예고하는 것이다.

그림 7-12

OBV선

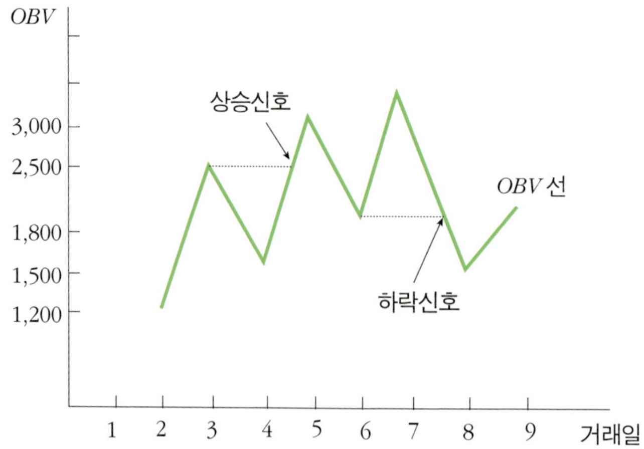

④ *OBV*선의 고점이 이전의 고점보다 계속해서 높아져 가는 장기적인 활황장세에서 *OBV*선이 직전의 저점을 하회하는 상황이 발생하면 이는 저가매수의 기회로 매수신호이다. *OBV*선의 저점이 계속해서 이전의 저점보다 내려가는 장기적인 불황장세에서 *OBV*선이 직전의 고점을 상회하는 상황이 발생하면 이는 일시적인 상승을 이용한 매도의 기회이다.

(2) 거래량비율

거래량비율(*VR*: volume ratio)은 일정 기간 동안 주가상승일의 거래량과 주가하락일의 거래량 간의 비율인데 보통 1개월(20거래일)의 거래량을 기준으로 계산한다.

$$VR = \frac{\text{주가상승일의 거래량합계} + (\text{주가변동이 없는 날의 거래량합계} \times 0.5)}{\text{주가하락일의 거래량합계} + (\text{주가변동이 없는 날의 거래량합계} \times 0.5)} \times 100\%$$

주가가 강세일 때는 주가상승일의 거래량합계가 많고, 약세일 때는 주가하락일의 거래량합계가 많을 것이다. 따라서 *VR*의 크기에 따라 시세를 판단하는데 일반적으로 *VR*이 70% 이하이면 바닥권을 나타내고, *VR*이 450%를 초과하면 천정권으로 단기적인 하락의 위험이 있다고 판단한다.

7. 기타 기술적 분석기법

이동평균분석과 거래량을 이용한 방법 이외에도 다음과 같은 기술적 분석기법이 있다.

(1) 필터기법

필터기법(filter rule)은 주가가 최근의 저점에서 일정 비율(x%)만큼 상승하기 시작하였을 때를 시장이 상승기조에 진입한 것으로 판단하여 매입하고, 반대로 최근의 고점에서 일정 비율(x%)만큼 하락하기 시작하였을 때를 시장이 하락기조에 진입한 것으로 판단하여 매도하는 기계적인 전략이다. 필터기법은 기본적으로 주가가 상승 또는 하락 기조에 접어들면 일정 기간 그 추세가 유지된다는 생각을 전제로 하고 있다. 필터의 크기(x%)는 투자자의 성향과 시장상황에 따라 달리 설정될 수 있다. 필터의 크기가 너무 작으면 빈번한 매매로 거래수수료가 많이 발생하고, 반대로 필터의 크기가 너무 크면 상승 · 하락의 추세순환과정에서 발빠른 투자를 하지 못해 투자수익의 기회를 놓치는 경우가 발생한다.

필터기법은 간단하기 때문에 많은 투자자들이 활용하고 있다. 증권시장에서 통용되는 "10% 손절매"는 주가가 10% 하락하면 주가가 하락국면에 접어든 것으로 판단하여 10%의 손실을 감수하고라도 주식을 매도해 더 이상의 손실을 막으라는 것이다. 반대로 주가가 10% 상승하면 대세 상승기에 접어들었다고 판단하여 이 주식을 매수하여 보유하는 것이다. 필터기법은 최저점에서 x%만큼 오른 가격에서 매수하고 최고점에서 x%만큼 내린 가격에서 매도하기 때문에 "무릎에 사서 어깨에 판다"는 투자 격언과도 일치하는 개념이다.

그림 7-13

x% 필터기법

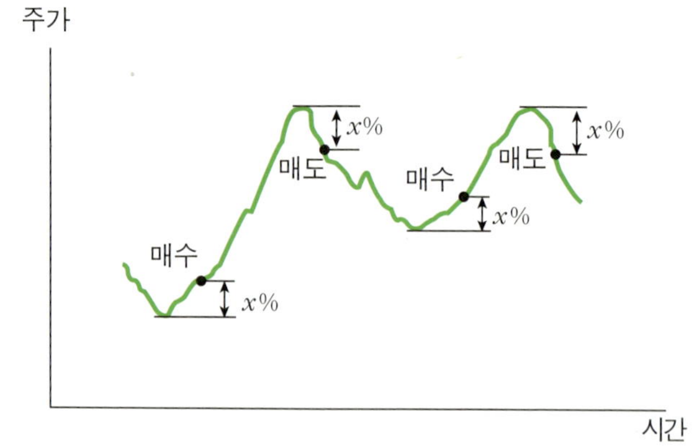

(2) 투자심리선

투자심리선은 최근 며칠 동안 주가 또는 주가지수가 상승한 날의 비율이다.

$$\text{투자심리선} = \frac{\text{최근 } X\text{일 중 주가(지수)가 상승한 날 수}}{X} \times 100\%$$

투자심리선은 보통 최근 10거래일(2주) 동안을 기준으로 계산된다. 투자심리선이 80% 이상(10일 중 8일 이상 상승)이면 주식시장이 과열된 상태로 판단하여 매도시점임을, 20% 이하(10일 중 8일 이상 하락)이면 과도하게 침체된 상태로 판단하여 매수시점임을 나타낸다. 그러나 상승 · 하락의 날수만 고려했지 상승 · 하락폭은 고려하지 않은 난점이 있다.

(3) 상대강도지수

$$RSI = \frac{\text{주가상승률 합계}}{\text{주가변동률 합계}} \times 100\%$$

가격의 추세전환을 포착하고자 하는 기술적 분석에 있어서 가장 어려운 것은 언제 추세가 전환되는가를 정확히 예측하는 것이다. 즉 현재의 추세강도를 객관적으로 나타내는 지표가 있다면 과도한 상승추세 시 매입을 자제할 수 있을 뿐 아니라, 오히려 매도에 나설 수 있고 반면 과도한 하락추세 시 매도를 자제하고 도리어 매수에 나설 수 있는 등 매우 유용하게 사용될 수 있을 것이다. 바로 이러한 문제를 해결하기 위해 개발된 것이 상대강도지수이다.

상대강도지수(*RSI*: Relative Strength Index)는 과거 일정 기간 동안의 주가변동률에 대한 주가상승률의 비율이다. 주가변동률은 가격상승률과 가격하락률의 절대치를 합한 것이다. *RSI*는 주가상승폭과 주가하락폭을 반영하여 투자심리선을 발전시킨 지표라고 할 수 있다. 경험적으로 *RSI*가 80% 이상이면 과열상태로 인식하여 매도신호로 판단하고, 25% 이하인 경우에는 과도한 침체장세로 인식하여 매입신호로 판단한다.

(4) 스토캐스틱

스토캐스틱(Stochastics)은 현재 주가의 마감 가격이 일정 기간의 주가 변동폭 중에서 어느 곳에 있었는지를 관찰하기 위해 백분율로 나타낸 단기 기술적 지표를 말한다.

주가는 어느 정도 상승하면 하락하기 시작하고 하락이 깊어지면 다시 상승하는 파동적 성격을 가지고 있다. 이러한 주가의 성질을 바탕으로 주가가 과열 구간에 들어서게 되면 조만간 하락할 것으로 예상되어지고, 반대로 주가가 침체 구간에 들어서게 되면 얼마 지나지 않아 다시 반등할 것으로 예상해 볼 수 있는데 이러한 속성을 지표화한 것이 바로 스토캐스틱이다.

대표적인 변동성 지표의 하나인 스토캐스틱은 일반적으로 20% 이하인 과매도 구간에서는 매입 시점으로 판단하고, 80% 이상인 과매수 구간에서는 매도 시점으로 파단한다.

(5) 등락선, 등락비율선

등락선(*ADL*: advance decline line)은 일정 기간(보통 20일) 동안 주가의 상승종목수와 하락종목수의 차이(상승종목수−하락종목수)를 누계하여 그래프로 그린 것이다. 등락선은 시장 내부의 강도를 측정하는 지표로서 시장 전체의 추세 파악에 이용된다. 주가지수가 상승세에 있으면서 *ADL*도 상승하면 시장이 강력한 힘에 의해 뒷받침되므로 상승추세가 지속될 것으로 판단한다. 한편 주가지수가 상승하더라도 *ADL*이 하락하면 시장 내부의 세력 약화로 상승세가 꺽이고 하락세로 반전될 것으로 판단한다.

등락비율선(*ADR*: advance decline ratio)은 상승종목수와 하락종목수의 비율(상승종목수/하락종목수)을 퍼센트로 계산하여 선으로 연결한 그래프이다. *ADR*의 상승은 강세시장을, *ADR*의 하락은 약세시장을 나타낸다. 일반적으로 *ADR*이 75% 이하이면 시장이 바닥권에 접근한 것으로 보고 매입시점으로 판단하고, 125% 이상이면 시장이 천정권에 도달한 것으로 보고 매도시점으로 판단한다.

표 7-3

ADL 과 *ADR* (예)

년월일	주가지수	상승종목수 (A)	하락종목수 (D)	(A)−(D)	*ADL* (A)−(D)의 누계	*ADR*(%) (A)/(D)
.	2,260	50	50	0	0	100
.	2,270	60	40	20	20	150
.	2,280	65	35	30	50	186
.	2,285	60	40	20	70	150
.	2,278	45	55	−10	60	82
.	2,275	45	55	−10	50	82
.	2,273	40	60	−20	30	67

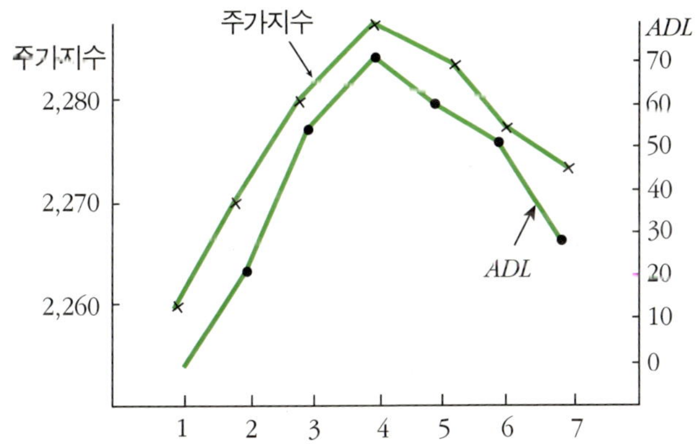

그림 7-14

ADL

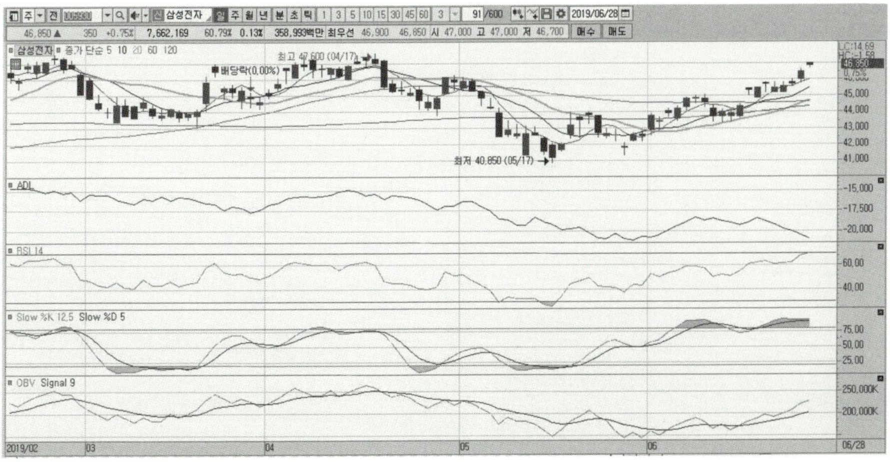

그림 7-15

각종 보조지표 (ADL, RSI, STOCHASTICS, OBV) 그래프

8* 투자이론

미리보기

포트폴리오(portfolio)란 주식, 채권, 은행예금, 부동산 등 다양한 종류의 자산으로 구성된 투자자산의 집단을 말한다. 그러나 증권투자에서 좁은 의미의 포트폴리오는 두 종목 이상으로 구성된 증권의 집단을 말한다. 분산투자란 수익률의 움직임이 동일하지 않은 자산들로 포트폴리오를 구성함으로써 투자위험을 줄이는 것을 말한다. 자산을 현금(은행예금), 주식, 부동산에 각각 $\frac{1}{3}$씩 나누어서 투자하라는 "자산 3분법"이나 "계란을 한 바구니에 담지 말라"는 투자격언은 모두 분산투자의 원리를 나타내는 말이다.

포트폴리오이론은 투자의 불확실성에 초점을 맞추어 투자위험을 효율적으로 관리하기 위한 기법이다. 컴퓨터의 발달로 신속하고 정확한 계산이 적은 비용으로 가능해지고, 증권시장에서 기관투자가의 역할이 증대되면서 투자규모가 확대되고, 정보통신기술의 발달로 거래비용이 하락하는 등 시장에서 일어나고 있는 변화에 따라 분산투자이론은 이론으로만 그치지 않고 증권투자에 실제로 적용할 수 있는 단계에 이르렀다.

불확실성하의 투자결정 제1절*

투자는 "현재의 소비를 희생하여 미래의 소비로 전환하는 행위"이다. 투자자는 현재의 희생에 대해 보다 많은 미래의 보상(투자수익)을 기대하지만 미래의 보상은 그 결과가 불확실하다. 합리적인 투자의사결정이란 예상되는 투자수익과 불확실성을 동시에 고려하여 투자자의 효용을 극대화할 수 있는 투자대안을 선택하는 일이다.

1. 불확실성과 위험

불확실성(uncertainty)은 미래에 어떤 일이 발생할지 알 수 없는 막연한 상황을 말한다. 이에 비해 위험(risk)은 미래에 발생할 사건의 내용과 그 가능성(확률)이 알려져 있는 상황을 말한다. 위험의 대표적인 예가 "동전던지기"이다. "동전던지기"에서는 "앞"과 "뒤"가 각각 1/2의 확률로 발생한다.

우리는 불확실성의 세계에 살고 있다. 하지만 자료를 분석하여 발생 가능한 사건과 그 확률을 추정할 수 있다면 불확실성을 위험의 상황으로 전환시킬 수 있을 것이다. 여기에 통계기법을 활용하면 합리적인 의사결정을 할 수 있을 것이다. 많은 자료가 축적되고 통계분석기법과 컴퓨터가 발달하면서 불확실성과 위험의 구분은 점차 없어지고 있다. 대부분의 교과서나 논문에서와 마찬가지로 이 책에서도 앞으로는 불확실성과 위험의 의미를 구분하지 않고 사용하기로 한다.

2. 위험과 확률분포

(1) 확률분포

확률분포(probability distribution)는 위험상황에서 발생 가능한 사건이 확률적으로 어떻게 분포되어 있는가를 나타내는 식이나 표를 말한다. 이때 사건의 결과는 확률적으로 결정되는 변수이므로 이를 확률변수(random variable)라고 한다. 일반 변수와 구분하기 위해 확률변수를 나타내는 문자 위에는 tilde(~)를 붙여준다. 위험의 내용은 확률분포를 통해 나타나므로 위험은 곧 확률분포라고 생각할 수 있다.

확률분포(위험)의 내용을 요약해서 표현할 수 있다면 위험을 이해하고 관리하는 데 매우 편리할 것이다. 이러한 수치를 통계치(statistic)라고 하는데 대표적인 것이 기대치(기댓값)와 분산이다.

확률변수 $\tilde{X}$의 확률분포			
사건	x_1	…………	x_n
확률	p_1	…………	p_n

(2) 기대치

기대치(expectation, expected value)는 확률분포에서 숫자로 표시된 각 사건의 결과(x_i)와 그 사건이 발생할 확률(p_i)을 곱해서 합한 수치이다. 기대치는 평균(mean)의 의미를 가지며 로마문자의 m에 해당하는 그리스문자 μ(mu) 또는 $E(\tilde{X})$로 표시한다.

$$\text{기대치}: \mu = E(\tilde{X}) = p_1x_1 + \cdot\cdot\cdot + p_nx_n = \sum_{i=1}^{n} p_ix_i$$

(3) 분산과 표준편차

분산(variance)은 각 사건의 결과(x_i)와 기대치(μ)와의 차이(편차)를 제곱한 값의 기대치이다. 분산은 로마문자의 s에 해당하는 그리스문자 σ(sigma)의 제곱(σ^2) 또는 var($\tilde{X}$)로 표시한다.

$$\text{분산} : \sigma^2 = p_1(x_1-\mu)^2 + \cdot\cdot\cdot + p_n(x_n-\mu)^2 = \sum_{i=1}^{n} p_i(x_i-\mu)^2$$

편차를 제곱함으로써 편차의 방향(+, −)에 관계없이 사건의 결과가 기대치로부터 멀리 벗어날수록, 그리고 그 확률이 클수록 분산은 증가한다. 분산으로 확률변수의 변동성(volatility)을 측정하는데 분산이 클수록 기대치에서 벗어난 의외의 결과(surprise)가 발생할 가능성이 높다는 것을 의미한다.

표준편차(standard deviation)는 분산의 제곱근(σ)이다. 분산에서는 편차를 제곱하는 과정에서 $\%^2$ 또는 원^2 과 같은 의미가 없는 단위가 생겨난다. 그러니 표준편차는 분산의 의미를 유지하면서도 원래의 단위를 갖는 장점이 있다.

예 제

기대치와 표준편차

동전던지기를 해서 앞이 나오면 100원을 따고, 뒤가 나오면 100원을 잃는 게임(도박)의 기대치와 표준편차는 다음과 같다.

사건(x_i)	확률변수(금액으로 표시된 사건)(x_i)	확률(p_i)
앞	+100원	0.5
뒤	−100원	0.5

동전던지기의 확률분포

기대치 : $\mu = (0.5)(100\text{원}) + (0.5)(-100\text{원}) = 0\text{원}$

분산 : $\sigma^2 = (0.5)(100\text{원}-0)^2 + (0.5)(-100\text{원}-0)^2 = 10{,}000\text{원}^2$

표준편차 : $\sigma = \sqrt{10{,}000\text{원}^2} = 100\text{원}$

게임(도박)은 기대치 0을 기준으로 다음과 같이 구분된다.

게임의 구분	내 용
불리한 게임(unfavorable game)	기대치가 음수(−)
공정한 게임(fair game)	기대치가 0
유리한 게임(favorable game)	기대치가 양수(+)

예제의 동전던지기는 전형적인 공정한 게임이다.

기대치는 평균의 개념으로 사용되면서 그 의미가 잘못 해석되는 경우가 있다. 공정한 동전던지기 게임에서 기대치가 0원이라는 것은 동전던지기를 하면 잃지도 않고 따지도 않는다는 의미가 아니다. 기대치 0원의 의미는 동전던지기를 무한히 반복하면 앞과 뒤가 절반 정도 나오고 결국에는 잃는 돈과 따는 돈이 거의 같아질 것이라는 의미이다. 그러나 실제 게임이나 투자는 단 1번만 시행될 뿐이다. 동전던지기를 했을 때 나타나는 결과는 100원을 따든가 아니면 100원을 잃든가 둘 중의 하나일 뿐이다.

3. 투자위험과 투자수익률

(1) 투자자들의 태도

투자는 위험을 선택하는 일이다. 투자는 투자자의 주관적인 선택에 의해 결정되지만 투자자들은 다음과 같은 특성을 공통적으로 지니고 있다.

① **수익률에 대한 태도** 투자는 수익을 목표로 하는 행위이므로 투자자는 당연히 높은 수익률을 선호한다. 불확실성(위험)하에서 다른 나머지 조건이 같다면 투자자는 높은 수익이 기대되는 투자안을 선호할 것이다.

② **위험에 대한 태도** 정상적인 상황에서 투자자는 위험을 회피하려는 성향을 가지고 있으며 이러한 투자자를 위험회피형 투자자(risk averter)라고 한

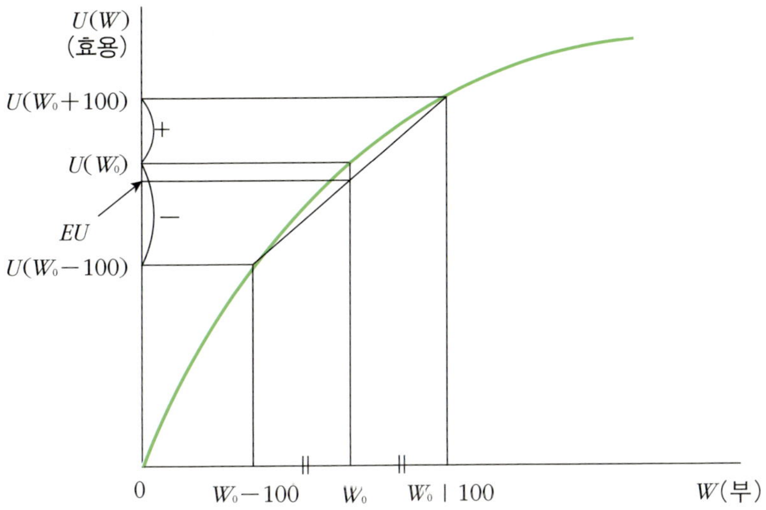

그림 8-1
위험회피형 투자자의 효용곡선

다. 위험회피형 투자자는 기대치가 0인 게임(공정한 게임)에 참여하지 않는 투자자로 정의된다.

효용곡선은 부(wealth)와 효용(utility) 간의 관계를 나타낸다. 〈그림 8-1〉은 위험회피형 투자자의 효용곡선이다. 우상향(右上向)하는 효용곡선은 투자자들이 높은 수익률을 선호한다는 것을 나타낸다. 원점에 대해 오목(concave)한 것은 부가 증가함에 따라 효용곡선의 기울기(한계효용)가 감소하는 한계효용체감의 법칙을 나타낸다.

위험회피형 투자자에게 100원씩을 주고 받는 동전던지기 게임(공정한 게임)이 제의되었다고 하자. 게임에 참여하기 이전에는 원래의 부(W_0)에 대해 $U(W_0)$만큼의 효용을 누리고 있었다. 게임에 참여해서 이겼을 경우에 증가하는 효용(+)보다 게임에서 졌을 경우에 잃는 효용(−)이 더 크기 때문에 위험회피형 투자자는 공정한 게임에 참여하지 않을 것이다. 금액면에서는 기대치(expected wealth)에 변함이 없지만 효용면에서는 기대치(기대효용: expected utility)가 감소하기 때문이다.

(2) 기대수익의 의미

투자자가 현재의 희생에 대해 기대(요구)하는 보상은 시간보상과 위험보상으로 구분된다.

투자자의 기대수익 = 시간보상 + 위험보상

① **시간보상** 같은 금액이라도 미래의 현금보다 오늘의 현금이 더 많은 가치를 갖는데 이를 화폐의 시간가치(time value money)라고 한다. 따라서 미래의 불확실한 현금을 위해 현재의 확실한 현금을 희생하는 투자에 대해 기본적으로 화폐의 시간가치만큼의 보상이 주어져야 한다. 화폐의 시간가치가 존재하는 이유는 생명이 유한하기 때문에 인간은 본능적으로 현재 소비를 선호(시간선호)하기 때문이다.

② **위험보상**(risk premium) 미래에 발생할 투자수익은 불확실(위험)하기 때문에 위험회피형 투자자는 투자위험에 상응하는 보상(위험보상)이 주어지기를 기대한다. 투자위험과 위험보상을 추정하는 것이 투자이론에서 탐구할 핵심 내용이다.

이자율, 수익률, 할인율

이자율과 수익률은 모두 일정 기간 동안의 투자수익을 %로 측정한 것이며 화폐의 시간가치를 나타낸다. 다만 수익(원리금)이 확정된 은행 정기예금에는 "이자율"로, 수익이 확정되지 않은 나머지 경우(주식, 채권, 은행신탁상품, 투자신탁의 수익증권)에는 "수익률"로 용어를 달리 사용할 뿐이다. 한편 이자율(수익률)은 현재가치를 미래가치로 환산할 때 곱해주고, 할인율은 미래가치를 현재가치로 환산할 때 나누어줄 뿐 모두 화폐의 시간가치를 나타내는 개념이다.

(3) 역사적 수익률

역사적 수익률은 과거 일정 기간 동안의 투자성과를 측정한 것으로 보유기간수익률(holding period return)이라고도 한다. 보유기간수익률은 기간에 따라 일별(daily), 주별(weekly), 월별(monthly), 분기별(quarterly), 연(annual)수익률로 구분된다. 역사적 수익률은 각종 통계분석에 이용되어 미래를 예측하는 기본 자료로 활용된다.

$$\text{보유기간수익률} = \frac{\text{투자자산의 기말가치} + \text{투자기간 중 현금수익} - \text{기초투자액}}{\text{기초투자액}} \times 100\%$$

장기간의 역사적 수익률을 대표하는 값으로 평균수익률이 사용되는데 계산방식과 그 특성은 다음과 같다.

① **산술평균수익률**(arithmetic mean rate of return)

수익률의 산술평균으로, 각 기간별 수익률의 합을 기간수로 나눈 것이다.

$$\overline{R}_A = \frac{R_1 + \cdots + R_n}{n} = \sum_{i=1}^{n} \frac{R_i}{n}$$

R_i : i 기의 수익률

② **기하평균수익률**(geometric mean rate of return)

각 기간별 수익률에 복리개념을 적용하여 기하평균한 것이다.

$$\overline{R}_G = \sqrt[n]{(1+R_1)\cdots(1+R_n)} - 1$$

예 제

역사적 수익률과 평균수익률

(주)한국에 대한 3년 동안의 연말 주가와 역사적 연수익률이다. 계산의 편의상 배당금은 지급되지 않았다고 가정한다.

(주)한국의 연말 주가와 연수익률

연 도	2017년 말	2018년 말	2019년 말
주 가	100원	125원	100원
연수익률		25%	−20%

(주)한국의 산술평균수익률:

$$\overline{R}_A = \frac{0.25 + (-0.20)}{2} = 2.5\%$$

(주)한국의 기하평균수익률:

$$\overline{R}_G = \sqrt{(1 + 0.25)(1 - 0.20)} - 1 = 0\%$$

기하평균은 항상 산술평균보다 작으며, 기간별 수익률의 변동이 클수록 두 평균 간의 차이도 커진다. 기하평균수익률에서는 첫 해의 수익률이 둘째 해의 수익률로 재투자되기 때문에 여러 기간 동안의 누적효과가 반영되는 장점이 있다. (주)한국의 예에서 첫 해의 25% 수익은 100원에 대한 것이지만 둘째 해의 20% 손실은 125원에 대한 것이다. 따라서 2년의 투자기간 동안 투자금액이 100원에서 시작하여 100원이 되었으므로 2년 동안의 수익률은 0%이며 2년 동안의 수익률을 측정하는 데에는 기하평균수익률이 적절한 수치라고 할 수 있다. 하지만 미래의 단위기간 (1년) 동안의 수익률을 예측하는 데는 산술평균수익률이 더 적합한 수치라고 할 수 있다.

(4) 기대수익률과 투자위험

기대수익률과 투자위험은 각각 수익률분포의 기대치와 분산 (표준편차)으로 측정된다. 수익률분포는 과거의 자료 (역사적 수익률)를 이용하거나 다음과 같이 미래에 대한 주관적인 전망에 의해 결정된다.

수익률분포

발생 가능한 수익률	R_1	R_2	$\cdots$	R_n
확 률	p_1	p_2	$\cdots$	p_n

기대수익률 : $\mu = E(\tilde{R}) = p_1 R_1 + \cdots + p_n R_n = \sum_{i=1}^{n} p_i R_i$

총위험 : $\sigma^2 = p_1(R_1 - \mu)^2 + \cdots + p_n(R_n - \mu)^2 = \sum_{i=1}^{n} p_i(R_i - \mu)^2$

투자는 미래에 대한 선택이기 때문에 투자의사결정에서 중요한 것은 과거의 역사적 수익률이 아니라 미래에 대한 기대수익률이다. 역사적 수익률을 이용하여 계산된 산술평균수익률은 과거에 발생한 n개의 수익률이 미래에도 각각 1/n의 확률로 발생한다는 가정 하에 계산된 기대수익률로 이해될 수 있다

투자위험은 여러 가지 의미로 사용되는데 분산으로 측정되는 투자위험은 수익률의 변동성(volatility)을 의미하며 총위험(total risk)이라고 한다. 주식투자에서 위험은 흔히 주가하락으로 인한 손실로 이해되고 있다. 그러나 위험이란 미래 주가의 움직임을 정확히 예측할 수 없기 때문에 발생하는 투자수익의 불확실성을 의미한다. 따라서 기대치 이하의 저조한 수익률은 물론 기대치를 초과하는 의외의 가능성도 위험에 포함되는 것이다.

예 제

기대수익률과 총위험

미래의 경기 상황	확 률	수익률
호 황	1/3	30%
보 통	1/3	10%
불 황	1/3	−10%

기대수익률 : $\mu = \dfrac{0.3+0.1+(-0.1)}{3} = 0.1(10\%)$

총위험(분산) : $\sigma^2 = \dfrac{1}{3}[(0.3-0.1)^2+(0.1-0.1)^2+(-0.1-0.1)^2] = \dfrac{0.08}{3} = 0.027$

총위험(표준편차) : $\sigma = \sqrt{0.027} = 0.163(16.3\%)$

(5) 위험과 기대수익 간의 상반(교환, 보상)관계

위험회피형 투자자에게 위험과 기대수익은 상반관계(trade-off relationship)에 있다. 이 말은 많은 투자수익을 원하는 투자자는 많은 투자위험을 감수해야 하고, 투자위험을 부담하지 않기 위해서는 수익도 포기해야 한다는 것을 의미한다. 이러한 위험과 기대수익 간의 상반관계는 과거의 자료를 통해서도 확인되고 있다.

그러나 위험한 자산에 투자한다고 결과적(사후적)으로 높은 수익이 보장되는 것은 아니다. 투자자에게는 기대수익률이나 평균수익률이 실현되는 것이 아니라 수익률분포 중의 하나가 실제로 나타날 뿐 사전에 어떠한 결과가 발생하는지는 알 수 없다.

제8장 투자이론의 나머지 부분은 분산투자이론(포트폴리오이론)과 투자위험과 기대수익률 간의 상반관계를 이해하는 것이다.

제 2 절* 분산투자이론

1. 분산투자와 위험

(1) 분산투자효과

분산투자효과(포트폴리오효과)는 여러 자산들에 분산해서 투자함으로써 투자위험(수익률의 변동성)을 감소시키는 효과를 말한다. 수식을 단순화하고 설명의 편의를 위해 2개의 주식만을 이용하여 설명하기로 한다.

수익률이 서로 반대로 움직이는 주식 A와 B에 절반씩 분산해서 투자하는 경우를 생각해보자. A의 수익률이 높을 때는 저조한 B의 수익률을 보완하고,

반대로 A의 수익률이 저조할 때는 B의 높은 수익률이 보완해줌으로써 포트폴리오의 수익률이 안정되어 투자위험을 감소시킬 수 있다. 이는 서로 모양이 다른 파도를 합성하면 잔잔한 파도가 만들어지는 것과 같은 원리이다.

(2) 공분산과 상관계수

투자위험을 체계적으로 관리하기 위해서는 자산 간의 보완관계를 나타내는 수치가 필요하다. 두 자산(A와 B) 수익률 간의 보완관계는 공분산과 상관계수로 측정된다.

① 공분산(covariance)

$$\begin{aligned}\sigma_{AB} &= E[(R(A)-\mu_A)(R(B)-\mu_B)] \\ &= p_1[(R_1(A)-\mu_A)(R_1(B)-\mu_B)+\cdot\cdot\cdot+p_n[(R_n(A)-\mu_A)(R_n(B)-\mu_B)]\end{aligned}$$

p_i: i 상황이 발생할 확률($i = 1, \cdot\cdot\cdot, n$)

$R_i(A)$: i 상황에서 주식 A의 수익률

μ_A: 주식 A의 기대수익률

편차는 각 상황에서 수익률이 기대치를 벗어나는 정도를 나타낸다. 공분산은 $R(A)$와 $R(B)$의 편차를 곱한 값의 기대치이다. A와 B의 수익률이 같은(반대) 방향으로 움직이면 편차는 같은(반대) 부호를 갖게 되며 공분산은 양수(음수)가 된다. 따라서 공분산의 부호는 두 주식의 수익률이 같은 방향으로 움직이는지를 나타낸다.

A가 기대수익률을 크게 초과하는 호조를 보일 때 B도 마찬가지라면 공분산은 큰 값의 양수가 된다. A가 기대수익률에 크게 미달하여 아주 저조할 때 B는 반대로 기대수익률을 크게 초과하는 호조를 보인다면 A와 B 수익률 간의 공분산은 아주 작은(절댓값이 큰) 음수가 된다. 만약 A와 B의 수익률 간에 아무런 체계적인 관계가 없다면 편차는 상쇄되어 공분산은 0에 가까운 값을 갖게 된다.

② **상관계수**(correlation coefficient)

$$\rho_{AB} = \frac{\sigma_{AB}}{\sigma_A \cdot \sigma_B}$$

상관계수는 공분산을 각각의 표준편차로 나누어 표준화한 것이다. 따라서 상관계수는 공분산과 같은 부호를 가지며 $-1 \leq \rho_{AB} \leq +1$의 값을 갖게 된다. 상관계수가 +1에 가까울수록 수익률의 연동성(co-movement)이 크다는 것을 의미한다. $\rho_{AB}= +1$인 경우 A와 B는 완전 양의 상관관계에 있으며 분산투자의 관점에서 A와 B는 동일한 주식이다.

상관계수	A와 B의 수익률 간의 움직임
$0 < \rho_{AB} \leq +1$	같은 방향(양의 상관관계)
$\rho_{AB} = 0$	체계적인 관계가 없음
$-1 \leq \rho_{AB} < 0$	반대 방향(음의 상관관계)

(3) 포트폴리오의 기대수익률과 위험

A와 B에 각각 X_A와 X_B씩 투자한 포트폴리오의 기대수익률과 총위험(분산)은 다음과 같다.

포트폴리오 기대수익률 : $\mu_p = X_A \cdot \mu_A + X_B \cdot \mu_B$

포트폴리오 총위험 : $\sigma_p^2 = X_A^2 \cdot \sigma_A^2 + X_B^2 \cdot \sigma_B^2 + 2X_A X_B \rho_{AB} \sigma_A \sigma_B$

각 주식의 수익률분포가 주어졌을 때 포트폴리오의 기대수익률과 총위험은 투자비중(X_A, X_B)과 수익률의 상관계수(ρ_{AB})에 의해 결정된다. 포트폴리오의 총위험은 $\rho_{AB} = -1$일 때 최소화되고, $\rho_{AB} = +1$일 때 최대가 된다. 하지만 상관관계가 음(−)인 경우에만 분산투자효과가 있는 것은 아니다. 상관관계가 완전 양인 경우를 제외하면 언제나 분산투자효과를 얻을 수 있다.

예 제

상관계수와 포트폴리오 효과

다음과 같이 주식 A와 B의 수익률분포(기대수익률과 표준편차)와 상관계수가 주어졌을 때 포트폴리오의 기대수익률과 총위험은 다음과 같다.

$\mu_A = 30\%$ $\sigma_A = 40\%$

$\mu_B = 10\%$ $\sigma_B = 20\%$

투자비율		μ_p	σ_p		
X_A	X_B		$\rho_{AB} = +1$	$\rho_{AB} = 0$	$\rho_{AB} = -1$
1	0	0.3	0.4	0.4	0.4
0.75	0.25	0.25	0.35	0.3	0.25
0.5	0.5	0.2	0.3	0.22	0.1
0.25	0.75	0.15	0.25	0.18	0.05
0	1	0.1	0.2	0.2	0.2

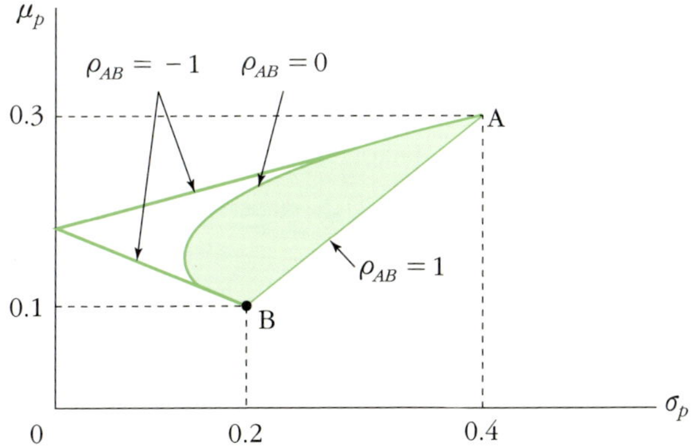

그림 8-2

포트폴리오의 투자기회집합

일반적으로 주가는 경제 전체의 변화에 따라 같은 방향으로 움직이기 때문에 $0 < \rho_{AB} < +1$의 값을 갖고 주식 A와 B로 구성된 포트폴리오로 달성할 수 있는 투자기회집합은 녹색 부분이 될 것이다.

2. 체계적 위험

(1) 자산의 수와 분산투자효과

포트폴리오의 위험(분산)은 포트폴리오를 구성하는 개별자산의 분산과 자산 간의 상관관계, 그리고 각 자산에 대한 투자비중에 따라 결정된다. 하지만 자산 간의 상관계수가 +1인 극단적인 경우를 제외한다면 단순히 포트폴리오를 구성하는 종목수를 늘리기만 해도 위험분산효과가 증대된다. 〈그림 8-3〉은 포트폴리오를 구성하는 종목수에 대한 분산투자효과를 나타낸다. N개의 자산에 각각 1/N씩 균등하게 분산투자하는 가장 단순한 포트폴리오의 경우에도 종목수(N)가 늘어남에 따라 포트폴리오의 위험(분산)은 감소한다.

(2) 체계적 위험과 비체계적 위험

개별주식의 수익률에 영향을 미치는 요인은 시장전체요인과 기업고유요인으로 구분할 수 있다. 〈그림 8-3〉에서 구성종목수를 아무리 늘려도 포트폴리오 위험이 완전히 제거되지는 않는 이유는 시장전체요인 때문이다.

시장전체요인(market wide factor)은 주식시장에 공통적인 영향을 주는 요인으로 개별주식의 수익률을 동반 상승 또는 하락시킨다. 금리, 환율과 같은 거

그림 8-3

자산의 수와 위험감소효과

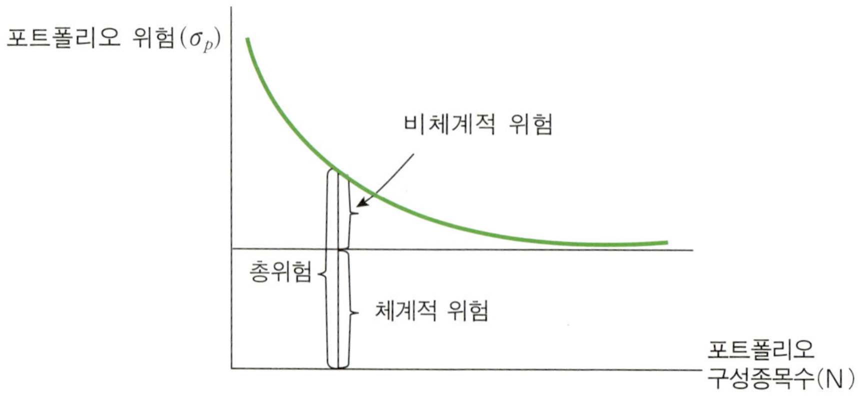

시경제변수의 움직임이나 유가인상, 경제정책의 전환과 같은 경제환경의 변화는 정도의 차이는 있지만 시장 내의 거의 모든 주식들에게 공통적으로 영향을 미칠 것이다. 이러한 이유로 시장전체요인에 의한 위험을 체계적 위험(systematic risk)이라고 하며 이는 분산투자를 해도 없앨 수 없기 때문에 분산이 불가능한 위험(non-diversifiable risk)이다.

기업고유요인(firm specific factor)은 다른 기업과는 상관없이 해당 기업에만 독립적으로 영향을 미치는 요인이다. 신기술개발이나 합병 · 인수와 같이 개별기업에 발생하는 사건이나 사고는 그 해당 기업에만 영향을 미칠 것이다. 기업고유요인은 시장 내의 모든 종목에 공통적으로 영향을 미치는 위험이 아니므로 비체계적 위험(non-systematic risk)이다. 그리고 기업고유요인은 분산투자를 통해서 없앨 수 있는 위험이기 때문에 분산가능한 위험(diversifiable risk)이다.

우리가 관찰하는 주가수익률의 위험(변동성)에는 이 두 가지 위험이 복합적으로 반영되어 있다. 분산투자의 핵심은 기업고유요인을 상쇄시켜서 투자위험을 관리할 수 있는 포트폴리오를 구성하는 데 있나.

(3) 시장포트폴리오

위험회피형 투자자는 포트폴리오를 구성하여 위험을 분산시키려는 노력을 할 것이다. 따라서 분산투자에 비용이 발생하지 않는다면(무시할 정도라면) 분산투자를 통해서 없앨 수 있는 비체계적 위험(분산가능한 위험)에 대해서는 위험보상이 주어지지 않으며, 분산투자를 통해서도 없앨 수 없는 체계적 위험(분산이 불가능한 위험)에 대해서만 위험보상이 주어질 것이다. 결국 분산투자이론에서 위험은 분산이 불가능한 체계적 위험을 의미하며 분산가능한 비체계적 위험은 보상이 주어지지 않는 의미가 없는 위험이다.

이론적으로 비체계적 위험을 완전히 제거한 가장 완벽한(이상적인) 포트폴리오는 시장포트폴리오이다. 시장포트폴리오(market portfolio)란 시장에 존재하는 모든 위험자산에 대해 각 자산의 가치비중대로 투자한 포트폴리오를 말한다. 그러나 실제로는 부동산이나 인적자산 등 모든 위험자산의 수익률을 관찰하기란 불가능한 일이다. 따라서 상장된 주식만을 투자가능한 위험자산으로 보아 각 개별주식이 시장에서 차지하는 비중대로 구성된 포트폴리오를 시장포트폴리오의 대용으로 사용하고 있다. 이러한 의미에서 시장포트폴리오의 대용으로 사용되는 것이 바로 종합주가지수이다. 왜냐하면 종합주가지수는 시가총액방식에 의해 각 주식의 시장가치를 투자가중치로 하여 모든 상장주식으로 구성된 포트폴리오의 가격지수이기 때문이다.

제3절 CAPM(자본자산가격결정모형)

1. CAPM

(1) 모형의 개요와 가정

CAPM(자본자산가격결정모형)은 균형상태에서 개별자산에 대한 투자위험과 기대수익률과의 상반관계를 선형식으로 나타낸 것이다.

*CAPM*에서는 다음과 같은 완전시장(perfect market)을 가정한다.

① 자산시장은 완전경쟁이다. 완전경쟁시장에서는 무수히 많은 거래자가 존재해서 거래자 개인은 가격에 영향을 미치지 못하고 시장에서 결정된 균형가격에 따라 행동할 뿐이다.

② 거래비용과 세금이 없으며, 필요한 정보가 누구에게나 차별없이 제공된다.

③ 자산에 무한히 분할해서 투자할 수 있다.

④ 무위험이자율로 무제한 차입과 대출이 가능하다.

⑤ 모든 투자자들의 기대는 동질적(homogeneous)이다. 따라서 미래의 경

제상황, 기업성과, 증권의 기대수익률과 공분산 등에 대한 투자자들의 합의된 예측이 존재한다.

(2) *CAPM*의 이해

개별증권의 기대수익률은 시간보상과 위험보상의 합이다. 분산투자이론에서 개별증권에 대한 위험보상은 개별증권의 총위험이 아니라, 개별증권이 포트폴리오의 위험에 미치는 영향에 의해 결정된다. 그런데 가장 이상적인 포트폴리오는 시장포트폴리오로 정의되었으므로 개별증권에 대한 위험보상, 즉 개별증권의 기대수익률은 바로 개별증권이 시장포트폴리오의 위험에 미치는 영향에 의해 결정된다.

개별증권의 수익률과 시장포트폴리오 수익률과의 공분산이 작을수록 이 증권은 시장포트폴리오의 위험을 줄이는 데 큰 역할을 하게 된다. 예를 들어, 주식 A의 수익률과 시장포트폴리오 수익률의 공분산이 음(−)이라면 이는 주식 A가 시장포트폴리오의 위험을 줄이는 데 상대적으로 많은 기여를 한다는 것을 의미한다. 따라서 투자자들의 선호를 반영하여 A의 주가가 상승하면 주어진 미래 주가 예측치에 대해 기대수익률은 낮게 나타난다. 다시 말해서, 낮은 기대수익률(높은 가격)에도 불구하고 포트폴리오의 위험을 감소시켜주는 기여도 때문에 주식 A에 투자하는 것이다. 반대로 A의 수익률과 시장포트폴리오 수익률의 공분산이 양(+)이면 주식 A는 시장포트폴리오의 위험을 줄이는 데 많은 기여를 하지 못하기 때문에 높은 수익이 기대되는 경우에만 투자하게 된다.

이와 같은 관계는 다음 식으로 표시된다.

$$\mu_i = R_f + \lambda \cdot \sigma_{iM} \tag{8-1}$$

μ_i : 개별자산 i의 기대수익률
R_f : 무위험이자율
λ : 위험의 시장가격
σ_{iM} : 개별자산 i의 수익률과 시장포트폴리오 수익률과의 공분산

따라서 λ를 구할 수만 있다면 개별증권의 기대수익률을 관찰(R_f)과 추정

(σ_{iM})이 가능한 수치로 표시할 수 있다.

그런데 식 (8-1)은 시장균형을 나타내는 일반적인 식이므로 다음과 같이 시장포트폴리오에도 적용되어야 한다.

$$\mu_M = R_f + \lambda \cdot \sigma_{MM} = R_f + \lambda \cdot \sigma_M{}^2$$

여기에서 구한 $\lambda = (\mu_M - R_f)/\sigma_M^2$를 식 (8-1)에 대입하여 정리한 것이 *CAPM* 이다.

$$\mu_i = R_f + \frac{\sigma_{iM}}{\sigma_M{}^2}[\mu_M - R_f]$$

μ_i : 개별자산 i의 기대수익률
μ_M : 시장포트폴리오 기대수익률
R_f : 무위험이자율
σ_{iM} : 개별자산 i의 수익률과 시장포트폴리오 수익률과의 공분산
σ_M^2 : 시장포트폴리오 수익률의 분산(위험)

시장포트폴리오에는 체계적 위험만이 남아있으므로 시장포트폴리오의 위험은 바로 분산으로 측정된다. 즉, 자기 자신과의 공분산은 분산이므로 시장포트폴리오의 체계적 위험은 총위험과 마찬가지이다.

$$\frac{\mu_M - R_f}{\sigma_M{}^2} = \frac{\text{시장포트폴리오의 초과수익}}{\text{시장포트폴리오의 위험}}$$

따라서 $[\mu_M - R_f]/\sigma_M^2$은 무위험자산 대신 위험자산인 시장포트폴리오를 선택한 데 대한 보상이며 위험의 시장가격(λ)을 나타낸다.

σ_{iM}은 개별자산 i가 시장포트폴리오의 위험에 미치는 영향(기여도)이다. 따라서 σ_{iM}/σ_M^2은 시장포트폴리오의 위험에 대한 개별자산 i의 상대적인 기여도인데 β_i로 표시한다. 이러한 의미에서 β를 β-위험(β-risk)이라고 한다.

*CAPM*을 β로 표시하면 다음과 같다.

$$\mu_i = R_f + \beta_i \cdot [\mu_M - R_f]$$

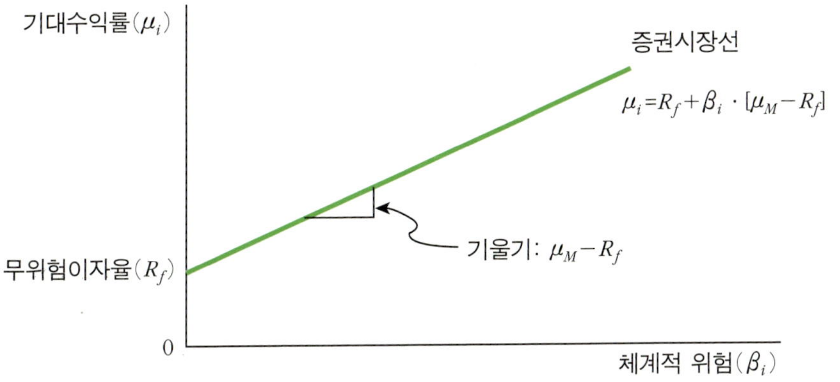

그림 8-4
증권시장선

$$\beta_i = \frac{\sigma_{iM}}{\sigma_M^2}$$

*CAPM*에서 무위험이자율(R_f)과 시장포트폴리오의 기대수익률(μ_M)이 주어진다면 개별자산의 기대수익률(μ_i)은 β_i의 선형함수로 표시된다. 이와 같이 개별자산(증권)의 체계적 위험(β_i)과 기대수익률과의 관계를 직선으로 표시한 것이 증권시장선(*SML*: Security Market Line)이다.

증권시장선상의 각 점은 체계적 위험(β_i)이 각기 다른 개별증권에 대한 이론적인 기대수익률을 나타낸다. 균형상태에서 각 증권의 기대수익률은 증권시장선상에 위치하게 된다.

(3) β의 추정

개별증권의 β는 선형회귀분석을 이용하여 추정한다. 표본기간 중 관찰된 시장포트폴리오(M)와 개별증권(i) 수익률의 쌍 (R_M, R_i)에 대한 선형회귀식은 다음과 같이 표시된다.

$$R_i = \alpha_i + \beta_i R_M$$

여기에서 선형회귀식의 기울기는 다음과 같이 정의된다.

$$\beta_i = \frac{\sigma_{iM}}{\sigma_M^2} = \frac{\rho_{iM}\sigma_i\sigma_M}{\sigma_M^2}$$

선형식의 기울기 β_i는 시장포트폴리오 수익률의 변화에 대한 개별증권 i의 민감도를 나타낸다. 따라서 β_i는 시장 전체의 변동성과 연계된 개별증권 i의 변동성이며, 증권 i의 체계적 위험지수이다. β_i를 β−위험(β−risk)이라고 하는 이유도 여기에 있다.

앞에 설명한대로 시장포트폴리오의 대용으로 종합주가지수를 사용하고 있으며, 상장주식에 대한 β는 증권사가 정기적으로 발행하는 책자나 인터넷을 통해 쉽게 구할 수 있다.

(4) β와 투자전략

일반적으로 주식의 수익률은 시장상황에 따라 같이 움직이는 경향이 있으므로 실제로 대부분 주식의 β는 양수이다. 시장의 움직임과 관련하여 개별증권의 특성을 β에 따라 다음과 같이 분류할 수 있다.

β	구 분	내 용
$\beta=1$	시장포트폴리오	시장과 수익률의 진폭이 같은 주식
$0<\beta<1$	방어적인 주식	시장보다 수익률의 진폭이 작은 주식
$\beta>1$	공격적인 주식	시장보다 수익률의 진폭이 큰 주식
$\beta=0$	무위험자산	시장의 움직임과 상관없이 일정한 수익률이 보장되는 자산

포트폴리오의 β는 개별증권의 β를 가중평균한 것이다. 여기에서 가중치는 개별증권에 대한 투자비중이다.

$$\text{포트폴리오 } \beta = x_1\beta_1 + \cdot\cdot\cdot + x_n\beta_n$$

β_i : 개별증권 i의 β

x_i : 개별증권 i에 대한 투자비중

그림 8-5

β와 투자전략

시장수익률의 변화 (ΔR_M)	→	자산 i의 β (β_i)	→	자산 i수익률의 변화 (ΔR_i)
ΔR_M	×	β_i	=	ΔR_i

강세장세에서는 공격적인(β가 큰) 주식의 비중을 늘림으로써 투자수익률을 극대화할 수 있다. 전망이 불투명한 경우에는 방어적인(β가 작은) 주식의 비중을 늘림으로써 투자위험을 감소시킬 수 있다.

2. *CAPM*의 활용

(1) 투자증권의 선택(selection)

기대수익률은 증권에 대한 시장의 기대가격과 현재가격에 의해 설정된다.

$$\text{기대수익률} = \frac{\text{기대이익}}{\text{현재 시장가격}} = \frac{\text{기말 기대가격} - \text{현재 시장가격}}{\text{현재 시장가격}}$$

기말의 기대가격은 투자자들의 동질적인 기대(*CAPM*의 가정을 참조)가 반영된 것이다.

균형상태에서 각 증권의 기대수익률은 증권시장선(이론적인 기대수익률)에 위치하게 된다. 하지만 기대수익률이 이론적인 기대수익률보다 높(낮)다는 것은 증권의 현재 시장가격이 저(고)평가된 것을 의미한다. 투자자들은 저(고)평가된 주식을 매수(매도)하고 이에 따라 증권가격이 상승(하락)하고 기대수익률은 하락(상승)하는데 이러한 조정은 기대수익률과 이론적인 기대수익률이 일치하여 균형에 도달하는 순간까지 계속된다. 과소(과대) 평가된 증권을 매수(매도)한 투자자는 증권가격이 균형으로 회복되는 과정에서 시세차익을 얻게 된다.

예 제

증권시장선과 증권의 선택

다음 그림은 무위험이자율(R_f)이 10%, 시장포트폴리오의 기대수익률(μ_M)이 15%인 경우의 증권시장선이다.

A주식의 이론적인 기대수익률은 16%이다.

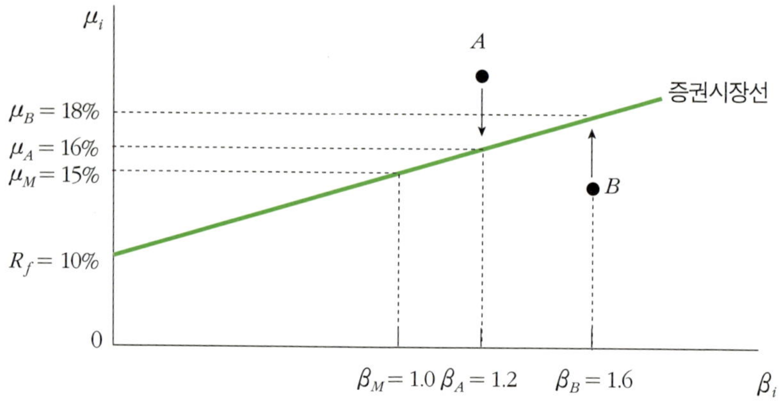

$$\mu_A = 10\% + (1.2)(15\% - 10\%) = 16\%$$

그러나 현재 주가에 의해 계산된 A의 기대수익률이 16%를 초과하므로 과소 평가된 A를 매수하는 것이 유리하다. 이러한 투자전략은 증권의 기대수익률이 균형에서 이탈하여 증권시장선에서 벗어났지만 결국은 균형기대수익률에 돌아올 것이라는 믿음에 의한 것이다. 투자기회를 포착한 투자자들이 A를 매수하면 가격이 상승하면서 기대수익률은 하락할 것이다. A의 가격상승은 기대수익률이 이론적인 기대수익률과 일치될 때까지 계속되며 주가가 균형으로 회복되는 과정에서 시세차익이 발생한다.

예를 들어, 미래 주가에 대한 기대치가 58,000원이고 현재 주가가 46,400원이라면 이 주식의 기대수익률은 25%가 되며, 이는 현재 주가가 과소 평가되었음을 의미한다. 자본자산가격결정모형에 의한 균형주가는 50,000원이라야 한다.

B의 실제 기대수익률이 이론적인 기대수익률인 18%에 미치지 못한다면 B는 과대 평가되었으므로 매도하는 것이 유리하다. 투자자들이 B를 매도하면 가격이 하락하면서 기대수익률은 상승할 것이다. B의 가격하락은 B의 기대수익률이 이론적인 기대수익률에 접근할 때까지 계속될 것이다.

시장가격에 의해 계산된 실제 기대수익률과 이론적인 기대수익률과의 차이는 α(알파)로 표시되며 이를 잔차(residual)라고도 한다.

$$\alpha = \text{실제 기대수익률} - \text{이론적인 기대수익률}$$

α는 증권가격이 균형으로부터 벗어난 정도(mis-priced)를 나타낸다.

(2) 자기자본비용의 추정

기업은 투자하기 위해 조달하는 자본에 대해 비용(자본비용)을 지불하고 있나. 기업의 자본비용은 자본제공자인 투자자의 입장에서는 투자수익률에 해당된다. 기업이 조달하는 자본은 권리 성격에 따라 타인자본(부채)과 자기자본으로 구분된다.

자기자본비용을 추정하는 데는 배당모형(제6장 참조)과 *CAPM*이 사용되고 있다. *CAPM*을 이용하는 방법에서는 추정된 개별주식의 β와 시장포트폴리오의 기대수익률(μ_M), 그리고 무위험이자율(R_f)을 대입하여 자기자본비용을 추정한다(타인자본비용은 제9장 채권시장과 채권수익률을 참조).

$$\mu_i = R_f + \beta_i [\mu_M - R_f]$$

기업의 (가중평균)자본비용은 자기자본비용과 타인자본비용을 가중평균한 것이다. 기업은 실물투자대안의 현금흐름을 자본비용으로 할인하여 투자대안의 가치를 추정하고 투자의사결정을 내린다.

(3) 투자펀드의 성과평가

β는 투자펀드의 성과와 펀드매니저의 능력을 평가하는 데 활용된다. 이에 대한 내용은 제11장 기타 투자자산과 투자성과분석에서 설명한다.

3. 시장모형

*CAPM*의 장점은 개별증권에 대한 기대수익률과 시장전체의 움직임과의 관계를 선형식으로 나타내는 데 있다. 그러나 이론적인 장점에도 불구하고 많은 정보(모든 증권의 기대수익률, 분산, 공분산)가 필요하고, 자료와 기간에 따라 β의 추정치가 달라지는 문제(β의 불안정성) 때문에 *CAPM*을 실제로 활용하는 데는 어려움이 있다.

*CAPM*에 대한 실용적인 대안으로 제시된 것이 시장모형이다. 시장모형(market model)에서 개별증권의 수익률은 모든 증권에 영향을 미치는 시장지수(market index)와 개별증권에 독립적으로 영향을 미치는 요인으로 구성되어 있다. 시장모형에서 시장지수는 유일한 체계적 요인이며 그 대용으로는 주식시장을 대표하는 주가지수가 적절할 것이다.

$$R_i = \alpha_i + \beta_i R_M + \varepsilon_i$$

시장모형에서 β는 시장수익률의 변동에 대한 개별증권 수익률의 민감도를 나타낸다. α는 시장과 관계없이 개별증권의 특성에 의해 기대되는 수익률을 나타낸다. ε(epsilon)는 시장모형에서 설명되지 않는 요인들로부터 발생하는 예상치 못한 수익률을 나타낸다. ε은 실제수익률과 기대수익률과의 차이이므로 이를 잔차(residual)이라고 한다. 잔차는 기대치가 0이며 증권의 잔차 간에는 아무런 상관관계가 없다고 가정한다.

시장모형에서 개별증권의 기대수익률은 ① 시장과 관계없는 증권 특유의 수익률(α)과 ② 시장과 관련된(시장의 움직임에 의해 결정되는) 수익률($\beta_i \mu_M$)로 구분된다.

$$\mu_i = \alpha_i + \beta_i \mu_M$$

시장모형에서도 개별증권의 위험은 시장관련위험과 증권고유위험으로 구분된다.

$$\sigma_i^2 = \beta_i^2 \rho_M^2 + \sigma_\varepsilon^2$$

총위험 = 시장관련위험 (체계적 위험) + 증권고유위험 (비체계적 위험)

시장모형은 아무런 이론적인 배경이 없이 개별증권의 수익률을 시장지수로 설명하려는 단순한 논리에서 출발한 것이다. 따라서 시장모형은 *CAPM* 처럼 비현실적인 가정이 필요하지 않으며 개별증권과 시장지수의 수익률만 있으면 간단한 선형회귀식으로 추정할 수 있다.

9 채권시장과 채권수익률

제1절 채권시장의 구조

제2절 채권의 종류

제3절 채권수익률과 위험

제4절* 이자율의 기간구조

부 록* 채권매입비용과 채권가격계산

미리보기

채권은 발행자(채무자)가 투자자(채권자)로부터 자금을 차입하면서 원리금지급에 대한 의무관계를 명시한 채무증서이다. 원리금지급의무란 채권발행자가 채권소유자에게 정해진 만기일까지 일정 기간마다 액면금액에 대해 정해진 이자를 지급하고 만기일에는 액면금액을 상환하는 의무를 말한다. 채권은 원리금지급액이 확정되어 있기 때문에 확정소득증권(fixed income securities)이라고 한다. 이에 비해 주주들에게는 근로자, 납품업자, 채권자, 정부 등 다른 이해당사자들에게 지급하고 남은 나머지가 지급되므로 주식을 잔여소득증권(residual income securities)이라고 한다.

제9장에서는 채권시장의 구조, 채권의 종류와 특징, 채권가격결정모형, 채권투자위험 등 채권투자에 필요한 기본적인 개념이 설명된다.

채권시장의 구조 제1절

채권시장의 구조도 기본적으로는 주식시장과 유사하다. 채권시장은 기능에 따라 발행시장과 유통시장으로 나뉘어지고, 채권의 종류에 따라 국공채시장과 회사채시장으로 구분된다.

1. 채권발행시장

채권발행시장은 채권발행자와 투자자 그리고 발행기관으로 구성된다. 채권발행자는 채권을 발행하여 자금을 조달하는 주체로 정부, 지방자치단체, 특별법에 의해 설립된 법인, 금융기관, 기업 등이 있다. 채권에 대한 1차적인 투자자는 대부분 금융기관이다. 발행기관의 역할은 회사채의 경우 증권회사가 담당하고, 국공채의 경우에는 증권회사, 은행, 종합금융회사가 참여한다.

(1) 국공채발행시장

한국에서 채권시장은 1950년대와 60년대에 정부의 재정적자를 보전하고 경제개발과 사회간접자본 확충에 필요한 자금을 조달하기 위해 국공채를 발행한 것으로 시작되었다. 초기에는 국공채의 발행금리가 유통시장의 실세금리를 반영하지 못하고 정책당국에 의해 경직적으로 결정되었기 때문에 발행시장과 유통시장이 유기적인 연관성이 부족한 상태에서 운영되었다. 그러나 최근에는 국공채의 발행조건이 시장실세금리를 반영하게 되어 일반대중에 의한 소화도 가능하게 되었다.

국채는 발행을 원하는 해당 정부부처가 발행계획안을 기획재정부에 제출하면 국무회의의 심의와 국회의 의결을 거쳐 발행된다. 국채의 발행은 대개 한국은행이 대행하는데 국채인수단을 대상으로 경쟁입찰을 실시하여 한국은행 결

그림 9-1

국고채권의 입찰 및 발행 흐름

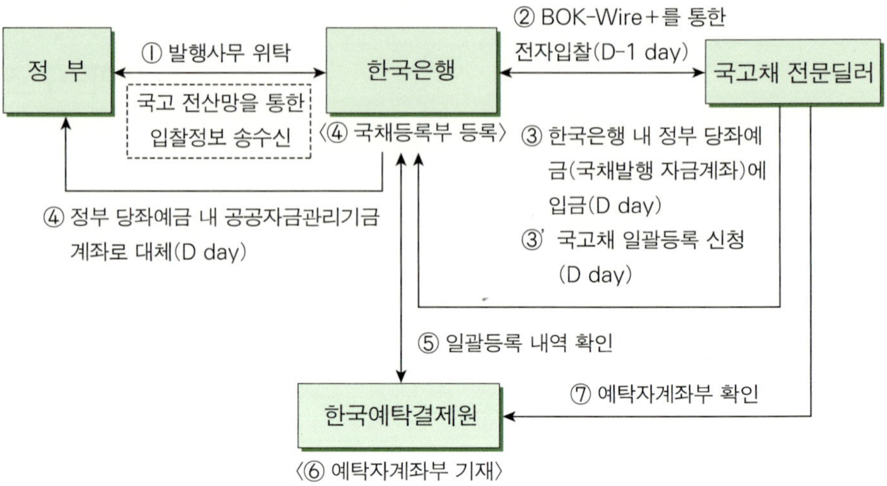

* 「전자증권법」 시행(2019.9.16.)으로 예탁자계좌부 명칭이 전자등록계좌부로 변경.

제망을 통해 결제자금이 입금되면 한국예탁결제원을 통해 채권이 계좌이체되는 것으로 발행이 완료된다. 〈그림 9-1〉은 국고채권이 입찰되고 발행되는 흐름을 보여준다.

현재 정부가 발행하고 있는 국채는 국고채권(Treasury Bond), 재정증권(Treasury Bill), 외국환평형기금채권(Foreign Exchange Equalization Fund Bond), 제1종 국민주택채권(National Housing Bond)이 있다. 국고채권은 정부가 각 기금 및 회계에 필요한 자금을 공급하기 위하여 발행하는 국채이다. 재정증권은 정부가 회계연도(1월 1일~12월 31일) 중 일시적인 재정부족자금을 보전하기 위해 발행하는 만기 1년 이내의 채권으로 통상 1개월 내지 3개월물로 발행된다. 외국환평형기금채권은 원화의 대외가치 안정과 투기적인 외화의 유출입에 따른 악영향을 방지하기 위해 정부가 운영하는 외국환평형기금의 재원조달을 목적으로 외국환거래법에 따라 정부가 지급보증 형식으로 발행하는 채권이다. 국민주택채권은 국토교통부 장관의 요청에 따라 기획재정부 장관이 국민주택사업에 필요한 자금을 조달하기 위하여 주택도시기금의 부담으로 발행하는 채권이다.

국공채의 발행방식은 입찰발행, 소화발행, 교부발행으로 구분되며 증권 실물 발행 여부에 따라 현물발행과 등록발행으로 구분한다.

국공채의 발행방식	내 용
입찰발행	기획재정부 장관이 지정한 기관들을 대상으로 경쟁입찰을 실시하여 발행하는 것으로, 국고채권 발행 시 적용
소화발행	부동산 등기 및 각종 인허가 시 매입을 의무화하여 발행하는 방식으로, 제1종 국민주택채권이 이에 해당
교부발행	자금조달을 목적으로 하지 않고 법률상의 채무부담 발생에 대한 대물변제 방법으로 국채를 발행하는 것으로, 정부는 현금을 지급하는 대신 일방적 의사로서 국채를 발행, 교부하며 보상채권이 이에 해당
현물발행	국채 발행 시 증권실물을 인수자에게 교부하는 것으로, 보상채권이 이에 해당
등록발행	증권실물을 교부하는 대신 '국채등록부'에 등록하여 발행하며, 현재 국고채권과 재정증권은 모두 등록방식으로 발행

출처: [증권업무해설] 2021. 한국은행 국고증권실.

(2) 회사채발행시장

회사채 발행은 경제성장과 더불어 기업의 설비투자에 필요한 자금수요가 증대하면서 본격화되기 시작하였다. 회사채 발행은 주주를 비롯한 발행기업의 이해관계자들에게 많은 영향을 미치므로 이들의 이익을 보호하기 위하여 여러 가지 법규상의 제약이 가해지고 있으며 이사회의 의결을 거쳐야 한다.

회사채를 발행하는 과정에서 발행기관의 인수와 분매기능은 주식의 경우와 유사하다. 회사채 발행은 대부분 공모(public offering) 및 간접발행에 의하여 이루어지며, 총액인수방식이 이용되고 있다.

회사채의 대부분은 고정금리를 지급하는 3년 만기의 이표채이다. 초기에는 금융기관이 원리금의 지급을 보증하는 보증사채가 대부분이었으나 점차 다양한 발행조건을 가진 회사채의 발행이 늘어나고 있는 추세이다. 특히 주식과 연계된 전환사채, 신주인수권부사채 등 신종사채의 발행이 꾸준히 늘고 있다.

2. 채권유통시장

채권은 장기투자자가 매입 후 만기일까지 보유하는 것이 보통이었기 때문에 유통시장의 필요성이 주식에 비해 크지 않았다. 특히 한국에서는 발행되는 채권이 대부분 단기채권이고, 유통시장과 발행시장의 유기적인 연관성이 적었으며, 채권투자자가 한정되어 있었기 때문에 주식에 비해 유통시장이 상대적으로 발달하지 못하였다.

주식거래의 대부분은 거래소에서 투자자들의 매매주문이 중개되는 위탁매매인데 반해, 채권거래는 주로 장외시장에서 당사자들이 직접 매매하는 자기매매의 형태로 이루어지고 있다. 채권은 원래 발행단계부터 일반투자자에 의해 소화되기가 어렵기 때문에 유통거래도 자연히 기관투자가나 법인 간의 대량 · 상호매매가 주종을 이루고 있다. 특히 채권은 발행종목이 매우 다양하기 때문에 이를 전부 거래소에 상장시키기가 어렵다. 이러한 이유로 미국, 일본 등 다른 나라에서도 채권의 거래소상장을 주식에 비해 강조하고 있지 않으며, 채권의 가격은 거래소시장에서 형성되지만 실제 거래의 대부분은 장외시장에서 이루어지고 있다.

(1) 거래소시장

한국거래소를 통해 다음과 같은 채권 유통시장이 형성되어 있다.

① **국채전문유통시장** 국채전문유통시장은 거래소가 국고채시장 활성화 및 거래투명성 제고를 위해 정부의 정책적인 지원을 받아 1999년 3월에 개설한 국채 전자거래시장이다. 국채전문유통시장은 인터넷을 이용해 딜러회사가 직접 참여하는 전자거래시장으로서 전 거래과정이 실시간 정보화면을 통해

이루어지는 시스템(KTS)을 사용하고 있다.

주요 시장참가자는 거래소의 채무증권회원 인가를 취득한 은행과 금융투자회사이고, 연금, 보험, 기금 등의 기타 금융기관 및 일반투자자자도 위탁참여가 가능하다. 딜러회사는 별도의 전산투자 없이 한국거래소가 개발한 매매프로그램을 거래담당자의 PC에 설치하고 인터넷을 통하여 한국거래소의 국채매매시스템(KTS)에 직접 접속하여 거래를 수행한다.

거래대상채권은 국고채, 통안증권, 예금보험공사채권이나, 국고채가 거래의 대부분을 차지하고 있고, 매매수량단위는 10억원의 정수배이다.

② Repo(환매조건부채권매매)시장 채권딜러가 Repo시장을 이용하는 기본적인 이유는 현물시장에서의 시장조성활동 중 발생되는 단기적인 자금과 증권의 과부족을 해소하기 위한 것이므로 Repo거래기간은 주로 1년 미만의 단기로 구성된다.

거래소 Repo시장의 거래기간은 1일, 2일, 3일, 4일, 7일, 14일, 21일, 30일, 60일, 90일 등 10개의 기본단위로 설계되었으며, 환매일은 매매대금을 결제한 날로부터 기산하여 각각 2일째, 3일째, 4일째, 5일째, 8일째, 15일째, 22일째, 31일째, 61일째, 91일째 되는 날로 하되 환매일이 공휴일인 경우에는 순연한다.

③ 일반채권시장 일반채권시장은 시장참가에 자격제한이 없어 모든 투자자가 참여할 수 있다. 국채, 지방채, 특수채, 회사채 등 거래소에 상장된 모든 채권을 거래대상으로 하며, 주로 회사채와 주권관련사채(전환사채, 신주인수권부사채, 교환사채 등) 및 제1 · 2종 국민주택채권 등의 거래가 많다. 일반채권시장에서 매매되는 채권 중 전환사채(CB)의 매매는 공정한 가격형성 및 유동성 제고를 위해 반드시 거래소시장을 통하여야 한다.

④ 소액채권시장 소액채권시장은 주택구입 · 부동산 등기 · 자동차 등록 등 각종 인 · 허가 시에 필수적으로 매수해야 하는 첨가소화채권이 헐값에

일반채권시장의 주요 매매제도

구 분	주요 제도
매매대상	일반채권, 주권관련사채* 등 거래소에 상장된 모든 채권 * 전환사채(CB), 신주인수권부사채(BW), 교환사채(EB), 이익참가부사채(PB) – 소액채권은 소액채권시장에서 매매
호가접수시간	08:00~15:00
호가가격단위	1원(외화표시채권 1포인트)
호가수량단위	액면 10,000원(외화표시채권 액면 1만 포인트)
매매거래시간	09:00~15:00
매매수량단위	액면 1,000원(전자단기사채 액면 1억원, 외화표시채권 액면 1만 포인트)
호가의 유형	지정가 호가
가격제한폭	없음 (투자자의 착오입력 방지를 위해 호가입력 제한)**
매매거래정지	풍문 등의 사유 (주식시장의 경우와 동일 적용)
매매체결방법	단일가격에 의한 개별경쟁매매(단일가매매) 복수가격에 의한 개별경쟁매매(접속매매)
주요 참여자	시장참가자에 대한 제한 없음 주로 증권사(자기매매), 기관투자자, 일반투자자(위탁매매)
결제시한	당일결제(대금: 시중은행 당좌계좌, 채권: 예탁원 SAFE-Line)

* 소액채권과 상장된 전환사채 매매거래는 반드시 거래소시장을 통해야 함.

** 호가가격이 전일종가(없으면 시가평가사 평균가격) 대비 다음의 비율을 초과하는 매수호가 또는 다음의 비율에 미달하는 매도호가: 1) 주권관련사채권을 제외한 채권: 30%, 2) 주권관련사채권: 50%.

매각되는 폐단을 해소하고 환금성을 보장하기 위하여 1995년 10월에 개설된 특수 목적의 시장이다. 이에 따라 소액채권시장에는 소액채권매입의무자, 소액채권매수전담회원, 소액채권매도대행회원, 소액채권매출대행기관 등 여타 시장에는 존재하지 않는 제도적 기능을 수행하는 시장참여자들이 있다.

소액채권시장의 거래집중대상 채권은 정부 및 지방자치단체가 공공정책 추진을 위한 재원 마련을 위해 발행된 채권으로 제1종 국민주택채권, 서울도시철도채권, 지역개발채권, 지방도시철도채권 등이 있다. 소액채권 매입의무자들이 대부분 매입 즉시 매도를 하기 때문에 거래일을 기준으로 당월 및 전월에 발행된 채권으로 한정하고 있다.

(2) 장외시장

채권의 장외시장에서는 상장채권과 비상장채권이 거래된다. 거래는 어느 곳에서나 가능하지만 주로 증권회사 창구를 통하여 이루어진다. 거래소시장과는 달리 거래단위에 제한이 없으며, 채권매매대금은 당일결제를 원칙으로 한다.

거래소 및 장외 채권시장 비교

구 분	거래소 채권시장	장외 채권시장
주요 참가자	(KTS) 딜러, (일반) 개인 · 기관투자자	딜러, 브로커
매매방식	경쟁매매	상대매매
매매수단	전산시스템	전화, 메신저, FreeBond
호가방법	가격호가(수익률 병기)	수익률호가(가격병기)
매매단위	(KTS) 10억원, (일반) 1,000원	주로 100억원
매매시간	09:00~15:00	통상적으로 09:00~15:30
체결 이후 정정 여부	불가	상호합의하에 가능
결제시점	(KTS)T+1, (일반)T+0	T+1~30
결제방법	(KTS) 종목별차감결제, (일반) 통합차감결제	총액결제

제2절 채권의 종류

1. 발행주체에 따른 분류

(1) 국공채

① **국 채** 국채는 헌법에 규정된 조폐권과 조세징수권을 근거로 중앙정부가 발행하는 채권으로 원리금상환이 보장되는 무위험자산(risk-free asset)이다. 따라서 국채수익률은 무위험수익률 또는 무위험이자율(risk-free interest rate)로 정의된다. 국채수익률은 시장에서 형성된 가장 낮은 금리로서 다른 증권의 수익률을 결정하는 데 기준금리(benchmark interest rate)의 역할을 한다. 현재 국채는 국고채권, 재정증권, 외국환평형기금채권, 제1종 국민주택채권이 발행되고 있다.

국제금융시장에서는 미국 재무성증권의 수익률이 기준금리의 역할을 하고 있다. 외환위기 직후인 1998년 4월에 한국정부가 10년 만기 원리금이 미국 달러로 표시된 외국환평형기금채권(외평채)을 발행할 때 발행금리는 미국 재무성증권(T-Bond)의 수익률에다 한국의 국가신용위험에 대한 프리미엄을 나타내는 가산금리가 더해져서 결정되었다. 가산금리가 높으면 그만큼 국가신용도가 낮다는 것을 의미한다. 10년 만기 외평채 가산금리는 발행당시 3.55%에서 2002년 초에는 0.72%, 2020년에는 0.32%로 하락하였다.

② **지방채** 지방채(municipal bond : munis)는 지방자치단체가 재정수입의 부족을 보충하거나 지하철 · 교량 · 하수종말처리장 등 대규모 건설사업, 지방공기업의 설비투자 또는 재해복구 등 특수한 목적을 달성하기 위해 자금을 차입하는 채무를 말하며, 지방자치단체의 조세징수권이나 중앙정부의 지급보증을 바탕으로 발행된다. 지방자치단체는 행정안전부 장관에게 지방채 발행계

표 9-1

국채의 종류

종 류	내 용
국고채권	• 농지채권, 철도채권, 농어촌발전채권, 국민주택기금채권 등으로 각각 발행되던 채권을 1994년부터 국채관리기금의 부담으로 일원화하여 국채관리기금채권을 발행하였는데, 동 명칭을 1998년 11월부터 국고채권으로 변경하였다. • 2021. 5월 말 기준 국고채권은 2년물, 3년물, 5년물, 10년물, 20년물, 30년물, 50년물 등 7종의 고정금리부 채권과 원금과 이자가 물가에 따라 변동하는 10년 만기 물가연동국고채권의 형태로 발행되고 있다.
재정증권	• 재정증권은 단기적인 재정수급의 불균형을 해소하기 위하여 경쟁입찰방식에 의해 공개시장에서 시장실세금리로 발행되고 있으며, 재정수급 상황, 한국은행 차입 여건 등에 따라 불규칙적으로 28일물, 63일물, 91일물 등이 주로 발행되어 왔다.
외국환평형기금채권	• 1987년 이후 원화표시와 외화표시의 2종류를 발행하였으나, 2003년 11월 12일부터 원화표시 외국환평형기금채권을 국고채권에 흡수하여 발행함에 따라 동 일자 이후는 외화표시 외국환평형기금채권만 발행하고 있다. • 외화표시 외국환평형기금채권은 국제금융시장에서 국내 금융기관의 자금 차입 시 외화표시 한국채권의 기준금리 역할을 수행함과 동시에 한국경제를 홍보하고 있으며, 한국의 국가신용도를 측정할 수 있는 중요한 지표로 활용된다. 해외에서 채권인수단을 통하여 발행되고 있으며 이자는 재정대리인(Fiscal Agent)을 통하여 지급한다.
국민주택채권	• 제1종 국민주택채권은 국민주택 건설을 위한 재원조달을 목적으로 「주택건설촉진법」(현 「주택법」)에 의거 1973년부터 발행되었으며 초기에는 한국주택은행(현 국민은행)이 채권을 발행하고 정부가 원리금 상환을 보증하는 정부보증채로 발행되었으나 1981년 국채로 전환되었다. 발행조건은 만기 5년, 금리 연 3%(연 단위 복리계산)이다. • 제2종 국민주택채권은 「주택건설촉진법」(현 「주택법」)에 의하여 부동산투기과열지구 내의 신규건설 아파트 입주예정자 선정 시 채권입찰제를 실시하여 매입토록 하는 채권으로, 국민은행(구 한국주택은행)에서 취급하고 있으며, 1999년 7월 15일 발행 중단 전까지 만기 20년, 연리 3% 조건으로 발행되었으나 2006년 2월 24일 발행이 재개된 이후부터는 만기 10년, 금리 0% 조건으로 발행되었다. 2013년 5월 31일 채권입찰제 폐지로 제2종 국민주택채권 발행이 중단되었다. • 제1종 국민주택채권의 발행방법이 2019년 9월 16일 등록발행에서 전자등록발행으로 변경되었다.

표 9-2 지방채의 종류

종 류	내 용
도시철도채권	• 도시철도채권은 도시철도법에 따라 지하철건설자금을 조달하기 위하여 지방자치단체가 발행하는 지방채이다. 도시철도채권은 서울 · 부산 · 인천 · 대구 · 광주 · 대전에서 발행되고 있다. 따라서 발행주체는 지하철공사가 아닌 관할지방자치단체이다. 도시철도채권의 발행을 위해서는 지방자치단체의 장이 국토교통부 장관과 협의한 후 행정안전부 장관의 승인을 얻도록 하고 있다. • 서울도시철도채권은 만기 7년에 일시 상환되지만, 다른 도시철도채권은 만기 5년에 일시 상환된다. 2014년 현재 표면이자율은 2.0%로 모든 도시철도채권이 동일하나, 이자계산방식은 서울도시철도채권의 경우 복5단2(5년 복리 후 2년 단리)로, 기타 지방도시철도채권이 5년 연복리로 계산되어, 첨가소화되어 매출되고 있다.
지역개발채권	• 지역개발공채는 지방자치법, 지방공기업법, 지역개발기금설치조례 등에 의거하여 지역개발기금의 재원조달용으로 발행되는 지방채이다. • 18개 지방자치단체에서 연복리 2.0%(2014년 말 현재)에 만기 5년 일시상환의 조건으로 발행되고 있으며, 도시철도채권과 똑같이 첨가소화되어 매출되고 있다. ※ 첨가소화: 주택, 자동차, 항공기 등의 구매 시 각종 등기, 인허가, 등록에 포함(첨가)시켜서 일반인들에게 공공적인 목적으로 강제매입(소화)시키는 것을 말함
공모지방채	• 공모지방채는 도시철도채권과 지역개발채권 이외에 지방자치단체에서 공모발행되는 채권이며, 서울특별시가 발행하는 서울특별시채권, 인천광역시가 발행하는 인천지방채권이 있다.

획안을 제출하고 지방의회의 의결과 행정안전부 장관의 승인을 거쳐 지방채를 발행한다.

③ **특수채** 특수채는 특별법에 의해 설립 · 운영되는 특별법인에 의해 발행된다. 특수채는 공사에서 발행하는 공사채와 금융기관이 발행하는 금융채로 나뉘어지는데 한국은행이 발행하는 통화안정증권, 특별법에 의해 설립된

표 9-3

채권의 분류체계

<table>
<tr><td rowspan="12">원화표시
채권</td><td rowspan="11">국
내
채
권</td><td>국 채</td><td colspan="2">국고채권, 재정증권, 국민주택채권</td></tr>
<tr><td rowspan="3">지방채</td><td>도시철도채권</td><td>서울, 부산, 대구, 대전, 인천, 광주도시철도채권</td></tr>
<tr><td>지역개발채권</td><td>서울, 부산, 대구, 대전, 인천, 광주, 울산, 경기, 강원, 충남, 충북, 전남, 전북, 경남, 경북, 제주, 세종, 창원지역개발채권</td></tr>
<tr><td colspan="2">공모지방채, 기타지방채</td></tr>
<tr><td rowspan="3">특수채</td><td colspan="2">통화안정증권</td></tr>
<tr><td>금융특수채</td><td>특수은행채(특별법에 의해 설립된 은행채)</td></tr>
<tr><td>비금융특수채</td><td>한국전력공사채권, 토지주택채권, 한국도로공사 고속도로건설채권, 한국자산관리공사채권, 예금보험공사채권, 기타비금융특수채</td></tr>
<tr><td rowspan="4">회사채</td><td colspan="2">일반사채</td></tr>
<tr><td>주식관련사채</td><td>전환사채, 신주인부권부사채, 교환사채, 이익참가부사채</td></tr>
<tr><td rowspan="2">금융회사채</td><td>일반은행채(은행법에 의한 은행채)</td></tr>
<tr><td>카드채, 리스채, 종합금융채, 할부금융채, 증권금융채, 기타금융채</td></tr>
<tr><td colspan="4">외국채권</td></tr>
<tr><td>외화표시
채권</td><td colspan="4">달러화표시채권, 엔화표시채권, 유로화표시채권</td></tr>
</table>

출처: [증권업무해설] 2021. 한국은행 국고증권실.

은행(특수은행)이 발행하는 금융특수채, 특수은행을 제외한 특별법에 의해 설립된 기관이 발행하는 비금융특수채가 있다. 특수은행에는 한국산업은행, 한국수출입은행, 중소기업은행, 수산업협동조합중앙회, 농협은행 등이 있다.

(2) 회사채

회사채(corporate bond)는 주식회사가 일반대중으로부터 비교적 거액의 장기자금을 일시에 대량으로 조달하기 위해 채무증서 형식으로 발행하는 증권을 말하며, 주식과 함께 기업의 대표적인 직접금융수단이다. 발행기업과 채권자의 권리내용에 따라 다양한 회사채가 발행된다.

그림 9-2

회사채의 견양

일 억 일 억

주식회사한화제12회무보증사채권

제 12 회
사 00000 호

金 일억원 整
₩ 100,000,000

발행일 2000년 6월 30일
상환일 2003년 6월 30일

見 樣

이 사채권은 주식회사 한화가 2000년 6월 15일에 개최한 이사회 결의에 의하여 제12회 무보증사채를 이면에 기재한 조건으로 발행합니다.

2000년 6월 30일

주식회사 한 화
代表理事 盧 敬 燮

무보증 무보증

본 사채는 견본이므로 매매 및 양도를 할 수 없습니다.

주식회사 한화 제12회사채권 사 00000 호 이자지급교부표 ⑫ 지급일 2003년 6월 30일	주식회사 한화 제12회사채권 사 00000 호 이자지급교부표 ⑪ 지급일 2003년 3월 30일	주식회사 한화 제12회사채권 사 00000 호 이자지급교부표 ⑩ 지급일 2002년 12월 30일	주식회사 한화 제12회사채권 사 00000 호 이자지급교부표 ⑨ 지급일 2002년 9월 30일
주식회사 한화 제12회사채권 사 00000 호 이자지급교부표 ⑧ 지급일 2002년 6월 30일	주식회사 한화 제12회사채권 사 00000 호 이자지급교부표 ⑦ 지급일 2002년 3월 30일	주식회사 한화 제12회사채권 사 00000 호 이자지급교부표 ⑥ 지급일 2001년 12월 30일	주식회사 한화 제12회사채권 사 00000 호 이자지급교부표 ⑤ 지급일 2001년 9월 30일
주식회사 한화 제12회사채권 사 00000 호 이자지급교부표 ④ 지급일 2001년 6월 30일	주식회사 한화 제12회사채권 사 00000 호 이자지급교부표 ③ 지급일 2001년 3월 30일	주식회사 한화 제12회사채권 사 00000 호 이자지급교부표 ② 지급일 2000년 12월 30일	주식회사 한화 제12회사채권 사 00000 호 이자지급교부표 ① 지급일 2000년 9월 30일

구 분	내 용	채권의 종류
이표채 (coupon bond)	액면가에 대해 정해진 표면이자율을 일정 기간마다 지급	대부분의 회사채
할인채 (discount bond)	만기까지의 이자를 미리 할인(공제)하여 발행	단기국공채(통화안정증권, 산업금융채권)
복리채 (compounding bond)	중간 이자를 만기까지 복리로 계산하여 만기에 일시 지급	산업금융채권, 국민주택기금채권

2. 이자지급방식에 따른 분류

이표채는 채권의 권면에 붙어 있는 이표(coupon)를 떼어 이자지급을 청구하기 때문에 생긴 이름이다. 한국에서 발행되는 대부분의 회사채는 이자를 매 3개월마다 후급하는 이표채이다.

3. 상환기간에 따른 분류

장 · 단기 채권을 구분하는 정해진 기준은 없지만 통상 다음과 같이 분류한다.

채권의 분류	상환기간	상장채권
단기채권	1년 미만	재정증권, 통화안정증권
중기채권	1년 이상 5년 미만	국민주택기금채권, 토지개발채권, 산업금융채권
장기채권	5년 이상	국민주택채권, 지하철공채

경제가 안정된 나라일수록 장기채권이 차지하는 비중이 크고 상환기간도 더 길다. 예를 들어 미국과 일본에서는 만기 10년 이상의 채권을 장기채권으로 분류한다.

영구채권(console, perpetual bond)은 만기가 없이 액면이자를 영구히 지급하는 채권으로 영국에서 발행된 적이 있다.

기업 첫 '영구채권' 발행

두산인프라코어가 국내 일반 기업으로는 처음으로 5억달러의 신종자본증권을 발행한다. 신종자본증권은 만기가 없어 '영구채권'으로 불리는 유가증권으로 회계상 자본으로 처리된다. 따라서 증자를 하지 않고 자본을 확충할 필요가 있는 기업들에게 새로운 자금조달 수단으로 자리 잡을 전망이다.

두산인프라코어가 신종자본증권을 발행할 수 있게 된 것은 지난 4월부터 적용되고 있는 개정 상법에서 하이브리드증권 등 다양한 증권 발행을 허용하고 있는 덕분이다. 국내 기업 중에선 은행 및 금융지주회사들이 신종자본증권을 발행한 적은 있지만 일반 기업이 발행하는 것은 두산인프라코어가 처음이다.

신종자본증권은 본질적으로는 채권이지만 만기가 없다. 다만 일정 기간(통상 5년)이 지난 시점부터 회사 측은 콜옵션(회사채를 상환할 수 있는 권리)을 행사할 수 있으며, 콜옵션을 행사하지 않으면 조달한 자금을 중도상환하지 않고 영구히 사용할 수 있게 된다.

-한국경제신문(2012.06)

4. 권리내용에 따른 회사채의 종류

(1) 보증사채, 담보부사채, 일반사채

① 보증사채 보증사채(guaranteed bond)는 이자와 액면가 상환을 금융기관이 보증하는 회사채로 발행기업은 보증금융기관에 보증료를 지불한다. 보증사채의 수익률은 발행기업의 신용과는 상관없이 보증금융기관의 신용을 바탕으로 결정된다. 한국에서 발행되는 회사채는 대부분이 보증사채였지만 무보증사채의 비중이 점차 늘고 있는 추세이다.

② 담보부사채 담보부사채(mortgage bond, secured bond)는 발행기업의 특정 자산을 담보로 발행되는 회사채이다. 은행차입이 신용보다는 담보 위주로 이루어지고 있으며 담보부회사채를 발행하는 것보다는 은행담보차입이 간단·신속하고 차입비용도 적게 들기 때문에 담보부사채는 잘 발행되지 않고 있다.

③ **일반사채** 일반사채(debenture)는 원리금 상환에 대해 금융기관의 보증이나 발행기업의 자산에 대한 담보 없이 순수하게 발행기업의 신용에 의해 발행되는 무보증 · 무담보 회사채이다. 일반사채는 기업이 청산될 때 기업자산에 대한 청구권이 주주보다는 우선하지만 보증사채나 담보부사채보다는 뒤진다. 이러한 위험을 반영하여 일반사채의 수익률은 보증사채나 담보부사채의 수익률보다 높게 정해진다. 일반사채 중에서도 종속무담보채권(subordinated debenture)은 기업자산에 대한 청구권이 주식보다는 우선하지만 다른 모든 채권보다는 뒤지는 채권이다.

일반사채 중에서 감채기금채권(sinking fund debenture)은 채권의 액면가 상환을 위해 정기적으로 일정 금액을 적립할 것을 조건으로 발행되는 회사채이다. 채권자의 입장에서는 만기에 액면가를 상환받지 못할 위험이 작아지기 때문에 유리하며 그만큼 수익률이 낮게 정해진다.

일반사채는 투자자보호를 위해서 재무구조가 건전한 우량기업만이 발행할 수 있는데, 대개 신용평가회사로부터 A등급 이상을 받은 기업에게만 일반사채 발행이 허용된다

(2) 주식관련 회사채

① **전환사채** 전환사채(CB: Convertible Bond)는 발행 후 일정 기간 내에 정해진 비율대로 발행기업의 주식으로 전환할 수 있는 권리가 부여된 회사채이다.

표 9-4 주식관련 회사채의 비교

구 분	대 상 증 권	권리행사 후 채권자의 지위
전환사채	발행기업의 신규발행주식	사채권자 지위 상실 발행기업의 주주 지위 획득
교환사채	발행기업이 보유하고 있는 자 · 타기업의 유가증권	사채권자 지위 상실 자 · 타기업 주주 지위 획득
신주인수권부사채	발행기업의 신규발행주식	사채권자 지위 유지 발행기업 주주 지위 획득

발행기업의 입장에서는 전환권을 제공하는 대신에 낮은 이자율로 채권을 발행할 수 있고, 보통주로 전환되는 경우에는 원리금 상환에 대한 부담이 없어지고 자기자본이 증가되어 자본구조를 개선하는 효과도 얻을 수 있다. 그러나 부당하게 유리한 전환조건의 전환사채가 사모형식으로 특정인에게 인수되는 경우 기존 소액주주들의 부가 전환사채 소유자에게 이전되는 결과가 발생할 수도 있다. 따라서 전환사채에 대한 발행요건은 일반사채보다는 엄격한 편이다.

투자자의 입장에서는 낮은 이자율을 대가로 전환권을 보유함으로써 향후 발행기업의 주가가 상승하면 주식으로 전환하여 시세차익을 얻을 수 있는 기회를 갖게 된다.

전환사채는 1985년 삼성전자가 해외에서 외국인 투자자를 대상으로 처음 발행하였다. 당시에는 한국 주식시장이 외국인에게 개방되지 않았기 때문에 한국 주식시장에 투자할 수 있는 간접적인 수단으로 활용되었다.

② 신주인수권부사채 신주인수권부사채(BW: Bond with Warrant)는 발행 후 일정 기간 내에 정해진 가격으로 일정 수의 발행기업 주식을 인수할 수 있는 권리가 부여된 회사채이다. 전환사채는 전환권이 행사됨과 동시에 채권이 소멸되지만, 신주인수권부사채는 신주인수권이 행사되더라도 회사채는 만기까지 존속하여 이자와 액면가가 상환된다. 신주인수권부사채는 신주인수권이 채권과 분리되어 독립적인 금융상품으로 유통되는 분리형과 신주인수권과 사채가 분리되지 못하고 함께 유통되는 비분리형이 있는데, 한국에서는 두 가지가 모두 발행되고 있으나 분리형의 경우 여러 가지 부작용으로 인해 2013년 일시 폐지되었다가 2015년부터 공모형에 한하여 거래가 허용되어지고 있다.

③ 교환사채 교환사채(EB: Exchangeable Bond)는 채권자의 의사에 따라 발행기업이 소유하고 있는 상장유가증권(타회사 주식 및 발행기업 주식)과 교환을 청구할 수 있는 권리가 부여된 회사채이다. 교환사채는 전환사채와 마찬가지로 교환권을 부여하는 대가로 채권의 이자율을 낮게 정하여 기업의 자금조달비용을 절약할 수 있다. 투자자의 입장에서도 채권의 안전성과 주식의 수익

“경영권 편법 강화” vs “기업 자금조달 촉매”

상장회사가 전환사채(CB)를 발행하면서 일정 기간 이후 투자자로부터 되사갈 수 있는 조건(콜옵션)을 붙인 ‘CB 콜옵션’을 둘러싼 논란이 번지고 있다.

“현행법은 상장사가 신주인수권만을 분리해 대주주 등에게 양도할 수 있는 ‘분리형 신주인수권부사채(BW)’ 발행을 금지하고 있다. 그런데 CB 콜옵션은 콜옵션을 대주주가 상장사로부터 매입하는 방식으로 신주인수권을 가질 수 있어 분리형 BW와 동일한 효과가 발생한다.

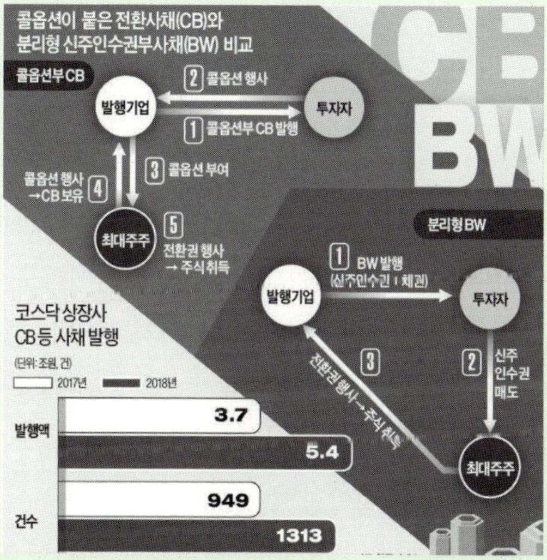

출처: 한국거래소

현대엘리베이터 사례가 대표적이다. 이 회사는 2015년 11월 CB 2,050억원어치를 제3자 배정방식으로 발행했다. CB를 통해 전환 가능한 주식수는 약 386만주였다. 그로부터 1년 2개월 뒤인 2017년 1월 현대엘리베이터는 약 820억원을 들여 CB의 40%에 대해 콜옵션을 행사했다. 이와 동시에 콜옵션으로 상환된 CB를 신주 169만여 주로 전환할 수 있는 권리는 78억원을 받고 대주주인 현정은 회장과 관계사인 현대글로벌에 넘겼다.

현 회장은 현대엘리베이터 경영권을 두고 2대 주주인 쉰들러와 치열한 다툼을 벌이고 있다. 경제개혁연대 등 시민단체는 “현대엘리베이터가 외관상 CB를 발행하면서 실질적으로는 분리형 BW와 마찬가지로 신주인수권을 오너 일가에 헐값에 넘겨 지분율을 쉽게 높일 수 있도록 한 것”이라고 지적했다.

-한국경제(2019.05)

성을 동시에 소유할 수 있는 이점이 있다.

전환사채권자의 전환청구에 대해 발행기업은 신주를 발행하여 전환해주고, 교환사채권자의 교환청구에 대해서는 발행회사가 보유하고 있는 타회사(또는 발행회사)의 주식을 교환해준다는 점에서 다르다. 또한 교환사채는 기존 주주의 이익에 특별한 영향을 미치지 않으므로 채권발행방법에 대해 특별한 규정이 없다. 그러나 전환사채는 신주발행으로 기존 주주의 이해에 직접적인 영향을 미칠 수 있기 때문에 주주에게 전환사채를 우선적으로 인수할 수 있는 권한을 부여해야 한다.

(3) 옵션부사채

① 콜옵션부사채, 수의상환부사채 콜옵션부사채(callable bond)는 발행 후 일정 기간이 지나면 발행기업이 임의로 만기 이전에라도 채권자에게 액면가를 상환하여 매입할 수 있는 권리가 부여된 회사채이다. 중도상환되는 채권은 일반적으로 추첨에 의해 결정된다. 발행기업은 회사채발행 후 시중금리가 하락하면 낮은 이자율로 회사채를 발행하여 높은 이자율의 회사채를 조기에 강제상환함으로써 이자비용을 절약할 수 있다.

투자자는 중도상환금을 낮은 수익률로 재투자할 수밖에 없기 때문에 이러한 불이익을 보상하기 위하여 강제상환 시 액면가 이외에 추가로 일정액의 상환프리미엄 또는 콜프리미엄(call premium)을 지급하는 것이 보통이다.

② 풋옵션부사채 풋옵션부사채(puttable bond)는 만기 이전에 발행기업에 액면가의 조기상환을 청구할 수 있는 권리가 채권자에게 부여된 회사채이다. 발행기업의 입장에서는 상환요구시점을 정확하게 예측할 수 없어 자금운용에 어려움이 있으므로 특별한 경우가 아니면 발행되지는 않는다.

(4) 이익사채, 이익참가부사채, 금리연동부사채, 인덱스채권, 채권담보부증권(CBO), 매출채권담보부채권(CLO)

① 이익사채 이익사채(income bond)는 기업이 영업실적 부진으로 이자를 지급하지 못하는 경우에도 채무불이행이 되지 않는 채권이다. 그러나 기업의 이익이 회복되면 미지급이자를 지급하여야 한다. 이익사채는 발행회사의 실적에 따라 이자를 지급받기 때문에 투자자에게는 매우 불리한 증권이다. 이익사채는 정상적인 일반기업에서는 발행되지 않으며 이미 재무적 곤경에 빠져있는 기업이 지급불능채권을 이익사채로 교환하여 발행하는 경우가 대부분이다.

② 이익참가부사채 이익참가부사채(participating bond)는 기업의 이익이 많이 발생한 경우에는 확정된 이자 이외에도 채권액면이나 이익이 일정률을 추가로 지급하는 채권이다.

③ 금리연동부사채 금리연동부사채(floating rate bond)는 최소지급이자율을 정해 놓고 정기예금이자율이나 국채수익률 등 다른 기준이자율에 연동되어 지급이자율이 변하는 채권이다. 금리연동부사채는 주로 금리변동이나 물가상승이 심한 나라에서 발행되고 있다. 한국 시장에서는 기준금리로 은행 정기예금이자율이 사용되며, 국제금융시장에서는 주로 미국의 재무성 단기증권(T-Bill) 수익률과 런던은행간대출이자율(LIBOR)이 사용되고 있다.

④ 인덱스채권 인덱스채권(index bond)은 소비자물가나 인플레이션지수와 같은 물가지수 상승분만큼의 이자를 사후에 추가로 지급하는 채권이다. 인덱스채권은 극심한 인플레이션으로부터 채권의 실질가치 하락을 막아 채권자의 구매력을 보호해주기 때문에 구매력채권이라고도 한다.

⑤ CBO, 채권담보부증권 CBO(Collateralized Bond Obligation)는 회사채를 담보로 발행된 채권증서를 말한다. 발행시장 CBO(primary CBO)는 여러

기업이 신규로 발행하는 회사채를 증권사가 먼저 총액인수해 이를 유동화전문회사에 매각하고 유동화전문회사는 다시 이를 기초로 증권을 발행하여 일반에게 매각하는 일종의 자산담보부증권(ABS: Asset Backed Securities)을 말한다. 유통시장 CBO는 이미 발행되어 유통되고 있는 회사채를 담보로 발행되는 증권이다.

발행시장 CBO는 신용등급이 낮은 개별기업이 자체적으로 회사채를 발행하기 어려울 때 공동으로 자금을 조달하는 방법이다. 발행시장 CBO의 발행이 활성화되면 신용등급 B등급 이하인 기업도 회사채를 발행하기가 쉬워져서 중소·중견기업은 물론 대기업들도 수월하게 자금조달을 할 수 있다. 한편 투자자는 손쉽게 분산된 채권포트폴리오에 투자할 수 있는 이점이 있다.

⑥ CLO, 대출채권담보부채권 CLO(Collateralized Loan Obligation)는 은행의 대출채권을 담보로 발행되는 2차 채권이다. 발행방식은 은행이 기업에 대출을 제공함과 동시에 대출채권을 자산유동화회사에 양도하면, 자산유동화회사는 대출채권을 기초로 CLO를 발행하여 매각하게 한다. CLO의 발행으로 은행은 기업에 대출할 수 있는 대출자금을 추가로 확보하여 자금시장을 안정시키는 역할을 할 수 있다. 다른 금융기관의 지급보증을 받아 CLO를 우량채권으로 전환시켜서 시장에서 매각이 쉽게 되도록 하기도 한다.

(5) 국제채권

국제채권 또는 국제채(international bond)는 정부나 금융회사, 기업이 외국에서 발행하는 채권을 말한다. 한국 기업이나 금융회사는 주로 뉴욕이나 런던 혹은 홍콩 등에서 국제채를 발행하여 달러를 조달한다. 국제채는 어떤 국가에서 어떤 통화로 발행되는가에 따라 서로 다른 이름으로 불리고 있다. 예를 들어 미국에서 미국 달러화로 발행하면 양키(Yankee)본드, 영국에서 파운드화로 발행하면 불독(Bulldog)본드, 일본에서 엔으로 발행하면 사무라이(Samurai)본드, 중국에서 위안화로 발행하면 판다(Panda)본드라고 부르고 있다.

대표적인 양키본드는 1998년 4월 IMF 구제금융 기간 중 한국 정부가 미국의 뉴욕에서 발행한 달러표시의 외국환평형기금채권(외평채)이다. 외평채는 당시 만기 5년물과 10년물이 발행되었으며, 액면이자율은 7%이고, 6개월마다 이자를 지급하는 이표채였다. 미국에서 발행된 외평채는 한국으로 역수입되어 유통되기도 하였다. 외평채는 이후 2003년 11월부터 원화표시 외국환평형기금채권을 국고채권에 흡수하여 발행함에 따라 그 이후는 외화표시 외국환평형기금채권만 발행하고 있으며 기 발행된 원화표시 외국환평형기금채권은 2008년 7월 4일 상환이 완료되어 2012년 현재 잔액은 없는 상태이다.

한편, 발행하는 국가의 통화가 아닌 다른 나라 통화로 채권이 발행되는 경우도 있다. 예를 들어 외국인이 홍콩에서 홍콩 달러가 아닌 중국 위안화로 채권을 발행하면 딤섬(Dimsum)본드, 일본에서 엔화가 아닌 통화로 발행되면 쇼군(Shogun)본드, 한국에서 원화가 아닌 다른 통화로 발행되면 김치(Kimchi)본드라는 이름을 붙이고 있다.

LIBOR와 유로화

유로화(Euro-currency)는 유럽과는 관계없이 통화가 소속된 나라 밖에서 거래되는 자금을 말한다. 대표적인 유로화인 유로달러(Euro-dollar)는 미국 이외의 지역에서 거래되는 달러인데 예를 들어 서울에서 거래되는 미국 달러도 유로달러이다. 유로화시장에서는 미국 달러, 영국 파운드, 일본 엔 등 주요국의 통화가 거래되고 있다.

유로화는 유로본드와 유로대출의 형태로 거래된다. 대표적인 유로본드에는 딤섬본드, 쇼군본드, 김치본드 등이 있다.

런던은행간대출이자율(LIBOR: London Inter-Bank Offered Rate)은 국제금융의 중심지에서 가장 신용위험이 적은 은행 간 유로화의 대출에 적용되는 이자율을 말한다. '런던(London)'은 유로화거래가 당시 국제금융의 중심지인 런던에서 처음으로 시작한데서 유래한 것이다. LIBOR는 각국 정부의 경제정책이나 금융규제로부터 독립되어 순수한 시장의 경쟁에 의해 결정되며 국제금융거래에서 기준금리로 사용되고 있다.

제3절 채권수익률과 위험

1. 채권가격결정모형

채권의 가치는 투자자에게 지급될 현금흐름을 위험이 조정된 할인율로 할인한 현재가치의 합이다. 채권투자자에게 지급될 현금흐름은 일정 기간마다 지급되는 약정된 이자지급액과 만기에 상환되는 액면가액이다.

$$P_0 = \frac{I}{1+r} + \frac{I}{(1+r)^2} + \cdot \cdot \cdot + \frac{I}{(1+r)^n} + \frac{F}{(1+r)^n} \qquad (9-1)$$

P_0 : 채권의 시장가격
I : 연간 이자지급액(annual interest payment)
F : 액면가액(face value)
n : 만기(maturity)
r : 만기수익률(*YTM*: yield to maturity)

표면(액면)이자율 또는 **쿠폰이자율**(coupon interest rate)은 채권의 **액면가액**(F)에 대한 연간 이자지급액(I)의 비율인데, 발행 당시 권면에 표시(인쇄)되는 확정된 이자율이다.

$$i = \frac{I}{F} \text{ 또는 } I = iF$$

식 (9-1)은 이자가 1년마다 기말에 지급되는 것을 가정한 것이다. 한국에서 발행되는 회사채의 대부분은 3년 만기에 이자는 매 3개월마다 기말에 지급(후급)하고 있다. 이 경우 신규발행 당시의 회사채가격은 다음과 같다.

$$P_0 = \frac{I/4}{1+r/4} + \frac{I/4}{(1+r/4)^2} + \cdot\ \cdot\ \cdot + \frac{I/4}{(1+r/4)^{12}} + \frac{F}{(1+r/4)^{12}} \qquad (9\text{–}2)$$

만기까지 중간 이자지급이 없는 할인채의 가격은 다음과 같다.

$$P_0 = \frac{F}{(1+r)^n} \qquad (9\text{–}3)$$

이자지급일에 채권이 매매되는 특별한 경우를 제외하면 실제 매매가격은 식 (9–1)의 채권시장가격과 일치하지 않다. 그리고 일반적으로 채권의 발행일과 매매일은 일치하지 않기 때문에 채권가격결정모형을 그대로 이용할 수 없다. 이와 같은 상황에서 실제 매매가격을 계산하는 방법은 본 장의 〈부록〉에 수록되어 있다.

예 제

채권가격

다음과 같은 발행조건의 (주)한국의 회사채를 2021년 7월 22일 시장수익률 8.00%로 매매할 경우 매매가격은?

발행조건

발행일: 2019. 9. 19

상환일: 2022. 9. 19

액면이자율: 연 8.40%

이자지급방법: 매 3개월마다 2.10%씩 후급

이 채권의 기대수입은 2021. 9. 19부터 2022. 9. 19까지 매 분기 210원의 이자와 만기에 지급되는 액면가 10,000원이다. 이 기대수입을 매매시점(2021. 7. 22)으로 할인하여 현재가치로 환산한 가격이 채권매매가격이다.

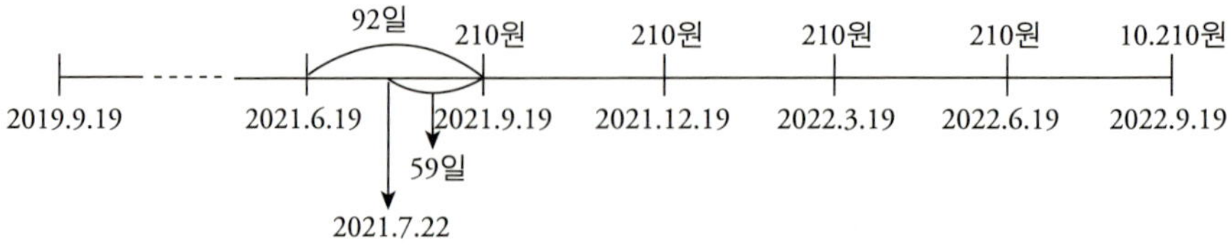

$$P = \frac{210 + \frac{210}{(1+0.02)} + \frac{210}{(1+0.02)^2} + \frac{210}{(1+0.02)^3} + \frac{10,210}{(1+0.02)^4}}{1 + \left(\frac{0.08}{4} \times \frac{59}{92}\right)} = 10,118\text{원}$$

2. 채권수익률

채권수익률은 보통 만기수익률을 의미하지만 이용목적과 산출방법에 따라 다양하게 수익률을 정의할 수 있다.

(1) 만기수익률

① 만기수익률의 개념 만기수익률(*YTM*: yield to maturity)은 현재가격(P_0)으로 채권을 매입하여 만기까지 보유하는 투자자가 액면이자와 액면가액을 약속대로 상환받고, 중간에 지급받는 이자도 매입 당시의 만기수익률로 재투자한다고 가정했을 때 예상되는 수익률이다. 그러나 이자와 액면가가 약정대로 상환되지 않을 수도 있고, 중간에 지급받는 이자에 대한 재투자수익률이 매입 당시의 만기수익률과는 일반적으로 다를 것이며, 만기 이전에 채권을 매도하는 경우에는 매도가격이 액면가액과 달라 자본손익이 발생할 가능성도 있기 때문에 실제수익률은 만기수익률과 다른 것이 보통이다.

채권의 만기, 액면가, 표면이자율은 모두 채권이 발행될 때 정해지므로 채권가격이 주어지면 만기수익률이 계산되고, 반대로 만기수익률이 주어지면 채권가격이 계산된다. 따라서 채권가격과 만기수익률은 표현방식이 다를 뿐 해당 채권에 대해 동일한 내용을 나타내는 것이다.

한편 만기수익률은 채권투자로부터 기대되는 미래 현금흐름의 현재가치를 채권가격과 같게 해주는 할인율이다. 할인율은 화폐의 시간가치와 미래 현금흐름의 불확실성(위험)에 대한 위험보상의 합이며 시장에서 평가되어 결정된다. 따라서 만기수익률은 시장에서 결정되는 시장이자율(금리)이며 실제로 3년 만기 보증회사채의 만기수익률이 시장의 장기실세금리를 나타내는 지표로 통용되고 있다.

채권발행자가 채권을 발행하기 위해서는 투자자가 요구하는 수익률을 지급해야 한다. 따라서 채권의 만기수익률은 투자자 입장에서는 채권투자에 대한 요구수익률이며, 발행기업의 입장에서는 회사채로 조달한 자금(부채)에 대한 (타인)자본비용이다.

발행시장에서 신규발행채권이 매출될 때 형성되는 발행수익률과 채권이 유통시장에서 매매되는 과정에서 형성되는 유통수익률 모두 만기수익률로 표시된다.

② 만기수익률의 근사치 계산 채권가격, 만기, 액면가액, 표면이자율 등의 발행조건이 주어졌을 때 정확한 만기수익률을 구하는 것은 계산상 복잡한 일이다. 만기수익률의 근사치는 다음과 같이 계산된다.

$$r = \frac{\text{연평균 투자수익}}{\text{평균투자액}} = \frac{I + \dfrac{(F-P_0)}{n}}{\dfrac{(P_0+F)}{2}} \qquad (9\text{-}4)$$

이 식에서 평균투자액은 채권의 시장가격과 액면가액의 평균으로, 연평균 투자수익은 연간 이자수입과 연평균 매매손익의 합으로 계산된다.

③ 표면이자율과 채권발행가격 만기(n), 액면가액(F), 이자지급방법 등의 발행조건과 발행 당시의 시장이자율인 만기수익률(r)이 주어진 상태에서 채권의 발행가격(P_0)은 발행자가 정하는 표면이자율(i)에 의해 결정되며 다음과 같이 구분한다.

할인발행 (issue at discount)	$i < r$	표면이자율을 시중이자율보다 낮게 정하면 액면가 이하로 발행된다. ($P_0 < F$)
액면발행 (issue at par)	$i = r$	표면이자율을 시중이자율로 정하면 액면가로 발행된다. ($P_0 = F$)
할증발행 (issue at premium)	$i > r$	표면이자율을 시중이자율보다 높게 정하면 액면가 이상으로 발행된다. ($P_0 > F$)

(2) 세후수익률

세후수익률(after-tax yield)은 이자소득에 대한 이자소득세를 차감한 이후의 수익률이며 채권투자에 대한 의사결정과 성과측정은 모두 세후수익률을 기준으로 이루어진다.

채권의 이자소득에 대한 과세는 세법상 채권과 투자자의 지위, 그리고 과세방법에 따라 달라진다. 투자자 중 일부는 세법상 비과세투자자로 규정되어 있다. 사학재단, 연·기금과 같은 비영리법인의 경우 이자소득 중 일부에 대해 비과세혜택을 받고 있다. 일반투자자들이 한정된 범위 내에서 비과세 또는 세금우대혜택을 받는 경우도 있다.

세후수익률의 계산은 구체적인 과세방법에 따라 다르지만, 이자소득에 대한 원천과세(소득발생 당시에 과세)를 가정한다면 다음과 같다.

$$P_0 = \frac{I(1-t)}{(1+r')} + \frac{I(1-t)}{(1+r')^2} + \cdot \cdot \cdot + \frac{I(1-t)}{(1+r')^n} + \frac{F}{(1+r')^n} \qquad (9\text{-}5)$$

t : 이자소득세율
r' : 세후수익률

미국에서는 중앙정부(연방정부)가 발행한 재무성증권에 투자해서 발생한 이자소득에 대해서는 지방정부(주(州)정부)가 과세하지 않으며, 마찬가지로 지방정부가 발행한 지방채(municipal bonds : munis)에 투자해서 발생하는 이자소득에 대해서는 연방정부가 과세하지 않는다. 이러한 조세제도는 중앙정부와 지방정부 간 상호존중의 원칙에서 생겨난 것이다.

(3) 경상수익률

경상수익률(current yield)은 채권의 시장가격(매입가격)에 대한 연간 이자수입액의 비율로서 직접수익률 또는 단순수익률이라고도 한다. 경상수익률은 계산은 간단하지만 채권투자에 대한 자본이득이나 자본손실을 고려하지 않은 것이 단점이다.

$$\text{경상수익률} = \frac{\text{연간 이자지급액}}{\text{채권의 시장가격}} = \frac{I}{P_0}$$

할인발행된 채권은 경상수익률이 표면이자율보다 높고, 반대로 할증발행된 채권은 경상수익률이 표면이자율보다 낮다.

(4) 실현수익률

만기수익률은 원리금이 약정대로 지급된다는 가정하에 계산된 사전적(事前的)인 수익률이기 때문에 약정수익률(promised yield) 또는 약속수익률이라고 한다. 이에 비해 실현수익률(realized yield)은 투자자에게 실제로 실현된 사후적(事後的)인 수익률이다.

실현수익률은 채권매입비용에 대한 실현된 총수익의 비율이며 연복리방식으로 계산된다. 실현된 총수익은 투자기간 동안에 실제로 지급된 이자와 이자에 대한 재투자수익 그리고 자본손익의 합계이다.

$$P_0 \cdot (1+k)^n = FV \text{ 또는 } k = \sqrt[n]{FV/P_0} - 1$$

P_0 : 채권 매입비용
FV: 채권투자에 대한 실현총수익
k : 실현수익률

APR과 실효수익률

만기와 이자지급방법이 다른 예금이나 채권을 비교하기 위해서는 이자율이나 수익률을 계산할 때 통일된 기준이 적용되어야 한다. *APR*(Annual Percentage Rate)은 연 단위로 환산한 이자율을 말한다. 예를 들어, 분기(3개월)별로 예금액의 2.5%를 이자로 지급하는 정기예금과 6개월마다 예금액의 5.0%를 이자로 지급하는 정기예금의 *APR*은 모두 10.0%이다. 그러나 APR에는 중간이자에 대한 재투자수익이 무시되었다.

실효이자율(effective interest rate) 또는 실효수익률(effective yield)은 기간 중 발생하는 수익을 연복리방식으로 환산한 것이다. 위의 예에서 두 가지 정기예금의 실효수익률은 다음과 같다.

분기별로 이자를 지급하는 정기예금의 실효이자율 : $((1.025)^4-1)=10.38\%$
6개월마다 이자를 지급하는 정기예금의 실효이자율 : $((1.05)^2-1)=10.25\%$

따라서 APR이 같더라도 이자를 자주 지급하는 상품이 유리하다.
다음과 같은 은행광고가 있다고 하자.

100만원을 예치하면 1년 후에 112만원 지급(수익 12%)
100만원을 예치하면 2년 후에 125만원 지급(수익 25%)

2년 만기 정기예금이 유리한 것처럼 보이지만 2년 만기 정기예금의 실효수익률은 11.80%($=\sqrt{1.25}-1$)에 불과하다. 이 광고에서는 2년 만기 상품의 수익률이 과장된 것이다. 따라서 다양한 조건의 금융상품을 비교하기 위해서는 연실효수익률(annual effective yield)로 환산하여 비교하여야 한다. 이자율 계산에 익숙하지 않은 소비자들이 현혹되지 않도록 금융상품을 광고할 때에는 통일된 방법으로 계산된 유효수익률을 사용하도록 되어 있다.

1년 미만의 투자에 대한 실현수익률은 단순이자 방식으로 계산한다.

$$\text{실현수익률} = \frac{\text{실현총수익}}{\text{채권 매입비용}} \times \frac{365}{\text{채권보유일수}}$$

3. 채권투자위험

채권은 미래의 이자지급액과 액면상환액이 계약에 의해 약정되어 있는 확정수익증권(fixed income securities)이다. 그러나 이자지급과 액면가상환이 항상 약정대로 실현되는 것은 아니며, 중도에 시중이자율이 변동하면 지급된 이자에 대한 재투자수익도 변동하고, 예상치 못한 인플레이션이 발생하면 구매력 감소로 인한 손실이 발생할 수도 있다. 따라서 채권수익률은 이러한 위험요인들이 반영되어 결정된다.

(1) 채무불이행위험

채무불이행위험(default risk)은 이자 또는 액면금액이 약속대로 지급되지 못하는 위험을 말한다. 채무불이행은 여러 가지 형태로 나타난다. 어떤 기간 이후에 이자 및 액면금액을 전혀 지급할 수 없게 되는 경우를 완전불이행이라고 하고, 이자 및 액면금액의 일부만을 지급할 수 없게 되거나 지급을 연기하게 되는 경우를 부분불이행이라고 한다.

채무불이행위험이 없는 채권을 무위험채권 또는 무위험자산(risk-free asset)이라고 하며 이러한 채권의 수익률을 무위험수익률(R_f: risk-free interest rate)로 정의한다. 무위험자산은 정부가 발행한 자국화폐표시의 국채로 정의된다.

수익률스프레드(yield spread)는 종류가 다른 채권 간의 수익률차이를 말한다. 일반적으로 수익률스프레드는 채무불이행위험(default risk)이 다른 채권 간의 수익률차이를 말한다.

회사채수익률 = 무위험수익률 + 채무불이행위험 프리미엄(수익률스프레드)

〈그림 9-3〉은 지난 20년간 금리변동추이와 채무불이행위험이 다른 채권 간의 수익률스프레드를 나타낸 것이다. 2008년 글로벌 금융위기 기간 전반적으로 금리가 오르지만, 국고채에 비해 회사채수익률이 급등하면서 수익률스프레드는 크게 확대되는 것을 알 수 있다. 특히, 회사채(3년, BBB-)와 국고채(3년)의 수익률스프레드는 2008년 상반기 3%대였던 수치가 2009년 2월에는 최고치인 8.62%까지 증가하였다.

그림 9-3

금리추이와 수익률스프레드

경기침체기에는 부실기업이 실제로 채무불이행상태에 빠질 가능성이 커져서 위험이 증가할 뿐만 아니라, 투자자들이 위험에 더욱 민감해지기 때문에 투자자들이 요구하는 위험프리미엄은 증가하게 된다. 따라서 경기침체기에는 수익률스프레드가 확대되는 것이 일반적인 현상이다.

(2) 이자율위험

이자율위험(interest rate risk)은 이자율변동으로 인한 채권투자수익의 불확실성을 말하며 채권가격위험과 재투자수익위험으로 구분된다. 채권가격위험(price risk)은 이자율변동으로 인한 채권가격의 불확실성을 말하며, 재투자수익위험(reinvestment rate risk)은 중도에 지급받는 이자에 대한 재투자수익의 불확실성을 말한다.

시중이자율 또는 채권수익률이 상승하면 채권가격은 하락하지만 재투자수익은 증가한다. 반대로 시중이자율이 하락하면 채권가격은 상승하지만 재투자수익은 감소하게 된다. 이와 같이 가격위험과 재투자위험이 서로 반대방향으로 나타나는데 이것이 채권투자전략을 수립하는 데 중요한 역할을 한다.

(3) 구매력위험, 물가상승위험(inflation risk)

구매력위험(purchasing power risk)은 예상보다 높은 물가상승으로 화폐의 구매력이 감소하여 채권의 실질수익률이 하락하는 위험이다. 인플레이션이 심한 나라에서는 물가지수와 연동한 금리연동부채권에 투자함으로써 구매력위험을 줄일 수 있다.

(4) 유동성위험

유동성위험(liquidity risk)은 보유채권을 매각하여 현금화할 수 없는 위험으로 시장성위험(marketability risk)이라고도 한다. 일반적으로 채무불이행위험이 적을수록, 그리고 만기가 짧을수록 유동성위험이 적다.

(5) 수의상환위험

수의상환위험(callable risk)은 콜옵션부채권을 소유한 투자자가 만기 이전에 강제로 상환받게 되는 위험이다. 수의상환조항(call provision)이 포함된 콜옵션부채권을 발행한 기업은 금리가 충분히 하락하면 낮은 수익률로 채권을 발행하여 높은 금리로 발행된 채권을 상환함으로써 이자부담을 줄일 수 있다. 이때 투자자는 상환액을 낮은 수익률로 재투자할 수밖에 없어 당초의 약정수익률을 달성할 수 없으며 투자손실이 발생하게 된다. 수의상환조항이 포함된 채권의 수익률은 그렇지 않은 채권보다 높게 정해진다.

4. 채권의 신용등급

채권의 신용등급(bond credit rating)은 신용평가기관이 채권발행자의 원리금 상환능력을 문자로 등급화한 것이다. 회사채의 신용등급은 신용평가기관마다 표현방식은 다르지만 최상등급(triple A: AAA 또는 Aaa)으로부터 최하등급(C 또는 E: default)까지 구분된다. 회사채나 기업어음을 발행하려는 기업은 신

표 9-5

기업어음의 신용등급과 그 내용

등 급	등급의 내용
A1	적기상환가능성이 최상급이다.
A2	적기상환가능성이 우수하지만, 상위등급(A1)에 비해 다소 열위한 면이 있다.
A3	적기상환가능성은 일정 수준 인정되지만, 단기적인 환경변화에 따라 영향을 받을 가능성이 있다.
B	적기상환가능성에 불확실성이 내포되어 있어 투기적인 요소가 크다.
C	적기상환가능성이 의문시되고 채무불이행의 위험이 매우 높다.
D	상환불능상태이다.

※ 상기 등급 중 A2부터 B등급까지는 +, −부호를 부가하여 동일 등급 내에서의 우열을 나타냄.
출처: 한국신용평가

용등급평가를 통해 채무상환능력을 인정받으면 유리한 조건으로 발행할 수 있기 때문에 신용등급평가를 의뢰하게 된다. 채권의 신용등급은 채권투자는 물론 금융기관이 대출을 결정할 때에도 사용하고 있다.

대표적인 신용평가기관으로는 1909년에 채권에 대한 신용평가를 시작한 미국의 Moody's와 Standard & Poor's, 그리고 영국의 Fitch IBCA가 있다. 이들 신용평가회사들은 오랜 역사와 신용을 바탕으로 시장에서 막강한 영향력을 행사하고 있다. 이들의 신용평가내용은 곧바로 시장에서 해당기업의 채권가격은 물론 주가, 나아가서는 국가의 신용도에도 막대한 영향을 미치고 있다.

국내의 신용평가기관에는 한국신용평가(주), NICE신용평가(주), 한국기업평가(주)가 있다. 기업어음과 회사채에 대한 신용등급평가는 별도로 하고 있다.

[표 9-5]는 기업어음의 신용등급과 그 내용이다. 무담보어음을 발행하기 위해서는 2개 이상의 신용평가기관으로부터 평가를 받아 그중 최저 등급이 B 이상이라야 한다.

[표 9-6]은 회사채의 신용등급과 그 내용이다. 은행신탁 · 투자신탁 등이 사들이는 무보증회사채에 대해서는 2개 이상의 신용평가회사에서 평가를 받아야 한다. 이러한 복수평가제를 도입한 이유는 신용등급의 인플레이션을 막고 정확한 신용등급 산정을 위해서이다. 1998년에 잘못된 신용평가등급에 대해

표 9-6

회사채의 신용등급과 그 내용

신용평가기관			등급내용
한국신용평가	S&P	Moody's	
AAA	AAA	Aaa	원리금 지급능력이 최고임.
AA^{+}	AA^{+}	Aa1	원리금 지급확실성이 매우 높으나 AAA보다는 다소 열등함.
AA	AA	Aa2	
AA^{-}	AA^{-}	Aa3	
A^{+}	A^{+}	A1	원리금 지급확실성이 높지만 장래 경제여건 및 환경악화에 따라 다소 영향을 받기 쉬운 면이 있음.
A	A	A2	
A^{-}	A^{-}	A3	
BBB^{+}	BBB^{+}	Baa1	원리금 지급확실성은 인정되지만 장래 경제여건 및 환경악화에 따라 지급능력이 저하될 가능성이 있음.
BBB	BBB	Baa2	
BBB^{-}	BBB^{-}	Baa3	
BB^{+}	BB^{+}	Ba1	원리금 지급능력에는 당장 문제가 없으나 장래의 안정성은 보장할 수 없는 투기적인 면이 있음.
BB	BB	Ba2	
BB	BB^{-}	Ba3	
B^{+}	B^{+}	B1	원리금 지급능력에 문제가 있고 투기적인 면이 강함.
B	B	B2	
B^{-}	B^{-}	B3	
CCC	CCC	Caa	채무불이행이 발생할 위험이 크고 투기적임.
CC	CC	C	채무불이행이 발생할 위험이 매우 크고 극히 투기적임.
C	C	C	현재 이자지급이 연기되고 있고 채무불이행의 위험성이 매우 높음.
D	D		원금 또는 이자가 지급불능상태에 있음.

신용평가회사를 상대로 손해배상청구권 행사가 가능해지면서 신용평가회사의 평가가 보수적으로 바뀌었다.

한편 1999년에는 무보증회사채의 평가유효기간이 6개월에서 3개월로 단축되었다. 예를 들어 기업이 신용등급을 A로 받으면 3개월 동안만 해당 신용등급을 사용할 수 있다. 또 투자적격등급에 속했던 기업이 투기등급으로 떨어졌을 경우에는 신용등급의 유효기간과는 관계없이 바로 신용평가를 다시 받아야 하며, 새로 발행하는 회사채는 물론 이미 발행된 회사채도 투기등급으로 유통된다.

채권시장에서는 BBB나 Baa(triple B)등급 이상의 회사채를 투자적격 또는 투자등급채권(investment grade)으로, BB나 Ba(double B)등급 이하의 회사채를 투기등급 또는 투자부적격채권(non-investment grade)으로 구분한다. 일반사채, 신주인수권부사채, 전환사채 등을 발행하기 위해서는 A등급 이상을 받아야 한다. 투자부적격채권은 정크채권(junk bond) 또는 고위험-고수익채권(high yield bond)이라고 한다. 채권시장에서 주요한 투자자인 연·기금과 같은 일부 기관투자가들은 제도적으로 투자등급채권에만 투자할 수 있기 때문에 투자등급채권과 투자부적격채권간에는 수익률스프레드가 크게 벌어질 가능성이 많다.

신용등급이 낮은 채권은 만기가 가까워지면서 오히려 채무불이행위험이 증가하는 경향이 있다. 만기상환은 일반적으로 새로운 채권의 발행을 통해 구채권의 상환자금을 조달하는 차환발행(bond refunding)을 통해 이루어지는데 신용등급이 낮은 기업은 차환발행에 어려움을 겪을 수 있기 때문이다.

제4절* 이자율의 기간구조

우리는 만기에 따라 정기예금의 금리가 다른 경우를 흔히 볼 수 있다. 이와 같이 장기채권과 단기채권 간의 수익률 차이를 설명하는 것이 이자율의 기간구조이다. 이자율의 기간구조는 이자율을 예측하고 투자전략을 수립하는 데 중요한 역할을 한다. 특히 장기채권에 투자하는 경우에 이자율의 예측은 더욱 중요하다.

1. 수익률곡선

수익률곡선(yield curve)은 만기와 수익률 사이의 관계를 그래프로 나타낸 것이다. 〈그림 9-4〉는 수익률곡선의 대표적인 3가지 형태를 나타낸다.

그림 9-4

수익률곡선

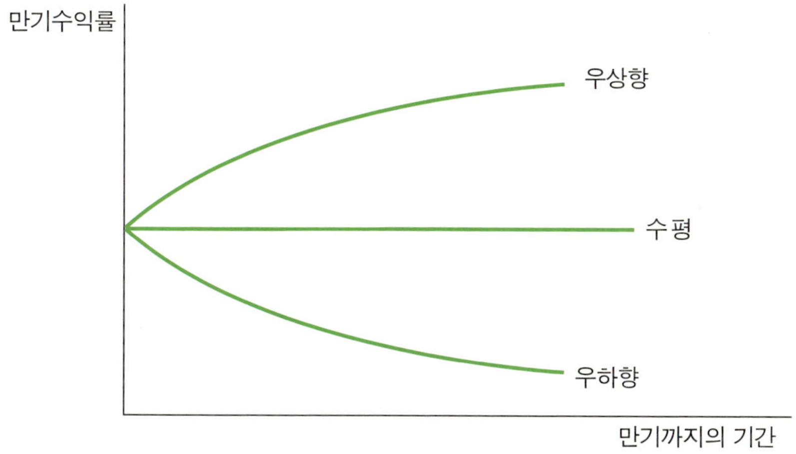

2. 기간구조이론

만기에 따라 수익률이 다르게 결정되는 이유는 불편기대이론과 유동성프리미엄이론으로 설명되고 있다.

(1) 불편기대이론

불편기대이론(unbiased expectation theory)에 의하면 장기이자율은 단기이자율과 미래 단기이자율에 대한 투자자들의 기대치를 기하평균한 값이다. 여기에서 시장에서 직접 관찰되는 장 · 단기 이자율을 현물이자율이라고 한다.

$$(1+r_n)^n=(1+r_1)(1+E(r_{1,2}))(1+E(r_{2,3}))\cdot\cdot\cdot(1+E(r_{n-1,n})) \quad (9\text{-}6)$$

r_1 : 시장에서 관찰한 1년 만기의 현물이자율
r_n : 시장에서 관찰한 n년 만기의 현물이자율
$E(r_{n-1,n})$: $(n-1)$부터 n까지 미래 단기이자율에 대한 시장의 기대치

식 (9-6)을 이용하면 시장에서 관찰되는 다양한 만기의 현물이자율로부터

미래 단기이자율에 대한 시장(투자자)의 기대치(예측치)를 구할 수 있다.

1년 만기 정기예금의 금리가 10%이고, 2년 만기 정기예금의 금리가 11%라면 투자자들이 기대하는 1년 후의 1년 만기 이자율($E(r_{1,2})$)은 다음과 같다.

$$(1+0.11)^2 = (1+0.1)(1+E(r_{1,2}))$$
$$E(r_{1,2}) = (1.11)^2/(1.1) = 0.12$$

불편기대이론에서 2년 만기 금리 11%는 1년 만기 금리 10%와 1년 후의 1년 만기 금리에 대한 투자자들의 기대치 12%의 기하평균에 의해 결정된다는 것이다.

불편기대이론의 의미는 연 11%로 2년 만기의 정기예금을 하는 경우나 연 10%로 1년 만기의 정기예금을 하고 1년 후에 원리금을 다시 연 12%로 1년 만기 정기예금하는 경우나 기대되는 수익률은 같다는 것이다. 다시 말해서 장기투자전략이나 단기투자를 반복하는 롤오버전략(rollover strategy)이나 기대수익은 같다는 것이다. 따라서 불편기대이론에 의하면 만기가 다른 채권은 서로 완벽한 대체관계에 있다.

그러나 장기투자전략과 단기투자를 반복하는 롤오버전략의 투자결과가 같다는 것은 아니다. 만약 1년이 지난 후 1년 만기 금리가 1년 전 시장에서 예상했던 것보다 높은 경우에는 1년 만기의 투자를 두 번 반복하는 롤오버전략이 결과적으로 유리할 것이다. 반대로 1년 후 시장금리가 예상금리보다 낮은 경우에는 장기투자전략이 결과적으로 유리할 것이다.

불편기대이론에 의하면 수익률곡선은 투자자들의 미래 이자율에 대한 예상을 반영하는 것으로 그 형태에 따라 다음과 같이 해석된다.

표 9-7 수익률곡선의 형태와 투자자들의 미래 이자율에 대한 예상

수익률곡선의 형태	투자자들의 미래 이자율에 대한 예상
우상향	미래 이자율이 상승
우하향	미래 이자율이 하락
수 평	미래 이자율이 불변

이 밖에도 우상향하다가 다시 우하향하는 낙타등 모양의 수익률곡선이 관찰되기도 한다.

(2) 유동성프리미엄이론

장기채권은 단기채권에 비해 가격변동위험이 크고 유동성도 떨어진다. 한편 투자자는 위험을 싫어하고 유동성을 선호한다. 따라서 투자자들은 장기채권을 보유하는 데 따르는 위험에 대한 보상을 요구하는데 이것이 유동성프리미엄(liquidity premium)이다.

유동성프리미엄이론에 의하면 장기이자율에는 투자자들의 미래 단기이자율에 대한 예상과 더불어 유동성프리미엄(L_i)이 포함되어 있다.

$$(1+r_n)^n=(1+r_1)(1+E(r_{1,2})+L_1)(1+E(r_{2,3})+L_2)\cdot\cdot\cdot(1+E(r_{n-1,n})+L_{n-1})$$

$L_1<L_2<\cdot\cdot\cdot<L_{n-1}$

L_i : 유동성프리미엄

만기가 길어지면 유동성위험이 증가하면서 유동성프리미엄도 증가하지만 그 증가속도는 체감한다. 유동성프리미엄이론에 의한 수익률곡선은 〈그림 9-5〉와

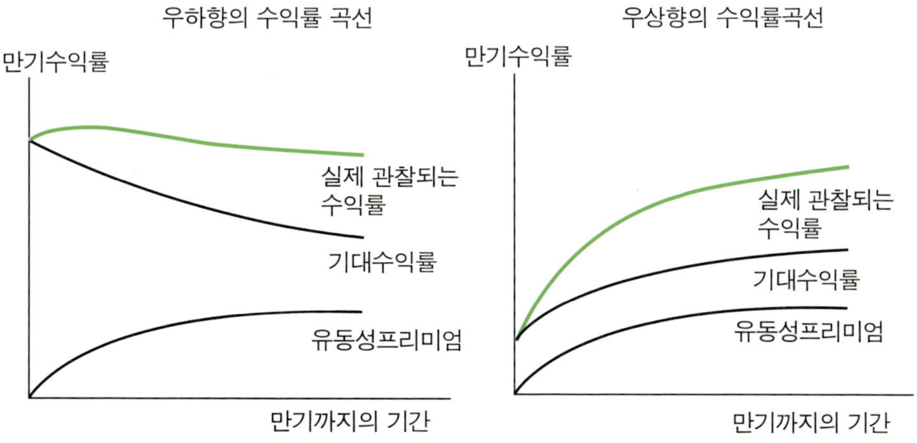

그림 9-5
유동성프리미엄과 수익률곡선

같이 나타난다.

유동성프리미엄이론의 중요한 의미는 미래 이자율이 변하지 않을 것이라는 시장의 예상에도 불구하고 수익률곡선은 유동성프리미엄 때문에 우상향할 수 있다는 것이다. 이는 우상향하는 수익률곡선이 실제로 우리가 관찰하는 가장 흔한 형태라는 사실과도 일치하고 있다. 여기에서 강조되어야 할 내용은 불편기대이론과 유동성프리미엄이론은 상호배타적이 아니라 상호보완적인 관계로서 두 이론이 결합하여 만기와 수익률과의 관계를 보다 현실적으로 설명하고 있다는 것이다.

한편 장기채권의 수익률에 유동성프리미엄이 포함되어 있는 경우에는 장기채권에 투자하는 전략과 단기채권에 반복투자하는 롤오버전략에 대한 기대수익률이 같지 않을 것이다. 다시 말해서 기대이론과는 달리 만기가 다른 채권은 서로 대체관계에 있지 않다는 것이다.

미 장단기금리 역전…'R의 공포' 커지나

미국의 장 · 단기 국채 금리가 뒤집혀 경기침체에 대한 우려가 커지고 있다.

2022년 3월 29일(현지시각) 뉴욕채권시장에서 10년 만기 미 국채금리가 하락하면서 장중에 2년 만기 금리보다 낮아지는 현상이 발생했다. 두 금리가 뒤집힌 건 미-중 무역갈등이 한창이던 2019년 9월 이후 2년 6개월만이다. 마감 시세로는 10년물(2.41%)이 2년물(2.35%)보다 다시 높아졌지만 금리 차는 0.06%포인트에 불과했다. 앞서 5년물과 10년물 금리도 역전됐다.

미 국채 장단기금리 역전과 경기침체

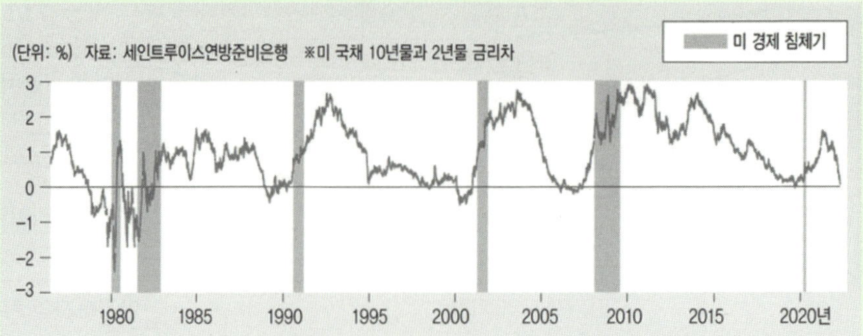

장기금리가 단기금리보다 낮아지면 경기침체가 다가온다는 경고로 받아들인다. 단기금리는 중앙은행의 통화정책 영향을 직접 받지만, 장기금리는 향후 경기와 물가에 관한 전망에 따라 움직이기 때문이다. 미 연방준비제도(연준)가 물가를 잡기 위해 0.5% 포인트 기준금리 인상 카드를 꺼내자 2년물 금리가 가파르게 올랐다. 반면 급격한 금리인상이 경기침체를 부를 것이라는 우려로 10년물 금리는 연이틀 내렸다.

미국 세인트루이스연방은행 자료를 보면 1978년 이후 두 금리의 역전은 6차례 발생했고 예외없이 경기침체로 이어졌다. 2007년 6월 장단기금리가 역전된 뒤 세계 금융위기가 터졌다. 2019년 9월 역전 뒤엔 예상치 못한 코로나 경제위기가 엄습했다. 금리가 뒤집힌다고 경제가 당장 침체에 빠지는 것은 아니다. 투자은행 유비에스(UBS)에 따르면 금리역전 이후 경기침체가 나타나기까지는 평균 21개월이 걸렸다. 골드만삭스 등은 연준의 공세적인 통화긴축으로 내년 말부터 경기침체가 시작될 가능성이 있다고 내다봤다. 윌리엄 더들리 전 뉴욕연방준비은행 총재는 외신 기고에서 "연준이 경제 연착륙을 사실상 불가능하게 만들었다. 고용과 성장 측면에서 비싼 대가를 치뤄야 할 것"이라고 비판했다.

이번에는 다르다는 의견도 있다. 기간을 넓게 보면 장기금리도 상승한 가운데 단기금리가 더 가파르게 올라 금리가 역전됐기 때문이다. 경기에 대한 우려보다는 통화 긴축전환에 따른 영향이 더 컸다는 얘기다. 장단기금리지표의 경기 예측력이 예전만 못하다는 평가도 나온다. 금리의 절대수준이 낮아져 기준금리 인상에 따른 장단기금리 역전 가능성이 기계적으로 높아졌다는 것이다. 연준이 나음 통화정책회의가 열리는 5월 이후 보유자산을 줄이는 양적긴축(QT)에 착수하면 장단기금리 차가 제자리를 찾아갈 것이라는 전망도 나온다. 연준이 보유한 장기국채의 만기가 돌아올 때 재투자를 하지 않거나 중도에 시장에 내다 팔면 장기금리가 오를 것으로 보기 때문이다. 패트릭 하커 필라델피아 연은 총재는 이날 "채권시장의 수익률곡선(만기별 금리 그래프)이 경기침체를 예측하는 완벽한 도구는 아니다"며 "연준의 보유자산(9조 달러 중) 3조 달러 축소로 경제가 타격을 입을지 주시해야 한다"고 말했다.

-한겨레(2022.03.30)

부 록*: 채권매입비용과 채권가격계산

1. 채권매입비용계산

채권매입비용은 채권의 매입원가인 시장가격에 채권보유기간 중에 발생한 경과이자를 가산한 금액이다. 채권의 표면이자는 후급하기 때문에 채권의 매입시점이 이자지급시점과 다른 경우에 최근의 이자수령일 이후부터 매입시점까지 발생한 기경과이자를 채권매도자에게 지급하여야 한다. 채권매각수입은 매각 당시의 채권시장가격에다 경과이자를 합한 금액이다.

예 제

채권매입대금

2019년 3월 20일에 발행된 액면금액이 100,000원, 표면이자율이 12.375%, 만기가 3년인 회사채를 2019년 5월 8일자로 매입하는 경우 실제로 지급해야 하는 금액은 다음과 같다. 매입 당시의 채권가격은 102,000원이며 이자는 3개월마다 후급한다.

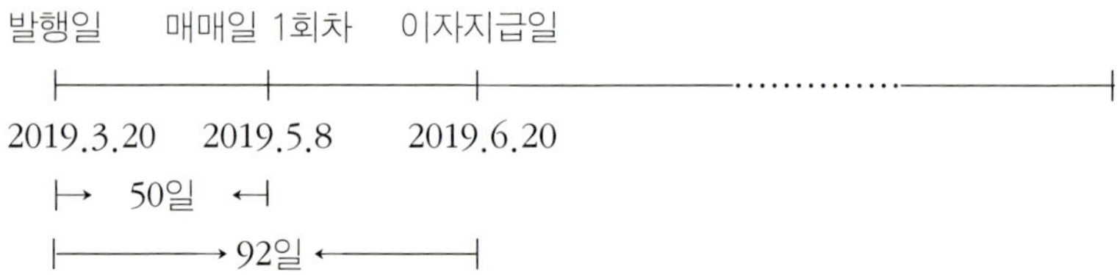

경과이자 = 100,000원×1/4×0.12375×50/92=1,681원

채권매입비용 = 102,000원 + 1,681원 = 103,681원

2. 채권가격계산

채권가격결정모형에서 채권의 발행일과 매매일이 일치하는 경우에는 n이 정수가 되지만 일반적으로 일치하지 않기 때문에 n은 정수가 되지 않는다. 만기까지 남은 기간이 $(n-1)$년과 d일(매매일 다음 날부터 다음 번 이자지급일까지의 일수)이라면, 채권을 매입한 이후에 실제로 만기까지 남은 기간은 $[(n-1)+\frac{d}{365}]$년이다.

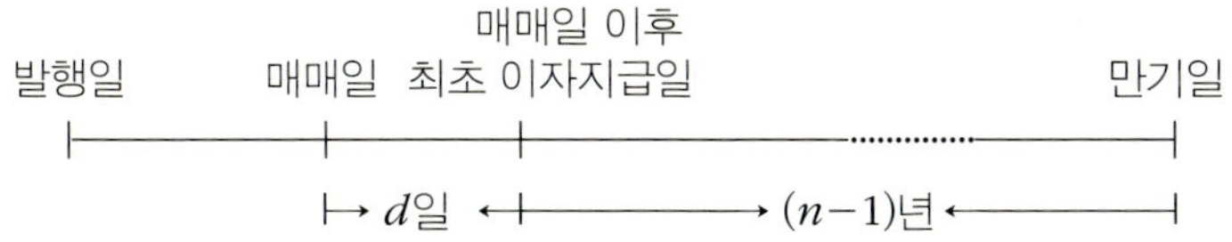

따라서 매매일 이후 최초 이자지급일을 채권가격을 계산하는 기준일로 잡으면 채권가격은 다음과 같이 계산된다.

$$P_0 \cdot (1+r)^{\frac{d}{365}} = I + \frac{I}{(1+r)} + \cdot \cdot \cdot \cdot + \frac{I}{(1+r)^{n-1}} + \frac{F}{(1+r)^{n-1}} \quad \text{(A)}$$

그러나 관행적으로 매매일부터 기준일까지는 단순이자를 적용한다.

$$P_0 \cdot (1+r \cdot \frac{d}{365}) = I + \frac{I}{(1+r)} + \cdot \cdot \cdot \cdot + \frac{I}{(1+r)^{n-1}} + \frac{F}{(1+r)^{n-1}} \quad \text{(B)}$$

실제로 $(1+r \cdot \frac{d}{365})$와 $(1+r)^{\frac{d}{365}}$의 차이가 크지 않고 단순이자가 계산이 간단하고 이해가 쉽기 때문에 증권거래소에서 매매되는 각종 채권가격은 단순이자를 적용한 식 (B)에 의해 계산된다.

예 제

할인채의 가격 계산

수익률이 13.2%로 형성된 2019년 5월 10일자 통화안정증권의 매매가격은 다음과 같다(채권의 호가는 액면 10,000원을 기준으로 한다).

발행조건

발행일: 2019년 1월 23일

만기일: 2020년 1월 22일

발행이율: 11.263%

원리금상환방법: 할인발행

매매일(2019년 5월 10일)부터 상환일(2020년 1월 22일)까지의 일수 = 257일

$$P_0 \cdot (1+0.132 \cdot \frac{257}{365}) = 10{,}000$$

$P_0 = 9{,}149$원

예 제

이표채의 가격 계산

수익률이 13.8%로 형성된 2019년 3월 10일자 회사채의 매매가격은 다음과 같다.

발행조건

발행일: 2018년 11월 21일

만기일: 2021년 11월 21일

표면이자율: 11.2%

이자지급방법: 3개월마다 후급

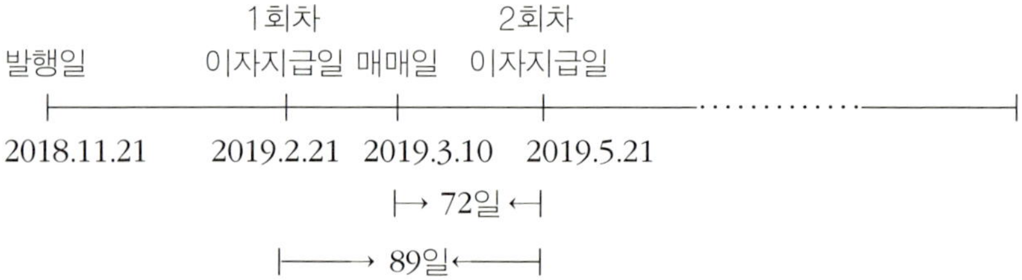

매 3개월마다 지급되는 이자금액 $= 10{,}000$원 $\times \frac{0.112}{4} = 280$원

채권가격기준일(2019년 5월 21일) 이후 남은 이자지급횟수 = 10회

$$P_0(1+\frac{72}{89} \cdot \frac{0.138}{4}) = 280 + \frac{280}{(1+\frac{0.138}{4})} + \cdot \cdot \cdot + \frac{10{,}280}{(1+\frac{0.138}{4})^{10}}$$

$P_0 = 9{,}473$원

10 채권투자전략

미리보기

한국에서 채권시장은 국공채 위주로 시작되었고, 채권투자도 전문적인 기관투자가들만의 영역으로 인식되어 왔다. 그러나 경제규모가 확대되면서 채권시장의 규모도 확대되고 있으며, 다양한 투자수단을 원하는 투자자들의 욕구를 반영하여 발행되는 채권의 종류도 다양해지고 있다. 직 · 간접투자를 통해 일반투자자들이 채권에 투자할 수 있는 기회가 점차 확대하고 있으며 특히 주식관련 채권이 발행되면서 포트폴리오관리 차원에서도 채권투자에 대한 관심과 중요성이 점차 증대되고 있다.

제10장에서는 채권가격을 변동시키는 요인을 분석하고 이를 바탕으로 채권투자 전략을 설명한다. 채권가격의 변동은 주식보다 안정적이고 또 비교적 정확한 예측이 가능하다. 따라서 채권에서는 주식과는 달리 투자이론의 효용이 크다고 할 수 있다.

채권가격변동분석 제1절

채권투자에서도 수익성과 투자위험이 동시에 고려되어야 한다. 채권투자에서는 특히 가격변동위험을 관리하는 것이 중요하며, 이를 위해서는 채권가격과 수익률과의 관계를 체계적으로 이해하는 것이 필요하다.

1. 채권가격의 변동

일반적으로 채권가격은 시장수익률(시장이자율), 표면이자율, 만기에 따라 결정된다.

[표 10-1]과 〈그림 10-1〉은 액면가액이 1,000원이고, 표면이자율이 8%이며, 이자는 연 1회 후급하는 채권의 수익률이 현재의 8%에서 4% 포인트씩 등락할 때 채권가격에 미치는 영향을 나타낸 것이다.

표 10-1 채권수익률과 채권가격

상환기간 (년수)	채권수익률이 4%로 하락		채권수익률이 12%로 상승	
	가격(원)	가격변화율(%)	가격(원)	가격변화율(%)
1	1,038.46	+ 3.85	964.29	− 3.57
2	1,075.44	+ 7.54	932.40	− 6.76
3	1,111.00	+11.10	903.93	− 9.61
4	1,145.20	+14.52	878.51	−12.15
5	1,178.07	+17.81	855.81	−14.42
10	1,324.44	+32.44	773.99	−22.60
20	1,543.61	+54.36	701.22	−29.88

그림 10-1

상환기간별 채권수익률과 채권가격

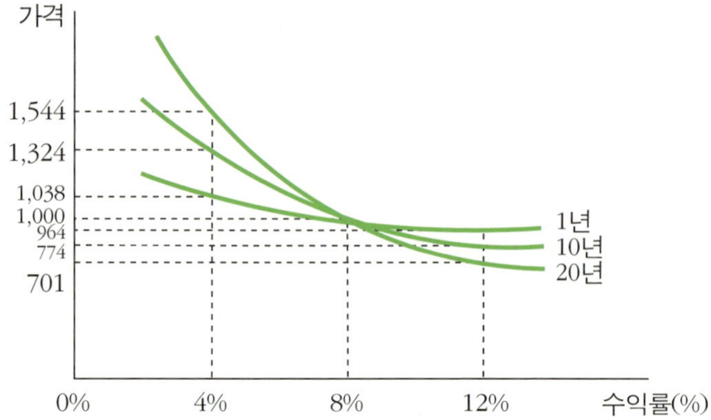

(1) 채권가격은 만기수익률과 반대방향으로 움직인다.

$$P_0 = \frac{I}{1+r} + \frac{I}{(1+r)^2} + \cdots + \frac{I}{(1+r)^n} + \frac{F}{(1+r)^n}$$

이자지급액(I)과 액면가(F)는 채권발행 시에 정해진 것이므로 만기수익률(r)이 상승하면 채권가격(P_0)은 하락하고, 반대로 만기수익률이 하락하면 채권가격은 상승한다. 채권의 만기수익률은 시장의 실세이자율을 나타내는 대표적인 지표로 활용되고 있다. 따라서 채권가격과 시장이자율은 역의 관계에 있다.

(2) 채권가격은 같은 정도의 수익률등락에 대해 상승보다 하락에 더욱 민감하게 반응한다

채권가격과 수익률과의 관계는 〈그림 10-1〉처럼 원점에 대해 볼록(convex to the origin)한 우하향(downward sloping)의 형태이다. 수익률이 상승함에 따라 채권가격은 하락하지만 하락속도는 체감하며, 채권가격의 변화폭은 채권수익률이 상승하는 경우보다는 하락하는 경우에 더욱 민감하게 나타난다. 이러한 특징을 채권수익률의 볼록성(convexity)이라고 한다.

(3) 일정한 수익률변동에 대해 만기가 길수록 채권가격의 변화율이 증가하지만, 증가율은 체감한다.

따라서 수익률변동에 의해 발생하는 가격변동위험은 단기채권보다 장기채권이 더 크다. 그러나 만기까지의 기간이 채권의 가격변동위험을 나타내는 정확한 지표는 아니다.

(4) 표면이자율이 높을수록 일정한 수익률변동에 대해 채권가격의 변동률은 작아진다.

[표 10-2]는 액면가액 1,000원, 만기 5년인 채권에 대해 수익률이 현재의 8%에서 4%포인트씩 등락할 때 표면이자율이 채권가격에 미치는 영향을 나타낸 것이다.

채권수익률이 8%에서 4%로 하락하면 채권가격은 상승하지만 그 상승률은 표면이자율이 낮은 채권일수록 크다는 것을 알 수 있다. 마찬가지로 채권수익률이 12%로 상승하는 경우에도 표면이자율이 낮은 채권일수록 가격하락률이 크다는 것을 알 수 있다. 이러한 현상을 쿠폰효과(coupon effect)라고 하는데, 이는 표면이자율이 낮은 채권일수록 가격변동위험이 크다는 것을 의미한다.

표 10-2

표면이자율과 채권가격

표면 이자율	채권수익률=8%	채 권 수 익 률 = 4%		채 권 수 익 률 = 12%	
	채권가격(원)	채권가격(원)	가격변동률(%)	채권가격(원)	가격변동률(%)
0%	680.58	821.93	+ 20.77	567.43	− 16.63
4	840.29	1,000.00	+ 19.01	711.62	− 15.31
8	1,000.00	1,178.07	+ 17.81	855.81	− 14.42
10	1,079.85	1.267.11	+ 17.34	927.90	− 14.07

2. 듀레이션

채권가격변동은 시장이자율, 만기, 표면이자율에 의해 복합적으로 결정되기 때문에 어느 한 가지 요인만으로는 설명할 수 없다. 그리고 채권가격변동을 설명하는 데는 만기까지 중간에 지급되는 이자에 대한 시간가치도 고려되어야 한다. 이러한 점을 감안하여 채권가격변동위험에 대한 종합적인 척도로 등장한 것이 듀레이션이다.

(1) 듀레이션의 정의와 의미

듀레이션(duration)은 채권투자에서 현금흐름(중간이자와 액면상환액)이 발생하는 기간을 가중평균한 것이다. 여기에서 가중치는 각 현금흐름의 현재가치가 채권가격(현금흐름의 총현재가치)에서 차지하는 비중이다.

$$D = \sum_{t=1}^{n} \text{기간} \cdot \frac{\text{기간별 현금흐름의 현재가치}}{\text{채권가격}}$$

$$= \sum_{t=1}^{n} \frac{t \cdot \dfrac{CF_t}{(1+r)^t}}{P_0} \qquad (10-1)$$

D : 듀레이션
t : 기간
CF_t : 기간별 현금흐름
r : 만기수익률
n : 만기
P_0 : 채권가격

만기(n)는 채권투자에 대한 마지막 현금흐름이 발생하는 시점을 나타낼 뿐, 중간이자지급액의 크기와 지급시점은 무시되고 있다. 이에 비해 듀레이션은 채권투자금액이 회수되는 데 걸리는 평균기간을 의미한다.

(2) 듀레이션의 계산

액면가액이 10,000원, 표면이자율이 12%, 만기는 3년이고, 이자는 매 6개월마다 후급하는 채권이 만기수익률 12%로 발행되었다. 표면이자율과 만기수익률이 같으므로 이 채권은 액면발행되었으며 채권가격은 10,000원이다. 이 채권의 듀레이션은 다음과 같이 계산된다.

표 10-3
듀레이션의 계산

기간(t) (A)	현금흐름 (B)	현가율 (C)	현금흐름의 현가 (D)=(B)·(C)	가중치 (E)=(D)/10,000	기간 × 가중치 (A)·(E)
0.5 년	600원	0.9434	566원	0.0566	0.0283
1	600	0.8900	534	0.0534	0.0534
1.5	600	0.8396	504	0.0504	0.0756
2	600	0.7921	475	0.0475	0.0951
2.5	600	0.7473	448	0.0448	0.1121
3	10,600	0.7050	7,473	0.7473	2.2419
합 계			P_0=10,000	1	D=2.6064

$$각\ 기간의\ 현가율(C) = \frac{1}{(1+0.06)^{2t}}$$

(3) 듀레이션의 특성과 결정요인

듀레이션은 표면이자율, 만기수익률, 만기에 의해 결정되며 다음과 같은 특성이 있다.

① 표면이자율이 높을수록 듀레이션은 짧아진다. 표면이자율이 높다는 것은 채권투자에 대한 수익이 상대적으로 일찍 실현되는 것을 의미하며 이것이 짧은 듀레이션으로 나타나는 것이다.

② 만기수익률이 높을수록 듀레이션은 짧아진다. 만기수익률(할인율)이 높으면 먼 미래에 발생하는 현금흐름이 상대적으로 많이 할인되어 가중치가 감소하기 때문에 듀레이션은 짧아진다. 다시 말해서 먼 미래에 발생

하는 현금흐름의 기여도가 감소하여 듀레이션이 짧아지는 것이다.

③ 만기와 듀레이션과의 관계는 채권의 발행형태에 따라 달라진다.

- 할인채의 경우 듀레이션과 만기는 같다($D=n$).
- 영구채의 듀레이션은 $(1+r)/r$로 만기에 관계없이 일정하다.
- 이표채의 경우 듀레이션은 항상 만기보다 짧으며, 만기가 증가함에 따라 듀레이션도 증가하여 영구채의 듀레이션에 접근한다.

④ 채권포트폴리오의 듀레이션은 포트폴리오를 구성하는 개별채권의 듀레이션을 구성비율로 가중평균한 값이다.

[증권가 채권 전략] 자산 절반이 채권…듀레이션 관리에 방점

증권업계가 보유한 채권 규모가 나날이 증가하고 있다. 전체 자산에서 채권이 차지하는 비중이 절반에 달하는 수준으로 많아지면서 업계는 수익보다 리스크 관리에 더 신경을 쓰는 모양새다. 최근 5년간 증권사의 자산은 꾸준히 증가했는데, 이 중 대부분이 채권 등 유가증권 증가분으로 채워졌다.

또한, 수년간 환매조건부채권(RP)을 통한 자금조달이 증가했다. 이로 인해 국공채 등 담보 성격의 채권 규모가 늘며 증권업계의 보유 채권 규모가 큰 폭으로 확대됐다. 업계에서는 주요 증권사의 채권 보유 잔고는 올해에도 증가할 것으로 전망했다. 또한, 지난해까지 금리 인상 등에 대비해 듀레이션 축소에 힘썼는데, 올해도 듀레이션을 크게 늘리지는 않을 것이라는 예상이다.

한 업계 관계자는 "채권 잔고가 계속 늘고 있어서 금리 움직임에 따라 듀레이션을 적절하게 조절해 평가손실을 최소화하려고 한다"고 설명했다. 다른 관계자는 "자산 중 채권 비중이 커지면서 금리변동에 따른 채권 가치 변동이 금융투자회사 수익성에 큰 영향을 준 지는 오래"라며 "유동성 대응능력 등을 꾸준히 점검하려고 한다"고 말했다.

–연합인포맥스(2019.01)

보수적 채권투자전략 제2절

보수적 채권투자전략은 이자율변동위험을 제거하거나 최소화하여 투자 당시의 목표수익을 지키기 위한 채권포트폴리오전략이다.

1. 채권면역

(1) 채권면역의 개념

채권면역은 이자율변동위험으로부터 일정한 채권수익을 확보하는 것을 말한다. 이자율변동위험은 가격위험과 재투자위험으로 구성되어 있으며 두 위험은 서로 반대방향으로 움직인다. 가격위험은 이자율변동에 따른 채권가격의 등락을 말하며, 재투자위험은 중간에 지급되는 이자에 대한 재투자수익의 증감을 말한다. 채권면역전략(bond immunization strategy)은 채권포트폴리오의 듀레이션을 원하는 투자기간과 같게함으로써 가격위험과 재투자위험을 정확하게 상쇄시켜 투자기간 중의 이자율변동에 상관없이 일정한 투자수익을 달성하려는 것이다. 따라서 채권면역을 원하는 투자자는 원하는 투자기간과 듀레이션이 일치하도록 채권포트폴리오를 구성하면 된다.

표 10-4 투자기간과 듀레이션 차이에 따른 이자율변동효과

	듀레이션<투자기간	듀레이션>투자기간	듀레이션＝투자기간
이자율 상승시	재투자수익증가>가격하락손실 실현수익률>약정수익률	재투자수익증가<가격하락손실 실현수익률<약정수익률	재투자수익증가＝가격하락손실 실현수익률＝약정수익률
이자율 하락시	재투자수익감소>가격상승이익 실현수익률<약정수익률	재투자수익감소<가격상승이익 실현수익률>약정수익률	재투자수익감소＝가격상승이익 실현수익률＝약정수익률
	재투자수익효과>가격효과	재투자수익효과<가격효과	재투자수익효과＝가격효과

(2) 채권면역의 효과(예)

액면가 1,000원, 표면이자율 10%, 만기 2년, 표면이자는 연 1회 후급하는 채권이 액면발행되었다. 채권발행 1년 후에는 시장이자율이 8%로 하락하거나 12%로 상승할 두 가지의 가능성이 있다. 목표투자기간이 2년인 투자자에 대한 면역효과를 비교하면 다음과 같다.

면역을 하지 않았을 경우의 투자결과

	1년 후에 예상되는 시장이자율		
	8%	10%	12%
액면가 상환액	1,000원	1,000원	1,000원
1년 차 이자와 재투자수익	108	110	112
2년 차 이자	100	100	100
합 계	1,208	1,210	1,212

채권면역을 위해서는 듀레이션이 2년인 채권이 필요하다. 이를 위해 표면이자율이 10%이고 만기가 2.1년이며 듀레이션이 2년인 채권을 생각해보자. 이 채권은 1년과 2년 후에 이자를 100원씩 지급하고 2.1년 후에 1년치 이자의 1/10과 액면가를 상환한다.

$$P_0 = \frac{100}{(1.10)} + \frac{100}{(1.10)^2} + \frac{1,010}{(1.10)^{2.1}} = 1,000\text{원}$$

$$D = (1)\cdot\frac{\frac{100}{(1.10)}}{1,000} + (2)\cdot\frac{\frac{100}{(1.10)^2}}{1,000} + (2.1)\cdot\frac{\frac{1,010}{(1.10)^{2.1}}}{1,000} = 2.0\text{년}$$

이 채권에 투자하면 목표투자기간인 2년 후에는 만기가 0.1년 남은 채권을 매각해야 한다.

면역을 했을 경우의 투자결과

	1년 후에 예상되는 시장이자율		
	8%	10%	12%
2년 후 채권매각대금	1,002원	1,000원	998원
1년 차 이자와 재투자수익	108	110	112
2년 차 이자	100	100	100
합 계	1,210	1,210	1,210

면역을 했을 경우에는 목표투자기간인 2년 후의 수익이 중간에 발생하는 이자율의 변동에 상관없이 항상 1,210원으로 유지된다. 그 이유는 이자율등락에 대한 가격변동(±2원)이 1년 차 이자의 재투자수익변동(∓2원)과 정확하게 상쇄되기 때문이다.

(3) 채권면역의 한계

채권면역전략은 개념적으로 그리고 실제로 시행하는 데 다음과 같은 한계가 있다. 우선 면역전략은 채권의 장 · 단기 수익률이 항상 같다는 전제하에 성립한다. 다시 말해서 현재의 장 · 단기 채권수익률이 같아서 수익률곡선이 수평일 뿐만 아니라, 장 · 단기 수익률이 똑같이 등락해서 수익률곡선이 수평이동한다고 가정하고 있다. 그러나 실제로는 장기채권수익률이 단기채권수익률보다 높고, 장 · 단기 수익률의 등락폭이 다른 것이 일반적이다.

채권포트폴리오의 듀레이션과 목표투자기간을 일치시키는 가장 간단한 방법은 만기가 목표투자기간과 일치하는 할인채에 투자하는 것이다. 그러기 위해서는 다양한 만기의 할인채가 있어야 한다. 그러나 대부분의 할인채는 만기 1년 미만의 단기채이다. 이표채로 면역포트폴리오를 구성하기 위해서는 다양한 발행조건을 갖춘 채권이 필요할 뿐만 아니라, 포트폴리오구성에도 많은 비용이 들 것이다.

이와 같은 한계에도 불구하고 연 · 기금, 보험회사와 같이 안정된 현금흐름의 확보가 필수적인 기관투자가들에게는 채권면역이 매우 유용한 전략이다.

2. 만기구성전략

만기구성전략은 장 · 단기 채권의 특징을 고려하여 채권포트폴리오를 구성함으로써 채권투자의 안정성과 수익성을 확보하려는 전략이다.

표 10-5
장기채권과 단기채권의 특징

구 분	단기채권	장기채권
유동성(시장성)	크다	적다
수익성	낮다	높다
가격변동성	적다	크다
위 험	적다	크다

장기채권은 단기채권보다 수익률이 높은 반면, 이자율변동에 따른 가격등락폭이 크고, 환금성은 떨어진다. 따라서 종합적으로 장기채권이 상대적으로 위험이 크다고 할 수 있다.

(1) 사다리형 만기전략

사다리(ladder)형 만기전략은 보유채권의 최장 만기를 정하고 이 기간 내에 각 만기별 채권을 균등하게 보유하는 전략이다. 예를 들어, 만기 1년물부터 10년물까지의 채권에 각각 10%씩 균등하게 투자하고, 1년 후 만기상환되는 금액은 다시 최장 만기인 10년물에 기계적으로 재투자하여 균등한 포트폴리오를 유지하는 것이다. 최장 만기는 투자자의 유동성 필요 정도에 의해 결정된다. 예를 들어 매년 만기상환되는 채권을 보유잔액의 10%정도로 확보하려는 투자자에게는 최장 만기가 10년이 될 것이다.

사다리형 포트폴리오의 목적은 다양한 만기의 채권에 균등하게 분배함으로써 가격변동위험을 평준화하면서 어느 정도 수익성을 확보하는 데 있다. 사다리형 만기전략의 장단점은 다음과 같다.

① 미래 이자율을 예측할 필요없이 기계적으로 포트폴리오를 구성하기 때문에 관리가 간단하다.

② 만기상환되는 자금은 최장기채권에 재투자되므로, 일반적으로 장기채권의 수익률이 단기채권보다 높다고 볼 때, 그 시점에 있어서의 최고수익률로 운용되어 비교적 높은 평균수익률을 확보할 수 있다.
③ 기계적인 투자를 함으로써 시장상황의 변동을 이용하여 높은 투자수익을 올릴 수 있는 기회를 적극적으로 활용하지 못하는 단점도 있다.

(2) 바벨형 만기전략

바벨(barbell)형 만기전략은 단기채권과 장기채권에만 자금을 배분하고 중기채권은 포트폴리오에 편입하지 않는 전략이다. 그 이유는 중기채권은 이자율등락에 대한 뚜렷한 장점이 없기 때문이다. 중기채권은 이자율하락 시에는 장기채권에 비해서 가격상승효과가 적고, 이자율상승 시에는 단기채권만큼 가격하락에 대해 강하지도 않다. 바벨형 만기전략의 장단점은 다음과 같다.

① 장기채권의 수익성과 단기채권의 유동성을 조화시켜 위험을 상쇄시킬 수 있다.
② 이자율전망에 따라 장기채권형 또는 단기채권형으로 포트폴리오를 전환하여 수익성을 높일 수가 있다.
③ 시간이 지나면서 장기채권이 자동적으로 중기채권으로 변하기 때문에 바벨형 포트폴리오를 유지하기 위해서는 계속해서 중기채권을 매각해서 다시 장기채권을 매입해야 하므로 포트폴리오를 관리하기가 어렵고 비용이 많이 든다.

제3절 적극적 채권투자전략

적극적 채권투자전략은 이자율변동을 유리하게 활용하여 채권투자수익을 극대화하려는 전략이다. 적극적 채권투자전략에는 이자율전망에 따라 채권포트폴리오의 만기구성을 바꾸는 전략, 수익률다기전략, 저평가된 채권을 매입하고 고평가된 채권을 매각하는 교체매매전략 등이 있다. 적극적 채권투자전략이 성공하기 위해서는 무엇보다도 미래 이자율의 변동을 정확하게 예측할 수 있어야 한다.

1. 이자율 전망과 채권포트폴리오

이자율변동위험은 포트폴리오에 편입된 채권의 만기와 표면이자율의 구성에 달려있지만, 특히 만기구성에 보다 직접적인 영향을 받는다. 이자율 전망과 이에 따른 채권포트폴리오의 만기구성은 다음의 3가지 경우를 생각할 수 있다.

(1) 이자율하락국면

이자율이 하락하면 장기채와 표면이자율이 낮은 채권의 가격상승폭이 크기 때문에 이자율 하락이 예상되면 장기채, 낮은 표면금리채를 중심으로 포트폴리오를 구성해야 한다.

(2) 이자율상승국면

이자율이 상승하면 장기채일수록 가격하락폭이 크고, 같은 만기라면 표면

이자율이 높은 채권의 가격하락폭이 작다. 따라서 이자율 상승이 예상되면 단기채, 높은 표면금리채를 중심으로 포트폴리오를 구성해야 한다.

(3) 이자율 전망이 불투명한 경우

이자율이 보합세를 유지하고 있고 이자율의 움직임을 전망하기 어려운 시기에는 이자율의 상승과 하락에 모두 대처할 수 있는 유동적인 포트폴리오가 바람직하다. 즉 금리가 상승국면으로 접어들면 단기채로, 하락국면으로 접어들면 장기채로 변경하기 쉬운 포트폴리오가 유리하다. 소극적 채권투자전략에서 소개한 바벨형 포트폴리오가 바로 여기에 속한다.

이자율 전망	채권투자전략(포트폴리오 구성)
이자율 하락	장기채권, 낮은 표면금리채권의 포트폴리오
이자율 상승	단기채권, 높은 표면금리채권의 포트폴리오
전망이 불투명	유동적인 포트폴리오(예: 바벨형 포트폴리오)

2. 수익률곡선타기전략

이자율의 변동은 수익률곡선의 변동으로 나타나는데 여기에는 이자율수준의 변화(수익률곡선의 등락)뿐만이 아니라 만기별 채권수익률(수익률곡선의 형태)의 변화도 포함된다.

수익률곡선은 유동성프리미엄 때문에 일반적으로 우상향의 형태를 보인다. 따라서 수익률곡선이 일정하게 유지되더라도 시간이 지나면서 채권의 잔존기간이 짧아지면 그만큼 수익률이 하락하고 채권가격은 상승하게 된다. 예를 들어, 잔존기간이 3년인 채권을 수익률 10%에 매입하고 1년이 경과한 후 잔존기간이 2년으로 단축된 채권을 수익률 9.5%에 매각하면 수익률 하락에 의한 채권가격 상승과 그동안의 경과이자를 투자수익으로 얻게 된다. 이때 채권가격 상승은 이자율수준이 하락해서 생긴 것이 아니라 단순히 채권의 잔존기간이 짧아지면서 생겨난 것이다. 이와 같이 수익률곡선이 우상향하는 상황에서 잔존기간이 단축됨에 따라 수익률이 하락하여 채권가격이 상승하는 현상을 롤링효과(rolling effect)라고 한다.

수익률곡선타기(riding the yield curve)전략은 롤링효과를 활용해서 목표투자기간보다 만기가 긴 채권에 투자하고 그 채권을 만기 이전에 매각함으로써 보유기간수익률을 극대화하려는 전략이다. 따라서 이 전략은 우상향하는 수익률곡선이 앞으로도 변하지 않는다는 것을 전제로 한다. 수익률곡선타기전략을 통해서 기대할 수 있는 보유기간수익률은 다음과 같다.

$$R_b = R_0 + \frac{T_r(R_0 - \tilde{R}_m)}{T_b}$$

R_b : 보유기간수익률
R_0 : 최초 투자 시 수익률
$\tilde{R}_m$: 매각 시 수익률
T_r : 매각 시 잔존기간
T_b : 보유기간

보유기간수익률을 계산하는 데 필요한 정보는 $\tilde{R}_m$을 제외하고는 모두 최초 투자결정 시에 알려져 있다.

예 제

수익률곡선타기

다음과 같은 수익률구조에서 만기 3년인 할인채를 수익률 10%에 매입하고 1년 후에 수익률 9.5%에 매각하는 경우에 예상되는 1년 동안의 보유수익률은 다음과 같다. 여기에서 할인채를 예로 든 것은 단순히 계산을 간단히 하기 위해서이다.

만기(년)	1	2	3
수익률(%)	9.0	9.5	10.0

액면가 1원당 최초 매입가격 $= \dfrac{1}{(1.10)^3}$

$$\text{액면가 1원당 1년 후 매도가격} = \frac{1}{(1.095)^2}$$

$$\text{1년 동안의 기대보유수익률} = \frac{\text{1년 후 기대매도가격}}{\text{최초 매입가격}} - 1 = \frac{\frac{1}{(1.095)^2}}{\frac{1}{(1.10)^3}} - 1 = 11.0\%$$

보유기간수익률을 구하는 공식에서도 같은 결과를 얻을 수 있다.

$$R_b = 10\% + \frac{2(10\% - 9.5\%)}{1} = 11.0\%$$

만약 보유기간과 만기를 일치시켜 만기가 1년인 채권에 투자한다면 9% 수익률을 확보할 수 있다. 그러나 여기에서 계산된 보유기간수익률은 수익률곡선이 불변이라는 가정을 전제로 한 것이다. 만약 이자율이 상승하여 채권가격이 하락하는 경우에는 채권가격이 하락하여 자본손실이 발생할 것이다.

3. 스프레드전략

스프레드란 서로 다른 채권종목 간의 수익률격차를 말한다. 스프레드는 일시적으로 확대 또는 축소되었다가 다시 원래의 정상수준으로 돌아가는 특성이 있다. 스프레드전략은 이러한 특성을 이용하여 스프레드가 확대 또는 축소되는 시점을 파악하여 교체매매를 함으로써 보유기간수익률을 극대화하려는 전략이다.

〈그림 10-2〉는 신용등급이 다른 두 채권 간의 스프레드 변화를 나타낸 것이다. 시점 t_1에서는 스프레드가 정상보다 확대된 것을 나타내는데, 이것은 채권 A의 수익률이 상대적으로 과대 평가(채권가격이 과소 평가)되었고, 채권 B의 수익률은 상대적으로 과소 평가(채권가격은 과대 평가)되었다는 것을 의미한다. 따라서 가격이 과소 평가된 채권(A)을 매입하고 과대 평가된 채권(B)을 매도한 후 스프레드가 정상으로 돌아왔을 때(t_2) 반대매매를 하면 수익을 극대화할 수 있다. 이자율 하락으로 채권가격이 상승하지만 채권 A의 가격상승에 의한

그림 10-2

스프레드거래 전략

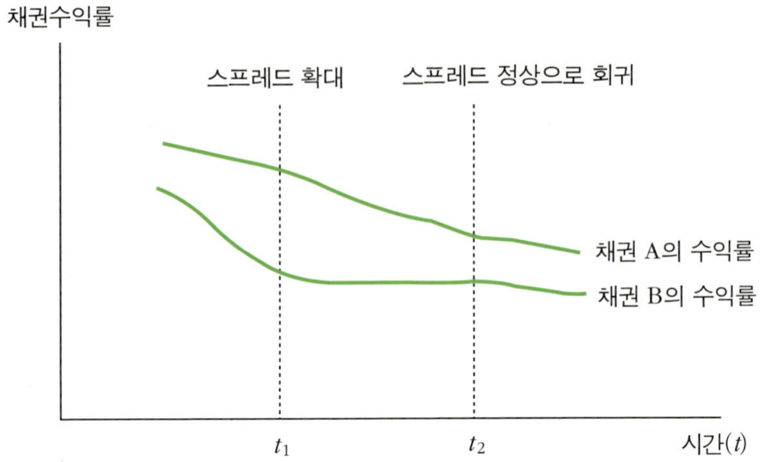

이익이 채권 B의 가격상승에 의한 손실보다 크기 때문에 스프레드거래에서는 이익이 발생한다.

스프레드거래전략

스프레드거래전략	
스프레드가 정상보다 확대	수익률이 낮은 채권에서 높은 채권으로 교체
스프레드가 정상보다 축소	수익률이 높은 채권에서 낮은 채권으로 교체

스프레드거래에서는 미래 이자율이 상승할지 아니면 하락할지에 대한 예상이 필요없다. 중요한 것은 이자율수준의 변화가 아니라 이자율차이(스프레드)의 변화이다. 스프레드는 채권의 여러 가지 특성에 의해 정의된다. 그중에서도 대표적인 것은 국채와 최우량등급(AAA) 회사채, 상장채와 비상장채, 표면이자율이 높은 채권과 낮은 채권 간의 수익률차이를 들 수 있다. 스프레드가 비정상적으로 확대 또는 축소되는 이유는 채권종목 간 일시적으로 수급불균형이 발생하거나 수익률변화속도가 다르기 때문이다(〈그림 9-1〉 금리추이와 수익률 스프레드 참조).

스프레드전략의 성공 여부는 전적으로 매매시점의 선택에 달려있다. 즉 교체매매에 따른 거래비용을 커버하고도 이익을 얻을 만큼 스프레드가 충분히 확대 또는 축소된 시점을 포착하는 것이 중요하다. 이를 위해서는 과거 스프레드의 추이와 현재의 시장상황에 대한 정확한 파악이 필요한데, 통계적인 기법을 이용하여 매매시점을 포착하는 방법이 많이 활용되고 있다.

제4절 채권시장지표

1. 한국의 채권지수

(1) KRX 채권지수(KRX-BI: KRX Bond Index)

한국거래소 상장채권 중 BBB-이상(투자적격등급)을 대상으로 하며, 채권가격평가 3사(KIS 자산평가, 한국자산평가, NICE 피앤아이)의 가격을 평균하여 1일 1회 산출된다. 기준시점은 2006년 3월 1일로 기준지수는 100p이다.

모두 5종의 세분된 지수(총수익지수, 콜 재투자지수, 제로 재투자지수, 순가격지수, 시장가격지수)가 산출된다. 이 중에서 총수익지수(total return index)는 자본손익, 경과이자(accrued interest) 수익, 만기수익률(YTM)을 이용한 재투자수익 등 채권투자를 통해 얻을 수 있는 모든 수익을 반영한 것으로 가장 일반적으로 사용되고 있다.

(2) 국고채 프라임지수(KTB-PI: Korea Treasury Bond Prime Index)

국고채 프라임지수는 한국 채권시장을 대표하는 국고채의 실시간 움직임을 반영하는 기준 지표(benchmark)의 역할을 한다. 국채전문유통시장의 3, 5, 10년물 중 최근월과 직전월물 등 6종목을 대상, 정규매매거래시간(9:00~15:30) 동안 체결가를 바탕으로 5분마다 총 72회 지수가 생성된다. 기준시점은 2006

년 3월 1일로 기준지수는 100p이다. 총수익지수와 순가격지수 2종류가 산출되는데 총수익지수가 일반적으로 많이 사용되고 있다.

(3) KTB지수(KRX-Korea Treasury Bond Index: KTB index)

국고채 프라임지수가 국채전문유통시장의 체결가격만을 이용하고, 국채선물시장의 구성종목과 다른 점을 보완하여 한국거래소와 KIS채권평가가 공동으로 개발한 지수이다. 2009년 6월 1일을 기준일로 10,000p를 기준으로 산출된다. 구성종목은 3년 만기 국채선물 최근월물의 기준채권(국고채 3년물 중 2종목, 국고채 5년물 1종목)과 동일하다.

KTB지수는 국고채권의 지표종목에 대한 거의 모든 체결 및 호가 정보를 반영하고 국채시장의 움직임을 1분 단위로 지표화해 채권시장의 실시간 금리를 대표하고 있다.

기타 투자자산과 투자성과분석

11

미리보기

지금까지는 주식, 채권 등의 전통적인 증권을 다루었지만, 기관투자자들의 전문성 향상, 일반투자자들의 다양한 요구 증가, 그리고 과학기술의 발전 등은 이전과 다른 다양한 금융상품들을 출현하게 하였다. 가장 일반적으로 알려진 펀드(fund)라고 불리우는 "집합투자기구"는 많은 일반투자자들의 자금을 모아 전문적인 기관투자자가 운용하고 그 결과를 배분한다. 이러한 간접투자의 확대는 일반투자자에게 새로운 투자기회를 제공한다. 이전에 일반투자자가 접근하기 어려웠던 인프라스트럭쳐, 부동산, 원자재 등 실물자산에 대한 투자가 펀드를 통해 가능하게 되었다. 이러한 전통적인 자산과 다른 대안적 투자를 "대체투자"라고 부르기도 한다. 하지만, 펀드는 유동성이 떨어지는 단점이 있다. 이를 극복하기 위한 다양한 자산에 대한 "증권화"가 진행되었다. 거래소에 상장되어 주식처럼 거래될 수 있는 ETF나 ETN 등의 상품이 개발되어 지수, 부동산, 원자재 등을 실시간으로 거래할 수 있게 되었다. 본 장에서는 이러한 흐름들에 의해 생겨난 다양한 투자자산을 최대한 소개하고자 하였다.

투자의 책임은 투자자 자신이 질 수밖에 없다. 투자기금을 운용하는 능력을 평가하는 것은 투자자의 몫이다. 본 장에서는 투자의 성과평가를 하는 방법에 대해 다루고 있다.

마지막으로 다루는 주제는 최근 투자자들이 가장 큰 관심을 가지고 있는 비트코인으로 대표되는 가상자산이다. 이는 블록체인이라는 과학기술에 기반하여 탄생되어 암호화폐라고 불리우며, 사회적 광풍을 일으켰다. 이에 대해 다양한 관점이 있을 수 있지만 투자의 관점에서 가상자산의 문제점과 가능성에 대해 논하였다.

펀드(집합투자기구) 제1절

1. 펀드의 개념과 특징

펀드(Fund)란 집합투자를 위해 투자자로부터 모은 자금의 집합체를 말하는데, 「자본시장과 금융투자업에 관한 법률」(이하 '자본시장법')상으로는 "집합투자기구"로 지칭된다. 펀드투자는 집합투자기구가 발행한 투자증권이나 주식 등을 구매하는 것이다. 펀드라는 용어는 "집합투자증권"이라는 뜻으로 혼용되기도 한다. 집합투자증권은 집합투자기구에 대한 출자지분이 표시된 것을 지칭한다. 이는 투자신탁의 수익증권, 투자회사(뮤츄얼펀드) 주식 등과 같이 투자자로부터 자금을 모아 자산운용회사가 운용하고 그 결과를 분배하는 금융상품으로 원본손실 가능성이 있다.

펀드라는 개념이 한국에 제도화된 것은 1998년 9월에 회사형 뮤추얼펀드를 위한 '증권투자회사법'이 제정되면서이다. 뮤추얼펀드는 자산을 유가증권에 투자하여 그 수익을 주주에게 배분하는 것을 목적으로 설립된 회사를 말하며, 우리나라에서는 '증권투자회사' 로 부른다. 이후 1998년 12월에 미래에셋자산운용회사를 시작으로 많은 뮤추얼펀드들이 설립되어 운용되고 있다. 뮤추얼펀드는 법적으로는 주식회사이지만 회사업무는 모두 외부 보조기관에 위탁하며 직원이나 물리적인 공간을 갖지 않는 명목상의 회사(paper company)일 뿐이다.

2003년 10월 증권투자신탁업법과 증권투자회사법을 폐지하고 두 법령을 통합하여 간접투자자산운용업법을 제정하였다. 간접투자란 투자자로부터 자금 등을 모아서 투자증권, 장내 파생상품 또는 장외 파생상품, 부동산, 실물자산 등에 운용하고 그 결과를 투자자에게 귀속시키는 것으로 정의한다. 따라서, 펀드는 "간접투자자산"으로 불리기도 하였다.

2009년 자본시장법이 제정되며서 간접투자자산운용업법이 폐지되어 흡수되었다. 앞에서 언급한 것과 같이 자본시장법에서는 펀드가 "집합투자기구"나 "집합투자상품"으로 불리운다.

2. 집합투자기구의 형태

(1) 법적형태에 따른 분류

집합투자기구는 법적형태에 따라 다음과 같이 회사형 집합투자기구와 신탁형 집합투자기구, 조합형 집합투자기구로 분류할 수 있다.

법적형태	종 류
회사형 집합투자기구	주식회사, 유한회사, 합자회사
신탁형 집합투자기구	투자신탁
조합형 집합투자기구	「민법」의 조합, 「상법」의 조합

[표 11-1]은 신탁형과 회사형의 주요 차이점에 대해 보여준다.

표 11-1 신탁형과 회사형의 비교

구 분	신 탁 형	회 사 형
조직형태	투자신탁계약에 의한 펀드형태	회사법에 의한 회사형태
발행증권	수익증권	주 식
투자수익분배	운용실적에서 신탁보수 및 비용공제 후 분배	배당형태의 분배

(2) 환매 가능 여부에 따른 분류

집합투자기구는 투자자에게 환매권을 주는지 여부에 따라서 환매권을 주는 개방형 집합투자기구(open-end fund)와 주지 않는 폐쇄형 집합투자기구(closed-end fund)로 구분할 수 있다. 일반적인 집합투자기구는 환매권을 인정하지만 특수한 경우에는 환매권을 제한할 수 있습니다. 이를 "환매금지형집합투자기구"라 한다. 투자신탁의 집합투자업자 또는 투자회사는 환매금지형집합투자기구의 집합투자증권을 최초로 발행한 날부터 90일 이내에 그 집합투자증권을 증권시장에 상장해야 한다. [표 12-2]는 개방형과 폐쇄형에 대해 비교하고 있다.

표 11-2 개방형과 폐쇄형의 비교

분 류	개방형	폐쇄형
운용자산의 구성	투자자들의 매수 및 환매에 따라 운용자산이 증감됨	설립 시 운용자산이 결정됨
가 입	언제든지 추가 가입이 가능	모집기간 중에만 가입이 가능하며 추가 가입은 불가능
주식거래방법	투자자와 펀드 간의 거래	증권거래소나 장외시장에서 투자자 간의 거래
환 매	언제든지 환매 가능	환매가 불가능하며 증권시장에서 매매를 통해 환금이 가능
운용의 안정성	안정적이지 못함	안정적
매매가격	순자산가치	증권시장에서 형성되는 시장가격

(3) 투자대상 및 투자성향에 따른 분류

집합투자기구는 투자하는 대상이나 투자성향 등에 따라 다양하게 구분되는데, 투자대상에 따라 다음과 같이 주식형, 채권형, 혼합형, 초단기(MMF: money market fund), 파생상품형 등으로 구분할 수 있다.

구 분		투자대상	특 징
증권펀드	주식형 펀드	주식에 60% 이상 투자	고위험 고수익 추구
	혼합형 펀드	주식(60% 이하)과 채권에 투자	채권투자의 안전성과 주식투자의 수익성을 동시에 추구
	채권형 펀드	채권 60% 이상 투자	안정적인 수익추구
초단기펀드(MMF)		채권 및 단기금융상품에 투자	수시입출금이 가능한 펀드
파생상품 펀드		선물, 옵션 등 파생상품에 투자	파생상품을 통한 구조화된 수익추구
부동산 펀드		부동산에 투자	환금성에 제약이 따르지만 장기투자를 통한 안정적인 수익추구
실물 펀드		선박, 석유, 금 등 실물자산에 투자	
특별자산 펀드		수익권 및 출자지분 등에 투자	
재간접 펀드		다른 펀드에 투자	다양한 성격과 특질을 가진 펀드에 분산투자

3. 운용방식

(1) 투자신탁의 수익증권

투자신탁을 설정한 집합투자업자는 투자신탁의 수익권을 균등하게 나누어 수익증권으로 표시해야 한다. 수익자는 신탁원본의 상환 및 이익의 분배 등에 관하여 수익증권의 좌수에 따라 균등한 권리를 가진다. 투자신탁을 설정한 집합투자업자는 수익증권의 발행가액 전액이 납입된 경우 신탁업자의 확인을 받아 수익증권을 발행해야 한다.

투자신탁형 집합투자기구의 구조와 각 참여자의 업무는 다음과 같다.

〈투자신탁형 집합투자기구의 구조〉

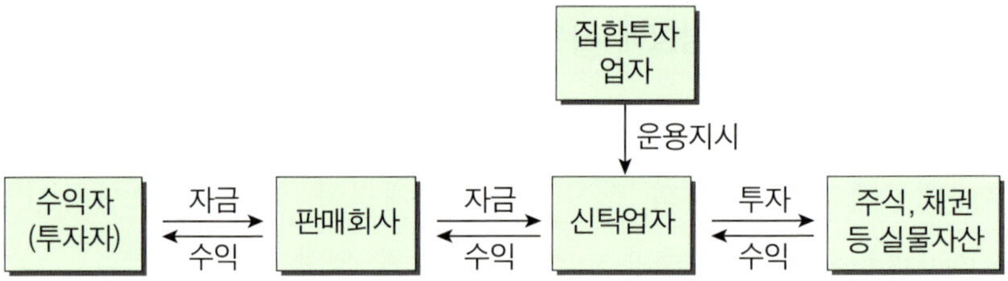

- 투자신탁형태의 집합투자기구는 기본적으로 집합투자업자, 신탁업자 및 수익자(투자자)의 3당사자로 구성된다.
- 투자자는 펀드(집합투자증권)를 판매회사를 통해서 가입하게 되고, 집합투자업자는 신탁업자와 신탁관계를 맺은 다음 신탁업자에게 신탁재산의 투자 및 운용을 지시한다.

당사자	각 당사자의 업무
집합투자업자	투자신탁의 설정 · 해지, 투자신탁재산 투자 · 운용, 수익증권의 발행
신탁업자	투자신탁재산의 보관 · 관리, 집합투자업자의 운용지시에 따른 자산의 취득 및 처분, 환매대금 및 이익금의 지급, 집합투자업자의 감시 업무
수익자(투자자)	신탁원본의 상환 및 이익의 분배에 관해 투자지분에 균등한 권리를 가지며 언제든지 수익증권의 환매청구 가능

* 자료: 찾기 쉬운 생활법령정보(한국법령정보원)

(2) 투자회사의 주식

투자회사는 자산을 유가증권에 투자하여 그 수익을 주주에게 배분하는 것을 목적으로 설립된 회사를 말하며, 미국에서는 '뮤추얼펀드'라 부른다. 투자회사는 무액면 기명식주식을 발행한다. 또한, 회사 성립일 또는 신주의 납입기일에 지체 없이 「주식 · 사채 등의 전자등록에 관한 법률」에 따른 전자등록의 방법으로 발행해야 한다. 투자회사가 성립한 후에 신주를 발행하는 경우 신주의 수, 발행가액 및 납입기일은 이사회가 결정한다. 주주의 청구가 있는 경우 그 주주의 주식을 매수할 수 있는 투자회사(이하 '개방형투자회사'라 함)가 그 성립 후에 신주를 발행하는 경우 이사회는 다음의 사항을 결정할 수 있다

1. 신주의 발행기간
2. 신주의 발행기간 이내에 발행하는 신주수의 상한
3. 신주의 발행기간 동안 매일의 발행가액 및 주금납입기일을 정하는 방법

이 경우 개방형투자회사는 위의 3번째 방법에 따라 확정된 매일의 발행가액을 그 투자회사의 주식을 판매하는 투사매매업자 또는 투자중개업자의 지점, 그 밖의 영업소에 게시하고, 인터넷 홈페이지 등을 이용하여 공시해야 한다. 주식인수인은 투자회사가 그 성립 후에 신주를 발행하는 경우 주금의 납입과 동시에 주주의 권리 · 의무를 가진다.

회사형 집합투자기구의 구조와 각 참여자의 업무는 다음과 같다.

〈회사형 집합투자기구의 구조〉

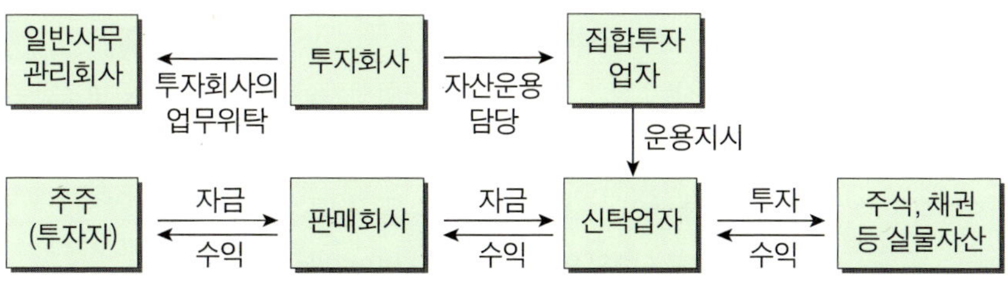

• 회사형 집합투자기구는 기본적으로 집합투자업자, 신탁업자 및 주주(투자자), 일반사무관리회사, 투자회사 등의 당사자로 구성된다.

- 투자회사는 명목상의 회사(Paper company)로 운영이 된다. 따라서 투자회사는 상근임원이나 직원을 둘 수 없으며 본점 외에 영업소를 설치할 수 없다.
- 또한 자산운용은 집합투자업자가 법인이사로 참여하여 담당하며, 일반사무도 투자회사가 직접 수행하지 않고 일반사무관리회사에 위탁해야 하며, 회사의 자산을 보관하는 업무도 집합투자재산을 보관 · 관리하는 신탁업자에게 위탁해야 한다.

당사자	각 당사자의 업무
집합투자업자	집합투자업자가 법인이사로 참여하여 자산운용을 담당
신탁업자	투자회사 재산을 보관 · 관리
주주(투자자)	투자회사가 발행하는 주식을 취득함으로써 주주의 지위 취득
일반사무관리회사	투자회사 주식의 발행 및 명의개서(名義改書)와 투자회사 재산의 계산, 법령 또는 정관에 의한 통지 및 공고, 이사회 및 주주총회의 소집 · 개최 · 의사록 작성 등에 관한 업무를 위탁받음
투자회사	서류상의 회사형태로 남으며, 모든 업무를 외부에 위탁해야 함

* 자료: 찾기 쉬운 생활법령정보(한국법령정보원)

(3) 조합형태의 집합투자기구

투자합자조합은 「상법」의 조합형태로서 집합투자업자인 업무집행조합원 1명과 유한책임조합원 1명이 기명날인 또는 서명함으로써 설립되며, 조합원의 공동사업형태로 영업한다. 투자익명조합은 「상법」의 조합형태로서 익명조합계약을 작성하고 집합투자업자인 영업자 1명과 익명조합원 1명이 기명날인 또는 서명함으로써 설립되며, 영업자가 단독으로 영업한다.

구 분	투자합자조합	투자익명조합
당사자	2명 이상	영업자와 1명 이상의 익명조합원
영업형태	조합원의 공동사업 형태	영업자의 단독영업
출자목적물	금전, 재산 또는 노무	금전 또는 재산
채무에 대한 책임	업무집행조합원은 무한책임 유한책임조합원은 출자액 한도에서 유한책임 부담	영업자는 무한책임 익명조합원은 출자액 한도에서 유한책임 부담

지금까지 살펴본 다양한 유형에 실제 어떤 펀드들이 있는지 확인할 수 있을까? 또는 반대로 내가 관심 가지고 있는 펀드가 어떤 유형이며, 어떤 방식으로 운용되는지 알 수 있을까? 우리나라의 자본시장법은 집합투자업자가 집합투자재산에 관한 매 분기의 영업보고서를 작성하여 금융위원회 및 금융투자협회에 제출하도록, 금융위원회 및 금융투자협회는 위에 따라 제출받은 영업보고서 및 결산서류를 인터넷 홈페이지 등을 이용하여 공시하도록 규정하고 있다. 따라서, 금융투자협회가 운용하는 전자공시서비스 중 펀드공시를 이용하면 된다(https://dis.kofia.or.kr/).

〈그림 11-1〉은 펀드공시에서 펀드운용실적 비교 → 펀드수익률 비교공시로 들어갔을 때의 화면을 보여준다. 펀드 유형에서 투자회사를 선택하고, 운용규모를 100억원 이상으로 했을 때, 47개의 펀드가 검색되었다. 운용회사, 펀드

그림 11-1

금융투자협회의 펀드공시

명, 위험등급, 순자산 규모, 보유자산의 금액 및 비중, 수익률 및 순위, 운용인력, 보수 및 수수료 등을 확인할 수 있다. 펀드에 대한 보다 구체적인 정보를 알고 싶다면, 펀드명을 클릭해서 약관이나 투자설명서를 다운로드받을 수도 있다.

4. 집합투자증권의 판매수수료와 판매보수

(1) 판매수수료와 판매보수의 한도

"판매수수료"란 집합투자증권을 판매하는 행위에 대한 대가로 투자자로부터 직접 받는 금전을 말한다. "판매보수"란 집합투자증권을 판매한 투자매매업자, 투자중개업자가 투자자에게 지속적으로 제공하는 용역의 대가로 집합투자기구로부터 받는 금전을 말한다. 판매수수료 및 판매보수는 아래의 한도를 초과해서는 안 된다.

구 분	판매수수료 및 판매보수의 한도
판매수수료	납입금액 또는 환매금액의 100분의 2
판매보수	집합투자재산의 연평균가액의 100분의 1(다만, 투자자의 투자기간에 따라 판매보수율이 감소하는 경우로서 금융위원회가 정하여 고시하는 기간을 넘는 시점에 적용되는 판매보수율이 100분의 1 미만인 경우 그 시점까지는 100분의 1에서부터 1천분의 15까지의 범위에서 정할 수 있음)

판매수수료는 판매 또는 환매 시 한꺼번에 투자자로부터 받거나 투자기간 동안 나누어 투자자로부터 받는 방법이 가능하다. 판매보수는 매일의 집합투자재산의 규모에 비례하여 집합투자기구로부터 받을 수 있다.

5. 집합투자재산의 평가 및 기준가격 산정

(1) 집합투자재산의 평가방법

집합투자재산의 평가방법은 다음과 같다.

구 분	내 용
시가에 따른 평가	집합투자업자는 증권시장에서 거래된 최종시가 또는 장내 파생상품이 거래되는 파생상품시장에서 공표하는 가격에 따라 집합투자재산을 시가에 따라 평가
공정가액에 따른 평가	평가일 현재 신뢰할 만한 시가가 없는 경우에는 집합투자재산에 속한 자산의 종류별로 투자대상 자산의 취득가격, 거래가격 등에 따른 공정가액으로 평가 ※ 다만, 투자자가 수시로 변동되는 등 투자자의 이익을 해할 우려가 적은 경우로서 단기금융집합투자기구의 집합투자재산의 경우에는 장부가격으로 평가할 수 있음

집합투자업자는 위에 따른 집합투자재산의 평가업무를 수행하기 위해 평가위원회를 구성·운영해야 한다. 집합투자업자는 집합투자재산에 대한 평가가 공정하고 정확하게 이루어질 수 있도록 그 집합투자재산을 보관·관리하는 신탁업자의 확인을 받아 "집합투자재산평가기준"을 마련해야 한다. 집합투자업자는 평가위원회가 집합투자재산을 평가한 경우 그 평가명세를 지체 없이 그 집합투자재산을 보관·관리하는 신탁업자에게 통보해야 한다. 집합투자재산을 보관·관리하는 신탁업자는 집합투자업자의 집합투자재산에 대한 평가가 법령 및 집합투자재산평가기준에 따라 공정하게 이루어졌는지 확인해야 한다

(2) 집합투자재산 기준가격

투자신탁이나 투자익명조합의 집합투자업자 또는 투자회사 등은 위의 집합투자재산의 평가방법에 따라 평가한 결과에 위의 기준가격의 공시의무에 따른 기준가격의 공고·게시일(사모집합투자기구의 집합투자증권의 경우에는 기준가격

의 산정일로 함) 전날의 재무상태표상에 계상된 자산총액에서 부채총액을 뺀 금액을 그 공고 · 게시일 전날의 집합투자증권 총수로 나누어 계산하는 방법으로 집합투자증권의 기준가격을 산정해야 한다. 투자신탁이나 투자회사 등은 원칙적으로 산정된 기준가격을 매일 공고 · 게시해야 한다.

6. 집합투자증권의 환매 청구

(1) 개방형 펀드

개방형 펀드(open-end fund)는 투자자가 언제든지 해당 주식의 환매를 판매회사에 청구할 수 있고, 추가로 주식을 발행할 수도 있다. 주식의 신규발행과 환매에 따라 회사 자본금이 증감하게 된다. 우수한 자금운용자에게는 많은 자금이 모이게 되지만 자금이 수시로 입출금될 수 있으므로 펀드의 안정적 운용에는 어려움이 따른다.

개방형 펀드의 고객이 판매회사에 환매를 요구하면 판매회사는 투자회사가 펀드 내에 편입된 유가증권을 매각한 후에야 환매에 응하게 된다. 판매회사들이 불가피한 사정으로 고객의 환매요구에 먼저 응한 때는 즉시 투자회사에 환매청구를 함으로써 매각하지 못한 주식을 보유하고 있지 말아야 한다. 개방형 펀드는 환매요청에 즉각 응할 수 있도록 펀드자산의 10% 이상을 현금성 자산으로 보유해야 하며, 투기등급채권 등 비유동성자산은 펀드자산의 15% 이내로 제한되고 있다. 또한 일시 대량환매사태에 대비해 펀드자산의 10% 이내에서 금융기관에서 차입하거나 환매조건부채권(RP) 거래를 허용하고 있다. 그러나 대량환매가 펀드자산의 10%를 넘어서면 원칙적으로 청산해야 한다.

펀드와 투자자 간의 거래는 펀드의 주당 순자산가치(*NAV*: net asset value)에 근거하여 이루어진다.

$$NAV = \frac{\text{펀드의 총자산가치} - \text{부채}}{\text{발행주식수}}$$

예를 들어, 현재 투자하고 있는 자산의 총시장가치가 160억원이고, 부채가 20억원이며, 발행주식수가 70만주인 뮤추얼펀드의 *NAV*는 다음과 같이 계산된다.

$$NAV = \frac{160\text{억원} - 20\text{억원}}{700{,}000\text{주}} = 20{,}000\text{원}$$

특정일에 청구된 주식의 매입(추가설정)과 매도(중도환매) 요청은 해당일의 *NAV*가 결정된 후에 이루어진다. 예를 들어 어떤 투자자가 10억원의 신규투자자금을 보내오고, 다른 투자자는 5,000주의 상환을 요청해왔다면 신규로 발행되는 주식수와 상환금액은 다음과 같이 계산된다.

$$\text{신규발행주식수} = \frac{10\text{억원}}{20{,}000\text{원}} = 50{,}000\text{주}$$

$$\text{상환금액} = 5{,}000\text{주} \times 20{,}000\text{원} = 1\text{억원}$$

이러한 거래 후에도 *NAV*는 여전히 20,000원을 유지하게 된다.

$$\text{거래 후의 } NAV = \frac{(160\text{억원} - 20\text{억원} + 10\text{억원} - 1\text{억원})}{(700{,}000\text{주} + 50{,}000\text{주} - 5{,}000\text{주})} = 20{,}000\text{원}$$

따라서 펀드 주식의 순자산가치(*NAV*)는 어느 투자자에게도 이익과 손해가 없는 공정한 가격이다.

(2) 폐쇄형 펀드

폐쇄형 펀드(closed-end fund)는 펀드의 만기 이전에는 중도에 환매를 요구할 수도 없고 추가로 설정할 수도 없는 형태의 펀드이다. 폐쇄형 펀드는 투자자가 중도환매를 요구할 수 없기 때문에 펀드를 운용하는 입장에서는 유동성에 제약을 받지 않고 안정적으로 운용할 수 있는 이점이 있다. 이러한 환매의 제약성을 보완하기 위해서 폐쇄형 펀드의 주식은 증권거래소에 상장되거나 코스닥시장에 등록되어 거래가 이루어지며 거래수수료는 일반기업의 주식과 동일하다.

폐쇄형 펀드의 주식은 다른 유가증권과 마찬가지로 시장에서 수요와 공급에 의해 가격이 결정되는데 개방형 펀드와는 달리 순자산가치보다 할인되어 거래되는 것이 일반적이다. 이렇게 할인되어 거래되는 이유는 환매의 제한성 때문인 것으로 해석되고 있다.

7. 상장지수펀드(ETF)

(1) ETF의 개념

ETF(상장지수펀드, Exchange Traded Fund)는 주가지수(KOSPI 200, KOSPI 50)의 움직임에 연동하도록 운용되는 집합투자증권(뮤추얼펀드형 또는 수익증권형)을 말한다. 통상의 펀드는 투자자가 납입한 금액으로 주식시장에서 필요한 주식을 매수하여 수익증권을 발행하고 투자자의 환매 요구가 있을 때에는 보유주식을 매각하여 상환한다. 하지만 ETF의 경우에는 그 대상이 되는 주가지수에 연동하도록 선정된 다수의 종목(현물주식 포트폴리오)을 납부함으로써 ETF가 발행(설정)된다. 환매의 경우에는 반대로 ETF를 납입하고 현물주식바스켓을 되돌려 받게 된다.

설정 및 환매는 거액의 자금이 소요되기 때문에 주로 기관투자자에 의해 이루어지며, 개인투자자들은 거래소 ETF 시장에서 매매에 참여할 수 있다. 결산일에 투자자는 신탁자산인 주식으로부터 발생하는 배당 등의 수익에서 신탁보수 및 운용에 필요한 경비를 공제한 후, 보유하는 ETF 수에 따른 분배금을 지급받게 된다.

통상의 펀드에서는 설정 및 환매에 따라 필연적으로 주식매매가 이루어져야 하기 때문에 그만큼의 매매비용이 소요되게 되지만, ETF의 경우에는 현물주식바스켓으로서 설정 및 환매가 이루어지기 때문에 운용회사는 운용비용을 낮출 수 있으며 결과적으로 투자자들이 부담하는 운용비용도 낮출 수 있다.

(2) ETF의 장점

ETF는 통상의 지수펀드와 비교해 다음과 같은 장점이 있다.

① **가격의 움직임과 투자판단의 용이성** ETF는 매일 TV와 신문에서 볼 수 있는 주가지수의 움직임에 연동하도록 운용되는 상품이기 때문에 가격의 움직임을 쉽게 알 수 있고 투자판단이 쉽다.

② **분산투자에 의한 투자위험 관리** ETF는 대상주가지수를 구성하는 종목에 폭넓게 투자하는 효과가 있기 때문에, 개별종목에 투자하는 것보다 투자위험을 줄일 수 있다.

주가지수를 구성하는 다수종목에 직접 분산투자가 가능하므로 장기적이고 안정적인 자산운용수단과 선물 · 옵션시장과 연계된 헤지 등 위험관리수단으로 활용할 수 있다. 한편 자금력이 부족한 개인투자자의 경우에도 적은 투자자금으로 주식시장 전체에 대한 매매가 가능하다.

③ **거래가 용이** ETF는 증권회사를 통해 매매시간 중에는 언제라도 주식과 동일한 방법으로 매매를 할 수 있고 가격을 지정하여 주문을 내는 지정가 주문도 가능하기 때문에 환금성이 보장되어 있다.

④ **뮤추얼펀드형의 경우 신용거래가 가능** 시세가 상승국면에 있다고 판단할 경우에는 신용융자에 의해 ETF를 매입한 후, 향후 가격상승 시에 이를 매각하여 차입한 자금을 상환하여 이익을 얻을 수 있다. 반대로 시세가 하락국면에 있다고 판단될 경우에는 신용대주거래를 통해 ETF를 매도하고 예상대로 시세가 하락하였을 때 ETF를 상환하여 이익을 얻을 수 있다. 그러나 수익증권형 ETF는 신용거래가 불가능하다.

⑤ **낮은 보수** ETF의 경우, 현물주식으로 설정 · 환매가 이루어지기 때문에 낮은 비용으로 운용이 가능하기 때문에 통상의 펀드와 비교하여 보수 등

표 11-3
ETF와 기타 금융상품과의 비교

구 분	ETF	주 식	인덱스 펀드	액티브 펀드	지수선물
운용목표	특정 인덱스	인덱스초과수익	특정 인덱스	인덱스초과수익	헤지 및 차익
법적성격	집합투자증권	지분증권	집합투자증권	집합투자증권	파생상품
투명성	높음	높음	보통	보통	높음
유동성	높음	높음	낮음	낮음	높음
결제일	T+2	T+2	T+3	T+3	T+1
증권대차	가능	가능	불가	불가	불가
레버리지기능 (증거금 매입)	가능	가능	불가	불가	가능
거래비용	위탁수수료 운용보수 (약 0.5%)	위탁수수료	운용보수 (1~2%)	운용보수 (2~3%)	위탁수수료
전 증권사 거래	가능	가능	판매사 한정	판매사 한정	가능
시장위험	시장위험	시장 · 개별위험	시장위험	시장 · 개별위험	시장위험
분산투자	가능	불가	가능	가능	가능
증권거래세	면제	매도 시	적용배제	적용배제	면제

의 운용비용이 상대적으로 저렴하다.

앞의 [표 11-3]은 ETF가 펀드로서의 특성과 주식(선물)으로서의 특징을 모두 가지고 있다는 것을 잘 보여주고 있다. 즉, 운용목표, 법적성격, 분산투자, 세금, 보수 등과 같은 고유의 성격은 펀드와 일치하며 환금성, 유동성, 거래 편의성 등은 주식(선물)과 유사한 성격을 보이고 있다.

(3) ETF의 매매와 결제

ETF의 거래는 주식시장의 매매제도를 준용하기 때문에 통상의 주식과 거의 동일하다. ETF의 기준가격은 순자산가치(NAV)로 하며, 지정가 및 성립가주문 등이 가능하다. 호가(주문가격)의 단위, 가격제한폭, 매매시간도 주식과 동일하다.

ETF에는 주식과 같이 보통결제가 적용되며, ETF는 예탁기관에 예탁된 상태에서 증권회사 간 계좌대체를 통하여 ETF의 수도가 이루어지게 된다.

8. 랩어카운트

(1) 랩어카운트의 개념

랩어카운트(wrap account)는 증권사가 고객의 투자성향에 맞는 포트폴리오 구성을 자문해주거나 자산을 관리해주고 예탁재산의 일정 비율을 수수료로 받는 종합자산관리계좌를 말한다.

랩어카운트의 투자가 진행되는 과정에서 고객과 상담, 포트폴리오 추천, 성과분석과 사후관리 등 일체의 업무는 일정한 자격을 갖춘 증권사의 금융자산관리사(Financial Planner)가 담당한다. 따라서 고객은 1대 1 투자자문서비스를 해주는 개인적인 "자산관리전문가"를 두는 셈이다.

(2) 랩어카운트의 출현 배경

랩어카운트는 1975년 미국에서 E. F. Hutton이라는 증권사에 의해 처음으로 개발되었는데 개인 자산을 체계적으로 관리하려는 투자자들의 수요와 수입원다변화를 모색하던 증권사와의 이해가 맞아떨어지면서 새로운 금융서비스가 탄생한 것이다. 당시 미국 사회는 "베이비붐"세대라는 전후 세대가 사회의 중추세력으로서 노후에 대비한 자산형성에 많은 관심을 기울이고 있었다. 저금리로 많은 자금이 은행권으로부터 이탈하였지만 위험부담 때문에 직접투자보다는 전문가들이 운용하는 간접투자형 상품으로 자금이 이동하게 되었다. 하지만 랩어카운트에 대한 수요가 본격적으로 늘어난 것은 1987년 10월의 주가대폭락사건(Black Monday) 이후 수익기반을 상실한 증권사들이 영업전략을 고객특성에 맞는 금융상품개발과 고객자산관리로 전환하면서부터이다.

〈랩어카운트 투자절차〉

고객의 투자성향 파악
고객과의 인터뷰를 통해 재산상태, 투자위험에 대한 태도, 목표수익률 등을 파악

↓

투자전략설정
고객에게 적합한 포트폴리오 제시(주식, 채권, 수익증권, 뮤추얼펀드 등 다양한 투자상품에 대한 투자비율 배분)

↓

투자성과분석 · 사후관리
정기 분석자료를 제공하고, 시장의 상황변화를 점검하여, 포트폴리오를 조정

(3) 한국의 랩어카운트

① **랩어카운트의 출현배경과 기대효과** 한국에서도 랩어카운트의 등장은 투자환경의 변화에 따른 시대의 산물이라고 할 수 있다. 통계에 의하면 한국 주식시장에서 투자수익을 올리는 투자자는 전체 투자자 중 5%도 안 된다고 한다. 급변하는 금융환경에서 개인투자자들이 수익을 올리기는 점점 어려워질 전망이다. 투자자들은 전에는 경험하지 못하던 저금리시대에 랩어카운트를 통해 체계적인 위험관리를 받으면서 안정적인 수익을 기대할 수 있을 것이다.

치열한 경쟁과 사이버거래의 활성화로 위탁수수료 수입이 감소한 증권사들에게 고객만 확보하면 고정된 수입을 확보할 수 있는 랩어카운트는 영업구조를 개선하는 데 기여할 수 있는 최적의 상품이다. 증권사는 일시적인 매매창구가 아니라 한 개인의 자산관리인으로서 안정된 보수를 받을 수 있는 것이다. 랩어카운트의 보수는 자산규모에 비례하기 때문에 증권사로서는 고객의 자산을 증식시키기 위해 최선을 다할 수밖에 없다. 따라서 랩어카운트 비중이 높아지면 증권사의 수익구조는 다변화되고 인력도 전문화될 것이다. 랩어카운트가

정착되면 개인투자자들의 투자효율성이 증대되고 위탁매매수수료 수입을 올리기 위한 증권사들의 과당 매매권유 관행도 해소될 것이다.

② **수수료** 랩어카운트 개인 최소투자금액은 1~3천만원으로 점차 낮아지는 추세이다. 랩어카운트에서는 주식 · 채권을 사고팔 때마다 수수료를 내는 현재의 위탁계좌와는 달리 예탁재산의 일정 비율(1~3% 미만)만을 수수료로 낸다. 그러나 고객들이 부담하는 실제 수수료는 증권사, 거래상품, 총거래규모에 따라 다르다. 특히 랩어카운트에 편입된 수익증권에 대해서는 당분간 별도의 판매수수료를 내야 한다.

③ **랩어카운트의 종류** 랩어카운트는 자산운용방식에 따라 자문형과 일임형으로 구분된다.

자문형	증권사가 고객들에게 특정 자산에 대한 추천과 투자권유만 할 수 있고 주식과 채권의 투자, 펀드 가입 등은 고객이 직접 자기 책임 아래 해야 하며, 고객이 직접 주문을 내야 한다.
일임형	고객이 증권회사와 일임매매 계약을 통해 자신의 자산운용을 증권사에 완전히 맡기는 개인별 자산계좌로 평균잔액을 기준으로 수수료를 지불한다. 고객은 언제든지 매매 종목을 확인하고 포트폴리오의 구성 변경을 요구할 수 있다.

자본시장법상의 금융상품의 분류

금융투자상품이란 투자성(원본 손실가능성)이 있는 모든 금융상품을 의미한다. 증권은 투자원본의 전부 또는 일부의 손해(원본손실) 가능성이 있는 금융투자상품으로, 파생상품은 투자원본을 넘어서는 추가 손실(원본초과손실) 가능성이 있는 금융투자상품으로 각각 정의된다.

증권은 주식, 채권 등과 같은 전통적 유가증권뿐 아니라 지급청구권, 지분권, 수익권 등 권리가 표시된 것으로서 현재 존재하고 있는 것뿐 아니라 앞으로 출현할 다양한 종류의 새로운 증권을 모두 포함한다.

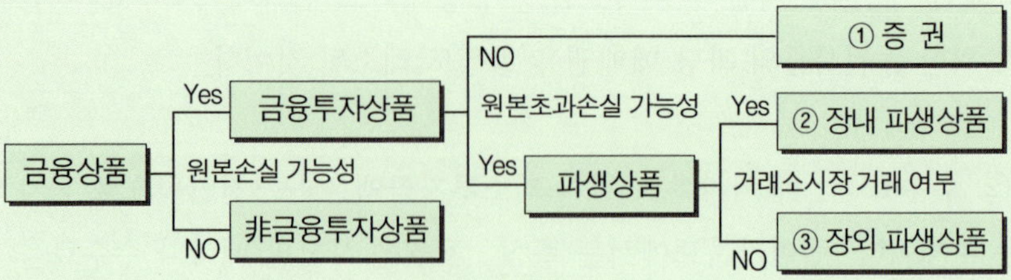

〈증권의 종류〉

증권의 종류	개 념
채무증권	국채증권, 지방채증권, 특수채증권(법률에 의하여 직접 설립된 법인이 발행한 채권을 말한다.), 사채권, 기업어음증권, 그 밖에 이와 유사한 것으로서 지급청구권이 표시된 것
지분증권	주권, 신주인수권이 표시된 것, 법률에 의하여 직접 설립된 법인이 발행한 출자증권, 「상법」에 따른 합자회사 · 유한회사 · 익명조합의 출자지분, 「민법」에 따른 조합의 출자지분, 그 밖에 이와 유사한 것으로서 출자지분이 표시된 것
수익증권	금전신탁의 수익증권, 집합투자 투자신탁의 수익증권, 그 밖에 이와 유사한 것으로서 신탁의 수익권이 표시된 것
투자계약증권	특정 투자자가 그 투자자와 타인 간의 공동사업에 금전 등을 투자하고 주로 타인이 수행한 공동사업의 결과에 따른 손익을 귀속받는 계약상의 권리가 표시된 것
파생결합증권	기초자산의 가격 · 이자율 · 지표 · 단위 또는 이를 기초로 하는 지수 등의 변동과 연계하여 미리 정해진 방법에 따라 지급금액 또는 회수금액이 결정되는 권리가 표시된 것
증권예탁증권	상기 5개의 증권을 예탁받은 자가 그 증권이 발행된 국가 외의 국가에서 발행한 것으로서 그 예탁받은 증권에 관련된 권리가 표시된 것

* 펀드 수익증권과 투자회사 등이 발행하는 주식은 집합투자증권으로 정의
* 출처: 찾기 쉬운 생활법령정보(법제처).

파생결합증권으로는 주식워런트증권(ELW: Equity-Linked Warrant), 주가연계증권(ELS: Equity-Linked Security), 기타파생결합증권(DLS: Derivatives-Linked Security) 및 상장지수증권(ETN: Exchange-Traded Note) 등이 주로 발행되어 거래되고 있다.

대체투자 제2절

대체투자(alternative investment)란 전통적인 투자 대상인 주식, 채권, 현금 등에 투자하는 대신 다른 자산에 투자하는 것이다. 대체 자산으로는 보석, 미술품, 우표 등 유형자산에 투자하는 것뿐 아니라 부동산, 생필품, 헤지펀드 등에 투자하는 것 등도 포함된다. 대체 자산은 전통자산과 낮은 상관관계를 가지고 있는 경향이 있어서 전체 포트폴리오의 리스크를 분산시키고 효율성을 높일 수 있다. 반면 주식 및 채권보다 변동성이 높으며, 단기 유동성이 제약될 수 있다. 또한 유통시장이 발달하지 않아 가격발견과정이 난해하고 쉽지 않다.

한국은행에 따르면, 국내 대체투자 규모는 2015년 말 기준 약 260조원으로 글로벌 금융위기 전인 2006년 말 61조원에 비해 4배 정도 확대되었다. 국내 대체투자 대상은 2015년 말 기준 인프라스트럭처 관련 민간투자사업(Public Private Partnership, 39.5%)이 가장 높은 비중을 차지하고 다음으로 부동산펀드 및 리츠와 같은 부동산간접투자(29.6%), 특별자산펀드(15.4%), PEF(14.3%), 헤지펀드(1.2%) 순이다.

1. 인프라스트럭처(Infrastructure)

인프라스트럭처는 도로, 댐, 항만, 발전소, 학교, 공원 등 사회생산기반 또는 경제활동의 기반을 형성하는 사회복지 환경시설을 의미한다. 인프라스트럭처 펀드는 인프라스트럭처 자산 투자를 목적으로 융자 및 출자, 관련 채권 매입 등의 방법으로 자금을 조성해 운용하는 펀드이다. 이런 인프라스트럭처는 개인이 투자할 수 있는 규모를 뛰어넘지만, 인프라스트럭처 펀드를 통해 투자할 수 있다. 인프라스트럭처의 장점은 안정적인 현금흐름, 인플레이션 헤지, 전통적 자산과 낮은 상관관계 등을 들 수 있다.

세계적으로 보면 이런 인프라스트럭처에 대한 수요는 꾸준하다. 신흥국은 도시개발과 도로, 항만 등 물류시설 개발을 지속적으로 추진할 것이다. 선진국은 낙후시설 개선의 필요가 있다. 최근에는 환경문제로 인해 친환경, 재생에너지 또는 저탄소 인프라 등 에너지 인프라에 대한 필요성이 커지고 있다. 정부도 과거와 같이 정부 중심의 인프라투자를 하기보다는 민간의 인프라투자를 증가시켜 정부 부채부담을 줄이길 선호하는 측면이 있다.

우리나라에서 맥쿼리한국인프라투융자회사는 사회기반시설에 대한 민간투자법에 의해 설립된 국내 최대 규모의 상장 인프라 펀드이다. 최근 시장에 출시된 정책형 뉴딜 펀드, ESG(환경 · 사회 · 지배구조) 관련 펀드, 환경 · 신재생에너지 펀드 등도 개인이 투자할 수 있는 대표적 인프라 펀드이다.

2. 부동산

부동산은 대표적인 실물자산이며, 금융자산과 대비되는 자산으로 분류하여 본 교재에서 이에 대한 투자는 다루고 있지 않다. 하지만 증권화의 발달로 인해 부동산에 투자하는 것도 어렵지 않게 되었다.

특히 소액투자자들의 자금을 가지고 부동산에 전문적으로 투자를 하는 뮤추얼펀드인 리츠(Real Estate Investment Trusts, REITs)는 이를 가능케 하였다. 리츠는 자금을 모아 직접 부동산을 매입해 개발 · 임대사업을 하거나, 부동산을 담보로 발행되는 주택저당증권(MBS)에 투자하거나, 부동산개발에 자금을 지원하는 프로젝트 파이낸싱(PF)에 참여하는 등 부동산을 통해 자금을 운용하게 된다. 투자자에게 정기적으로 배당수익을 제공해야 하기 때문에 주로 안정적인 임대수익이 발생하는 상업용 부동산에 투자한다.

리츠의 지분은 일종의 주식에 해당하며, 대부분 증권거래소에 상장된다. 따라서 투자자는 법인의 형태로 설립되는 개별 투자상품의 지분(주식)을 소유하는 것이다. 리츠는 소액투자자를 대상으로 하기 때문에 일반인도 100~200

만원씩 소액자금으로 부동산에 간접적으로 투자할 수 있고, 주식형태로 거래되기 때문에 투자자금을 언제든지 손쉽게 현금화할 수 있다는 장점이 있다. 또한 부동산이라는 실물자산에 투자했기 때문에 가격이 안정적이다.

1960년대에 미국이 리츠제도를 처음 도입한 이후 영국, 독일, 호주, 일본 모두 리츠의 증권시장 상장을 허용하고 있다. 한국은 2001년 7월부터 '부동산투자회사법'에 의해 리츠제도가 시행되었다. 여기에는 자기관리 리츠, 위탁관리 리츠, CR 리츠(corporate restructuring REITs)가 있다. '자기관리 리츠'는 자산운용 전문인력을 두고 직접 자산을 투자 · 운용하는 부동산투자회사이며, '위탁관리 리츠'는 자산의 투자 · 운용을 자산관리회사에 위탁하는 부동산투자회사이다. 'CR 리츠'란 기업구조조정 부동산투자회사를 뜻하는 것으로, 기업의 구조조정용 부동산을 투자대상으로 하는 위탁관리 리츠를 말한다.

3. 사모펀드(Private Fund)

사모펀드는 소수의 투자자로부터 모은 자금을 운용하는 펀드로서 다수의 일반투자자로부터 자금을 조달하는 공모펀드와 대비되는 개념이다. 다수의 투자자를 보호하기 위해 공모펀드는 금융감독기관의 감시를 받지만, 사모펀드는 공모펀드와는 다르게 금융감독기관의 감시를 받지 않으며, 운용에 제한이 없는 만큼 자유로운 운용이 가능하다.

사모펀드는 절대수익을 추구하는 전문투자형 사모펀드, 일명 헤지펀드(hedge fund)와 회사 경영에 직접 참여하거나 경영 · 재무 자문 등을 통해 기업 가치를 높이는 경영참여형 사모펀드(Private Equity Fund, PEF)로 구분한다. 경영참여형 사모펀드는 비공개로 투자자들을 모집하여 자산가치가 저평가된 기업에 자본참여를 하게 하여 기업가치를 높인 다음 기업 주식을 되파는 전략을 취한다. 한국에서는 제도상 지분 10% 보유 여부에 따라 전문투자형과 경영참여형으로 구분되었다. 2018년 이후 전문투자형과 경영참여형을 구분하는 10% 지분보유 조항이 전면 폐지되면서 일원화된 규제체계가 적용되었다.

벌쳐펀드

벌쳐펀드(vulture fund)는 쓰러져 가는 부실기업에 전문적으로 투자하는 펀드를 말한다. 벌쳐펀드의 투자는 부실기업의 자산을 직접 매입하는 방법과 부실기업이 발행한 증권에 투자하는 방법이 있다. 벌쳐펀드의 궁극적인 목적은 부실기업의 경영권을 획득하고 효율적인 경영을 통해 기업가치를 증대시켜 초과수익을 얻는 데 있다. 일반적으로 파산에 이른 부실기업은 과소 평가되는 경우가 많기 때문에 부실기업의 가치를 정확히 평가하고 자금을 동원해서 기업을 회생시킬 수 있는 능력과 경험이 있다면 단기간에 초과수익을 얻을 수도 있다.

한국에서 1998년에 투신업법을 개정하여 일반 사모펀드제도가 처음 도입되었다. 2004년에는 해외 사모펀드의 국내 기업 인수에 대응하기 위한 목적으로 경영참여형 사모펀드가 도입되었고 2009년에는 해외 헤지펀드에 대응하기 위해 전문투자형 사모펀드가 도입되었다. 2015년에는 사모펀드 활성화 방안에 따라 인가제로 운영되었던 규제가 등록제로 바뀌고 일반투자자의 최소투자금액이 하향되는 등 관련된 운용규제들이 완화되었다.

이러한 사모펀드에 대한 규제완화는 사모펀드 시장의 급성장을 가져왔다. 2016년에 250조원을 기록하며 212조원 규모의 공모펀드시장을 추월한 이후 2019년에는 402조원을 기록하였다. 그러나 이 과정에서 발생한 불완전판매나 유동성 관리 실패, 경영진 횡령 등 투자자 보호에 대한 문제가 제기되기도 했다. 대표적으로 2020년 발생한 라임자산운용과 옵티머스자산운용의 환매중단 사태를 들 수 있다.

4. 헤지펀드

헤지펀드(hedge fund)는 뮤추얼펀드와 마찬가지로 투자자로부터 모집한 투자자금을 금융자산에 투자하여 수익을 배당하는 투자회사이다. 투자위험을 줄이기 위해 헤징을 주로 이용한다는 의미에서 헤지펀드라는 이름이 붙여졌다. 헤지펀드는 1949년 미국에서 시작되어 1980년대 후반부터 세계적으로 금융

표 11-4

헤지펀드와 뮤추얼펀드의 차이점

	헤지펀드	뮤추얼펀드
투자자 모집방법	사 모	공 모
펀드운용자의 투자	허 용	금 지
자산운용전략	공격적	보수적
운용수수료	기본수수료와 성과급	자산의 일정 비율
감독 · 규제	거의 없음	엄 격

자유화가 확산되면서 급속히 성장하였다. 헤지펀드는 주로 미국에서 설립되어 운영되고 있기 때문에 여기에 소개되는 내용은 주로 미국의 제도와 실태에 관한 것이다.

헤지펀드는 다음과 같은 특징을 가지고 있다.

① 투자자의 구성: 헤지펀드에는 전통적으로 고위험-고수익을 선호하는 소수의 부유한 투자자들이 참여하였으나 최근에는 보험회사, 연 · 기금 등 기관투자가들도 참여하고 있다. 최근에는 헤지펀드 운용회사들이 투자하한선을 대폭 낮추고 있기 때문에 일반투자자들도 헤지펀드에 투자할 수 있는 기회가 늘고 있다. 한편 헤지펀드 운용자는 뮤추얼펀드와는 달리 자신이 운용하는 펀드에 투자할 수 있다.

② 자산운용행태: 헤지펀드의 투자대상은 주식, 채권, 통화(외환), 파생금융상품 등이다. 헤지펀드는 재무상태표에 나타나지 않는 매도포지션(short position)이나 파생금융상품거래 비중이 높기 때문에 레버리지가 높다. 매도포지션이란 가격하락을 예상하여 매도하는 거래를 말하며 예상대로 가격이 하락하면 다시 매입하여 시세차익을 얻을 수 있다. 주식의 신용거래에서 대주거래가 매도포지션에 해당된다. 헤지펀드는 높은 레버리지로 공격적인 투자를 할 수 있지만 레버리지 비율이 비슷한 다른 금융기관보다는 유동성 충격에 훨씬 취약하다.

③ 운용수수료: 헤지펀드는 뮤추얼펀드와는 달리 수수료에 대한 규제가 없으며 일반적으로 기본수수료(보통 순자산의 1~2%) 이외에도 성과

수수료(보통 운용수익의 20% 정도)를 받고 있다. 이와 같은 성과급체제는 헤지펀드의 단기적이고 공격적인 투자성향을 조장하는 유인으로 작용하고 있다.

④ 감독 · 규제: 헤지펀드는 사모방식으로 소수의 투자자들로부터 투자자금을 모집한 투자클럽의 성격을 갖는다. 광고에 의한 투자자 모집이 금지되어 있기 때문에 주로 투자자문회사를 통해 투자자를 유치한다. 따라서 금융당국으로부터 감독이나 규제를 받을 필요가 없다. 미국의 경우 100명 미만의 투자자로 구성된 투자회사는 증권거래위원회로부터 등록, 고시, 자산운영 등에 대한 규제를 받지 않는다.

헤지펀드가 금융시장에서 미치는 영향은 다음과 같다.

① 금리, 환율, 주가 등 자산가격에 불균형이 발생하면 대규모의 헤지펀드가 투입되므로 가격불균형이 신속히 조정되어 금융시장의 효율성이 증대된다.
② 투자자에게 다양한 위험헤지기능과 투자기회를 제공한다.
③ 높은 레버리지와 단기적 · 공격적인 투자행태 때문에 투자에 성공하면 상당히 높은 수익이 실현되지만, 반대로 투자에 실패하면 펀드의 실패로 그치지 않고 금융시장 전체가 불안정해질 위험이 있다.
④ 경제규모가 작고 안정되지 못한 국가는 헤지펀드의 투기적 공격대상이 되어 금융위기가 발생할 수 있다. 1990년대 후반에 경험한 동남아시아 금융위기의 직접적인 원인을 헤지펀드로 돌리는 이유도 여기에 있다.

5. 원자재 ETN

주요 원자재 가격의 동향은 기업경영에 큰 영향을 미침을 다루었다. 특히 원유와 철광석, 구리, 알루미늄, 니켈 등의 비철금속, 그리고 소맥, 옥수수, 대두, 원면 등 농산물의 가격동향은 매우 중요한 의미를 갖는다. 원자재 가격동향을 파악할 수 있는 대표 지수로 CRB선물가격지수가 있다. CRB선물가격지수는 곡물, 원유, 천연가스, 산업용원자재, 귀금속 등 19개 주요 상품의 선물 가격을 2005년에 결정된 비중에 따라 산술평균하여 계산되는데, 이 지수가 상승하면 인플레이션을 예고하거나 그 상품의 수요 증가를 의미한다고 해서 "인플레이션지수"로 불리기도 한다.

증권화의 발달로 인하여 원자재에 투자할 수 있는 상품들이 개발되어 일반 투자자들에게도 소개되고 있다. 거래소에 상장되어 거래되는 ETN(Exchange Traded Note)가 대표적이다. ETN은 원자재, 원유, 금리 등 기초자산의 성과대로 만기에 수익을 지급하기로 약속한 증권이다. 증권회사가 무담보 신용으로 발행한 상품으로, 기초자산 수익률에 의해 ETN의 실질가치가 결정되고 만기가 되면 투자자에게 이 수익률을 지급하게 된다. 한국거래소에는 일반적으로 알려진 원유, 금, 은에 투자할 수 있을 뿐 아니라, 니켈, 아연, 알루미늄, 철광석과 같은 금속과 밀, 옥수수, 콩 등의 농산물에도 투자할 수 있도록 다양한 상품이 증권사들에 의해 제공되고 있다.

ETN의 주요 특성은 다음과 같다.

① 다양한 기초자산의 접근성: 법상 운용규제가 적어 다양한 기초자산을 대상으로 하는 자유로운 상품개발이 가능하며, 특히 5종목으로 구성된 바스켓이나 롱숏 등 다양한 투자전략 구사가 가능하다.
② 추적오차 미발생: 사전에 약정된 기초지수 수익률의 지급을 발행자가 약속함으로써, 추적오차가 발생하지 않는다.
③ 지수연동형 상품으로 투자 용이성: 기초지수의 움직임에 따라 ETN의 시장가격이 변동하여, 기초지수 구성 개별종목에 대한 정보분석 없이 투자판단이 쉽다.
④ 주식투자의 동일한 환금성: ETN은 거래소에 상장되어 거래되므로 시장변동에 신속하게 대처할 수 있다.

앞에서 소개한 ETF와 ETN은 모두 인덱스 상품으로 경제적 실질은 유사하나, 발행 주체, 신용위험 유무, 기초지수, 자산운용, 만기 등의 차이가 있으며,

구 분	ETN	ETF
법적구분	파생결합증권	집합투자증권
발행자	증권사	집합투자업자(자산운용사)
발행자 신용위험	있 음	없 음
만 기	1년~20년	없 음
기초자산 운용방법	필요하지 않음	기초지수 100% 추적운용

ETF로 제공하기 어렵거나 높은 비용이 발생하는 영역에서 다양한 ETN 상품을 개발하여 자산관리시장의 시너지를 창출할 수 있다.

6. 금

금은 특이한 자산이다. 제조 등에 사용되는 실물자산으로써의 특징도 가지고 있으며, 금융 분야에서는 안전자산으로서의 위상을 가지고 있다. 금에 대한 수요가 다양한 만큼 금에 투자할 수 있는 방법도 다양하다. 첫째, 금 현물을 구매할 수 있다. 주변에 있는 금은방에 가서 금이나 골드바를 구입할 수 있다. 또한, 한국거래소에서 운영하는 금시장을 통해 현물에 투자할 수 있다. 거래 수수료가 적다는 장점이 있으나 실물로 인출하려면 부가세 10%를 부담해야 하는 단점이 있다. 둘째는 금 관련 금융상품을 이용할 수 있다. 시중은행의 금 통장(골드뱅킹)에 가입 후 투자할 수 있다. 금 관련 펀드, ETF, ETN 등에 투자할 수 있다. 또는 금 관련 사업을 영위하는 회사의 주식을 매입할 수도 있다.

투자의 성과평가 제3절

투자에 대한 결과는 결국 투자자의 몫이기 때문에 투자자는 자기의 투자자금을 운용할 펀드매니저의 능력을 평가하고 이에 따라 투자선택을 할 것이다. 펀드매니저에 대한 능력평가는 펀드매니저가 달성한 투자수익률을 기준이 되는 벤치마크 포트폴리오(benchmark portfolio)와 비교 · 평가하는 것이다. 따라서 투자성과는 수익률의 절대치가 평가되는 것이 아니라 상대적으로 비교되어 평가되는 것이다. 예를 들어, 어떤 뮤추얼펀드가 지난해 20%의 연수익률을 달성했다면 이 수치만을 가지고 투자성과를 평가할 수는 없을 것이다. 지난해 평균 주가상승률이 10%라면 20%는 우수한 성과라고 할 수 있지만 만약 평균 주가상승률이 30%라면 20%는 시장 평균에도 미치지 못하는 저조한 성과인 것이다. 따라서 올바른 평가를 위해서는 비교의 기준이 되는 벤치마크 포트폴리오가 합리적으로 선택되어야 한다.

성과평가에서는 수익률과 함께 포트폴리오가 얼마나 위험에 노출되었는가도 고려되어야 한다. 투자목적에 따른 펀드의 특성을 무시한 채 단순히 실현된 수익률만으로는 올바른 성과측정이 될 수 없다. 성장형 뮤추얼펀드는 위험을 감수하고서라도 높은 수익을 목표로 성장 가능성이 있는 주식에 집중적으로 투자를 하는 반면, 지수펀드 또는 인덱스펀드(index fund)는 시장평균수익을 목

버핏 예언대로... 인덱스펀드가 액티브펀드에 완승

투자의 귀재 워런 버핏은 2008년 헤지펀드 운용사 프로테제 파트너스를 상대로 내기를 걸었다. 2017년 말까지 버핏이 고른 인덱스펀드와 프로테제 파트너스가 고른 액티브펀드의 일종인 헤지펀드 중 어떤 것이 높은 수익률을 내는지 100만 달러를 판돈으로 건 것이다. 결과는 버핏이 선택한 인덱스펀드는 85.4%의 누적수익률로 헤지펀드의 22.0%의 수익률을 누른 것이다.

표로 분산투자를 한다. 채권형 펀드에서 고수익펀드(high- yield fund)는 투기등급채권에도 투자하기 때문에 국공채형 펀드보다 높은 수익이 기대되지만 위험도 크다. 따라서 투자성과를 평가할 때에는 위험에 비추어 적절한 또는 충분한 수익률이 실현되었는가를 평가해야 한다. 벤치마크 포트폴리오도 평가대상이 되는 포트폴리오와 비슷한 위험을 가진 포트폴리오 중에서 선택되어야 한다.

펀드의 구분은 펀드의 성격에 따라 주식형은 일반성장, 일반안정성장, 일반안정, 스팟(spot), 코스닥, 인덱스(index) 등으로 구분하고 채권형은 국공채, 하이일드(high-yield), 후순위 등으로 구분한다.

1. 상대적인 투자성과

투자펀드에 대한 가장 간단한 평가는 해당 펀드의 수익률이 전체 펀드 중에서 어느 정도의 위치에 있는가를 비교하는 것이다.

아래의 그림에서 직사각형의 윗변(top)과 아랫변(bottom)은 모든 펀드 중 최고수익률과 최저수익률을 나타낸다. 직사각형을 4등분하는 점선은 각각 상위 25%, 50%, 75%의 수익률을 나타낸다. 직사각형 안의 원은 평가대상 펀드의 수익률을 나타내며 상대적 위치를 파악함으로써 시각적으로 펀드의 상대적 성과

그림 11-2
펀드의 상대적 평가

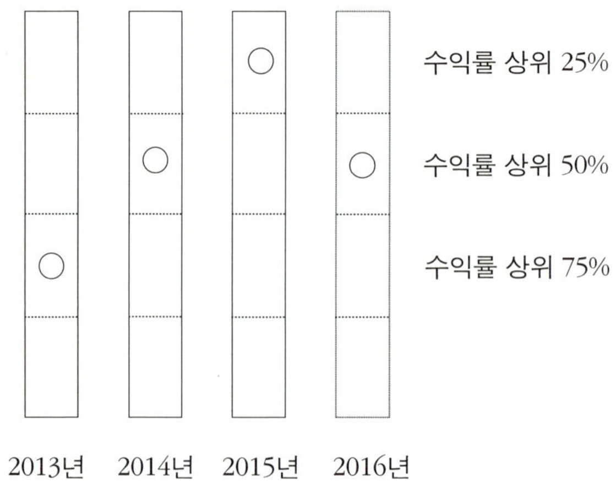

를 평가할 수 있다. 그리고 특정 연도의 성과가 우연한 결과가 아니라는 것을 확인하기 위해서는 과거 몇 년 동안의 자료를 동시에 비교해야 할 것이다.

2. 위험조정 투자성과

투자펀드(포트폴리오)의 위험은 두 가지로 측정된다. 총위험은 펀드수익률의 표준편차로 측정되고, 체계적 위험은 펀드의 베타로 측정된다. 위험조정 투자성과를 계산하는 데 두 가지 위험 중 어떤 위험이 적절한가는 펀드의 위험이 투자자의 전체 위험에 미치는 영향에 달려 있다. 만약 투자자가 다른 펀드(포트폴리오)에도 분산해서 투자했다면 베타가 적절한 위험이 될 것이다. 그러나 해당 펀드가 투자자의 유일한 투자자산이라면 총위험이 고려되어야 할 것이다.

위험조정 투자성과는 사용되는 위험에 따라 다음과 같이 측정한다.

(1) Sharpe 측정치, 총위험보상률(RVAR: reward to variability)

$$\text{Sharpe 측정치} = \frac{\bar{r}_p - \bar{r}_f}{s_p}$$

$\bar{r}_p$: 투자기간 동안 펀드의 평균수익률
$\bar{r}_f$: 투자기간 동안 무위험이자율의 평균
s_p: 펀드수익률의 표준편차

Sharpe측정치는 표본기간 동안에 달성된 펀드의 초과수익률을 펀드수익률의 표준편차로 나눈 것이다. Sharpe측정치는 총위험(표준편차)에 대해 실제로 실현된 위험프리미엄의 크기를 나타낸다.

(2) Treynor 측정치, 체계적 위험보상률(RVOL: reward to volatility)

$$\text{Treynor 측정치} = \frac{\bar{r}_p - \bar{r}_f}{\beta_p}$$

β_p : 펀드의 체계적 위험

Treynor측정치는 펀드의 초과수익률을 체계적 위험(베타계수)으로 나눈 것으로 체계적 위험에 대해 실제로 실현된 위험프리미엄의 크기를 나타낸다.

(3) Jensen의 α(위험조정 초과수익률)

$$\alpha_p = \bar{r}_p - [\bar{r}_f + \beta_p(\bar{r}_M - \bar{r}_f)]$$

$\bar{r}_M$: 투자기간 동안 시장의 평균수익률

Jensen의 α는 펀드의 실제수익률에서 체계적 위험이 조정된 기대수익률을 뺀 것으로 위험조정 초과수익률을 나타낸다. 위험조정 초과수익률은 실제 실현된 위험프리미엄($\bar{r}_p - \bar{r}_f$)과 체계적 위험(β)에 근거하여 예상되는 위험프리미엄($\beta_p(\bar{r}_M - \bar{r}_f)$)과의 차이이다.

(4) 위험조정 투자성과의 한계와 문제점

위험조정 투자성과는 투자성과를 하나의 수치로 단순비교할 수 있다는 장점이 있으나 실제로 적용하는 데는 다음과 같은 한계점을 지니고 있다.

① Treynor 측정치와 Jensen의 α는 자본자산가격결정모형(*CAPM*)에 근거하고 있기 때문에 *CAPM*과 관련된 한계점들이 모두 여기에도 적용될 수밖에 없다. 특히 성과측정에 사용된 베타(β)계수는 자료기간에 따라 다른 값을 가지며 안정적이지 못한 문제점을 가지고 있다.

② 펀드의 투자성과가 펀드매니저의 능력에 의한 것인지 아니면 단순한 우연의 결과인지를 구분하기 위해서는 연속성이 있는 충분한 자료가 필요하지만 현실적으로는 충분한 자료를 확보하기가 어려운 실정이다. 한편 증권시장 자체가 장기적으로 호황이거나 극심한 불황이 지속되는 경우에는 펀드매니저의 포트폴리오 운용능력을 평가하는 것 자체가 무의미할 수도 있다.

3. 투자성과의 원인분석

위험조정 투자성과는 위험을 어떻게 측정할 것인가에 따라 평가순위가 달라질 수 있다. 그리고 투자성과의 원인, 즉 성과를 만들어낸 펀드매니저의 판단력을 판단하는 것이 더 의미가 있는 일이다. 투자성과는 장세판단에 의한 투자시점선택(timing), 자산배분을 위한 포트폴리오 선택(diversification), 종목선택(selection)에 의해 결정된다.

〈그림 11-3A〉와 〈그림 11-3B〉에서 Y-축은 펀드 A와 B의 초과수익($r_p - r_f$)을 표시하고 X-축은 시장포트폴리오(종합주가지수)의 초과수익($r_M - r_f$)을 표시한다. 두 펀드 모두 체계적 위험을 조정한 후에 초과수익(α)이 존재함을 알 수 있다. A펀드는 펀드의 초과수익이 시장포트폴리오의 초과수익과 회귀직선상에 위치하는 것으로 보아 자료기간 중 β가 크게 변하지 않도록 관리되었음을 알 수 있다. 주식시장의 등락이 거듭되는 과정에서 펀드의 β를 조정하지 않으면서도 위험조정 초과수익(α)이 발생했다는 점에서 펀드매니저가 과소 평가된 주식을 잘 선택해서 펀드를 운용했다는 결론을 내릴 수 있다. 즉 A펀드의 매니저는 종목선택(selection)에 능력이 있음을 알 수 있다.

그러나 B펀드는 시장침체기와 상승기에는 펀드의 초과수익이 시장의 초과

그림 11-3

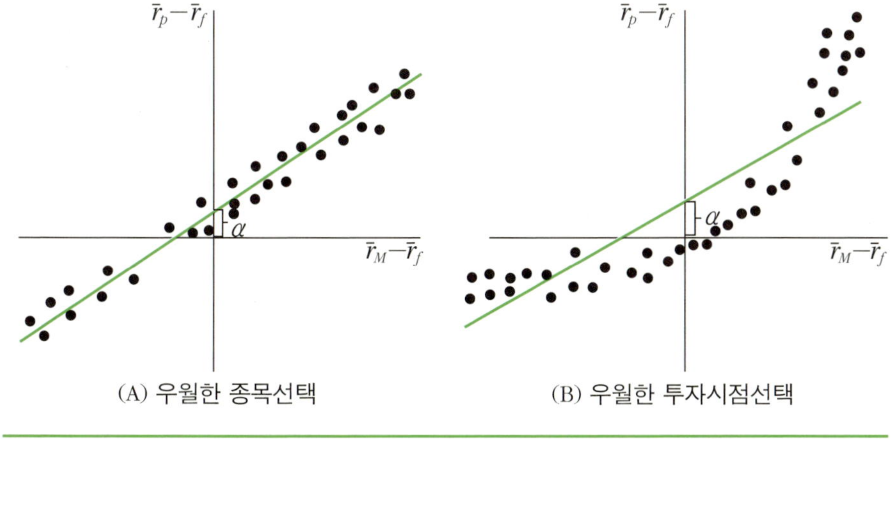

(A) 우월한 종목선택　　(B) 우월한 투자시점선택

수익보다 크지만 보통의 경우에는 펀드의 초과수익이 시장의 초과수익보다 작다. 이것은 B펀드는 주식시장 상승기에는 펀드의 β를 높이고, 시장침체기에는 펀드의 β를 낮추는 전략으로 펀드를 운용했다는 것을 나타낸다. 다시 말해서, B펀드의 위험조정 초과수익(α)은 펀드매니저가 주식시장의 장세를 예상하고 펀드의 β를 적절히 조정하는 전략이 성공했기 때문이다. 즉 B펀드의 매니저는 장세판단(market timing)에 능력이 있음을 알 수 있다. 포트폴리오의 β를 높이기 위해서는 β가 낮은 주식을 매각한 대금으로 β가 높은 주식을 매입하거나, 포드폴리오 중의 현금이니 채권으로 주식을 메입함으로써 포트폴리오의 구성을 바꾸어야 한다.

제 4 절 가상자산

가상자산(Virtual Asset)이란 컴퓨터 등에 정보형태로 남아 실물 없이 사이버상으로만 거래되는 자산의 일종으로, 각국 정부나 중앙은행이 발행하는 일반화폐와 달리 처음 고안한 사람이 정한 규칙에 따라 가치가 매겨진다. 처음 등장했을 때는 암호화폐 · 가상화폐 등으로 불렸으나 점차 각국 정부나 국제기구에서는 화폐 대신 자산(asset)이라는 용어로 통일하고 있다. 한국 정부도 2021년 3월부터 개정된 특정금융정보법에서 암호화폐를 '가상자산' 이라고 규정하며, 그 뜻을 '경제적 가치를 지닌 것으로서 전자적으로 거래 또는 이전될 수 있는 전자적 증표'라고 명시하였다.

가상자산이 한국 사회에서 관심을 가져오게 한 것은 비트코인 광풍 때문이었다. 〈그림 11-4〉에서 보면, 2013년 10만원 전후로 거래되던 비트코인은 계속 가격이 상승하여 2017년 초 500만원을 넘어섰으며, 2017년 말에는 2,000만원을 돌파하는 급격한 상승세를 보였다. 이 때문에 한국 사회에서는 대학생들까지 투자에 나서는 등 '비트코인 광풍'이라고 불릴 정도로 이례적인 현상이

그림 11-4

비트코인의 가격추이

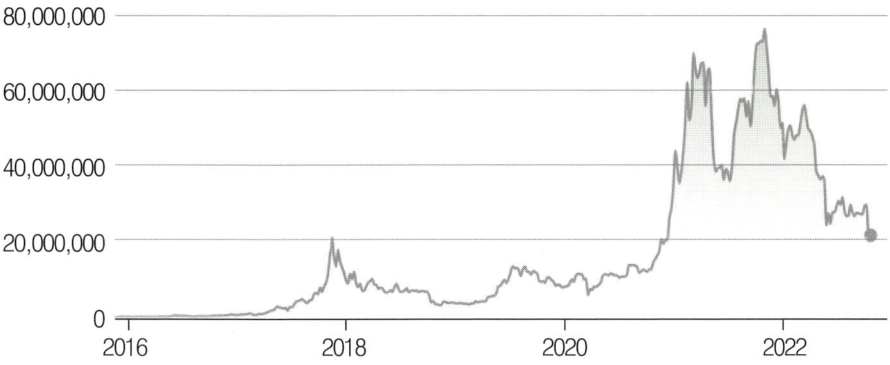

* 출처: 구글(Google)(2022.11.13)

발생하였다. 그러나 이면에는 가상자산의 화폐로서의 기능 및 가치의 불확실성에 대해 우려하는 시각도 함께 존재하였다. 이처럼 과열된 비트코인 가격은 정부가 규제를 강화하면서 2018년 초를 기점으로 하락하였으며, 2018년 10월 기준 약 700만원, 12월 기준 약 430만원선에서 거래되었다.

이러한 비트코인 가격은 달러 가치가 떨어지고, 금과 같은 '대안자산'으로 주목받기 시작하면서 2020년부터 또다시 급격히 상승하였다. 코로나19 확산으로 불안한 투자자들은 안전자산을 찾으며 비트코인을 '디지털 금'으로 인식하였다. 경기침체를 막기 위해 각국 중앙은행이 유통성을 늘린 것도 가격상승에 기여하였다. 2020년 11월 말 2,000만원을 넘기면서 종전 최고가를 경신한 뒤로 3,000만원 고지까지 넘는데 약 40일밖에 걸리지 않았다. 2020년 12월 20일, 전기차 테슬라의 CEO 일론 머스크는 "생산적인 삶을 위해 비트코인 투자를 참고 있다"는 내용의 트윗을 게재했으며, 얼마 후 2021년도 2월 15억 달러의 비트코인 투자를 발표하면서 테슬라 차량을 구매할 때 비트코인으로 결제할 수 있도록 하였다. 이후 아마존도 비트코인 결제시스템 도입을 발표하였으며 이는 시장에 큰 반향을 일으켰다. 비트코인 가격은 2021년 상반기에 6,000만원을 넘어 7,000만원에 근접하였으나, 각국 정부의 규제 정책 등으로 인하여 폭락하여 2021년 6월 기준 3,000~4,000만원 사이에서 거래되었다.

이후 다시 급격히 상승하여 2021년 11월에는 7,000만원을 상회하여 7,500만원까지 이르렀다. 하지만 다시 급락하여 1년이 지난 2022년 11월에는 다시 2,000만원선에서 거래되고 있다. 이와 같이 비트코인의 가장 큰 특징은 엄청난 변동성이다.

비트코인(bitcoin)은 블록체인(blockchain)이라는 분산장부 기술을 기반으로 하고 있다. 2008년 10월 사토시 나카모토는 "Bitcoin: A Peer-to-Peer Electronic Cash System"이라는 제목의 9쪽짜리 논문을 공개하였으며, 2009년 1월 3일에 비트코인이 처음 발행되었다. 기존 화폐와 달리 정부나 중앙은행, 금융기관의 개입없이 개인 간(P2P)의 빠르고 안전한 거래가 가능하다. 다만 정부가 원하면 더 찍어낼 수 있는 기성 화폐와는 달리 최대 발행량이 2,100만 개까지로 한정되어 있다.

비트코인의 성공 이후 다양한 가상자산들이 개발되었다. 비트코인을 제외한 가상자산 전부를 편의상 알트코인(altcoin)이라고도 지칭한다. 이더리움, 리플, 라이트코인 등이 대표적인 알트코인이다. [표 11-5]는 대표적인 가상자산

표 11-5 대표적인 가상자산

가상자산명	현재가	변동률	거래금액(24H)	시가총액
비트코인 BTC/KRW	22,978,000 원	-420,000 원(-1.80%) ▼	≈ 51,616,572,412 원	437조6226억
이더리움 ETH/KRW	1,711,000 원	-55,000 원(-3.11%) ▼	≈ 26,271,494,528 원	207조5292억
바이낸스코인 BNB/KRW	387,400 원	-3,100 원(-0.79%) ▼	≈ 735,039,198 원	61조3908억
리플 XRP/KRW	485.9 원	-21.7 원(-4.28%) ▼	≈ 39,382,331,307 원	24조1664억
도지코인 DOGE/KRW	120.4 원	-6.8 원(-5.35%) ▼	≈ 31,300,949,766 원	15조8651억
에이다 ADA/KRW	461.2 원	-19.4 원(-4.04%) ▼	≈ 4,090,415,151 원	15조7109억
폴리곤 MATIC/KRW	1,228 원	-105 원(-7.88%) ▼	≈ 6,924,181,160 원	10조6303억
폴카닷 DOT/KRW	8,005 원	+65 원(+0.82%) ▲	≈ 1,838,435,078 원	8조9687억
다이 DAI/KRW	1,386 원	0 원(0.00%)	≈ 404,239,137 원	8조940억
솔라나 SOL/KRW	18,950 원	-1,950 원(-9.33%) ▼	≈ 11,984,697,437 원	6조7981억

* 출처: 빗썸(Bithumb)(2022.11.13)

그림 11-5 비트코인 관련 뉴스 기사 본문의 워드클라우드

* 자료: 이기광 외 3인 (2019).

를 시가총액순으로 보여주고 있다. 1위는 비트코인으로 시가총액이 437조에 이른다. 그다음으로는 이더리움(207조), 바이낸스코인(61조), 리플(24조), 도지코인(15조), 에이다(15조) 순서이다.

〈그림 11-5〉는 비트코인에 대한 대중의 관심을 확인하기 위하여 비트코인, 가상화폐, 암호화폐와 관련한 뉴스 기사 본문을 추출한 후, 텍스트 마이닝 기법을 통해 그려낸 워드클라우드(word cloud)를 보여주고 있다. 긍정적인 키워드는 열풍, 상승, 추진 등 상대적으로 적게 나타나는 반면, 부정적인 키워드는 규제, 해킹, 공격, 폐쇄, 하락, 논란, 혐의, 불법, 우려, 문제 등 매우 빈번히 언급된 사실을 확인할 수 있다.

이런 결과들을 볼 때, 앞으로 정부가 가상자산을 어떻게 규정하고 규제할지가 가상자산시장에 중요한 영향을 줄 것이다. 실제로 가상자산은 정부정책이나 규체 측면에서 많은 이슈를 던져주고 있다. 거래소에 대한 규제 여부, 투자자 보호문제, 이익에 대한 과세 여부 등 사회적으로 많은 합의가 필요한 부분이 많이 있다.

투자자로서 가상자산투자에서 가장 어려운 점은 가치평가의 불확실성이다. 가상자산의 가치가 어디에서 나오는지 확정하고 평가하기 어렵다. 이 때문에 내재가치에 대한 정립된 이론체계나 평가모형이 아직 없다. 그렇다 보니 가격

암호화폐가 원활하게 거래되려면

주식의 가격을 결정하는 자본자산가격결정모형(Capital Asset Pricing Model: CAPM)은 개별 주식의 가격을 시장포트폴리오와 베타를 이용해 결정함으로써 투자자들에게 하나의 기준을 제시한다. 블랙-숄즈-머튼 옵션가격결정모형(Black-Scholes-Merton Option Pricing Model) 역시 마찬가지다. 이 모형이 과연 옵션의 가격을 적절하게 평가하는지에 대한 논의와는 별개로 금융자산의 가격을 명확하게 설정함으로써 투자자들이 가치를 평가하고 의사결정을 할 수 있는 수단을 제공한다.

이와 같이 금융시장에서 가격 결정에 중요하게 전제되는 것은 보편지식 혹은 공통지식(Common Knowledge)이다. 예를 들어 경제 상황이 좋아지면 주가가 상승하고 경제 상황이 나빠지면 주가가 하락하는 것은 개별 주식 혹은 시장의 전망과 상관없이 시장참여자 모두가 사전적으로 아는 보편지식이다. 이러한 보편지식을 전제하여 시장참여자는 각각 자신들이 가진 정보와 이에 기초한 기대를 갖고 시장에 참여한다. 보편지식을 갖고 있지만 각각 정보와 기대가 상이하기에 시장에서는 거래가 이루어지고 이를 통해 가격이 결정된다.

그렇다면 암호화폐 시장은 어떨까? 지난 2017년 하반기부터 2018년 상반기까지의 버블 혹은 2018년 하반기의 침체로 미루어 판단하면 아직 보편지식조차 형성되지 못했음을 알 수 있다.

단지 막연한 기대에 의해서 가격이 상승하고 마찬가지로 막연한 패닉에 의해서 가격이 하락한다는 사실을 파악한 정도다. 이런 상황에서는 시장에서 원활한 거래도 힘들고, 설령 거래가 이루어진다고 하더라도 제대로 된 가격의 발견이 어렵다.

암호화폐와 암호화폐 시장이 제대로 작동하고 금융시장서 하나의 대체투자 시장으로 작동하기 위해서는 시장참여자가 모두 동의할 수 있는 보편지식과 이를 기반으로 서로 다른 정보와 기대를 통해 거래할 수 있는 환경을 조성해야 한다. 그래야 암호화폐 시장이 막연한 낙관과 패닉에 의해 가격이 급등락하는 시장이 아니라 정보와 기대에 의해 가격이 결정되는, 제대로 작동하는 금융시장으로 발전할 수 있다.

-이데일리(2019.10)

이 가상자산의 대중적 관심과 열풍에 의해 폭등하다가 패닉에 의해 폭락하는 등 비이성적 요인에 많은 영향을 받기도 한다. 이에 대해서는 학문적으로나 실무적으로 많은 연구가 진행되고 있다.

12 선 물

미리보기

최근 한국 금융시장에서 가장 큰 변화는 선물과 옵션 등 파생금융상품의 등장이다. 파생금융상품은 기초증권의 가격변동에 따라 파생적으로 가치가 결정되는 증권을 말한다. 파생금융상품은 1970년대 초에 가격자유화가 진행되면서 국제금융시장에서 가격변동폭이 확대되자 가격변동위험을 감소시키기 위한 수단으로 등장하게 되었다. 현재 선물과 옵션은 투자수익과 위험을 관리하는 데 없어서는 안될 중요한 수단으로 자리잡았다.

제12장에서는 선물거래의 개념, 선물시장의 구조와 운용, 선물거래전략 등이 설명된다. 현재 한국에서는 주가지수선물, 미국달러선물, 국채선물, 금선물이 거래되고 있다. 이 중에서도 가장 거래가 활발한 것은 KOSPI 200을 대상으로 하는 주가지수선물이다. 따라서 프로그램매매와 차익거래는 주가지수선물을 중심으로 설명한다.

선물거래와 선물시장 제1절

1. 선물거래의 개념과 종류

(1) 선물거래의 개념

선물계약(futures contracts)은 표준화된 상품에 대해 대금의 지급과 상품의 인도를 현재가 아닌 미래의 일정 시점에 이행하기로 약속하는 계약을 말한다. 선물계약은 선물시장(futures market)이나 상품거래소에서 거래된다. 선물시장에서 다수 거래자의 주문이 신속하고 효율적으로 체결되기 위해서는 상품의 중량, 품질, 규격 등이 표준화되어 있어야 할 것이다. 선물시장에서는 증권거래소와 마찬가지로 거래소가 인정하는 중개인들만이 거래를 할 수 있다. 전통적인 선물시장에서는 이들 중개인들이 손짓과 큰 소리로 가격을 외쳐대면서 거래상대방을 찾는 공개호가방식(open outcry)에 의해 거래가 이루어진다.

(2) 선물거래의 종류

선물거래는 거래대상에 따라 상품선물(commodities futures)과 금융선물(financial futures)로 구분된다. 상품선물에는 농축산물, 금속 및 에너지와 같은 원자재가 포함되어 있으며, 금융선물에는 주가지수, 통화(외국환), 채권(금리) 등이 포함되어 있다.

근대적인 선물거래는 전통적으로 가격파동이 심한 농축산물을 대상으로 미국 농축산물의 집산과 가공의 중심지인 시카고 (CBOT: Chicago Board of Trade)에서 1948년에 시작되었다. 그 후 상품선물거래는 금속, 원유 등의 주요 원자재로 확대되었다. 1970년대 초반에는 국제금융환경의 변화에 따라 외국환의 거래가 자유화되고 환율의 변동이 심해지면서 1972년 CME(Chicago Mercantile

Exchange) 안에 IMM(International Monetary Market)이 개설되어 통화선물거래가 시작되었다. 그 후 주가지수를 비롯한 금융선물거래에 대한 거래가 폭발적으로 증가하면서 금융선물시장은 거래 규모와 기능면에서 현물시장 못지 않게 중요한 역할을 하고 있다.

[표 12-1]은 세계 주요 선물거래소와 거래되는 상품을 정리한 것이다.

표 12-1 세계 주요 선물거래소와 상품

	선물거래소	상품
CME Group	Chicago Board of Trade (CBOT)	곡물(소맥, 옥수수, 대두) 광물(금, 은) 금리선물(T-Bond, T-Note), 주가지수선물
	Chicago Mercantile Exchange(CME)	축산물(돈육, 생우, 생돈) 통화선물(미달러, 유로, 일본엔, 스위스프랑, 영국파운드) 금리선물(T-Bill, 유로달러) 주가지수선물(S&P 500), 선물옵션
	Commodity Exchange (COMEX)	비철금속(금, 은, 동, 알루미늄)
	New York Mercantile Exchange(NYMEX)	에너지(원유, 난방유, 프로판가스), 백금
Intercontinental Exchange(ICE)		커피, 원당, 코코아, 원면 통화선물, 금리선물(영국장기국채, 유로달러)
London Metal Exchange(LME)		비철금속

2. 선물시장의 구조

선물시장의 구조는 주식의 거래소시장과 유사하며 선물거래소, 선물(중개)회사, 선물투자자(고객)로 구성되어 있다. 선물거래는 거래소 내에서 거래소에 가입한 회원들에 한하여 허용된다. 선물시장에서 유동성이 확보되기 위해서는 거래의 안정성과 선물계약의 표준화가 전제되어야 한다.

청산소(clearing house)는 거래소의 일부로서 선물거래의 안정성을 확보하기 위한 조직이다. 선물시장에서 일단 거래가 성립되면 즉시 거래자 쌍방 사이에 청산소가 개입하여 모든 매입자에게는 매도자로서, 모든 매도자에게는 매입자로서의 역할을 수행하여 두 거래자의 계약관계를 분리시킨다. 따라서 모든 거래자들은 거래상대방의 신용상태를 우려할 필요없이 안심하고 거래를 할 수 있게 되어 시장의 유동성과 안정성이 확보되는 것이다. 청산소는 이와 관련하여 일일정산, 청산, 실물인수도의 기능을 담당하고 있다.

선물거래는 거래소 회원이 직접 자기 자신을 위해 행하는 자기거래와 일반고객의 주문에 따라 중개수수료를 받고 거래를 중개해주는 중개거래로 구분된다. 미국의 경우 선물거래소의 회원은 장내거래인(FT: Floor Trader)과 장내중개인(FB: Floor Broker)으로 구분된다. 장내거래인(FT)은 자기거래를, 장내중개인(FB)은 일반고객을 위한 중개거래를 담당하고 있다. 장내거래인(FT)은 주로 매입·매도의 호가차이, 현물과 선물 간의 가격차이, 선물계약 간의 가격차이 등을 이용한 단기차익거래에 치중하는 투기거래자이다. 이들은 선물시장의 유동성을 높이고 거래를 활성화시키는 시장조성자(market maker)의 역할을 하고 있다.

일반 선물투자자는 장내중개인(선물중개인)을 통해 거래를 하는데, 선물중개인은 대부분 선물(중개)회사의 직원이므로 일반투자자의 선물거래는 선물회사를 통해 이루어진다고 볼 수 있다. 선물중개회사는 고객의 계좌개설, 주문처리, 고객예탁금의 관리, 매매종료까지의 모든 중개 및 관리업무를 대행하고 수수료를 받는다.

3. 선물거래

선물거래는 우선 고객이 선정한 선물회사에서 위탁계좌를 개설한 후, 거래상품별로 정해져 있는 증거금을 납부한 후 주문을 냄으로써 시작된다. 주문이 체결되면 선물회사는 고객에게 주문체결 여부를 통보해야 한다. 주문이 체결되면 그날부터 매일매일의 가격변동에 따라 일일정산을 실시하며 선물계약의 만기 시에는 계약상품을 인수 · 인도하거나 현금결제가 이루어진다.

선물회사선정후 위탁계좌개설 → 증거금납입과 주문 → 주문체결 → 일일정산과 추가 증거금납입/인출 → 계약상품의 인수도/현금결제

선물계약은 미래의 특정일에 결제를 하기로 약속한 계약에 불과하므로 거래당사자들이 계약을 이행하도록 하는 시장의 안전장치가 필요하다. 선물시장의 안전성을 확보하기 위해 증거금제도와 일일정산제도가 시행되고 있다.

(1) 개시증거금(위탁증거금)

고객은 신규로 선물계약을 체결할 때 계약금액의 일부(보통 6~20% 정도)를 개시증거금(initial margin)으로 납입해야 한다. margin이란 용어는 계약금액의 일부만을 납부한다는 의미에서 생겨난 것이며 거래자들은 적은 증거금만으로 큰 규모의 거래를 할 수 있어 선물거래는 레버리지효과(leverage effect)가 크다. 가격변동이 심한 상품일수록, 그리고 투기목적의 거래자일수록 높은 개시증거금율이 적용된다. 개시증거금 중 일부만 현금으로 납입하고 나머지는 대용유가증권으로 납부할 수 있다.

증거금은 원래 청산소회원(선물중개회사)이 계약이행을 보증하기 위해 선물거래소(청산소)에 예치해서 유지해야 하는 금액이다. 선물중개회사들이 고객을 대신하여 증거금을 납입함으로써 계약이행에 관한 1차적인 책임을 지게된다. 형식적으로는 선물회사가 증거금을 납입하지만 선물회사는 다시 고객에게 증거금의 납입을 요구하므로 결국은 고객이 증거금을 납입하게 되는 것이다.

(2) 일일정산

선물계약을 체결한 후 선물가격이 상승하면 선물계약을 매입(매도)한 투자자에게는 미실현이익(손실)이 발생한다. 일일정산(daily settlement, daily marking to market)은 선물가격변동에 따라 발생하는 미실현이익과 손실을 실제로 매일 실현시킴으로써 손실이 정산되지 않고 누적되었을 때 발생할 수 있는 계약불

이행의 위험을 없애기 위한 제도이다. 그날의 정산가격을 기준으로 평가된 손실과 이익이 그다음 날 손실이 발생한 고객의 증거금계좌에서 인출되어 이익이 발생한 고객의 증거금계좌에 입금된다. 일일정산과정에서 발생하는 증거금의 이체는 선물회사가 담당한다.

(3) 유지증거금과 추가증거금

일일정산이 진행되는 과정에서 누적손실규모가 커져서 증거금잔고가 유지증거금 이하로 내려간 고객은 추가증거금을 납입하여 증거금잔고를 개시증거금 수준으로 채울 것을 선물회사로부터 요구받게 되는데 이러한 요구를 마진콜(margin call)이라고 한다. 마진 콜을 당한 고객은 그다음 날 낮 12시까지 추가증거금을 반드시 현금으로 예치해야 한다. 만약 마진 콜에 응하지 못하는 경우에는 선물회사가 독단으로 고객의 선물계약을 반대매매하고 증거금 대용으로 납입된 대용증권을 매각하여 거래를 청산할 수 있다. 그러나 반대로 이익이 누적되어 증거금잔고가 개시증거금을 초과하는 거래자는 이익금을 인출할 수 있다. 유지증거금(maintenance margin)은 개시증거금의 일정률(일반적으로 75% 정도)로 정해지며 선물계약을 유지시키기 위한 증거금이다.

(4) 반대매매와 결제

고객이 선물거래를 마감하는 방법에는 반대매매를 통해 중간에 포지션을 청산(클로즈 아웃)하는 방법과 계약만기일에 실물인수도를 통해 청산하는 방법이 있다.

① 반대매매 반대매매는 계약만기일 이전에 매입(매도)포지션에 있는 투자자는 동일계약(동일상품, 동일만기, 동일수량)에 대해 매도(매입)포지션을 취함으로써 포지션을 청산하는 것이다. 그동안 일일정산에 의해 누적된 이익 또는 손실이 선물거래에 대한 손익이 된다.

투자포지션과 반대매매

투자포지션은 자산을 사고(long) 파는(short) 투자행위뿐만 아니라 일상적인 경제 활동에서도 생겨난다. 매입포지션(long position)은 어떤 자산(상품)을 매입하여 보유하고 있거나 받을 예정인 상태를 말하며 (+)로 표시한다. 주식을 보유한 투자자나 수출대금을 받을 예정인 수출업자는 각각 주식과 외환에 대한 매입포지션을 갖고 있는 것이다. 매도포지션(short position)은 어떤 자산을 공매(short sale)했거나 지불할 의무가 있는 상태를 말하며 (−)로 표시한다. 주식을 대주해서 매도한 투자자나 수입대금을 지불해야 하는 수입업자는 주식과 외환에 대한 매도포지션을 갖고 있는 것이다. 중립포지션(square position)은 아무런 포지션을 갖고 있지 않은 (0)포지션을 말한다. 어떤 주어진 포지션에 대해 같은 양의 반대포지션을 취하면 중립포지션으로 만들 수 있다.

선물계약을 매입한 투자자는 선물매입포지션을 갖게 되며 만기일에 현물을 인수받거나 아니면 만기일 이전에 매입했던 선물계약을 다시 매도함으로써 선물포지션을 청산해야 한다. 선물계약을 매도한 투자자는 선물매도포지션을 갖게 되며 만기일에 현물을 인도하거나 아니면 만기일 이전에 매도했던 선물계약을 다시 매입함으로써 선물포지션을 청산해야 한다.

원래의 매도포지션을 재매입하여 청산하는 것을 매입청산(short covering)이라고 하고 매입포지션을 재매도하여 청산하는 것을 매도청산(long liquidation)이라고 한다. 포지션청산을 위한 거래를 반대매매라고 하며 반대매매에 의해 선물포지션을 청산하고 선물거래를 마감하는 것을 선물포지션을 close out 한다고 한다. 아직 청산되지 않은 선물계약은 선물포지션이 open되었다고 한다.

포지션을 갖게 되면 가격변동에 따라 손익이 발생하는 가격변동위험에 노출된다. 매입포지션을 취하고 있는 투자자는 거래자산의 가격이 상승하면 이익이 발생하고 반대로 가격이 하락하면 손실이 발생하게 된다. 매도포지션을 취하고 있는 투자자는 자산의 가격이 하락하면 이익이 발생하고 반대로 가격이 상승하면 손실이 발생하게 된다.

② **결제(실물인수도)** 결제는 반대매매를 통해 중도에 청산되지 않은 선물계약이 만기일에 이행되어 실물인수도(delivery)가 이루어지는 것을 말한다. 선물계약에서 실물인수도에 관한 선택권은 일반적으로 선물매도자(매도포지션 보유자)가 갖게 된다. 그 이유는 만일 실물인수도에 관한 권리를 매입자가 갖게 되면 거래량이나 유동성이 적은 상품을 매점·매석하여 실물인수도 과정에서 현물가격을 조작할 우려가 있기 때문이다.

실물인도를 원하는 선물매도자는 실물인도최초통지일(first notice day) 이후에 청산소에 실물인도통지를 할 수 있다. 실물인도통지를 접수한 청산소는 미청산매입포지션(반대매매를 하지 않아서 청산되지 않은 채 남아있는 매입포지션)을 가진 투자자 중에서 선정하여 실물인수를 명령한다. 실물인수자를 선정하는 방법은 거래소마다 다르지만 일반적으로 가장 오래된 매입포지션을 보유하고 있는 투자자나 선물회사들이 보유하고 있는 순매입포지션(매입포지션에서 매도포지션을 차감하고 난 후의 잔여포지션) 또는 총매입포지션의 크기에 따라 배분한다. 선물계약에 따라 인수도통지서가 양도 가능한 경우도 있다. 양도 가능한 인수도통지서를 받은 선물매입자는 다른 매입포지션 보유자에게 특정 시간(보통 1시간 반) 내에 양도할 수 있다. 그러나 통지서가 해당 시간 내에 양도되지 못하면 최초에 통지받은 선물매입자가 실물인수도를 수락한 것으로 간주되어 실물인수를 받아야 한다. 따라서 선물매입자가 만기일까지 반대매매를 통해 포지션을 청산하지 않는다면 원하지 않는 실물인수를 받아야 하는 상황이 발생할 수도 있다.

실물인도를 통지받은 선물매입자는 창고나 선물매도자가 지정한 대리인으로부터 상품의 인수증을 받고 선물매도자에게 계약조건에 따라 결정된 인도가격(일반적으로 전일의 종가)을 지급하게 된다. 인도가격은 표준화된 규격품을 대상으로 결정되지만 인도되는 실물이 규정된 규격품과 반드시 일치한다는 보장은 없다. 따라서 선물거래소에서는 표준품을 중심으로 인도가능한 상품을 미리 정해놓고 표준품과 실제로 인도할 상품 간에 질적 차이가 있을 때는 매입자와 매도자 사이에 할인 또는 할증액을 조정하고 상품의 보관 및 서비스에 따른 수수료도 상호 간에 조정한 후 인도송장이 작성되어 인도대금이 접수된다. 예를 들어, 금 선물시장에서는 순도 99.99% 이상의 금이 표준품으로 거래되지만 실제로는 순도가 떨어지는 금이 인수도될 수 있다. 물론 이때 인도가격에는 순도가 떨어지는 만큼의 할인이 적용된다. 주가지수선물처럼 실물인수도가 불가능하거나 불편한 경우에는 현금으로 차액을 주고받는 현금결제(cash settlement)가 이루어진다.

제2절 선물가격의 결정

1. 이론적인 선물가격

선물가격도 기본적으로는 선물계약에 대한 수요와 공급에 의해 결정되지만, 선물거래의 결제는 최종거래일의 현물가격에 의해 결정되기 때문에 선물가격은 현물가격과 밀접한 관계를 가지면서 움직이게 된다. 선물가격과 현물가격과의 관계는 베이시스(basis)로 설명된다.

$$\text{베이시스}(B) = \text{선물가격}(F) - \text{현물가격}(S)$$

베이시스는 선물계약의 만기일에 가까워지면서 0으로 접근하고 만기일에는 0이 된다. 이러한 현상을 선물가격의 수렴(convergence)현상이라고 한다. 이러한 선물과 현물과의 관계를 기초로 선물의 이론적인 가격을 구할 수 있다.

선물계약의 만기일을 기준으로 어떤 상품을 확보하는 방법에는 2가지가 있다.

① 현물시장에서 매입하여 선물계약의 만기일까지 보유하는 방법
② 선물시장에서 선물계약을 매입하고 만기일에 계약상품을 인수받는 방법

현물을 매입하여 만기일까지 보유하는 데는 비용이 발생한다. 이러한 보유비용(carrying costs)에는 현물매입자금에 대한 이자비용(금융비용), 보관비용(창고료, 보험료, 가치손실비용) 등이 포함된다. 상품에 따라서 현물보유에 대한 이득(이자, 배당, 적정 재고보유에 따른 이득)이 발생하는 경우도 있다. 현물로 주식을 보유하면 현금배당을 받고, 채권을 보유하면 중간이자를 지급받을 수 있다. 이러한 보유수익(convenience yield)은 현물보유에 대한 마이너스(−)비용

그림 12-1

선물을 이용한 차액거래

으로 생각할 수 있다.

그런데 선물계약은 (계약을 유지하는 데 필요한 비용을 무시한다면) 현물보유와는 달리 보유비용이 들지 않는다. 따라서 선물계약을 매도하고 이에 상응하는 현물을 매입·보유한 후 선물계약의 만기일에 현물을 인도하는 차익거래를 생각해보자. 차액거래에 의한 이익이 발생하지 않기 위해서는 다음과 같은 조건이 만족되어야 한다.

$$\text{이론선물가격}(F) = \text{현물가격}(S) + \text{현물보유비용}(C) - \text{현물보유수익}(Y)$$

현물보유에 대한 수익(효익)이 없이 순수하게 투자 목적으로 거래하는 상품이나 보유비용이 보유수익을 초과하는 상품의 경우에는 선물가격이 현물가격보다 높게 형성되며($F>S$) 이러한 상황을 실무에서는 콘탱고(contango)라고 한다. 콘탱고상황의 선물시장을 정상시장(normal market)이라고 한다. 정상시장에서는 현물보유비용 때문에 만기일이 먼 선물계약일수록 현물가격과의 차이가 커지고(베이시스가 증가), 만기일이 먼 선물계약(원월물)의 가격이 만기일이 가까운 선물계약(근월물)보다 높게 형성된다. 콘탱고는 원월물의 가격이 근월물의 가격보다 높은 현상을 나타내는 말로 사용되기도 한다.

반대로 현물보유수익이 현물보유비용보다 큰 경우에는 현물가격이 선물가격보다 높게 나타나는데($F<S$) 이러한 상황을 백워데이션(backwardation)이라고 하며, 백워데이션 상황의 선물시장을 역조시장(inverted market)이라고 한다. 역조시장은 현물시장에서 기상조건의 악화로 작황의 감소, 매점매석, 생산 공장의 화재 또는 파업 등으로 상품의 공급이 감소하고 품귀현상이 발생하여 미래에 재고가 부족할 것으로 예상될 때 발생한다.

주식을 예로 현물과 선물과의 관계를 설명해보자. 주식에 대한 보유비용으로는 주식매입대금에 대한 이자비용이 있고 보유수익으로는 보유기간 동안 기대되는 현금배당수익이 있다.

$$F = S + S \cdot \frac{T}{365} \cdot (r-d)$$

F : 이론선물가격
S : 현물가격
T : 선물계약 만기일까지의 날수
r : 연 이자율
d : 배당수익률

만약 선물의 시장가격이 이론선물가격과 다르다면 선물과 현물 중 한 편이 고평가 내지 저평가되었다는 것을 의미한다. 이때 저평가된 것을 매입하는 동시에 고평가된 것을 매도하는 차익거래의 기회가 생기게 된다.

2. 선물가격과 기대현물가격

선물계약은 기본적으로 만기일에 현물을 주고받는 계약이므로 만기일의 현물가격에 대한 기대치(예상치)를 빼놓고 선물가격을 설명할 수는 없다. 다만 어떠한 경우라도 시장의 기대(예측)가 실현되는 선물계약 만기일(T)에는 선물가격과 현물가격이 같아진다는 것이다($F_T = S_T$). 선물가격과 기대현물가격과의 관계는 다음과 같은 3가지의 가설(이론)로 설명된다.

(1) 기대가설

기대가설(expectation hypothesis)은 현재 시점에서 선물시장에서 형성되는 만기일이 T인 선물가격(F_T)은 선물계약 만기일(T)의 현물가격에 대한 시장의 기대치($E(S_T)$)와 같다는 주장이다.

$$F_T = E(S_T)$$

선물매도포지션을 취하는 거래자의 기대이익은 $[F_T - E(S_T)]$이고, 선물매입포지션을 취하는 거래자의 기대이익은 $[E(S_T) - F_T]$인데, 기대가설에서는 어떤 포지션을 취하는 거래자도 이익을 기대할 수 없다. 선물거래는 기본적으로 위험이 따르는 거래인데 투자자들이 선물거래에서 어떤 위험프리미엄도 요구하지 않는다는 것은 투자자들이 위험을 싫어하지 않는다는 말인데 이는 "투자자는 위험을 싫어하는 위험회피형"이라는 개념과 정면으로 대립되는 것이다.

(2) 정상회귀

정상회귀가설(normal backwardation hypothesis)은 선물가격이 기대현물가격보다 낮게 형성되지만 만기일에 가까워지면서 선물가격이 상승하고, 기대현물가격과의 차이가 점차 축소되다가 만기일에는 현물가격과 같아진다는 주장이다.

$$F_T < E(S_T)$$

이같은 주장은 선물시장에서 농민과 같이 선물계약을 매도하여 현물가격변동위험을 헤지하려는 매도헤저들이 위험을 전가할 수 있기 위해서는 이들의 선물계약을 매입해주는 투기거래자들이 선물시장에 참여해야 하는데, 위험을 싫어하는(위험회피형) 투기거래자들이 시장에 참여하기 위해서는 위험부담의 대가로 이들에게 평균적으로 이익이 제공되어야 한다는 것이다. 즉, 선물매입포지션을 취하는 투기거래자가 이익을 얻기 위해서는 선물가격이 기대현물가격보다 낮게 형성되며 상승해야 한다는 것이다.

(3) 콘탱고가설

콘탱고가설(contango hypothesis)은 정상회귀가설과는 반대되는 개념이다. 즉, 선물가격은 기대현물가격보다 높게 형성되지만 만기일이 가까워지면서 선물가격이 하락하고 기대현물가격과의 차이가 점차 축소되다가 만기일(T)에는 현물가격과 같아진다는 주장이다.

$$F_T > E(S_T)$$

이같은 주장은 제빵업자나 정유회사처럼 안정적인 가격에 원료를 확보하기 위해 선물계약을 매입하려는 매입헤저가 현물가격변동위험을 헤지하기 위해서는 선물을 매도하는 투기거래자가 시장에 참여해야 하고, 그러기 위해서는 선물가격이 기대현물가격보다 높아서 투기거래자에게 위험보상(기대이익)이 주어져야 한다는 것이다. 그리고 선물을 매입하는 헤저는 위험을 전가하는 대신 기대현물가격보다 높은 가격에 선물계약을 매입할 용의가 있다는 것이다.

선물가격과 기대현물가격과의 관계는 선물시장에 참여하는 헤저들의 상대적 세력에 의해 설명될 수 있다. 매입헤저의 영향력이 매도헤저보다 크다면 선물가격이 상대적으로 높게 형성($F_T>E(S_T)$)되고, 반대로 매도헤저의 영향력이 매입헤저보다 큰 경우에는 선물가격이 상대적으로 낮게 형성($F_T<E(S_T)$)될 것이다.

〈그림 12-2〉는 위의 3가지 가설을 그림으로 나타낸 것이다.

그림 12-2

선물가격과 기대현물가격과의 관계

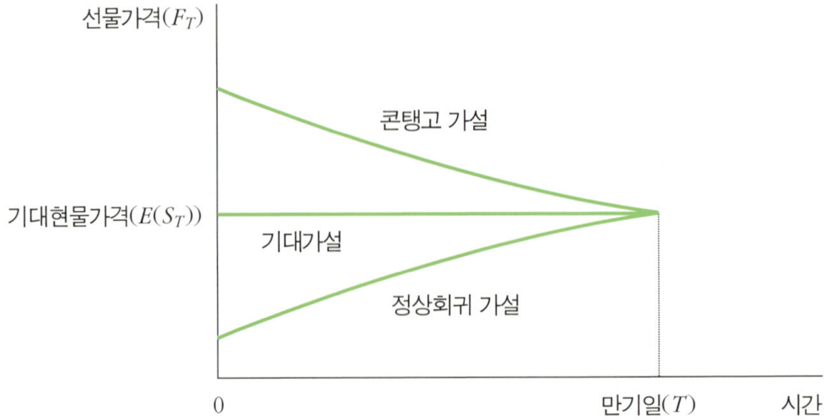

콘탱고와 백워데이션

콘탱고(Contango)란 선물가격이 현물가격보다 비싸지거나 결제월이 멀어질수록 선물가격이 높아지는 현상으로 선물 고평가라고도 말한다. 이를 정상시장이라 칭한다. 선물거래가격은 일반적으로 이자와 창고료, 보험료 등 현물의 보유비용 등을 포함하기 때문에 현물가격보다 높다. 또, 결제월이 먼 선물의 가격은 결제월이 가까운 선물가격보다 높을 수밖에 없다. 즉, 수요가 공급을 초과하는 것이 일반적인 상황을 콘탱고라 칭한다. 금 선물가격은 창고보관 비용부담 탓에 만기가 먼 선물일수록 가격이 높아질 수밖에 없는 콘탱고의 예다.

이와는 반대로 일시적인 영향으로 공급물량 부족이나 계절적 수요 탓에 수요와 공급이 불균형인 상태를 백워데이션(Back-wardation)이라고 부른다. 이를 역조시장이라 칭한다. 현물가격이 선물가격보다 높아지는 현상으로 공급이 수요를 초과하는 것으로 현물 고평가라고도 말한다. 백워데이션의 예로 여름철 난방유를 들 수 있다. 수요가 공급보다 적어서 선물가격이 현물가격보다 내려갈 수 있기 때문이다. 백워데이션은 전쟁과 같은 수급의 변동을 줄 만한 일시적인 요소가 나타나 근월물은 가격이 오르고 원월물은 내려가는 상황을 연출한다.

-연합인포맥스(2014.09.)

선물거래전략 제3절

1. 헤 지

(1) 헤지의 개념

헤지(hedge)은 이미 현물포지션을 가지고 있는 투자자가 선물시장에서 현물과 반대되는 포지션을 취함으로써 현물포지션의 가격변동위험을 감소시키기 위한 거래전략이다. 현물가격과 선물가격은 일반적으로 같은 방향으로 움직이므로 현물포지션으로부터의 손실 혹은 이익은 선물포지션으로부터의 이익 혹은 손실로 상쇄된다. 헤지거래자를 헤저(hedger)라고 한다.

만약, 선물과 현물의 가격차이인 베이시스(basis)가 변하지 않거나 변동을 정확하게 예측할 수 있다면 현물과 선물포지션의 이익과 손실이 정확히 상쇄되어 가격위험을 완전히 없앨 수 있는 완전헤지(perfect hedge)가 가능하다. 베이시스가 변하지 않는다는 것은 현물가격과 선물가격의 변화가 정확하게 일치하는 것을 말한다. 그러나 실제로는 헤지기간 동안 베이시스가 변동하고 베이시스의 변동을 완전하게 예측할 수 없다. 이러한 베이시스 변동위험을 베이시스위험(basis risk)이라고 한다. 베이시스 위험이 존재하는 한 완전헤지는 보장되지 않는다.

그러나 베이시스가 현물이나 선물가격보다는 훨씬 안정적이기 때문에 가격변동위험을 완전하게 없앨 수는 없으나 대부분을 감소시킬 수 있다. 따라서 헤지는 현물가격변동위험을 보다 작은 베이시스위험으로 대체하는 투자전략이다. 현물가격과 선물가격의 움직임이 밀접할수록, 즉 베이시스의 움직임이 안정적일수록 헤지의 효과는 크다.

(2) 교차헤지

헤지하려는 현물상품을 대상으로 하는 선물계약이 존재하지 않을 경우에는 가격변동패턴이 비슷한 선물계약을 대용으로 헤지할 수 있다. 이러한 헤지를 교차헤지(cross hedge)라고 한다. 예를 들어, 사료가격 상승을 우려하는 목축업자는 선물시장에서 거래되지 않는 사료대신에 사료의 주원료인 옥수수(corn) 선물계약을 매입함으로써 헤지를 할 수 있다. 사료와 옥수수는 정확하게 동일한 상품은 아니지만 상품의 특성상 옥수수와 사료의 가격변동이 매우 밀접하기 때문에 충분한 헤지효과를 얻을 수 있다.

(3) 헤지의 종류

헤지는 선물시장에서 취하는 포지션에 따라 매입헤지와 매도헤지로 구분된다.

① 매입헤지 매입헤지(long hedge)는 현물시장에서 매도포지션을 갖고 있는 투자자가 현물가격의 상승이 우려될 때 선물시장에서 매입포지션을 취하는 전략이다. 현물가격이 상승하면 선물가격도 상승하여 선물매입포지션의 이익이 현물매도포지션의 손실을 상쇄한다. 한편 현물가격이 하락하더라도 현물매도포지션의 이익이 선물매입포지션의 손실을 상쇄하여 현물가격변동위험으로부터 벗어날 수 있다.

(예) 매입헤지

원자재가격이 상승추세에 있을 때 제조업자는 제조원가를 안정시키고 적정이윤을 확보하기 위해 원자재를 적정가격으로 확보할 필요가 있다. 따라서 제조업자는 현물원자재에 대해서 매도포지션을 갖고 있는 격이다. 헤저인 제조업자는 원자재가 실제로 필요한 시점을 만기월로 필요한 물량만큼의 선물계약을 매입하는 선물매입포지션을 취한다. 원자재가격이 상승하면 현물의 가격상승분만큼 손실이 발생하지만 선물매입포지션으로부터는 이익이 발생한다. 양 시장에서 이익과 손실이 규모가 비슷하다면 결국 고정된 가격에 원자재를 확보하려는 목적을 달성할 수 있다. 원자재가격이 하락하는 경우에도 마찬가지로 원자재가격을 고정시킬 수 있다.

② 매도헤지 매도헤지(short hedge)는 현물시장에서 매입포지션을 갖고 있는 투자자가 현물가격의 하락이 우려될 때 선물시장에서 매도포지션을 취하는 전략이다. 매도헤지는 보유하고 있는 상품이나 유가증권의 가치를 가격하락 위험으로부터 보호하기 위한 거래이다.

(예) 매도헤지

반도체 수출대금을 3개월 후에 수령할 예정인 S전자는 현물달러에 대한 매입포지션을 가지고 있다. S전자는 외환선물시장에서 매도헤지(달러 선물계약을 매도)를 통해 환위험을 관리할 수 있다. 환율이 상승하면 현물시장에서의 환차익이 선물시장에서의 환차손으로 상쇄되고, 환율이 하락하면 현물시장에서의 환차손이 선물시장에서의 환차익으로 상쇄되어 환위험을 없애거나 줄일 수 있다. 물론 수출업자가 매도헤지를 통해 환위험을 방지하기 위해서는 헤지를 하지 않고 환율이 상승했을 경우에 발생할 수 있는 환차익의 기회를 포기해야 한다.

(예) 매도헤지

분산된 주식포트폴리오를 운용하고 있는 펀드매니저가 주가하락이 예상되는 상황에서 주가지수선물을 매도하면 보유하고 있는 현물 주식을 매도하지 않고도 포트폴리오의 가치를 보호할 수 있다. 주가가 하락하는 경우에는 주가지수선물로부터의 이익이 현물주식 포트폴리오의 손실을 상쇄해주고, 반대로 주가가 상승하는 경우에는 현물주식 포트폴리오의 이익이 주가지수선물로부터의 손실을 상쇄시켜 포트폴리오의 가치를 보호할 수 있다. 현물 주식을 매매하는 비용보다 주가지수선물 거래비용이 훨씬 저렴하기 때문에 비용면에서 주가지수 매도헤지는 유용한 전략이다.

(4) 베이시스위험과 헤지

헤지는 기본적으로 가격변동위험을 감소시키는 것이 목적이지만 헤지기간 동안 발생하는 베이시스의 변화에 따라 이익이 발생할 수도 있다. 즉 베이시스의 변화는 헤저에게 이익의 기회와 손실의 위험을 동시에 제공한다. 헤지포지션을 가진 투자자에게 중요한 것은 선물이나 현물가격 그 자체의 움직임이 아니라 가격차이인 베이시스의 움직임이다. 베이시스의 변화(베이시스의 확대 또는 축소)가 헤지포지션에 미치는 영향은 헤지거래의 종류(매입헤지 또는 매도헤지)와 베이시스의 상태(정상시장 또는 역조시장)에 따라 다르다.

① 정상시장(+베이시스)에서 매입헤지

• 베이시스가 확대되면 이익이 발생한다.

가격이 하락하면서 베이시스가 확대되면 현물가격의 하락폭이 선물가격의 하락폭보다 크다. 따라서 현물시장에서의 이익이 선물시장에서의 손실을 초과

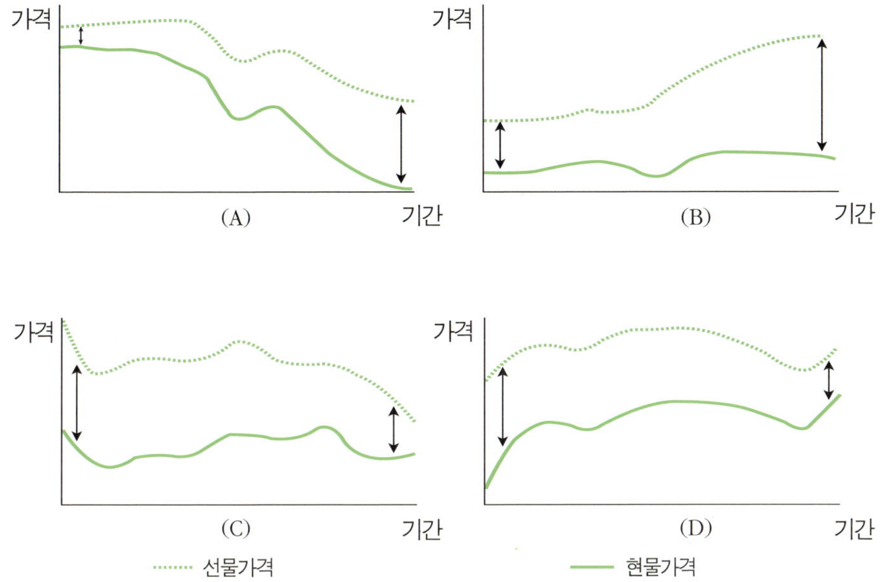

그림 12-3
정상시장에서 베이시스 변화와 헤지결과

하여 헤지포지션으로부터는 이익을 얻게 된다〈그림 12-3 A〉.

반대로 가격이 상승하면서 베이시스가 확대되면 선물가격의 상승폭이 현물가격의 상승폭보다 크다. 따라서 선물시장에서의 이익이 현물시장에서의 손실을 초과하여 헤지포지션으로부터는 이익을 얻게 된다〈그림 12-3 B〉.

- 베이시스가 축소되면 손실이 발생한다.

가격이 하락하면서 베이시스가 축소되면 선물가격의 하락폭이 현물가격의 하락폭보다 크다. 따라서 선물시장에서의 손실이 현물시장에서의 이익을 초과하여 헤지포지션으로부터는 손실이 발생한다〈그림 12-3 C〉.

반대로 가격이 상승하면서 베이시스가 축소되면 현물가격의 상승폭이 선물가격의 상승폭보다 크다. 따라서 현물시장에서의 손실이 선물시장에서의 이익을 초과하여 헤지포지션으로부터는 손실이 발생한다〈그림 12-3 D〉.

그림 12-4

역조시장에서 베이시스 변화와 헤지결과

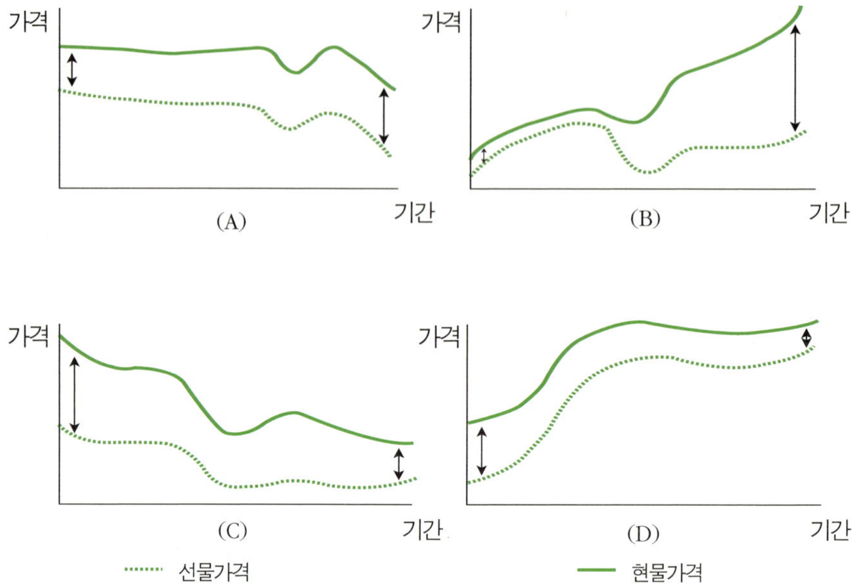

② **정상시장(+베이시스)에서 매도헤지**

- 베이시스가 확대되면 손실이 발생〈그림 12-3 A, B〉
- 베이시스가 축소되면 이익이 발생〈그림 12-3 C, D〉

③ **역조시장(-베이시스)에서 매입헤지**

- 베이시스가 확대되면 손실이 발생〈그림 12-4 A, B〉
- 베이시스가 축소되면 이익이 발생〈그림 12-4 C, D〉

④ **역조시장(-베이시스)에서 매도헤지**

- 베이시스가 확대되면 이익이 발생〈그림 13-4 A, B〉
- 베이시스가 축소되면 손실이 발생〈그림 13-4 C, D〉

헤지거래에서 베이시스의 움직임에 따라 손실이나 이익이 발생한다는 것은 완전헤지가 항상 가능하지는 않다는 것을 의미한다. 그러나 베이시스 변동(베이시스 위험)이 아무리 심해도 현물이나 선물가격보다는 안정적이기 때문에 헤지거래에서 발생하는 손익은 헤지를 하지 않았을 때 발생하는 손익보다는 훨씬 작다. 따라서 베이시스위험이 클수록 헤지의 위험감소효과(헤지의 유효성)는 떨어지지만 헤지의 유효성 자체가 없어지는 것은 아니다.

2. 투기거래

투기거래(speculation)는 현물에 대한 포지션이 없는 상태에서 가격변동에 따른 시세차익을 얻기 위해 선물시장에서 포지션을 취하는 거래를 말하며, 이러한 거래자를 투기거래자(speculator)라고 한다. 투기거래는 시장(투자자들 평균)보다 우월한 가격예측으로 이익을 얻을 수 있다는 기대하에 의도적으로 가격변동위험에 노출시키는 거래이다. 물론 선물시장에서 포지션을 취한 후 가격이 투기거래자의 예측과 반대방향으로 움직이는 경우에는 손실이 발생한다.

선물거래에서는 거래금액의 일부만을 증거금으로 납부하므로 투기거래는 높은 레버리지효과를 얻을 수 있다. 선물거래에 대한 개시증거금으로 대납된 국공채에 대해서는 이자가 지급되므로 개시증거금은 선물거래에 대한 비용이라고 할 수 없다. 선물시장을 이용한 투기거래의 또 다른 장점은 선물시장의 풍부한 유동성 때문에 언제든지 반대매매를 통해 포지션을 정리할 수 있다는 점이다.

한국에서 배추 등 농산물에 대한 조직적인 선물시장은 존재하지 않지만, 밭떼기거래를 통해 농산물을 미리 매집하는 중간매집상을 투기거래자라고 할 수 있다. 한편 중간매집상의 거래상대방인 농부는 배추가격 하락으로 발생할 수 있는 손실을 방어하기 위해 중간매집상에게 미리 매도하는 헤저에 해당된다.

여기에서 중요한 것은 투기거래의 경제적 기능을 인식하는 것이다. 현물시장에서 서로 반대입장(포지션)에 있는 헤저끼리의 거래로 위험을 상쇄시킬 수도 있지만 일반적으로 헤저가 위험을 전가시키기 위해서는 이 위험을 떠맡으려는 투기거래자가 존재해야 한다. 가격변동위험을 떠맡아줄 중간매집상이 없다면 농부는 위험을 전가하기 위한 헤징을 할 수 없을 것이다.

선물시장에서 투기거래자는 시장에 유동성을 제공하는 역할을 한다. 시장에 투기거래자가 많을수록 시장의 유동성이 증대되고 투기거래자가 없으면 시장의 유동성이 감소하여 주문의 체결에 어려움이 발생한다.

(1) 단순 투기거래

투기거래는 포지션의 종류에 따라 단순 투기거래와 스프레드거래로 구분된다. 스프레드거래는 별도로 설명하기로 한다. 단순 투기거래는 가격상승이 예상되면 선물계약을 매입(선물매입포지션)하고 가격하락이 예상되면 선물계약을 매도(선물매도포지션)하는 거래를 말한다.

예 제

투자자가 주식시장의 상승을 예상하고 2022년 9월물 코스피 200 주가지수선물을 271.0포인트에 10계약을 매입하였다. 예상대로 주식시장이 상승하여 만기일 이전에 280.0포인트의 가격으로 10계약을 반대매매하였다면 투기거래이익은 다음과 같다.

코스피 200 주가지수선물 매도	280.0 포인트
코스피 200 주가지수선물 매입	271.0 포인트
투기거래 매매차익	9 포인트

투기거래이익 = 9포인트 × 25만원 × 10계약 = 2,250만원

(2) 투기거래자의 종류

투기거래자는 포지션의 보유기간에 따라 구분된다.

① **스캘퍼**(scalper) 스캘퍼는 가장 짧은 시간 동안 포지션을 갖는 투기거래자이다. 스캘퍼는 몇 분과 같은 아주 짧은 기간 동안의 가격변동을 예측하고 이를 바탕으로 소규모의 거래를 반복하여 매매차익을 얻는다. 스캘퍼들은 수분 내에 자기가 예상한 방향으로 가격이 움직이지 않으면 즉시 포지션을 마감하고 새로운 기회를 찾는다. 스캘퍼들은 대부분 선물거래소의 회원으로서 거래비용이 매우 낮기 때문에 스캘퍼로서의 활동이 가능하다. 이들의 거래는 결과적으로 선물시장에 유동성을 증대시키는 중요한 역할을 하고 있다.

② **일일거래자, 데이 트레이더** 주식시장에서의 데이 트레이딩(day trading)과 같은 개념으로 하루 동안의 가격변동으로부터 이익을 얻기 위한 거래이다. 데이 트레이더(day trader)는 자신이 취한 포지션을 그날을 넘기지 않고 청산함으로써 가격변동위험을 최소화한다.

③ **포지션 거래자** 비교적 장기적인 가격예측을 바탕으로 포지션을 보유하는 거래자들로 일반적으로 몇 일 또는 몇 주 동안 포지션을 유지한다. 포지션 거래자(position trader)는 단순한 매입 또는 매도포지션뿐만 아니라 스프레드 포지션을 갖기도 한다.

3. 차익거래(arbitrage)

차익거래는 일물일가(一物一價)의 법칙이 지켜지지 않는 일시적인 가격불균형을 이용하여 위험이 수반되지 않는 무위험이익을 취하려는 거래이며 이러한 거래자를 차익거래자(arbitrageur)라고 한다. 차익거래는 동일한 자산에 대해 현물과 선물 두 시장에서 서로 상반된 포지션을 동시에 취하기 때문에 투기거래와는 달리 가격변동에 대한 예측이 필요하지 않으며 위험도 없다.

주가지수선물과 주식시장을 이용한 주가지수 차익거래는 프로그램매매(program trading)를 통해 활발하게 활용되고 있는데 본 장 5절을 통해 코스피200을 중심으로 설명될 것이다.

일물일가의 법칙과 차익거래

문제를 단순화하기 위해 거래비용(수수료, 수송비용 등)이나 거래이익에 대한 세금이 없다고 가정하자. 그리고 같은 물건이 같은 시장(같은 장소, 같은 시간)에서 다른 가격으로 판매되어 일물일가의 법칙이 지켜지지 않는 경우를 가정해보자.

A상점에서의 매매가격	B상점에서의 매매가격
100원	99원

이러한 경우 차익거래자는 B상점에서 99원에 매입하는 동시에 A상점에 100원에 매각한다면 아무런 위험이 없이(두 거래가 동시에 이루어지므로 가격변동위험이 없음) 1원의 이익을 볼 수 있을 것이다. 여기에서 1원의 이익은 자본금이나 위험이 없이 발생하는 이익으로 이론적으로는 무한대의 이익이 가능하다. 그러나 이러한 차익거래의 기회가 존재한다면 순식간에 많은 차익거래가 발생하여 99원짜리 상품에 대한 수요의 증가(가격상승압력)와 100원짜리 상품에 대한 공급의 증가(가격하락압력)에 의해 가격은 99원과 100원 사이에서 단일가격(균형가격)으로 결정되고 일물일가의 법칙이 지켜지는 균형상태가 복원되어 차익거래의 기회는 사라지게 된다. 따라서 차익거래의 기회는 차익거래자의 차익거래에 의해 사라지게 된다.

그러나 실제로는 매입가격과 매도가격이 다를 뿐만 아니라 거래비용도 발생하기 때문에 일물일가의 법칙이 정확하게 지켜지지 않는 상황에서도 차익거래가 발생하지 않을 수도 있다. 다시 말해서, 차익거래이익이 비용을 커버할 수 있는 경우에만 차익거래가 발생할 것이다.

4. 스프레드거래

스프레드거래는 동일 시장 또는 밀접하게 관련된 시장에서 다른 선물계약을 동시에 사고파는 것을 말한다. 여기에서 다른 선물계약이란 동일 상품에 대해 만기월이 다른 선물계약이나, 유사한 상품에 대한 동일한 만기월의 선물계약을 말한다.

스프레드 거래자는 현재 두 선물계약 사이의 가격차이(스프레드)가 비정상적이며 앞으로 정상적인 수준으로 돌아갈 것으로 예상할 때 스프레드 포지션을 갖는다. 상대적으로 저평가되어 있는 선물계약을 매입하고 동시에 고평가된 선물계약을 매도한다. 그 후 스프레드가 정상으로 돌아가면 반대거래를 통해 이익을 얻게 된다. 스프레드거래에 대한 이익이나 손실은 두 선물가격의 절대적인 변화(가격수준)가 아니라 상대적인 변화(가격차이)에 의해 결정되기 때문에 단순 투기거래보다는 훨씬 위험이 적고 증거금도 적은 것이 일반적이다.

스프레드거래는 매입, 매도 2개의 주문이 아니라 2개의 주문이 동시에 체결되는 하나의 거래라야 한다. 만약 2개의 주문이 동시에 처리되지 않으면 단순매입과 단순매도포지션이 생기게 되고 스프레드 거래자에게는 원치 않는 위험이 생기게 된다. 스프레드 거래자 역시 선물시장에 유동성을 제공하는 역할을 한다.

스프레드거래는 두 선물계약의 연관성에 따라 구분된다.

① **만기 간 스프레드**(intra-market spread) 이는 같은 시장에서 같은 상품에 대해 만기가 다른 두 개의 선물계약을 동시에 매입·매도하는 거래이다.

예 제

3월 만기의 옥수수선물가격이 부셸(bushel)당 \$4.95이고 7월 만기 선물가격은 \$5.05이다. 만약 스프레드(\$0.10)가 축소될 것으로 예상되면 스프레드 거래자는 과소평가된 3월물을 매입하고 과대 평가된 7월물은 매도할 것이다. 스프레드의 축소는 3월물이 7월물에 비해 더 많이 오르거나 아니면 더 적게 내리는 것을 의미한다. 만약 예상대로 3월물의 만기일 이전에 3월물은 \$5.03로 7월물은 \$5.10로 인상되면 스프레드는 \$0.07로 축소된다. 이 경우 스프레드 거래자는 반대매매를 통해 부셸(bushel)당 \$0.03의 이익을 얻게 된다.

3월물 거래손익 : 매도 \$5.03 − 매입 \$4.95 = \$0.08
7월물 거래손익 : 매도 \$5.05 − 매입 \$5.10 = −\$0.05
스프레드거래 손익 : = \$0.03

표 12-2

만기 간 스프레드 투자전략

	선물가격변동에 대한 예상	
	스프레드 확대	스프레드 축소
정상시장	원월물을 매입(+) 근월물을 매도(−)	원월물을 매도(−) 근월물을 매입(+)
역조시장	원월물을 매도(−) 근월물을 매입(+)	원월물을 매입(+) 근월물을 매도(−)

정상적인 시장에서는 만기가 먼 선물(원월물)의 가격이 만기가 가까운 선물(근월물)의 가격보다 높다(+스프레드). 따라서 스프레드가 축소될 것으로 기대되면 근월물을 매입하고 원월물을 매도한다. 스프레드가 확대될 것으로 기대되면 근월물을 매도하고 원월물을 매입한다.

역조시장에서는 근월물이 원월물보다 가격이 높다. 따라서 스프레드가 확대될 것으로 예상되면 근월물을 매입하고 원월물을 매도한다. 스프레드가 축소되거나 정상적인 시장으로 돌아갈 것으로 예상되면 근월물을 매도하고 원월물을 매입한다.

② **상품 간 스프레드**(inter-commodity spread) 이는 밀접한 관계에 있어 대체성이 있는 상품에 대해 동일한 만기의 선물계약을 동시에 매입 · 매도하는 거래이다. 예를 들어, 밀과 옥수수는 다른 상품이지만 곡물로서 상호 대체적인 관계에 있으며 두 상품의 가격에는 이러한 관계가 반영된다. 만약 현재 두 상품 간의 가격차이가 과도하다고 판단되면 저평가된 상품을 선물매입하고 동시에 고평가된 상품을 선물매도하는 상품 간 스프레드를 통해 이익을 기대할 수 있다.

예 제

대두유(soybean oil)와 대두박(soybean paste)는 모두 대두(大豆)(soybean)를 원료로 만들어진다. 따라서 세 상품의 가격은 서로 밀접하게 연결되어 같이 움직이는 경향이 있다. 그러나 경우에 따라서는 대두가격과 대두유나 대두박 가격의 차이가 확대되거나 축소된다. 만약 제품인 대두유나 대두박의 가격이 원료인 대두의 가격에 비해 상대적으로 저평가되어 가격차이가 축소될 것으로 예상된다면 대두선물을 매도하고 동시에 대두유와 대두박 선물을 매입한다.

---

③ **시장 간 스프레드**(inter-market spread) 이는 동일한 자산이 다른 시장(거래소)에서 거래되는 경우 시장 간 가격차이를 이용하여 저평가된 선물계약을 매입하고 동시에 고평가된 선물계약을 매도하여 이익을 취하려는 거래이다.

차익거래에 의해 현물과 선물의 가격차이가 적정수준으로 유지되는 것처럼, 스프레드거래도 관련있는 선물계약 사이의 가격차이를 적절하게 유지시켜 주는 역할을 한다. 이러한 거래에 의해 시장의 가격기능이 향상되고 효율적인 자원의 배분도 가능하게 되는 것이다.

투기거래, 차익거래, 스프레드거래는 모두 이익을 목적으로 이루어지는 거래인 반면, 헤지는 이익보다는 위험관리를 목적으로 이루어지는 거래이다.

제4절 한국의 선물시장

한국에서는 1996년 5월에 코스피200을 대상으로 하는 주가지수 선물거래가 한국증권거래소(KSE)에서 시작된 이후 1999년 4월 부산에 한국선물거래소(KOFEX)가 개설되어 미국달러선물, CD선물, 금선물, 미국달러옵션, 국채선물 등이 거래되었다. 이후 2005년 1월 한국증권거래소, 코스닥, 한국선물거래소 및 코스닥위원회가 합병되어 한국증권선물거래소로 출범하였다가 2009년 2월에 한국거래소(KRX: Korea Stock Exchange)로 이름을 변경하여 현재까지 유지되고 있다. 여기에 코스피200 선물, 미국달러선물, 코스피200 변동성지수선물, 금선물 등이 거래되고 있다.

1. 코스피200선물

코스피200선물은 코스피200지수를 대상으로 한다. 현물 주식투자가 개별 종목의 미래 가격에 대한 투자이듯이 코스피200선물투자도 코스피200의 미래 가격에 대한 투자이다.

코스피200선물거래는 주식시장종료(오후 3시 30분) 15분 후 거래를 마친다. 이는 현물시장의 움직임이 확정된 후 자신의 투자전략에 맞게 선물포지션을 조정할 수 있는 기회를 투자자에게 주기 위해서이다.

(1) 가격표

표 12-3
코스피200선물 종합시세 (2022년 10월 27일)

종목명	종가	대비	시가	고가	저가	거래량	미결제
코스피200 F 202212 (주간)	299.65	4.95	297.00	300.00	295.90	324,517	335,913
코스피200 F 202303 (주간)	297.35	4.80	294.40	297.55	293.80	2,789	19,052
코스피200 F 202306 (주간)	299.05	4.30	294.85	299.05	294.85	1,784	19,515
코스피200 F 202309 (주간)	300.70	4.00	300.70	300.70	300.70	299	1,583
코스피200 F 202312 (주간)	302.85	5.80	301.60	302.85	301.60	395	26,992
코스피200 F 202406 (주간)	–	–	–	–	–	0	579
코스피200 F 202412 (주간)	–	–	–	–	–	570	4,485

단위: 포인트, 계약

① 종 목 코스피200선물의 결제월은 3, 6, 9, 12월이고 상장결제월은 3년 이내 7개 결제월(3,9월: 각 1개, 6월: 2개, 12월: 3개)로 구성되어 있다. 현재 시점(2022년 10월 27일)에서 가장 가까운 근월물인 2022년 12월물이 활발하게 거래되고 있으며, 나머지 원월물은 실제로 거래가 많지 않음을 알 수 있다.

② 기준가 일일가격제한폭은 기준가격 대비 각 단계별로 확대 적용(±8%, ±15%, ±20%)하고 있다.

③ **시가와 종가** 그날 처음과 마지막으로 거래된 선물가격이다. 종가는 특별한 상황이 아닌 경우에는 당일의 정산가격으로 사용된다.

④ **고가와 저가** 그날 거래된 최고와 최저의 선물가격이다.

⑤ **대 비** 전일종가와 그날 종가와의 선물가격 차이이다.

⑥ **거래량** 그날 거래된 계약수이다.

⑦ **미결제약정수량** 그날까지 체결된 계약들 중에서 투자자가 반대매매하지 않고 그대로 보유하고 있는 계약의 수

(2) 증거금

선물거래를 위해서는 선물거래계좌를 개설해야 한다. 상장주식선물(코스피200선물도 포함)을 신규로 주문하기 위해서는 1,000만원 이상에서 거래소 회원(선물회사)이 자율적으로 정하는 기본예탁금을 미리 납부해야 하며, 기본예탁금은 전액 위탁증거금으로 사용된다. 투자자에게 기본예탁금을 요구하는 이유는 시장의 불안정 요소를 제거할 목적으로 소자본 개인투자자의 거래를 억제하기 위해서이다.

코스피200선물에서는 주문을 입력하기 이전에 주문위탁금액(코스피200선물지수×주문수량×25만원)의 9.15%(2022. 10월 기준) 이상을 개시증거금(위탁증거금)으로 납입해야 한다. 증거금은 코스피200선물지수×증거금률×거래승수로 계산하며, '증거금률'은 거래소에서 주기적으로 공지하고 있다. 고객은 현금뿐 아니라 대용증권, 외화, 외화증권으로 위탁증거금을 납입할 수 있다. 선물거래소의 회원사(선물회사)는 일정한 기관투자자의 헤지거래나 차익거래에 한하여 거래종료 후 위탁증거금을 징수할 수도 있다.

(3) 주 문

코스피200선물 등 상장주식선물의 주문은 가격지정 여부에 따라 지정가주문, 시장가주문, 초유리지정가주문 및 조건부지정가주분으로 구분된다. 지정가주문과 시장가주문은 제3장(증권유통)에서 설명한 내용과 같다.

최유리지정가주문(best limit order)은 시장가호가처럼 가격을 지정하지는 않지만 호가가 시장에 도달될 때 가장 빨리 집행될 수 있는 가격을 지정한 것으로 간주하는 것으로 시장가호가와 지정가호가의 성격을 동시에 갖고 있다. 조건부지정가주문(conditional limit order)은 지정가주문으로 매매하나 만약 종가가 결정되기 전까지 매매가 체결되지 않은 경우에는 종가 단일가매매 시에 시장가호가로 전환된다.

(4) 일일정산

선물가격=300.00포인트

선물계약금액=300.00포인트×250,000원=75,000,000원

1계약당 개시증거금=75,000,000원×9.15%=6,862,500원

300.00포인트에 매입한 코스피200선물이 이날 300.40포인트를 일일정산가격으로 거래가 마감되었다면 일일정산에 의해 발생한 이익 10만원이 투자자의 증거금계좌에 다음 날 이체된다.

일일정산에 의한 선물거래이익 = 0.4포인트 × 25만원 = 10만원

그러나 만약 선물가격이 3.05% 이상 하락하여 증거금잔액이 약정금액의 6.1%(유지증거금률, 2020. 10월 기준) 미만이 되면 추가증거금의 입금이 필요하다. 즉 위의 예에서 선물가격이 9.15포인트(300포인트×3.05%) 이상 하락하여 290.85포인트 이하로 내려가면 마진 콜(margin call)을 요청받게 된다.

최종거래일까지 반대매매를 통해 정리되지 않은 계약은 매일매일의 정산가격을 기준으로 이익과 손실이 누적되며 최종결제일에 이르게 된다. 최종결제

표 12-4

코스피200선물 상품명세

구 분	내 용
기초자산	코스피200지수
거래단위	코스피200선물가격×25만(거래승수)
결제월	3, 6, 9, 12월
상장결제월	3년 이내 7개 결제월(3,9월: 각 1개, 6월: 2개, 12월: 3개)
가격의 표시	코스피200선물 수치(포인트)
호가가격단위	0.05포인트
최소가격변동금액	12,500원 (25만원×0.05)
거래시간	09:00~15:45(최종거래일 09:00~15:20)
최종거래일	각 결제월의 두 번째 목요일(공휴일인 경우 순차적으로 앞당김)
최종결제일	최종거래일의 다음 거래일
결제방법	현금결제
가격제한폭	기준가격 대비 각 단계별로 확대 적용 ①±8% ②±15% ③±20%
정산가격	최종 약정가격(최종 약정가격이 없는 경우, 선물이론정산가격)
기준가격	전일의 정산가격
단일가격경쟁거래	개장시(08:30~09:00) 및 거래종료시(15:35~15:45)
필요적 거래중단 (Circuit Breakers)	현물가격 급변 시 선물거래 일시 중단 및 단일가로 재개

출처: 한국거래소

일(결제월 2째 목요일)에는 최종결제가격을 기준으로 현금결제가 이루어진다. 최종결제가격은 최종거래일(최종결제일과 동일)의 현물주가지수(코스피200) 종가이다. 따라서 최종결제일의 손익은 현물주가지수에 의해 결정된다.

2. 코스닥150선물

코스닥150선물지수는 코스닥시장의 시장규모와 거래대금이 크게 증가하고 있는 상황에서 시장의 방향성에 대한 투자나 헤지거래 수요 등 인덱스상품에 대한 수요증가를 제대로 반영하는 대표지수가 부재하여 이러한 투자수요를 충족할 수 있는 상품성 높은 새 대표지수개발을 목표로 2015년 11월 23일 개설되었다.

코스닥150선물은 코스닥시장의 기술주 섹터에 중점을 두면서 코스닥 종합지수의 흐름을 잘 따라가도록 시장대표성, 섹터대표성, 유동성 등의 기준으로 선정된 150개 종목으로 구성된 코스닥150지수를 거래대상으로 하는 상품이다. 지수산출은 코스피200과 동일한 유동시가총액방식을 적용하고 있으며, 2010년 1월 4일을 1,000p를 기준으로 지수를 산출하고, 최종결제방법은 현금결제방식을 채택하고 있다.

코스닥150선물시장이 개설됨으로써 투자자에게 실효성 있는 위험관리가 가능한 기반이 조성되어지므로 인덱스 투자가 활성화되고 기관과 외국인 등 전문투자자의 시장참여가 더욱 늘어날 것으로 예상되며, 코스닥시장에 차익거래와 헤지거래가 등장함으로써 코스닥시장의 가격발견기능이 제고될 것으로 기대되고 있다.

3. 미국달러선물

미국 달러는 기축통화(vehicle currency)로서 전 세계 통화시장에서 중심 역할을 하며 우리나라 대외거래의 85%가 미국 달러로 결제되고 있다. 이미 선진국에서는 미국 달러, 일본 엔, 유럽 유로 등을 중심으로 통화선물거래가 활발하게 이루어지고 있다. 우리도 최근 원/달러 환율의 급격한 변동을 경험하면서 환율변동위험(환위험)에 대한 인식이 대중화되었다. 한국선물시장에 미국달러선물은 1999년 4월에 상장되었으며 거래단위가 비교적 작기 때문에 개인이나 중소기업도 거래에 참여해서 체계적인 환위험관리를 할 수 있다.

표 12-5

미국달러선물 상품명세

구 분	내 용
거래대상	미국 달러화(USD)
거래단위	US $10,000
결제월	분기월 중 12개와 그밖의 월 중 8개
상장결제월	총 20개(1년 이내 매월, 1년 초과 매분기월 상장)
가격의 표시	US $1당 원화
최소가격변동폭	0.10원
최소가격변동금액	1,000원(US $10,000×0.10원)
거래시간	09:00~15:45(최종거래일 09:00~11:30)
최종거래일	결제월의 세 번째 월요일(공휴일인 경우 순차적으로 앞당김)
최종결제일	최종거래일로부터 기산하여 3일째 거래일
결제방법	인수도결제
가격제한폭	기준가격 대비 상하 ±4.5%
단일가격경쟁거래	개장시(08:30~09:00) 및 거래종료시(15:35~15:45), 최종거래일 거래종료시(11:20~11:30)

출처: 한국거래소

예 제

컴퓨터를 생산하는 (주)Nice-Com은 미국의 컴퓨터판매업자와 대당 $1,000에 컴퓨터 1,000대를 판매하는 수출계약을 상담하고 있는 중이다. 미국의 수입업자가 요구하는 사양을 검토한 결과 제조원가는 모든 비용을 합쳐 100만원으로 계산되었다. 수출계약이 체결되면 제조와 선적을 거쳐 3개월 후에 수출대금($100만)을 지급받게 된다.

거래은행에 조회해본 결과 현재 원/달러 환율은 1,100원이며, 3개월 후에 만기가 도래하는 미국달러선물은 시장에서 달러당 1,050원에 거래되고 있었다. (주)Nice-Com은 환위험에 노출되어 기업의 안정성이 위협받는 것을 원치 않는다.

- 3개월 후에 환율이 현재와 같다면 대당 10만원의 이익이 예상된다.

  대당 예상이익=($1,000×1,100원/$)−100만원=10만원

- 3개월 후에 환율이 달러당 1,000원 이하로 하락(달러가치의 하락 또는 환율절하)하는 경우에는 오히려 수출로 손실이 발생할 위험이 있다.
- 그러나 외환선물시장에서 미국달러선물 100계약(100만달러/1만달러)을 매도하면 대당 5만원(수출총이익은 5,000만원)의 이익이 보장되어 환율변동위험을 헤지하면서 안심하고 수출계약을 체결할 수 있다. 실제로는 헤지비용 때문에 예제보다 이익은 줄어들지만 설명의 편의상 헤지비용은 무시하기로 한다.

  대당 보장이익＝(\$1,000×1,050원/\$)－100만원＝5만원
- 만약 (주)Nice-Com이 환율이 1,050원 이하로는 하락하지 않거나 아니면 오히려 상승할 것을 확신한다면 달러선물시장을 이용한 헤지거래를 하지 않을 수도 있다. 하지만 이 경우에는 수출계약 이후에 발생하는 환율변동위험에 노출되는 것이다.

---

4. 주식선물

주식선물은 주식시장에 상장되어 있고 유통주식수가 200만주 이상, 소액주주수가 2,000명 이상, 1년간 총거래대금이 5,000억원 이상인 보통주식 중에서 시가총액과 재무상태 등을 감안하여 선정한 기업이 발행한 주식을 기초자산으로 하는 선물상품을 말한다.

주식선물의 도입은 2008년 5월 주식의 공매도가 제한됨에 따라 개별주식 보유위험에 대한 적절한 헤지수단의 필요성, ELW, ELS 등 파생상품시장의 급성장에 따른 기관의 헤지 수요 증가 및 개별주식을 기초자산으로 활용한 다양한 투자전략의 필요에 의해 도입되었다.

주식선물은 수수료가 저렴하고 세금이 없어 적은 금액으로도 투자가 가능해 레버리지 효과가 크며, 주가 하락 시에도 수익이 가능해서 헤지수단으로 많이 활용되고 있다.

처음 도입 당시 15종목으로 시작한 주식선물은 대상 종목이 2022년 11월 기준 유가증권시장 144종목, 코스닥시장 33종목 등 총 177종목으로 확대되었다.

5. 국채선물

국채(KTB: Korea Treasury Bond)는 국가가 재정지출에 소요되는 경비를 조달하기 위해 발행하는 채권으로 정부가 원리금지급을 보증하는 무위험채권이다. 채권전문딜러제도와 채권형 수익증권에 대한 채권시가평가제의 도입으로 채권시장 참가자들 사이에는 중 · 장기금리에 대한 헤지수단이 필요하게 되었다. 국채선물은 금리변동위험에 대한 헤지수단으로 활용된다.

최종결제가격은 결제수익률을 다음 산식에 대입하여 산출한다.

$$\text{최종결제가격} = \sum_{n=1}^{12} \frac{8/4}{(1+r/4)^n} + \frac{100}{(1+r/4)^{12}}$$

r : 결제수익률

결제수익률(r)은 Primary Dealer로 인정받은 24개 기관이 최종거래일의 유통수익률을 거래소에 제출하면 최고, 최저 8개를 제외한 나머지 호가들을 단순평균하여 정한다.

6. 금선물

금은 시대에 따라 기능이 변해왔다. 금은 장신구제조에 쓰이는 상품이면서도 한때는 국제적인 통화역할을 했다. 금은 부피에 비해 내재가치가 높기 때문에 자산의 위험회피수단으로 사용되고 있다. 달러나 엔 등 모든 통화는 해당국의 부채이지만 금은 어느 나라의 부채도 아닌 통화로서 일단 보유하게 되면 동결되거나 회수불능에 빠질 염려가 없다. 금은 여전히 인플레이션 헤지수단과 자산보존수단을 가진 금융재이다. 금선물거래에는 금생산업체, 금을 사용하는 산업체, 금을 수출입하는 무역상사, 금 도 · 소매상 등이 참여하고 있다.

제 5 절 주가지수선물과 프로그램매매

1. 프로그램매매의 개념

프로그램매매(program trading)는 일반적으로 컴퓨터를 이용하여 시장상황을 모니터하면서 매매에 관한 의사결정을 미리 준비된 프로그램으로 실행시키는 거래전략을 말한다. 하지만 프로그램매매는 주로 주가지수선물을 이용한 차익거래에 이용되고 있기 때문에 좁은 의미로는 주가지수 차익거래(Stock Index Arbitrage)로 통용되고 있다. 증권거래소에서 프로그램매매는 모든 주가지수 차익거래와 동일인이 일시에 코스피 200 구성종목 중 15종목 이상을 거래하는 비차익거래를 말한다.

2. 주가지수 차익거래

(1) 주가지수 차익거래의 개념

주가지수 차익거래는 현물주식과 주가지수선물 사이의 일시적인 가격불균형을 이용하여 두 시장에서 동시에 서로 반대의 포지션을 취함으로써 이익을 얻으려는 거래이다. 코스피 200 선물은 미래 일정 시점(선물 만기일)의 코스피 200을 미리 매매하는 거래이므로 코스피 200 선물가격과 현물시장에서 결정되는 코스피 200지수와는 다를 것이다. 그러나 선물의 만기시점에 가까워질수록 코스피 200의 현물지수와 선물가격의 격차는 줄어들고 궁극적으로 만기시점에는 두 가격이 같아지므로(선물가격의 수렴현상) 만기 이전의 어느 한 시점에서 코스피 200에 대한 이론적인 선물가격을 구할 수 있다.

(2) 주가지수선물의 이론가격

코스피 200 선물의 이론가격은 기초자산인 코스피 200을 기준으로 다음과 같이 산출된다.

$$F = S + \text{현물매입에 대한 이자비용} - \text{현물보유기간 동안의 배당금}$$
$$= S + S \cdot i \cdot \frac{T}{365} - S \cdot d \cdot \frac{T}{365}$$
$$= S \cdot [1+(i-d) \cdot \frac{T}{365}]$$

F : 코스피 200 선물의 이론가격
S : 코스피 200
i : 연 이자율
d : 배당수익률
T : 선물계약 만기일까지의 날수

주가지수선물은 현물주식에 비해 주식매입자금에 대한 이자비용을 부담할 필요가 없는 반면 배당금을 받을 수 없다. 따라서 주가지수선물의 이론가격은 현물가격에다 현물매입에 대한 이자비용을 더하고 현물보유기간 동안의 배당금을 차감하여 구해진다. 여기에서 이자율은 91일물 CD금리를 사용하고, 배당수익률에는 당기의 배당수익률에 대한 대용으로 전기의 가중배당수익률을 사용한다.

코스피 200이 현재 250.00포인트이고, 91일물 CD금리가 연 12%이고, 전기의 배당수익률이 3%이고, 잔여만기일이 60일이라면 코스피 200 선물의 이론가격은 다음과 같다.

$$\text{코스피 200선물의 이론가격} = 250.00 \cdot [1+(0.12-0.03) \cdot \frac{60}{365}]$$
$$= 253.69 \text{ 포인트}$$

코스피 200 선물가격이 253.69포인트 수준이라면 이는 현물의 보유비용과 보유수익을 감안하여 적절하게 형성된 선물가격으로 차익거래의 기회가 존재하지 않는다. 하지만 코스피 200 선물가격이 이론가격인 253.69포인트 미만(이상)이면 코스피 200 선물가격은 코스피 200 현물지수에 비해 저(고)평가된 것이다.

(3) 주가지수 차익거래전략

코스피 200 선물가격이 이론적인 선물가격보다 높은 경우에는 상대적으로 과대 평가된 코스피 200 선물을 매도하고 과소 평가된 현물 코스피 200을 매입하는 매입프로그램(buy program)을 실행한다. 반대로 코스피 200 선물가격이 이론적인 선물가격보다 낮은 경우에는 상대적으로 과소평가된 코스피 200 선물을 매입하고 과대 평가된 현물 코스피 200을 매도하는 매도프로그램(sell program)을 실행하게 된다.

선물고평가(선물시장가격>선물이론가격) → 매수차익거래(현물매수, 선물매도)
선물저평가(선물시장가격<선물이론가격) → 매도차익거래(현물매도, 선물매수)

그러나 주식시장(현물시장)에서 코스피 200을 직접 매매할 수는 없으므로 코스피 200을 복제한 인덱스펀드(index fund)를 매매하게 된다. 인덱스펀드는 코스피 200에 영향력이 크고 연관성이 높은 10~30개의 종목으로 구성된 포트폴리오를 말한다. 성공적인 주가지수 차익거래를 위해서는 코스피 200을 복제한 인덱스펀드의 매매가 신속하고 정확하게 실행되어야 한다. 그러기 위해서는 인덱스펀드에 편입할 종목과 각 종목의 비중을 미리 정해놓고 각 종목의 가격을 감안하여 일시에 주문을 내고 그 주문이 신속하게 체결되어야 한다. 이를 위해서 컴퓨터 매매프로그램이 필요하며 프로그램매매란 용어가 생겨난 것이다.

(4) 주가지수 차익거래의 비용

주가지수 차익거래에서 이익을 얻으려면 비용과 수익에 대한 정확한 분석이 필요하다.

① **매수차익거래** 주식을 매수하고 주가지수선물을 매도하는 매수차익거래(buy program)를 진행하는 과정에서 다음과 같은 비용과 수익이 발생한다.

① 매수차익거래를 시작하는 시점에서는 차입한 자금으로 주식을 매수하고 (주식매입대금에 대한 금융비용발생), 주식매매수수료와 선물매도수수료를 지급하고, 선물매도포지션을 위한 선물증거금을 납부해야 한다.
② 주식의 보유기간 동안에 지급되는 현금배당수익은 선물의 만기까지 예금한다.
③ 차익거래를 마감하는 시점에서 보유주식은 시장가격으로 매도하고 주식매입대금을 차입이자와 함께 상환한다. 이때 주식매매수수료와 거래세가 비용으로 지출된다. 주가지수선물계약은 현금결제를 통해 청산되고 선물증거금이 환수되지만 현금으로 납입된 선물증거금에 대해서는 이자가 지급되지 않으므로 이에 대한 이자비용이 발생한다.
④ 직접적인 비용 이외에도 차익거래이익을 감소시키는 요인이 존재한다. 매수차익거래를 위한 매수프로그램에서 코스피 200은 현재 주가를 기준으로 계산된 수치이다. 그러나 코스피 200을 복제한 주식포트폴리오를 매입하는 과정에서는 매수주문으로 인해 주식의 시장가격이 상승하게 되므로 실제 매수가격은 코스피 200보다 항상 높다. 한편 주식을 매도하는 경우에도 매도주문으로 인해 주가가 하락하게 되므로 실제 매도가격은 코스피 200보다 낮다. 이러한 매입가격과 매도가격의 차이도 비용으로 작용한다. 한편 차익거래자의 입장에서는 차입이자율이 예금이자율보다 높기 때문에 차익거래과정에서 발생하는 자금의 차입과 예금에서도 비용이 발생한다.

매수차익거래는 이익이 거래과정에서 발생하는 모든 비용을 초과하는 경우에만 가능하다. 따라서 코스피 200 선물가격이 현물 코스피 200에 비해 과대평가된 경우라도 거래비용 때문에 매수차익거래가 발생하지 않을 수도 있다.

코스피 200 선물가격이 코스피 200보다 거래비용 이상 고평가된 경우에만 매수차익거래가 가능할 것이다. 다시 말해서, (코스피 200+매수차익 거래비용)이 차익거래가 불가능한 코스피 200 선물가격의 상한선이다.

② **매도차익거래** 과소평가된 주가지수선물을 매수하고 대주로 취득한 주식을 공매도하는 매도차익거래(sell program)를 진행하는 과정에서도 다음과 같은 비용과 수익이 발생한다.

① 매도차익거래를 시작하는 시점에서는 주식공매도 수수료와 거래세, 선물매수수수료, 선물증거금이 지출된다. 주식공매도 대금은 예금하고, 공매도한 주식에 대해 현금배당이 지급되는 경우 주식대여자에게 이 현금배당금을 대신 지급해야 한다.

② 만기일에 선물매수포지션은 현금결제를 하고 선물증거금을 상환받는다. 그러나 선물증거금에는 이자수익이 없으므로 이자비용이 발생한다. 주식은 시장가격으로 매입하여 상환한다. 대여한 주식공매도대금을 이자와 함께 회수한다.

③ 마찬가지로 이자율이나 주식매매가격에서 불리한 가격이 적용된다.

매도차익거래 역시 이익이 모든 비용을 초과하는 경우에만 가능하다. 따라서 코스피 200 선물가격이 현물 코스피 200에 비해 과소 평가된 경우라도 거래비용 때문에 매도차익거래가 발생하지 않을 수도 있다. 코스피 200 선물이 코스피 200보다 거래비용 이상 저평가된 경우에만 매도차익거래가 가능할 것이다. 다시 말해서, (코스피 200－매도차익 거래비용)이 매도차익거래가 불가능한 코스피 200 선물가격의 하한선이다.

그러나 매도차익거래는 매수차익거래보다 훨씬 제약이 많다. 우선 주식의 공매도 자체가 불가능한 경우에는 매도차익거래도 불가능하다. 공매도가 가능하더라고 공매도대금을 담보로 제공하는 경우에는 이 대금을 전부 이용할 수 없기 때문에 매도차익거래가 불가능한 코스피 200 선물가격의 하한선은 더 내려갈 것이다. 실제로 선물저평가가 지속되는 상황에서도 매도차익거래가 활발하게 이루어지지 않고 있는 이유는 주식대차거래가 활성화되지 않았기 때문이다.

매수와 매도 양 방향의 차익거래에 대한 거래비용을 감안하면 지수차익거래가 불가능한 코스피 200 선물의 가격범위는 다음과 같다.

(코스피 200−매도차익 거래비용) < 코스피 200 선물가격 <
(코스피 200+매수차익 거래비용)

(5) 주가지수 차익거래의 위험

① **주가지수와 인덱스펀드 간의 오차** 주가지수에 대한 대용으로 사용되는 인덱스펀드는 과거 자료(통계치)에 의해 구성되지만, 시장상황은 수시로 변하기 때문에 인덱스펀드와 주가지수의 사이에는 많은 차이가 발생한다. 이러한 오차를 추적오차(tracking error)라고 하는데, 이러한 오차 때문에 차익거래 시 의도했던 수익이 보장되지 않을 수도 있다.

② **주문체결위험** 차익거래 시 선물에 대한 주문은 즉각 처리되지만 현물 주식포트폴리오(인덱스펀드)를 구성하는 개별 주식종목에 대한 주문은 선물보다 많은 시간이 소요된다. 따라서 선물과 현물에 대한 주문이 동시에 처리되지 않는 경우에는 차익거래가 계획대로 시행되지 못할 수도 있다. 호가수량부족으로 거래체결이 되지 않거나 예상치를 벗어난 가격에서만 체결이 가능한 경우에는 계획했던 차익거래에 실패할 수도 있다.

③ **프로그램매매의 제한** 프로그램매매에 의한 지수차익거래가 주식가격의 변동성을 증가시키고 주식시장을 교란시킨다는 주장은 1987년 10월 미국 NYSE에서 주가가 대폭락한 사건(Black Monday) 이후 아직도 논란거리로 남아있다. 고성능 컴퓨터와 정교한 거래기법으로 무장한 기관투자가들의 비중이 증대되고 전체 주식거래에서 프로그램매매가 차지하는 비중이 급증하면서

지수차익거래와 프로그램매매

주가지수선물 거래의 손익은 만기일의 주가지수에 의해 확정된다. 예를 들어 한 투자자가 코스피200 주가지수선물 1계약을 250에 매수하였다고 가정하자. 이후 만기일에 코스피200 주가지수가 251에 마감된다면 그 투자자는 50만원(=(251-250)×50만원)의 이익을 얻게 되지만, 249에 마감된다면 반대로 50만원의 손실을 보게 된다. 따라서 만기일이 가까워지면서 선물가격과 지수의 차이는 0으로 수렴한다.

그런데 때에 따라서는 만기일 이전에 선물가격과 지수의 차이가 크게 발생하기도 하는데, 이런 경우 투자자는 아무런 위험 없이 이익을 얻을 수 있는 차익거래를 하기도 한다. 만일 현재 지수가 250, 선물가격이 251이라고 가정하고, 한 투자자가 지수를 매수하고 동시에 선물을 매도했다고 가정하자. 이 경우 투자자가 선물 만기일에 지수를 종가에 매도한다면 지수 종가가 얼마인지에 상관없이 50만원(=(251-250)×50만원)의 이익을 얻게 된다.

지수를 매수한다는 것은 지수를 구성하는 가중치에 따라 해당하는 주식을 모두 매수하는 것을 의미한다. 즉, 지수차익거래를 위해서는 많은 종목의 주식을 동시에 거래하는 것이 필요하다. 이런 형태의 거래는 주로 컴퓨터 프로그램 때문에 수행되며, 따라서 프로그램매매라고 불리기도 한다. 현재 유가증권 업무규정에서는 주식집단과 선물을 이용하여 수행된 차익거래를 '지수차익 프로그램매매'로 정의하고 있으며, 한국거래소는 해당 거래실적을 취합해 투자자에게 제공한다.

그렇다면 지수차익거래가 시장에 미치는 영향은 무엇일까? 지수차익거래는 현물과 선물을 연계함으로써 비정상적으로 벌어진 두 자산의 가격을 적정 수준 이내로 빠르게 수렴하도록 한다. 즉, 시장의 효율성을 증가시키는데, 이는 파생상품의 대표적인 순기능 중 하나다.

그러나 때에 따라서는 시장에 부정적인 영향을 미치기도 한다. 선물의 변동성이 커지면 지수와 선물가격 사이의 괴리가 증가하고 차익거래를 유발해 주식시장의 변동성을 증가시키기도 한다. 이러한 현상을 꼬리가 몸통을 흔든다는 의미에서 'Wag the dog(웩그더도그)'이라고 부르기도 한다. 또한, 매수차익거래의 잔액이 증가하면 선물 만기일에 차익거래 청산을 위해 주식 대량매도가 발생하기도 하는데, 이는 주가지수의 하락 및 지수의 변동성을 증가시키는 이른바 만기일 효과를 발생시킨다.

이처럼 파생상품과 주식시장은 차익거래 때문에 매우 긴밀한 관계를 맺으며, 따라서 투자자들은 지수차익 프로그램매매 현황과 만기일에 사전공시 되는 프로그램매매 정보를 주의 깊게 관찰해야 한다.

-한국거래소 파생상품연구센터(2016.06.15.)

각국에서는 주가변동의 확대를 방지하고 개인투자자의 신뢰를 회복하여 주식시장의 안정성을 확보한다는 차원에서 특별한 상황에서는 인위적으로 프로그램매매를 제한하는 조치를 취하고 있다.

1987년과 1989년 두 번의 주가폭락을 경험한 미국에서는 S&P 500주가지수 선물가격이 전일에 비해 12포인트 이상 하락한 경우 프로그램매매를 별도로 구분하여 5분간 거래회송을 지연시키는 사이드 카(side car) 제도를 시행하고 있다. 그리고 다우지수(DJIA: Dow-Jones Industrial Average)가 전일 종가보다 250포인트 이상 등락하는 경우에는 1시간, 400포인트 이상 등락하는 경우에는 2시간 동안 거래를 정지시킬 수 있는 서킷 브레이커(circuit breaker)라 불리는 긴급거래정지장치를 시행하고 있다(한국에서 시행되고 있는 지수선물에 대한 긴급거래정지제도는 제3장 증권유통을 참조).

13 옵 션

미리보기

옵션은 선물과 함께 대표적인 파생금융상품이다. 1973년에 미국에서 옵션거래소가 개장된 이래 옵션거래는 폭발적으로 증가하였고 지금은 "옵션시대"이라고 할 만큼 가장 중요한 투자수단으로 등장하였다. 특히 옵션가격이론의 발전으로 옵션의 가치평가뿐만 아니라 증권 · 금융에 관한 많은 문제들을 보다 명확하게 이해할 수 있게 되었다. 많은 실제 거래나 계약에는 옵션계약이 포함되어 있는 경우가 많다. 따라서 옵션을 이해한다면 이러한 계약이나 거래의 내용을 보다 명확하게 이해하고 합리적인 의사결정을 할 수 있다.

제13장에서는 주식옵션을 이용하여 옵션의 개념, 옵션시장의 구조와 운용, 옵션을 이용한 투자전략 등이 설명된다. 옵션가격이론은 중요한 내용이지만 이 책의 범위를 벗어난 것으로 판단하여 대부분 생략하였다.

옵션의 개념 제1절

1. 옵션이란?

옵션(option)이란 특정 자산을 미리 정한 가격으로 정해진 시점에(또는 정해진 시점까지) 살 수 있는(또는 팔 수 있는) 권리를 말한다. 이때 계약대상이 되는 특정 자산을 기초자산(underlying asset), 정해진 시점을 만기일(expiration date), 미리 약정된 가격을 행사가격(exercise price, striking price)이라고 한다.

옵션에서는 옵션매수자(option buyer)와 옵션발행자 사이에서 결정된 시장가격을 옵션프리미엄(option premium)이라고 한다. 주식과는 달리 옵션에서는 매도자가 발행한 옵션이 거래되기 때문에 옵션매도자를 옵션발행자(option writer)라고 한다.

선물거래에서는 선물매수자와 매도자 모두 계약이행의 의무를 갖는다. 옵션거래에서 옵션발행자는 옵션프리미엄을 받는 대신에 옵션계약을 이행해야 할 의무를 갖는다. 하지만 옵션매수자는 프리미엄을 지불하는 대신에 계약에 대한 권리만을 갖는다.

2. 옵션의 종류

(1) 콜옵션과 풋옵션

옵션은 권리의 내용에 따라 기초자산을 매수할 수 있는 권리인 콜옵션(call option)과 매도할 수 있는 권리인 풋옵션(put option)으로 구분된다.

옵션 권리는 만기일이 도래했을 때 옵션소유자의 의사에 따라 자신에게 유리할 경우에만 행사되고, 자신에게 불리한 경우에는 권리행사를 포기하면 된다. 콜옵션의 경우 만기일이 도래했을 때 기초자산의 시장가격이 행사가격보다 높은 경우에만 권리를 행사할 것이다. 하지만 기초자산의 시장가격이 행사가격보다 낮은 경우에는 시장에서 직접 매입하는 것이 유리하기 때문에 콜옵션은 행사되지 않을 것이다.

풋옵션은 기초자산을 팔 수 있는 권리이므로 만기일이 도래했을 때 기초자산의 시장가격이 행사가격보다 낮은 경우에만 권리를 행사할 것이다. 하지만 시장가격이 행사가격보다 높은 경우에는 시장에서 직접 비싼 값에 매도하는 것이 유리하기 때문에 풋옵션은 행사되지 않을 것이다.

표 13-1

옵션거래자의 권리와 의무

거래자 \ 옵션종류	콜옵션	풋옵션
옵션매수자의 권리	행사가격으로 기초자산 매입	행사가격으로 기초자산 매도
옵션발행자의 의무	행사가격으로 기초자산 매도	행사가격으로 기초자산 매입

[표 13-2]는 옵션거래시점과 만기일에 옵션의 권리행사와 의무이행에 따라 발생하는 현금흐름과 기초자산의 움직임을 요약한 것이다(+는 받는 것을, −는 주는 것을 나타낸다).

표 13-2

옵션거래에 대한 기초자산과 현금의 흐름

옵션종류 \ 거래자	콜옵션		풋옵션	
	옵션거래 시	옵션행사 시	옵션거래 시	옵션행사 시
옵션매수자	− 콜프리미엄	+ 기초자산 − 행사가격	− 풋프리미엄	− 기초자산 + 행사가격
옵션발행자	+ 콜프리미엄	− 기초자산 + 행사가격	+ 풋프리미엄	+ 기초자산 − 행사가격

옵션매수자와 옵션발행자 사이에 기초자산과 현금의 흐름(옵션프리미엄과 행사가격)은 정반대이며 옵션은 매수자와 발행자 사이의 제로섬게임(zero-sum game)이라는 것을 알 수 있다.

(2) 유럽형 옵션과 미국형 옵션

콜옵션과 풋옵션은 만기일 전 권리행사 여부에 따라 유럽형과 미국형으로 구분된다.

옵션종류	내 용
유럽형 옵션(European option)	만기일에만 권리행사 가능
미국형 옵션(American option)	만기일과 만기일 이전 언제라도 권리행사 가능

미국형 옵션은 옵션매입자가 더 많은 재량권을 행사할 수 있기 때문에 동일한 조건의 유럽형 옵션보다 더 많은 가치를 가지고 있다.

(3) 기초자산에 따른 금융옵션의 종류

① **주식옵션** 주식옵션(stock option)거래는 1973년 시카고 옵션거래소(CBOE: Chicago Board Option Exchange)에서 18종목의 주식에 대한 옵션거래로 시작되었다. 주식옵션이 행사될 때 주식을 실제로 교환하는 경우는 흔하지 않으며 대신 옵션발행자가 옵션보유자에게 해당 주식의 시장가격과 행사가격의 차이만큼을 현금으로 지불(현금결제)하게 된다.

② **주가지수옵션** 주가지수옵션(index option)은 주가지수를 대상으로 하며 1983년 CBOE에서 거래가 시작되었다. 주가지수옵션이 행사되면 주식옵션과 마찬가지로 옵션의 매수자와 발행자 사이에서 손익이 현금으로 결제된다.

③ **통화옵션** 통화옵션(currency option)은 특정 외환을 미리 정한 환율로 사고팔 수 있는 권리를 말한다. 통화옵션은 1982년 필라델피아 증권거래소(PHLX: Philadelphia Exchange)에서 거래가 시작된 후 CBOE, 시카고 상업거래소(CME: Chicago Mercantile Exchange) 등에서 거래되고 있다.

④ **금리옵션** 금리옵션(interest rate option)은 미국 국채(T-bill, T-note, T-bond), 회사채, 양도성예금증서(CD) 등 금리상품의 수익률을 대상으로 하는 옵션이다. 금리옵션은 1982년 CBOE에서 거래가 시작된 후 CME 등에서 거래되고 있다.

⑤ **선물옵션** 선물옵션(option on futures)은 선물계약을 옵션의 기초자산으로 하는 계약이다. 선물옵션은 1982년 미국에서 거래가 시작되었으며 선물거래소에 상장되어 있는 대부분의 선물계약에 대해서 선물옵션거래가 이루어지고 있다.

3. 옵션시장의 구조와 운용

옵션시장은 옵션거래소를 중심으로 투자자와 중개업자(선물회사)로 구성되어 있다.

(1) 옵션거래소

옵션거래는 다양한 계약조건에 합의할 수 있는 거래상대방을 찾기가 어렵고, 옵션계약이행을 확신할 수 없었기 때문에 거래가 활발하지 않았다. 이러한 문제는 조직화된 옵션거래소가 기초자산의 수량, 규격, 품질 등에 관한 옵션계약을 표준화하고 옵션계약이행을 책임짐으로써 해결할 수 있었다. 옵션거래가 본격화된 것은 1973년 시카고옵션거래소(Chicago Board Option Exchange)가 개설된 이후이다. 거래소가 표준화된 계약을 상장시키면, 거래소 회원인 중개업자는 고객의 주문을 받아 거래소에 집결시켜 매매를 성사시킨다.

대부분의 옵션거래소는 회원제로 운영되고 있다. 옵션거래소는 한국의 코스피 200처럼 기존의 증권거래소 내에 별도의 옵션시장을 개설해서 운용하기도 하고, 시카고옵션거래소(CBOE)처럼 독립적으로 설립되어 운용되기도 한다.

옵션거래소에서 결제는 결제회원으로 구성된 청산소(clearing house)를 통해 이루어진다. 청산소는 옵션매수자에 대해서는 옵션발행자로서, 옵션발행자에 대해서는 옵션매수자로서 옵션계약의 결제이행을 보증한다. 따라서 옵션거래자는 거래상대방의 신용위험을 걱정하지 않고 옵션계약을 거래할 수 있다. 청산소는 결제회원(중개업자)을 통해 옵션매수자로부터 옵션프리미엄을 징수하고, 옵션발행자로부터는 결제이행을 보증하기 위한 증거금을 징수한다. 옵션매수자가 권리를 행사하면 이를 옵션발행자에게 배정하여 기초자산을 인도받고, 옵션매수자로부터는 결제대금(행사가격)을 수납받아 결제를 이행시킨다.

청산소는 옵션거래소와 분리되어 별도의 회사로 존재하기도 하고, 옵션거래소 내부의 한 부서가 청산소의 역할을 하기도 한다. 한국에서 코스피 200 옵션은 한국거래소가 결제기관이며 한국거래소 내의 한 부서가 청산소의 역할을 하고 있다.

(2) 중개업자(증권회사)

중개업자는 옵션거래소의 회원으로서 고객의 매매주문을 처리하고, 기록유지, 증거금 및 예탁금 관리 등을 수행하며 수수료를 받는다. 코스피 200 시장에서는 한국거래소의 회원사인 증권사가 중개업자이다.

4. 한국의 옵션거래

한국에서는 코스피 200 주가지수옵션, 미국달러옵션, 개별주식옵션이 거래되고 있으며 점차 다양한 옵션계약이 등장하고 있다. 한국에서 거래되는 옵션은 모두 유럽형 옵션이며 콜옵션과 풋옵션이 거래되고 있다.

(1) 코스피200옵션

코스피200옵션은 코스피200 주가지수를 대상자산으로 하며 최종거래일에만 행사가 가능한 유럽식옵션이다. 코스피200옵션의 결제월은 비분기월 4개 및 분기월 7개(3,9월 각 1개, 6월 2개, 12월 3개) 총 11개로 구성되어 있다.

표 13-3

코스피200 옵션가격표 (2022년 10월 27일)

종목명	종가	대비	시가	고가	저가	거래량
콜옵션						
코스피200 C 202211 295.0	7.23	2.43	5.80	7.55	5.22	15,723
코스피200 C 202211 297.5	5.68	2.05	4.50	5.97	3.95	24,163
코스피200 C 202211 300.0	4.31	1.67	3.39	4.59	2.90	51,445
코스피200 C 202211 302.5	3.13	1.28	2.40	3.41	2.03	75,431
코스피200 C 202211 305.0	2.18	0.95	1.61	2.43	1.36	117,465
코스피200 C 202212 295.0	11.05	2.45	9.20	11.10	9.20	141
코스피200 C 202212 297.5	9.44	2.17	8.05	9.54	7.90	626
코스피200 C 202212 300.0	8.13	1.99	6.90	8.31	6.62	1,807
코스피200 C 202212 302.5	6.90	1.80	5.99	7.05	5.99	471
코스피200 C 202212 305.0	5.77	1.61	4.80	5.95	4.47	977
풋옵션						
코스피200 P 202211 295.0	3.11	−2.55	4.41	4.87	3.07	33,770
코스피200 P 202211 297.5	4.08	−2.92	5.56	6.08	3.98	9,117
코스피200 P 202211 300.0	5.22	−3.18	6.90	7.54	5.10	5,326
코스피200 P 202211 302.5	6.56	−3.59	8.95	9.02	6.48	714
코스피200 P 202211 305.0	8.15	−4.00	10.70	10.70	8.00	490
코스피200 P 202212 295.0	6.39	−2.56	8.05	8.10	6.39	1,108
코스피200 P 202212 297.5	7.37	−2.83	8.33	8.33	7.37	391
코스피200 P 202212 300.0	8.45	−2.65	9.87	9.87	8.37	628
코스피200 P 202212 302.5	9.83	−2.37	9.89	10.55	9.80	34
코스피200 P 202212 305.0	11.10	−3.10	12.00	12.00	10.60	43

단위: 가격은 포인트, 거래량은 계약수
2022년 10월 27일 코스피 200 종가: 298.82포인트

(예시)

2021년 11월 30일 현재일 때 옵션결제월

2021년 12월

2022년 1월, 2월, 3월, 4월, 5월, 6월(기타월), 9월(분기월), 12월(연월)

2023년 6월(기타월), 12월(연월)

표 13-4

코스피200옵션 상품명세

구 분	내 용
기초자산	코스피200지수
거래단위	코스피200옵션가격×25만(거래승수)
결제월	매월
상장결제월	비분기월 4개 및 분기월 7개(3,9월 각 1개, 6월 2개, 12월 3개)
가격의 표시	프리미엄(포인트)
호가가격단위	• 프리미엄 10 포인트 미만 : 0.01포인트 • 프리미엄 10 포인트 이상 : 0.05포인트
최소가격변동금액	• 프리미엄 10 포인트 미만 : 2,500원(25만 0.01 포인트) • 프리미엄 10 포인트 이상 : 12,500원(25만 0.05 포인트)
거래시간	09:00~15:45 (최종거래일 09:00 ~ 15:20)
최종거래일	각 결제월의 두 번째 목요일(공휴일인 경우 순차적으로 앞당김)
최종결제일	최종거래일의 다음 거래일
권리행사	최종거래일에만 가능(European 형)
결제방법	현금결제
가격제한폭	기초자산 기준가격 대비 아래에 해당하는 옵션이론가격을 단계적으로 확대적용 ① ±8% ② ±15% ③ ±20%
거래증거금 기준가격	최종 약정가격(최종 약정가격이 없는 경우, 옵션이론가격)
기준가격	전일의 거래증거금 기준가격
단일가격경쟁거래	개장시(08:30~09:00) 및 거래종료시(15:35~15:45)
필요적 거래중단	현물가격 급변으로 매매거래 중단 시 선물거래 일시중단 및 단일가로 재개

출처: 한국거래소

코스피200 옵션은 지수 1포인트당 250,000원을 곱한 금액을 1계약단위로 한다. 예를 들어, [표 13-3]에서 행사가격이 300.0포인트인 2022년 11월물 콜옵션을 10월 27일 종가(4.31포인트)에 1계약을 매입한다면 투자금액은 4.31×250,000원=1,077,500원이 된다. 콜옵션을 매입한 투자자는 11월물의 만기일인 2번째 목요일(11월 11일)에 옵션행사를 결정해야 한다.

만약 만기일에 코스피200이 종가인 303.66포인트로 마감된다면 콜옵션을 행사하여 1계약당 3.66포인트(=303.66−300.0), 금액으로는 1계약당 915,000원(=3.66×250,000원)의 지급액을 얻을 수 있다. 그러나 콜옵션 매입대금 1,077,500원을 고려하면 최종적으로 옵션투자에서 162,500원(=915,000−1,077,500)의 손실이 발생할 것이다. 만기일에 코스피200 종가가 콜옵션 프리미엄 4.31포인트를 만회하는 304.31포인트 이상으로 형성되어야 최종 이익을 얻을 수 있다. 지금 권리를 행사해도 915,000원밖에 이득을 얻을 수 없는 콜옵션이 1,077,500원에 거래되는 이유는 남은 만기일까지 코스피200이 상승할 것이라는 투자자들의 기대 때문이다.

(2) 개별주식옵션

개별주식에 대한 옵션은 2002년 1월 20일부터 7개의 상장주식을 대상으로 거래가 시작되었으며 개별주식에 대한 옵션은 시작되었으며 현재(2022년 11월)는 총 42개(유가증권시장 40개, 코스닥시장 2개) 종목에 대해 개별주식옵션거래가 시행되고 있다. 대상주식은 유통주식수가 1,000만주 이상이고 소액주주가 1만명 이상이며 연간 거래대금이 5,000억원 이상인 주식 중에서 시가총액과 재무상태를 감안해 선정되었다. 주식옵션은 주가지수선물 · 옵션계좌를 이용하여 거래할 수 있다.

개별주식옵션은 최종거래일에만 권리행사가 가능한 유럽식옵션이며 옵션만기일에 대상주식을 인수도(실물인수도)하지 않고 대상주식의 시가와 행사가격과의 차이를 현금으로 결제(현금결제)한다.

(3) 미국달러옵션

미국달러옵션은 환율변동으로 인한 위험을 회피하기 위하여 미국 달러화(USD)를 미래 시점에 미리 정한 환율로 사거나 팔 수 있는 권리를 말하는 것으로 달러화가 기초자산이 되고 미리 정한 환율이 행사가격이 된다.

미국달러옵션 계약의 기본단위는 US $10,000로 적은 자본으로도 달러옵션투자가 가능하도록 유동성을 높였다. 미국달러옵션의 권리행사는 최종거래일에만 가능한 유럽형이며 결제방법으로는 최종거래일에 외환시장에서 이루어진 거래를 대상으로 산출된 미국 달러화 매매기준율을 기준으로 현금결제를 채택하고 있다.

미국달러옵션의 거래시간은 오전 9시부터 오후 3시 45분까지이다. 최종거래일에는 외환시장이 종료하는 오후 3시 30분까지이며, 주문 접수는 오전 8시 30분부터 가능하다. 2013년 9월 이전에 거래되던 미국달러옵션은 실물인수도 상품이었으므로 달러 현물 확보시간을 위해 최종거래일에는 거래시간이 오전 9시부터 11시 30분까지였으나 현금결제방식으로 변경되면서 외환시장 종료시간인 오후 3시 30분으로 연장되었다.

(4) 주식워런트증권(ELW)

주식워런트증권(ELW: equity linked warrant)은 주식옵션처럼 특정 주식을 일정 가격에 거래할 수 있는 권리가 부여된 증권을 말한다. 주식워런트의 가장 큰 장점은 주식옵션과 마찬가지로 투자에 따른 위험을 줄일 수 있다는 것이다. 예를 들어, 삼성전자 주식을 100만원에 살 수 있는 주식워런트가 10,000원에 거래된다면 이를 매수해 보유하고 있는 투자자는 만기 시 삼성전자의 주가가 120만원일 경우 권리를 행사해 삼성전자 주식을 100만원에 사서 주식워런트의 가격(투자금액) 1만원을 제외하고 19만원의 차익을 얻을 수 있다. 만약 만기일에 삼성전자의 주가가 100만원 미만인 경우에는 권리를 포기하면 된다. 삼성전자 주식을 직접 거래할 경우에는 20만원의 손실이 발생할 수도 있지만 주식워런트를 거래하면 최대 손실을 1만원으로 한정시킬 수 있다.

ELW의 매매방법은 주식시장 매매제도를 준용했기 때문에 일반적인 주식거래와 거의 동일하며 결제방법도 2일결제(T+2)로서 통상의 주식의 결제방법과 같다.

주식워런트가 주식옵션과 다른 점은 발행주체가 증권사라는 것이다. 증권사가 공모를 거쳐 주식워런트를 거래소에 상장하면 주식처럼 거래가 이루어지며, 만기 시 최종 보유자가 권리를 행사하게 된다. 발행사의 설계에 따라 다양한 상품이 나올 수 있으며 결제이행에 따른 위험은 발행사가 지게 된다. 주식워런트는 현금결제방식으로 운용되며, 만기 시 행사가치가 있는 워런트는 투자자가 별도로 권리행사 청구를 하지 않아도 자동적으로 결제가 이행된다.

권리행사는 만기일에만 할 수 있는 유럽식이며 일반투자자들도 쉽게 참여할 수 있도록 다양한 옵션을 배제하고 단순히 사고팔 수 있는 권리만 거래한다. 주식옵션은 소수 종목으로 한정된 반면 주식워런트의 기초자산은 코스피 200, 코스닥 150 구성종목과 코스피 200, 코스닥 150, 니케이 225, 항셍지수이기 때문에 다양한 워런트의 발행이 가능하다.

ELS

ELS(Equity-Linked Securities)는 기초자산인 주가지수나 한두 종목의 주식가격에 따라 수익률이 정해지는 주가연계증권이다. 주기적으로 돌아오는 조기상환기회에 기초자산의 가격이 미리 정해둔 만큼 움직이면, 역시 미리 정해둔 수익률대로 만기 전에 상환된다. 상환되지 않고 만기까지 가면 역시 미리 정해둔 가격대에서 벗어났는지, 그 안에 들었는지에 따라 수익률이 결정된다.

ELS는 주식에 직접 투자하는 것보다 원금손실위험이 적고, 채권 · 예금보다는 높은 수익을 거둘 수 있다는 장점이 있다. ELS는 청약할 때 조건과 수익률이 미리 정해지기 때문에 수익률 구조가 명쾌한 것도 장점으로 꼽힌다.

ELS는 원금보장 여부에 따라 '원금보장형'과 '비보장형'으로 구분된다. 비보장형에서 더 높은 수익률을 기대할 수 있지만 원금 손실가능성도 상대적으로 높다.

보수적인 성향의 투자자에게는 코스피200 지수, 중국 항셍지수(HSCEI), S&P500 지수 등을 기초자산으로 하는 지수형 ELS가 적합하다. 개별 종목보다 가격 변동이 덜하고, 원금이 보장될 가능성이 높으며, 금융위기 같은 극단적인 상황이 오지 않는다면 수익을 낼 수 있기 때문이다. 지수형 ELS에 투자할 때는 투자시기가 중요하다. 해외요인 등으로 인해 주가지수가 크게 빠졌을 때 투자하면 그만큼 손실위험도 낮기 때문이다.

개별종목형 ELS는 지수형 ELS보다 높은 수익을 기대할 수 있지만 원금 손실가능성도 그만큼 크다.

옵션가치 제2절

1. 옵션의 내재가치와 시간가치

(1) 내재가치

옵션의 내재가치(intrinsic value)는 행사가치라고도 하는데 옵션이 행사되었을 경우의 가치이다. 행사가격(E)은 미리 정해져 있기 때문에 옵션의 내재가치는 기초자산의 가격(S)에 의해 결정된다. 한편 옵션은 의무가 아니기 때문에 내재가치는 음수(−)가 될 수 없다.

$$\text{콜옵션의 내재가치} = \begin{cases} S - E & S \geq E \text{ 인 경우} \\ 0 & S < E \text{ 인 경우} \end{cases}$$

$$\text{풋옵션의 내재가치} = \begin{cases} E - S & S \leq E \text{ 인 경우} \\ 0 & S > E \text{ 인 경우} \end{cases}$$

옵션은 내재가치에 따라 다음과 같이 구분한다.

	내가격옵션 (ITM:in-the-money)	등가격옵션 (ATM:at-the-money)	외가격옵션 (OTM:out-of-the-money)
콜옵션	$S>E$	$S=E$	$S>E$
풋옵션	$S<E$	$S=E$	$S<E$
내재가치	+	0	0

내가격옵션 중에서 내재가치가 큰 양수인 옵션을 심내가격옵션(deep ITM)이라고 한다. 외가격옵션 중에서 기초자산의 가격이 큰 폭으로 유리하게 변동해야만 내가격이 되는 옵션을 심외가격옵션(deep OTM)이라고 한다.

(2) 시간가치

실제로 옵션은 항상 내재가치보다 높은 가격에 거래되고 있으며 특히 외가격옵션도 양(+)의 가격에 거래되고 있다. 그 이유는 만기까지 남은 기간 동안 기초자산의 가격이 유리하게 변동할 가능성 때문이며 이를 옵션의 시간가치(time value)라고 한다(제1절의 코스피 200 옵션가격표 참조). 따라서 옵션의 시장가격(옵션프리미엄)은 옵션의 내재가치와 시간가치의 합이다.

옵션프리미엄 = 옵션의 내재가치 + 옵션의 시간가치

기초자산의 가격이 현재보다 크게 상승(콜의 경우) 또는 크게 하락(풋의 경우)할 가능성이 많을수록 시간가치는 커지게 된다. 그러나 기초자산의 가격등락이 작거나 옵션의 잔존기간이 얼마 남지 않은 경우에는 시간가치가 작다. 옵션의 시간가치는 만기에 접근하면서 점차 감소하고 만기일에는 완전히 소멸되어 옵션프리미엄은 옵션의 내재가치와 같아진다.

2. 옵션가격 결정요인

옵션가격에 영향을 미치는 요인들을 유럽형 주식옵션을 이용하여 설명하면 다음과 같다.

(1) 기초자산의 가격(S)과 행사가격(E)

옵션의 내재가치는 주가와 행사가격에 의해 결정된다. 따라서 콜옵션은 주가가 높을수록, 행사가격이 낮을수록 옵션가격이 높다. 풋옵션은 주가가 낮을수록, 행사가격이 높을수록 옵션가격이 높다.

(2) 기초자산의 가격변동성(σ^2)

가격변동성은 미래 주가의 불확실성, 즉 주가가 큰 폭으로 등락할 가능성을 말한다. 주식보유자에게는 주가등락만큼 이익과 손실이 발생한다. 콜옵션 매수자는 주가가 상승하여 내가격옵션이 되면 내재가치만큼의 이익을 보지만, 주가가 하락하여 외가격옵션이 되더라도 옵션을 포기하면 그만이므로 손실은 콜옵션프리미엄으로 한정된다. 다시 말해서 콜옵션은 주가하락위험(down side risk)으로부터 보호받고 있는 것이다.

풋옵션의 경우에도 주가가 크게 하락하면 많은 이익을 볼 수 있는 반면, 주가상승으로 인한 손실을 풋프리미엄으로 제한한다. 따라서 콜과 풋 모두 손실은 제한된 반면 주가변동성이 클수록 이익의 가능성이 커지기 때문에 옵션가격은 상승한다.

(3) 옵션의 잔존기간(T)

옵션만기일까지 산존기간이 짧을수록 주가가 옵션매수자에게 유리하게 변동할 가능성이 적고, 잔존기간이 길수록 시간적 여유가 있기 때문에 주가가 유리하게 변동할 가능성이 크다. 따라서 다른 조건이 일정하다면 잔존기간이 길수록 옵션가격이 높다.

콜옵션의 경우에는 잔존기간이 길수록 할인기간이 길어져 행사가격의 현재가치가 감소하고 옵션가격이 상승한다. 풋옵션의 경우에는 할인효과가 풋옵션가격을 하락시키는 역할을 하지만 종합적으로는 잔존기간이 길수록 풋옵션가치가 상승한다.

(4) 이자율

이자율이 높을수록 행사가격의 현재가치가 하락하여 실질적으로 행사가격이 하락하는 효과가 발생한다. 따라서 이자율이 높을수록 콜옵션가격은 상승하고 풋옵션가격은 하락한다.

(5) 현금배당

배당락에 의해 현금배당액만큼 주가가 하락하므로 현금배당액이 클수록 콜옵션가격은 하락하고 풋옵션가격은 상승한다.

표 13-5
옵션가격 결정요인

가격결정요인		가격에 미치는 효과	
		콜옵션가격(C)	풋옵션가격(P)
기초자산의 가격(S)	상승	+	−
	하락	−	+
행사가격(X)	높은	−	+
	낮음	+	−
만기까지 남은 기간(T)	많음	+	
	적음	−	
기초자산의 가격변동성(σ^2)	상승	+	
	하락	−	
이자율(r)	상승	+	−
	하락	−	+
현금배당(d)	지급	−	+

기초자산의 가격과 행사가격은 내재가치를 통해서, 만기까지 남은 기간, 기초자산의 가격변동성, 이자율은 시간가치를 통해서 옵션가격에 영향을 미친다. 이러한 관계를 정리하면 [표 13-5]와 같다.

3. 풋-콜 패리티

풋-콜 패리티(put-call parity)는 행사가격과 만기일이 동일한 풋옵션과 콜옵션 그리고 기초자산가격 간의 균형관계를 말한다. 다음과 같은 2개의 포트폴리오를 비교해보자. $(S+P)$는 주식과 풋옵션으로, $(C+E)$는 콜옵션과 만기일에 행사가격을 상환받는 무위험할인채권으로 구성된 포트폴리오이다. $B(T)$는 행사가격을 현재가치로 환산하기 위한 할인요소이며, T기간(연단위로 측정한 옵션의 잔존기간) 후에 1원을 상환하는 무위험할인채권의 가격이다($B(T) = 1/(1 + rT)$).

두 포트폴리오는 모두 기초자산과 행사가격 중 유리한 것을 선택하는 포트폴리오이다. 투자결과가 항상 같은 포트폴리오는 투자금액도 같아야 하므로 다음과 같은 풋-콜 패리티가 성립하게 된다.

포트폴리오	투자금액	만기일에 포트폴리오의 가치	
		$S^* < E$	$S^* \geq E$
$S+P$	$S+P$	E	S^*
$C+E$	$C+E \cdot B(T)$	E	S^*

$$S+P = C+E \cdot B(T)$$

풋-콜, 기초자산의 가격, 이자율 간의 등식관계에서 어느 하나라도 균형을 이탈하게 되면 차익거래가 발생하여 다시 균형가격에 도달하게 된다. 기초자산의 가격(S), 행사가격(E), 무위험채권가격($E \cdot B(T)$)은 모두 관찰할 수 있으므로 콜가격(C) 이나 풋가격(P) 중 하나만 주어지면 나머지는 풋-콜 패리티에 의해 결정된다.

예 제

풋-콜 패리티와 차익거래

주가(S)=62달러, 행사가격(E)=60달러, 만기(T)=3개월인 유럽형 콜옵션가격(C)=6달러, 풋옵션가격(P)=5.75달러, 무위험이자율(r)=연 12%인 경우 풋-콜 패리티에 의한 차익거래전략은 다음과 같다.

$$S+P = 62+5.75 = 67.75$$

$$C + \frac{E}{(1+\frac{r}{4})} = 6+\frac{60}{1+0.03} = 64.25$$

콜옵션과 채권으로 구성된 포트폴리오($C+E \cdot B(T)$)가 저평가되어 있고, 주식과 풋옵션으로 구성된 포트폴리오($S+P$)는 고평가되어 있는 상태이다. 따라서 차익거래전략은 콜옵션과 채권을 매입하는 한편 주식을 공매도하고 풋옵션을 발행하는 것이다. 이러한 차익거래과정에서 풋-콜 패리티가 복원되고 차익거래의 기회는 사라지게 된다.

차익거래전략과 차익거래이익

투자포지션	현재시점의 현금흐름	만기일의 현금흐름	
		$S^* < 60$	$S^* \geq 60$
C(콜옵션 매입)	-6	0	$S^* - 60$
E(채권 매입)	-58.25	60	60
$-S$(주식 공매도)	62	$-S^*$	$-S^*$
$-P$(풋옵션 발행)	5.75	$S^* - 60$	0
차익거래이익	3.5	0	0

제 3 절* 옵션투자전략

옵션의 최대 장점은 위험은 제한하면서도 적은 투자로 많은 이익을 낼 수 있다는 것과, 기초자산과 결합하여 다양한 수익구조를 만들어낼 수 있다는 것이다. 유럽형 주식옵션을 이용하여 만기일의 손익구조를 분석함으로써 옵션투자전략의 특징과 유용성을 설명하기로 한다.

부호는 다음과 같이 정의한다.

S_0 = 투자시점($t = 0$)의 주가
S^* = 옵션만기일($t = T$)의 주가
E = 옵션행사가격
C = 콜프리미엄
P = 풋프리미엄

1. 순수포지션

순수포지션(naked position, uncovered position)은 주식 또는 옵션만으로 구

주식포지션의 손익구조

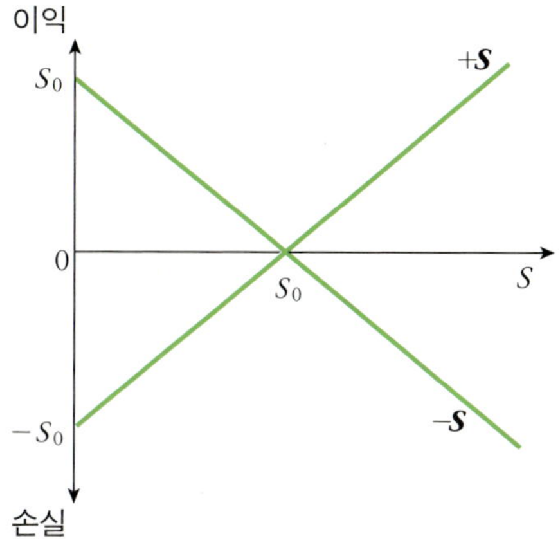

성된 투자포지션을 말한다.

(1) 주식포지션

① **주식매수포지션**(long stock)　　주식매수(**+S**)에 대해서는 주가 등락만큼 이익 또는 손실이 발생한다. 따라서 주식매수포지션의 손익구조는 매수가격을 통과하는(기울기가 +1) 45° 선으로 타나난다.

② **주식매도포지션**(short stock)　　주식을 대주하여 매도(공매도)(**−S**)한 경우에는 주가 등락만큼 손실 또는 이익이 발생한다. 따라서 주식매도포지션의 손익구조는 매도가격을 통과하고 기울기가 −1인 직선으로 나타난다.

(2) 옵션포지션

① **콜매수포지션**(long call)　　유럽형 옵션은 만기일의 주가에 따라 투자손익이 결정된다. 만기일에 주가가 행사가격을 초과하면($S^* \geq E$) 옵션을 행사

하여 내재가치(S^*-E) 만큼의 이익이 발생한다. 여기에 옵션매수비용(지급한 콜프리미엄)을 감안하면 투자이익은 (S^*-E-C) 이다. 만기일에 주가가 행사가격에 미달하면($S^*<E$) 옵션은 포기되고 옵션매수비용만큼의 손실이 발생한다. 여기에서 거래수수료와 옵션매수비용에 대한 이자비용은 무시하였다.

콜매수포지션의 특징은 콜프리미엄(C) 만을 투자해서 주식매수(**+S**)와 똑같은 투자효과를 얻으면서도 주가하락 시에는 손실을 콜프리미엄으로 한정한다는 것이다.

② **콜매도포지션**(short call) 옵션은 매수자와 발행자 사이의 제로섬게임이므로 매수와 매도 포지션의 손익구조는 주가선($0S^*$)을 중심으로 대칭이다.

콜옵션포지션의 손익구조

콜옵션포지션	콜매수(+C)		콜매도(발행)(−C)	
주가(S^*)	$S^*<E$	$S^*\geq E$	$S^*<E$	$S^*\geq E$
옵션행사손익	0	S^*-E	0	$E-S^*$
콜프리미엄	$-C$	$-C$	C	C
옵션투자손익	$-C$	S^*-E-C	C	$E-S^*+C$

콜옵션포지션의 손익구조

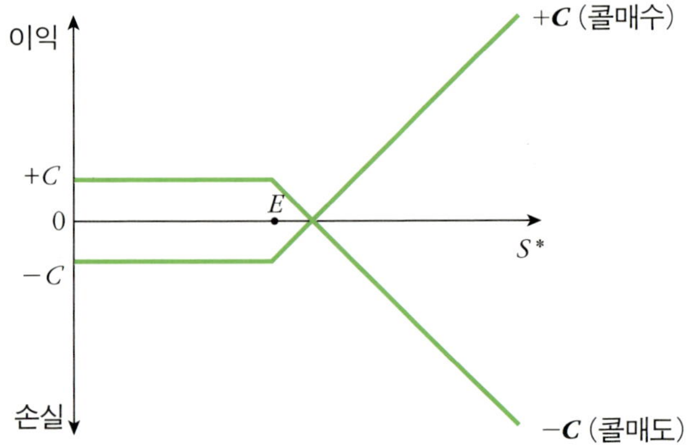

③ **풋매수포지션**(long put) 만기일에 주가가 행사가격에 미달되면 ($S^* < E$) 옵션을 행사하여 내재가치($E - S^*$)만큼의 이익이 발생한다. 여기에 옵션매수비용(지급한 풋프리미엄)을 감안하면 투자이익은 ($E - S^* - C$) 이다. 만기일에 주가가 행사가격을 초과하면($S^* \geq E$) 옵션은 포기되고 옵션매수 비용만큼의 손실이 발생한다.

풋매수포지션의 특징은 풋프리미엄(P)만을 투자해서 주가가 하락하면 주식공매도($-\boldsymbol{S}$)와 똑같은 투자효과를 얻으면서도 주가상승으로 인한 손실은 풋프리미엄으로 한정한다는 것이다.

④ **풋매도포지션**(short put) 풋매도포지션의 손익구조는 풋매입포지션과 주가선($0S^*$)을 중심으로 대칭이다.

풋옵션포지션의 손익구조

	풋매수($+\boldsymbol{P}$)		풋매도(발행)($-\boldsymbol{P}$)	
주가(S^*)	$S^* < E$	$S^* \geq E$	$S^* < E$	$S^* \geq E$
옵션행사손익	$E - S^*$	0	$S^* - E$	0
풋프리미엄	$-P$	$-P$	P	P
옵션투자손익	$E - S^* - P$	$-P$	$S^* - E + P$	P

풋옵션포지션의 손익구조

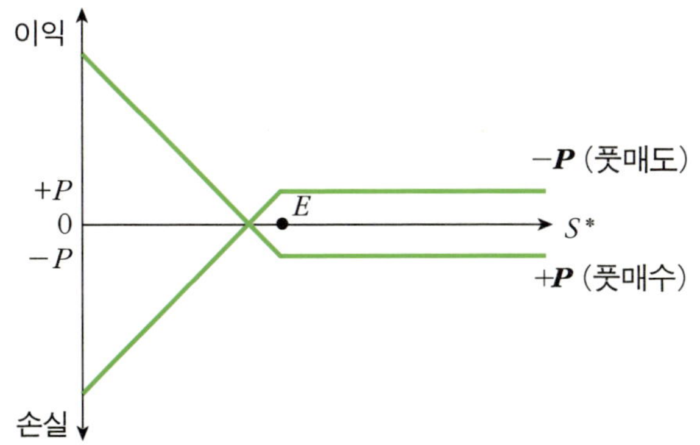

2. 헤 지

헤지(hedge)는 주식과 옵션을 결합하여 한쪽에서의 손실을 다른 쪽에서 보전하도록 하는 것이다. 가장 널리 사용되는 헤지전략은 보유주식에 대해 콜을 발행하거나 풋을 매수하는 것이다. 그림을 단순화하기 위해 주식매수가격과 옵션의 행사가격이 같다고 가정한다($S_0 = E$).

(1) 보호적 콜

보호적 콜(covered call)은 주식을 매수하고 동시에(또는 보유주식에 대해) 이 주식을 기초자산으로 하는 콜옵션을 발행하는 것이다. 즉 주식매수(**+S**)와 콜발행(**−C**)을 결합함으로써 콜옵션의 위험을 주식으로 "보호(cover)"하는 전략이다.

보호적 콜의 손익구조

포지션 \ 주가	$S^* < E$	$S^* \geq E$
주식(+**S**)	$S^* - E(S_0)$	$S^* - E(S_0)$
콜발행(−**C**)	C	$E - S^* + C$
보호적 콜의 투자손익	$S^* - E + C$	C

보호적 콜의 손익구조

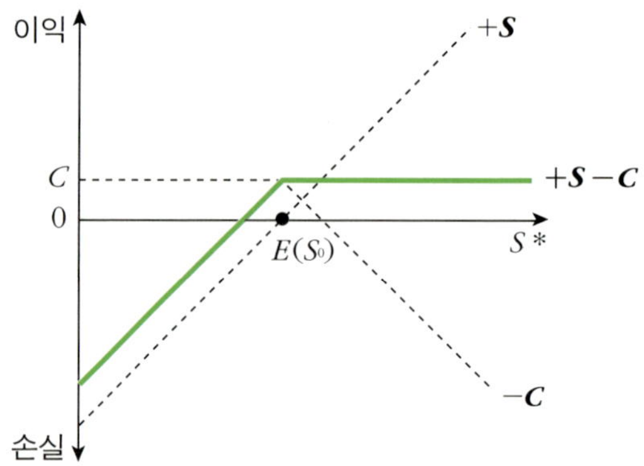

주가가 행사가격을 초과하면 콜매도포지션($-C$)으로부터 발생하는 손실과 주가상승이익이 상쇄되면서 콜프리미엄만큼의 이익이 확보된다. 주가가 행사가격에 미달되면 콜프리미엄만큼 주가하락손실을 보전할 수 있다. 보호적 콜은 풋발행과 손익구조가 유사하다.

(2) 방어적 풋

방어적 풋(protective put)은 주식을 매수하는 동시에(또는 보유주식에 대해) 이 주식을 기초자산으로 하는 풋옵션을 매수하는 것을 말한다. 즉 주식매수($+S$)와 풋매수($+P$)를 결합함으로써 주가하락의 위험을 풋옵션으로 "방어"하는 전략이다.

주가가 상승하면 풋프리미엄만큼 주가상승이익이 감소하지만 주가가 하락하면 풋옵션이 주가하락손실을 보전해줌으로써 포트폴리오의 손실을 풋프리미엄으로 한정할 수 있다. 방어적 풋은 주가하락에 대비해 풋프리미엄을 보험료로 지급하고 보험에 가입하는 것으로 이를 포트폴리오보험(portfolio insurance)이라고 한다. 방어적 풋은 콜매수와 손익구조가 유사하다.

3. 스프레드

옵션에서 스프레드(spread)는 같은 종류(콜 또는 풋)의 옵션에서 행사가격의 차이(vertical spread) 또는 만기의 차이(horizontal spread)를 말한다. 스프레드전략은 행사가격이나 만기가 다른 2개의 옵션을 동시에 매수 · 매도하는 전략이다. 주가전망(강세 또는 약세)과 옵션의 종류(콜 또는 풋)에 따라 다양한 스프레드전략을 구사할 수 있다.

(1) 강세스프레드

강세스프레드(bullish spread)는 주가의 강세가 예상될 때 행사가격이 낮은 옵션을 매수하고 행사가격이 높은 옵션을 매도하는 전략이다. 강세스프레드에서는 콜을 매수하고 풋을 매도하는 것처럼 높은 이익을 기대할 수는 없지만 단순한 옵션포지션보다는 위험이 낮고, 투자자금이 적게 소요된다.

① 강세 콜스프레드(bullish call spread)

강세 콜스프레드 = 행사가격이 낮은 콜매수 + 행사가격이 높은 콜매도

프리미엄이 높은(행사가격이 낮은) 콜을 매수하고 프리미엄이 낮은(행사가격이 높은) 콜을 매도하므로₁ $(C_1 - C_2)$ 만큼의 초기투자가 필요하다. 하지만 단순한 콜매입보다는 투자자금이 적게 소요된다. 주식시장의 강세를 확신한다면 콜을 매수하여 높은 이익을 기대할 수 있다. 그러나 강세장을 예상하지만 확신이 없고 만약 주가가 하락하더라도 콜을 매수하는 것보다는 손실을 줄일 수 있는 헤지기능이 포함된 전략이 필요할 때 강세 콜스프레드를 이용한다. 이 전략은 아주 강한 상승장이 아닌 약간의 상승장에서도 이익을 낼 수 있으며 완만한 상승장(강보합세)에서는 콜매수보다 높은 이익을 얻을 수 있다.

강세 콜스프레드 손익구조

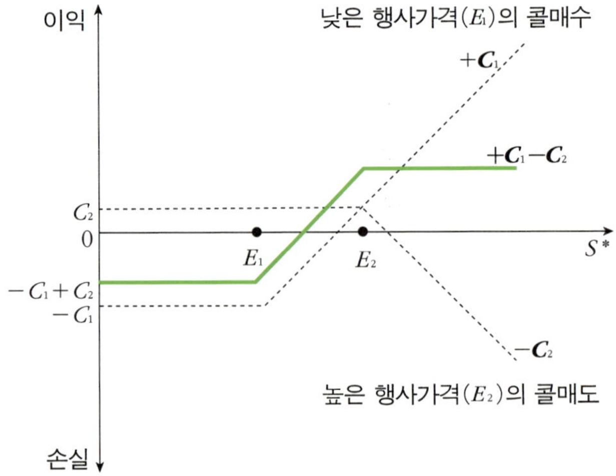

② **강세 풋스프레드**(bullish put spread)

강세 풋스프레드 = 행사가격이 낮은 풋매수 + 행사가격이 높은 풋매도

강세 풋스프레드는 손익구조가 강세 콜스프레드와 유사하지만 포지션을 설정할 때 프리미엄 지급액보다 수입액이 많으므로 투자초기에 수익이 발생한다.

(2) 약세스프레드

약세스프레드(bearish spread)는 주가의 약보합이 예상될 때 행사가격이 낮은 옵션을 매도하고 행사가격이 높은 옵션을 매수하는 전략이다. 약세스프레드에서는 콜을 매도하고 풋을 매수하는 것처럼 높은 이익을 기대할 수는 없지만 단순한 옵션포지션보다는 위험이 낮고, 투자자금이 적게 소요된다.

약세 콜스프레드의 손익구조

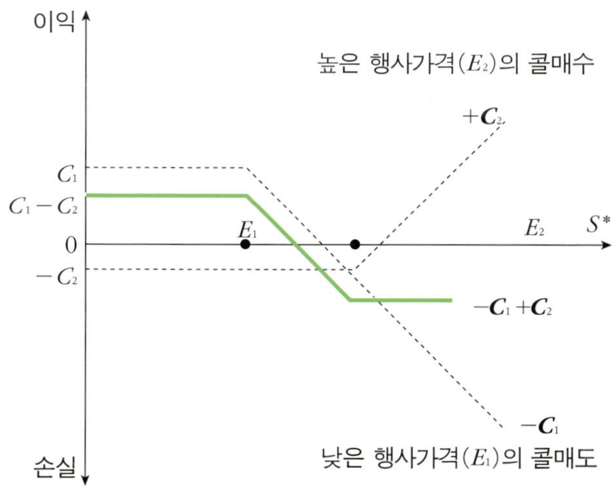

① **약세 콜스프레드**(bearish call spread)

약세 콜스프레드 = 행사가격이 낮은 콜 매도 + 행사가격이 높은 콜 매수

포지션을 설정할 때 프리미엄 수입액이 프리미엄 지급액을 초과하므로 투자초기에 수익이 발생한다. 최대 이익은 포지션을 설정할 때 받은 프리미엄 순수입액($C_1 - C_2$)이며 최대 손실도 일정액으로 한정된다.

② **약세 풋스프레드**(bearish put spread)

약세 풋스프레드 = 행사가격이 낮은 풋매도 + 행사가격이 높은 풋매수

약세 풋스프레드는 손익구조가 약세 콜스프레드와 유사하지만 포지션을 설정할 때 프리미엄 수입액보다 지급액이 많으므로 초기에 투자자금이 필요하다. 최대 손실은 포지션을 설정할 때의 프리미엄 순지급액이고 최대 이익도 일정한 금액으로 한정된다.

4. 콤비네이션

콤비네이션(combination)은 콜과 풋을 결합하는 전략이다.

(1) 스트래들

스트래들(straddle)은 행사가격과 만기일이 같은 콜과 풋을 동시에 매수 또는 매도하는 전략이다.

① **매수스트래들** 행가가격과 만기일이 같은 콜과 풋을 동시에 매수하는 전략이다. 주가상승 시에는 콜에서, 주가하락 시에는 풋에서 이익이 발생한다. 매수스트래들은 큰 폭의 주가 변동이 예상되는 경우에 이용할 수 있다. 예를 들어, 독과점금지법에 대한 미국 대법원의 최종 판결을 앞둔 시점에 마이크

매수스트래들의 손익구조

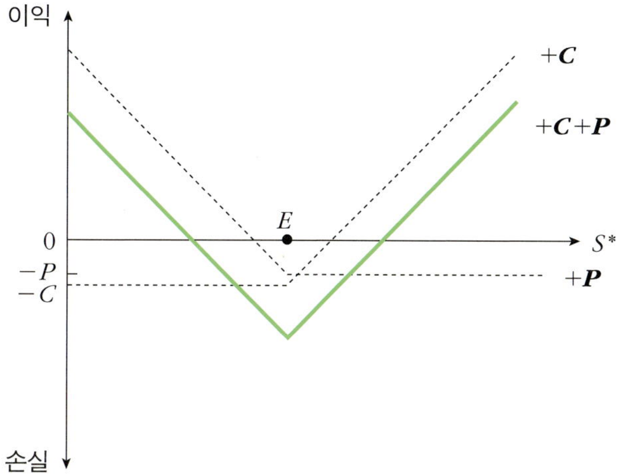

로소프트(MS) 주식을 기초자산으로 하는 주식옵션에 대한 매수스트래들은 매우 적절한 투자전략일 것이다. MS가 승소하면 주가가 폭등하고 패소하면 폭락하겠지만 매수스트래들에서는 재판 결과에 상관없이 이익을 기대할 수 있다.

② **매도스트래들** 행사가격과 만기일이 같은 콜과 풋을 동시에 매도하는 전략이다. 매도스트래들의 손익구조는 매수스트래들의 손익구조와 주가선 ($0S^*$)을 중심으로 대칭인 삼각형의 형태이다.

매도스트래들은 주가의 변동성이 감소하여 주가에 큰 변화가 없을 것으로 예상될 때 이용하는 전략이다. 주가변동성을 극소화하기 위해 만기일이 가장 가까운 옵션(최근월물)을 매도하는 것이 보통이다.

(2) 스트랭글

스트랭글(strangle)은 만기는 같지만 행사가격이 다른 콜과 풋을 동시에 매수 또는 매도하는 전략이다.

매수스트랭글의 손익구조

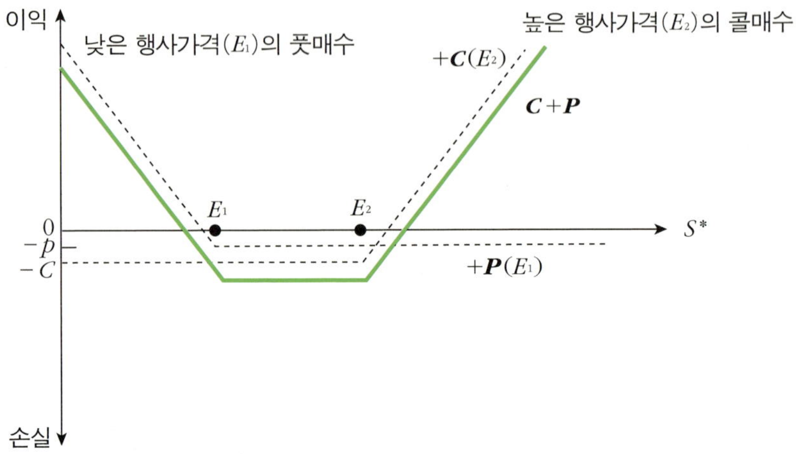

① **매수스트랭글**

매수스트랭글 = 높은 행사가격의 콜 매수 + 낮은 행사가격의 풋 매수

매수스트랭글(long strangle)은 주가의 변동성이 클 것으로 예상되지만 주가의 방향을 알 수 없는 경우에 이용되는 전략이다. 주가등락폭이 클수록 높은 이익을 얻을 수 있다. 최대 손실은 주가가 두 행사가격의 사이에 있을 때 발생하므로 손실이 발생하는 주가의 범위가 넓다.

② **매도스트랭글** 매도스트랭글(short strangle)은 매도스트래들과 같이 주가변동성이 낮아 주가가 보합수준을 유지할 것으로 예상될 때 이용하는 전략이다. 최대 이익은 주가가 두 행사가격의 사이에 있을 때 발생하므로 이익이 발생하는 주가의 범위가 넓다. 매도스트랭글은 매도스트래들보다 저위험－저수익의 보수적인 전략이다.

지금까지는 주식과 옵션 또는 옵션과 옵션을 1 : 1로 결합하는 단순한 투자포지션만을 설명하였다. 그러나 실제로는 주식과 옵션을 다양한 비율로 결합하여 무한개의 투자포지션을 만들어낼 수 있으며 이러한 점이 옵션의 최대 장점이다.

지금까지 소개된 기본적인 옵션투자전략을 정리하면 다음과 같다.

방향성거래전략		변동성거래전략		헤지전략
강세장세	약세장세	변동성증가	변동성감소	
콜매수 풋매도 강세스프레드 강세 콜스프레드 강세 풋스프레드	풋매수 콜매도 약세스프레드 약세 콜스프레드 약세 풋스프레드	매수스트래들 매수스트랭글	매도스트래들 매도스트랭글	보호적 콜 방어적 풋

옵션의 응용 제4절

옵션가격은 전환사채(CB)나 신주인수권부사채(BW)와 같이 콜옵션이 포함된 증권의 가치를 평가하는 데 직접 응용할 수 있다. 옵션의 개념은 기업의 투자행태, 예금보험, 지급보증, 실물투자의 가치평가 등 기업의 재무의사결정과 금융현상을 이해하는 데에도 유용하게 활용되고 있다.

1. 전환사채

(1) 전환사채의 내용

전환사채(CB: convertible bond)는 발행 후 일정 기간이 경과하면 발행기업의 보통주로 전환을 청구할 수 있는 회사채이다. 전환사채는 일반회사채와 발행기업의 보통주를 기초자산으로 하는 콜옵션이 결합된 증권이다. 투자자는 채권투자수익과 주식 시세차익 중에서 선택할 수 있는 권리를 가지며, 발행기업은 전환권을 제공하는 대신 낮은 비용으로 채권을 발행한다.

전환권의 내용은 전환비율이나 전환가격으로 정해진다. 전환비율은 전환채권 1권면으로 교환되는 주식의 수를 말한다. 예를 들어, 주가가 16,000원인 기업이 액면상환액이 100,000원이고 전환비율이 5인 전환사채를 액면발행한 경우를 생각해보자. 이 전환사채에는 5주의 주식으로 전환할 수 있는 권리, 즉 액면 100,000원으로 주당 20,000원에 5주를 매수할 수 있는 콜옵션이 포함되어 있다. 이때 매수가격 20,000이 전환가격이며 콜옵션의 행사가격에 해당된다.

$$\text{전환가격} = \frac{\text{전환사채의 액면가}}{\text{전환비율}}$$

전환사채가 발행된 후 액면분할이나 주식배당 등에 의해 인위적으로 주가가 변동하면 투자자를 보호하기 위해 전환가격이 비례대로 조정된다. 예를 들어, 2 : 1 액면분할의 경우에는 전환가격이 1/2로 조정된다.

전환가치는 주식으로 전환되었을 경우의 가치, 즉 전환사채의 주식으로서의 가치를 말한다.

$$\text{전환가치} = \text{전환비율} \times \text{전환시점의 주가}$$

전환가격은 전환사채가 발행되는 시점의 보통주의 시장가격보다 높게 정해지는 것이 일반적이다. 전환프리미엄(conversion premium)은 전환가격과 주가의 차이를 말하는데 주가에 대한 비율로 나타낸다.

$$\text{전환프리미엄} = \frac{\text{전환가격} - \text{주가}}{\text{주가}}$$

위에서 예로 든 전환사채는 25%$\left(\frac{20,000원}{16,000원}-1\right)$의 전환프리미엄으로 발행된 것이다.

높은 전환프리미엄은 주가에 비해 상대적으로 높은 가격에 전환사채가 발행되어 자본조달비용이 절약되었다는 것을 의미하며 주가상승의 가능성이 높은 기업일수록 높은 전환프리미엄을 받을 수 있을 것이다. 전환프리미엄은 전환사채가 적절한 시기에 전환될 수 있도록 주가의 상승속도를 감안하여 결정되는 것이 보통이다.

대부분의 전환사채는 미리 정해진 콜가격(call price)에 발행기업이 채권을 조기에 상환할 수 있는 권리를 가진 수의상환부채권(callable bond)이다. 수의상환부채권에서는 발행기업도 콜옵션을 보유하고 있으며 콜가격이 행사가격에 해당된다. 수의상환조항은 주가가 상승하여 전환가치가 콜가격을 상회하면 전환권을 행사하도록 유도하기 위한 것이다. 발행기업이 수의상환옵션을 행사하여 콜가격에 채권을 매입할 것을 통보하면 채권자들은 그로부터 1달 동안 전환권을 행사할 수 있는 시간적 여유가 주어진다. 이러한 경우 콜가격으로 상환받는 것보다는 주식으로 전환하는 것이 유리하기 때문에 실질적으로 모든 전환사채는 주식으로 전환된다. 이러한 이유로 전환사채는 발행기업의 재무구조에서 자기자본으로 평가받는 경우가 많다.

(2) 전환사채의 가치

전환사채의 가치는 일반 회사채로서의 가치와 전환가치 중 큰 것이다.

전환사채의 가치 = max〔일반 회사채로서의 가치, 전환가치〕

〈그림 13-1〉은 주가와 전환사채가격과의 관계를 나타낸다.

전환가치는 주가에 전환비율을 곱한 직선으로 나타난다. 기업의 영업실적이 매우 저조한 상황에서는 주가가 매우 낮고, 채무불이행위험 때문에 채권가치도 낮다. 기업의 실적이 호전되면서 채무불이행위험이 감소하면 채권가치와

그림 13-1

주가와 전환사채와의 관계

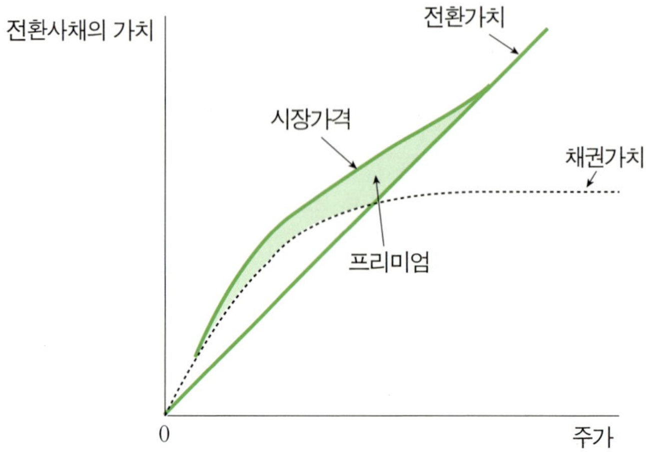

주가는 동반 상승한다. 이처럼 상대적으로 주가가 낮은 구역에서는 전환사채의 가치는 채권가치에 의해 결정된다. 그러나 시장에서 전환사채는 채권가치에 프리미엄이 붙은 가격에 거래되는데 이렇게 채권가치를 초과하는 프리미엄이 붙는 이유는 앞으로 주가가 상승하면 주식으로 전환할 수 있는 기회가 남아있기 때문이다. 주가가 아주 낮은 상황에서는 전환 가능성이 희박하기 때문에 프리미엄이 거의 없지만 주가상승으로 전환 가능성이 증가할수록 프리미엄도 증가한다.

일단 채무불이행위험이 사라지면 채권가치는 주가와는 상관없이 일정한 수준을 유지하며, 전환사채의 가치는 전환가치에 의해 결정된다. 그러나 전환사채는 전환가치에 프리미엄이 붙은 가격에 거래되는데 이렇게 전환가치를 초과하는 프리미엄이 붙는 이유는 아직 전환하지 않은 상태에서 주가가 하락하면 채권으로 남아서 주가하락위험으로부터 보호를 받을 수 있기 때문이다. 그러나 주가가 콜가격 이상으로 상승하면 발행기업이 수의상환권을 행사할 가능성이 증가하기 때문에 프리미엄이 없어지고 전환사채의 가격은 전환가치와 같아진다.

2. 신주인수권부사채

신주인수권부사채(BW: Bond with Warrants)는 발행기업의 보통주를 정해진 가격에 인수할 수 있는 권리(콜옵션)가 부여된 회사채이다. 신주인수권부사채는 일반 회사채에 신주인수권이 첨가된 것이다. 신주인수권은 채권발행을 촉진시키기 위한 "감미제(sweetner)"로서 옵션을 이용하여 가치를 평가할 수 있다. 신주인수권은 채권과 분리되어 신주인수권시장에서 거래되고 있다(전환사채와 신주인수권부사채의 비교는 제9장 제2절 채권의 종류를 참조).

3. 지급보증과 예금보험

(1) 지급보증

지급보증은 채무자가 채무를 약정대로 상환하지 못하는 경우에 보증기관이 대신 지급할 것을 내용으로 하는 채무자와 보증기관 사이의 계약을 말한다. 채무자는 보증기관의 신용을 이용하여 낮은 비용으로 부채를 조달하고 지급보증의 대가로 수수료를 지급한다.

지급보증은 채무자의 자산이 기초자산(A)이고, 고정된 채무상환액이 행사가격(B)이며, 상환만기일이 옵션만기일인 유럽형 풋옵션을 보증기관이 발행하고 채무자가 매수한 것으로 생각할 수 있다. 채무자는 지급보증료(풋옵션 프리미엄)를 지불하고 상환만기일에 자산을 행사가격에 팔 수 있는 권리를 갖게 된다. 상환만기일에 채무자의 자산가치(A)가 채무상환액(B)보다 크면 부채는 정상적으로 채무자에 의해 상환되지만, 자산가치가 채무상환액보다 작은 경우에는 지급보증기관이 채무자의 자산을 인수하고 채무를 대신 상환하게 된다.

(2) 예금보험

예금보험은 금융기관이 취급하는 5,000만원 미만의 예금에 대해 예금보험공사가 원리금의 지급을 보장하는 제도를 말한다. 예금보험도 지급보증이므로

유럽형 풋옵션	지급보증	예금보험
기초자산	채무자의 자산	은행자산
행사가격	채무상환액	예금지급액
옵션만기일	채무상환만기일	예금만기일
풋옵션 프리미엄	지급보증 수수료	예금보험료

금융기관의 자산이 기초자산이고, 예금지급액이 행사가격이며, 예금만기일이 옵션만기일이며, 예금보험료가 옵션프리미엄인 유럽형 풋옵션으로 이해될 수 있다. 옵션가격이론을 적용하면 적정 예금보험료를 산정할 수 있다. 그러나 예금을 취급하는 금융기관의 모든 금융상품이 예금보험대상이 되는 것은 아니다. 만기일에 지급액(행사가격)을 확정할 수 없는 신탁상품은 예금보험대상에서 제외된다.

4. 주주의 투자행태

기업가치(V)는 자기자본가치(S)와 타인자본가치(B)의 합이다($V=S+B$). 자기자본가치(S)는 경영성과에 따라 결정되는 기업가치(V)에서 확정된 부채(B)를 차감한 잔여가치이다. 따라서 자기자본가치, 즉 주가는 기업가치가 기초자산이고, 행사가격이 부채인 콜옵션으로 생각할 수 있다.

부채상환일에 기업가치가 부채를 초과하면 주주들은 콜옵션을 행사하여 부채를 상환하고 기업의 경영권을 유지한다. 그러나 기업가치가 부채에 미달되면 주주들은 부채상환과 기업자산을 포기하고 채권자들이 기업을 차지하게 된다. 이는 기초자산의 가치가 행사가격에 미달되면 콜옵션을 포기하는 것과 같다.

기초자산가치의 변동성이 클수록 옵션가치가 증가하듯이, 기업가치의 변동성이 클수록 주주(콜옵션 보유자)의 가치도 증가하게 된다. 따라서 주주들은 기업가치의 변동성이 큰 위험한 투자를 선택하는 위험유인(risk incentive)을 갖게 되며, 부채상환에 대한 불확실성이 증가하면서 채권자의 부가 감소하는 부의

동아건설의 보물선 인양

울릉도 앞바다에 침몰한 러시아 보물선 "돈스코이호" 인양 사업을 발표한 동아건설 주가는 관리대상종목임에도 불구하고 2000년 12월 15일부터 2001년 1월 4일까지 연속 17일 상한가를 기록하며 310원에서 3,265원으로 10배 이상 폭등하였다. 그러나 "보물선 인양"은 2001년 3월 동아건설에 대한 법원의 파산선고와 함께 수많은 투자자들에게 엄청난 손해를 입힌 채 해프닝으로 끝나고 말았다. 동아건설의 보물선 투자는 기업가치의 변동성(주주의 부)을 증가시키기 위해 무모하게 위험한 투자를 선택한 대표적인 사례이다.

이전효과(wealth transfer effect)가 발생한다. 그러나 만약 자본시장이 효율적이라면 부의 이전가능성이 채권가격에 사전에 반영되어 위험유인에 대한 대가는 주주들이 부담하게 될 것이다.

5. 실물옵션

기업은 미래 상황을 예상하고 이를 근거로 투자와 자본조달의사결정을 하게 된다. 그 후 시간이 지나면서 불확실성이 해소되고 새로운 상황이 전개되면 새로운 선택권을 행사할 수 있는데 이를 실물옵션(real options)이라고 한다. 실물옵션의 가치도 옵션가격이론을 이용하여 추정할 수 있다. 경영환경이 급변하는 상황에서 실물옵션의 가치평가는 매우 중요한 역할을 하게 될 것이다.

기업이 행사할 수 있는 실물옵션은 다음과 같은 여러 가지 형태로 나타난다.

① 중도처분옵션, 포기옵션

투자프로젝트를 선택해서 집행하는 도중에라도 투자프로젝트의 처분가치(abandonment value)가 투자프로젝트의 잔여기간 동안의 현금흐름의 가치보다 클 경우에는 투자프로젝트를 중도에 처분해서 포기하는 것이 유리하다. 투자프로젝트를 중도에 포기할 수 있는 선택권도 옵션으로 이해할 수 있고 이러한 중도처분옵션의 가치를 반영할 경우 투자프로젝트의 가치는 그만큼 상승하게 된다. 따라서 투자프로젝트를 중도에 처분할 수 있는 옵션의 가치도 투자프로젝트의 가치를 평가할 때 고려되어야 한다. 이렇게 투자프로젝트를 중도에 처분할 수 있는 선택권을 포기옵션(option to abandon)이라고 한다.

② 연기옵션

일반적인 상황에서는 투자프로젝트의 가치를 평가하는 시점에서 추정한 미래 현금흐름과 할인율로 계산된 순현가가 투자선택의 기준이 된다. 그러나 미래 현금흐름과 할인율은 상황에 따라 변할 수 있으며 지금 현재에는 가치가 없는($NPV<0$) 투자프로젝트일지라도 앞으로 상황이 유리하게 전개되어 현금흐름이 증가하고 할인율이 하락하는 경우에는 투자의사결정이 바뀔 수도 있다. 이처럼 지금 투자를 하지 않더라도 미래에 투자할 수 있는 기회를 일종의 콜옵션으로 간주할 수 있으며 이를 연기옵션(option to wait)이라고 한다.

③ 확장옵션

기업은 현재 시점에서는 경제성이 없더라도 해당 사업 또는 시장에 진출하기 위한 거점을 마련하기 위해 투자를 집행하는 경우가 있다. 예를 들어, 이동통신사업의 경우 사업초기에는 막대한 투자비용 때문에 경제성이 없지만 일단 시장을 선점하여 경쟁기업의 시장진입을 봉쇄하면 시장이 확대되었을 때 막대한 투자수익을 얻을 수 있다.

이처럼 당장은 수익성이 없지만 전략적인 차원에서 투자를 선택하고 나중에 사업을 확장할 수 있는 기회를 확장옵션(option to expand)이라고 한다. 투자프로젝트의 가치를 평가할 때에는 이와 같은 현재 시점에서의 투자프로젝트가 추가적인 확장의 선택권을 포함하고 있는 확장옵션의 가치가 고려되어야 한다.

수학자가 뿌린 금융공학 씨앗

금융공학(financial engineering)이란 수학적 방법을 이용해 금융자산과 파생상품을 설계 · 평가함으로써 리스크를 관리하는 것을 말한다. 금융공학의 역사는 1973년 블랙과 숄즈가 옵션평가에 관한 논문을 발표하면서 시작된 것으로 알려져 있다. 실제로는 이보다 73년 앞선 1900년 프랑스의 한 수학자에 의해 이미 랜덤워크(어떤 원칙이나 방향성 없이 무작위로 정해지는 것)를 이용한 옵션평가방법이 발표됐지만 알려지지 못하고 묻혀 버렸다. 이 수학자가 바로 루이 바실리에다.

'현대 경제학의 아버지'로 불리는 폴 사무엘슨 메사추세츠(MIT) 공대 교수는 1955년 우연히 루이 바실리에의 논문을 읽고 '도대체 어떻게 이런 훌륭한 논문을 썼나'라고 감탄했다고 한다. 이후 효율적 시장가설의 증명을 위해 바실리에의 랜덤워크이론이 차용됐고 '블랙-숄즈의 옵션평가 모델'로 다시 태어났다.

옵션의 가치평가는 기초자산의 미래 가치에 대한 기댓값을 현재 가치로 나타낸 것이다. 따라서 옵션의 가치에는 기초자산에 대한 미래의 기대치가 내재돼 있다. 시장상황이 좋지 않을 것으로 생각될 경우에는 이를 대비하기 위해 풋옵션(기초자산의 가치가 하락하면 이익이 되는 옵션)의 가격이 오르며 이는 변동성에 반영돼 변동성 지수가 커진다.

파생상품가격에는 금융공학을 이용한 평가가격과 실제 시장에서 거래되는 시장가격이 있다. 평가가격과 시장가격의 차이를 이용해 차익거래를 하는 경우도 있다. 1998년 롱텀캐피탈의 몰락은 자신의 평가가격으로 시장가격이 수렴할 거라고 생각한 '오만한 믿음'이 원인이었다. 시장상황에 평가가 안 맞는 이유를 분석하면 시장이 이전과 어떻게 달라졌는지를 역추적할 수 있다. 이를 이용해 금융자산의 리스크를 관리할 수 있다.

파생상품시장의 발전을 위해 파생상품의 가치평가가 올바르게 이뤄지는 것은 매우 중요하다. 잘못된 신용 데이터를 사용하거나 잘못된 평가에 바탕을 둔 파생상품거래는 2008년 글로벌 금융위기에서 보았듯이 금융산업의 존립을 위태롭게 할 정도의 파괴력을 보일 수도 있다.

빛을 보지 못한 한 수학자는 현대 금융환경을 혁명적으로 바꿀 금융공학의 씨앗을 110년 전에 심었다. 이후 금융공학은 비약적으로 발전해 주식, 이자율, 돈육 파생에 이르기까지 금융 전분야에 큰 영향을 끼치고 있다.

파생상품은 미래를 관리하기 위해 필요한 금융도구이지 미래를 예측해 이득을 얻기 위한 수단이 아니다. 보유자산의 리스크를 관리하기 위한 수단으로 사용돼야 하며 투기적 목적으로 큰 이득을 얻기 위해 활용해서는 안 된다는 얘기다.

-서울경제신문(2013.04)

찾아보기

ㄱ

ㅂ

ㅅ

ㅇ

ㅈ

ㅊ

ㅋ

ㅌ

기타

저자 약력

임석필

서강대학교 경제학 학사
University of Florida 경영학 박사(재무학 전공)
한국은행 조사부, 저축부 근무
단국대학교 경영경제대학 교수 역임

저서
재무관리(공저, 2021, 창민사)

이춘범

고려대학교 학사
단국대학교 경영학 박사(재무관리 전공)
현재, 단국대학교 경영경제대학 강사, (주)파인링스 이사

저서
재무관리(공저, 2021, 창민사)

양철원

서울대학교 경영학 학사
서울대학교 경영학 석사
서울대학교 경영학 박사 (재무학 전공)
현재, 단국대학교 경영경제대학 경영학부 교수

게재논문 및 저서
The world price of tail risk
Which Liquidity Proxy Measures Liquidity Best in Emerging Markets?
Liquidity Commonality and its Causes: Evidence from the Korean Stock Market
Liquidity risk and Asset Returns: The case of the Korean Stock Market
사례와 함께 배우는 파생상품(제2판), 투자론의 이해(제3판), 재무관리

증권투자의 이해 〈제13판〉

2001년 4월 6일 초판 발행
2023년 2월 19일 13판 1쇄 발행

저 자 임석필 · 이춘범 · 양철원
발행인 윤 동 구
발행처 **창 민 사**
주 소 서울시 마포구 창전로 46 4층 401호
등 록 1999. 10. 28/제10-1846호
전 화 3272-1243~4
팩 스 3272-1245
e-mail cmbooks@hanmail.net

정가 27,000원

ISBN 979-11-92272-07-8 93320